本书的出版得到国家社科基金项目
"《淮南子》审美理想与文化建构研究"（16BZX112）和
安徽农业大学人文社科学院、马克思主义学院的资助

方国武 著

《淮南子》审美理想与文化建构

中华书局

图书在版编目(CIP)数据

《淮南子》审美理想与文化建构/方国武著. —北京:中华书局,
2024.12. —ISBN 978-7-101-17002-3

Ⅰ.B234.45

中国国家版本馆 CIP 数据核字第 2025TJ9654 号

书　　名	《淮南子》审美理想与文化建构	
著　　者	方国武	
责任编辑	陈　乔	
装帧设计	刘　丽	
责任印制	陈丽娜	
出版发行	中华书局	
	（北京市丰台区太平桥西里 38 号　100073）	
	http://www.zhbc.com.cn	
	E-mail:zhbc@zhbc.com.cn	
印　　刷	三河市中晟雅豪印务有限公司	
版　　次	2024 年 12 月第 1 版	
	2024 年 12 月第 1 次印刷	
规　　格	开本/920×1250 毫米　1/32	
	印张 12⅝　插页 2　字数 280 千字	
国际书号	ISBN 978-7-101-17002-3	
定　　价	75.00 元	

目　录

序

刘锋杰

我不信时下流行的"美学是第一哲学"的观点,因为这个看法是在哲学发展寻找不到出路的时候提出的一个策略性的对策,此突破不能正式完成。原因在于,美学研究第二性的现象,哲学研究第一性的存在,以第二性的现象取代第一性的存在,无论研究精深到何种程度,在理论的抽象品格上,终是降了一大级,其结论无法与第一性的结论相提并论。即哲学揭示存在之真,美学揭示存在之表现之真。研究存在的,永远比研究存在之表现的层次高。但我赞同从哲学著作中寻找美学,美学本来就属于哲学;也能从美学著作中寻找哲学,哲学本来会在美学中有所发展。以中国哲学而论,出现过仁学、道学、禅学、理学、心学、实学等不同的哲学谱系,它们处于不同的发展阶段中,引领了中国哲学的不断发展,当然也引领了中国美学的发展。因此,从不同的哲学谱系中寻找出不同的美学思想,也就必然而自然。

方国武教授著《〈淮南子〉审美理想与文化建构》一书,就是从哲学中寻找美学的一个成功范例,用以证明中国古代拥有丰富的美学思想,《淮南子》将先秦时期的道家美学与儒家美学进行融合,代表中国美学发展的一个新方向与生长方式。这表明,纯用儒家的观点难以解释中国审美问题,纯用道家的观点也难以解释中国审美问题。我对方国武教授寻找美学有深刻印象,不妨举例欣赏这个发现的有趣与阐释的深入。

比如，发掘了《淮南子》中论异同与美学之间的关系。著者列举了《淮南子》中几个令人信服的论述："万物之生各异其类""佳人不同体，美人不同面，而皆悦于目""西施、毛嫱，状貌不可同，世称其好，美均也"等。既然万物生长就是不相同的，那么美的事物生长也是必然不相同的，这肯定了世界的无限多样性与美的无限多样性。这样的观点，仍然是今日美学的基本理论，而中国现代美学却为获得这样的观点，经历了长期的争论。可见，承认美的事物的个性化与多样性，是多么重要的发现之一。

比如，发掘了《淮南子》中论述感官之美的观点。《淮南子》说："是故不得于心而有经天下之气，是犹无耳而欲钟鼓，无目而欲喜文章也。"虽此处所论重点是"心"的作用，它从五脏开始，流遍全身，成为把握是非、经营百事的关键，但却揭示了人的感官决定审美的重要性，没有耳朵，不能调整钟鼓的音乐，没有眼睛，不能欣赏文章的美好。在现代美学中，关于感官的研究主要从生理学切入再进入心理学视域，古人不具备这样的科学性，但已经强调离开感官是无法进行审美的。由此发掘表明，中国古代论述感官之美积累了重要的经验，需要我们去继承。如果有学者写一本专论中国古代的感官审美，《淮南子》应名列重中之重。

比如，发掘了《淮南子》的抒情思想，证明中国美学非常充分地建立在情感论基础上。这有三点值得重视：一，《淮南子》接着屈原的"发愤以抒情"往下讲，强调"愤于志，积于中，盈而发音，则莫不比于律而和于心"，意思是，只要心中的愤怨积累丰盈，发出歌声来，自然符合音律，和谐动人。这说明审美时要懂得艺术的形式规律，但更要懂得艺术的情感规律，后者比前者更具有决定性。如果说，屈原只是提出了"发愤以抒情"，那么，《淮南子》则说明了"发愤以抒情"之所以促成创作成功的原因。二，强调愤情所发是"情之至者"，用这样的情感去动人，当然是入耳感心，无所不致。三，提出了"情本论"，认为《雅》《颂》之声，皆发于词，本于情"。因此，在性与情的关系上，《淮南子》从情定性，而非以性去情，提出了"礼者，体情而制文者也"，认为不是人情建立在礼义基础上，而是礼义建立在人情基础上，看待与评价世间任何事物，只有从情感出发才是合目的性的。《淮南子》主张抒发愤情、达到情至与倡言情本这三个看法是有机统一的，肯定抒发极致的情感，往往意味着情感是统驭一切的，故当然会承认情感为本。著者合理地评价了《淮南子》的重情论，认为它放弃道家的"无我"思想，突破儒家的"中道"观念，开辟了通向魏晋时代抒情的思想通道。若沿着著者的这一思路往下讲，后世的"不平则鸣"、"诗穷后工"，正是《淮南子》肯定愤情之延续。李贽主张"发乎情，自然止乎礼义"，也可说是《淮南子》"体情制文"之再阐发。1980年代以来，中国美学界与文论界极其强调审美与情感关系，表面看，这是受康德"知、情、意"区分的一个思想移置，同时也是中国古代重情思想的一个水到渠成。李泽厚早年重实践论，晚年提出"情本论"，源头亦可追溯至《淮南子》。在研究中国美学思想发展的动力时，固然要重视外缘的力量，同时只有重视内生才能找到发生路径。反过来，固然内生重要，但外缘更能提供更新知识的价值坐标，有利于凝聚并确定新的思想发展方向，否定外缘，内生性的潜质难以转化为显性特色而产生巨大的思想力量。

再比如，发掘出的"神游"意旨，不可轻轻放过。孔子提出"游于艺"，其"艺"指"六艺"。为什么游于"六艺"中？大概是指熟练地掌握六种技艺。庄子有"道进于技"说法，如"轮扁斫轮"一类，就是"游于艺"而达到道技的统一。庄子提出的"逍遥游"即"游乎四海之外"，不为小的空间、小的功利所束缚，象征人的精神境界应该无比宏阔远大。《淮南子》提出："泰古二皇，得道之柄，立于中央；神与化游，以抚四方"，正是承"逍遥游"而加上屈赋想象而成。"神游"实是与天地造化相游。由著者的深刻阐释可知,"神游"的思想是系统性的,由"神与化游—和道之游—游心于虚—容身而游"四个要素构成,表明到《淮南子》这里,"游"作为一个美学概念,内涵十分丰富,已经形成自身的逻辑整体。现代美学界在引进西方"游戏说"时,强调它的超功利以生成审美的自由性,在中国的"神游"中,同样包含着在超功利状态中实现审美自由的思想观念,这证明中西之"游"具有相一致的美学意蕴。

再来看发掘的"大美"说。庄子提出"天地有大美而不言",《淮南子》发展了这个思想。但《淮南子》的描述带来了新的审美景观:有东方之美、东南方之美、南方之美、西南方之美、西方之美、东北方之美与中央之美,这将"大美"完全落实下来了。著者揭示了《淮南子》"大美观"的形态含义、思维含义、农业含义、自然含义与国家含义等,把这个"大美"说不仅放置在从先秦到两汉的文化思想变化中来看,也放在汉代大一统的社会政治语境中来看,揭示了"大美"说的多层次内涵。近年来,"大美"又成为中国美学界的高频词,正在经历着现代的转换,此时强调大美与生态自然、国家理想认同等关系,而其所秉承的思想因子实与《淮南子》息息相关。

有意思的是,将《淮南子》上述美学观点连缀起来,构成了一个思想系统,由个体的差异性论述,连缀到感官论述,连缀到情感论述,而至神游论述,再至大美论述,构成了一幅深邃而宏大的美学景观,而完全具有中国特色,同时又不能不承认它体现了世界美学的共同性。这样的美学发掘,这样的美学景观,不仅是建构中国美学的资源与经验,也是建构世界美学的资源与经验。

最后,我想指出,著者不仅研究了《淮南子》的美学思想之新颖处,同时,也告诉我们,《淮南子》之所以在中国美学史上占有一席之地,与三个条件相关:一,思想的自由性。汉代统治者虽然后来搞起了"独尊儒术,罢黜百家"的文化专制主义,但在开国时,还是结束了秦代统治者完全蔑视文化、实行思想禁锢那一套，主张"无为而治"，为思想文化的发展提供了一定的宽松条件。二，形成了真正具有创造力的学术共同体。刘安能够集中一班具有创造性的学者进行集体创造，这是成功的原因之一。在进行这种集中时，若一味地独断专行，违反思想生产的规律，也无法创造惊人的思想成果。这启示后人，学术共同体应当由真正的学者构成，应当遵循真正的学术规律而运行。三，能够找到属于自己时代的真正问题，并予以出色的回答，才能创造出新理论。《淮南子》在融合道、儒思想上所做出的贡献，就是这一方面的明证。

读任何书，哪怕是读伟大的杰作，都会有不满足感，而这种不满足感，正是后人接着前人往下讲的新起点。读方国武教授的这本极具创新性的著作，老是引起我的浮想联翩，以为进一步将《淮南子》中美学概念与中国美学史上前后相关概念串联起来，将会更充分地揭示《淮南子》是如何楔入中国美学史而成为美学思想发展的关键节点。这本书这样做了，做得很好，完成了写作任务。日后的研究还接着这样做，无疑会获得更多成果，这是非常值得期待的。

最后，我想感谢著者，我自己正做思想史与抒情关系的一些研究，这本书的许多地方为我提供了资源、经验与可靠的结论。

2024 年 6 月 30 日于苏州小石湖畔友云居

绪论:《淮南子》美学化接受的历时考察

　　本书研究,虽基于《淮南子》历代版本、校注之中凝结的大量考据资源,但意旨集中于美学思想及其蕴含的文化精神的厘定、总结和阐释。《淮南子》美学观点多潜衍于各篇之中,零散遮蔽,甚至于相互抵牾,因此与其考据学、哲学思想接受的蔚为大观相比,美学化阐释则潜行发微,在整个接受史中也并非主流。

　　《淮南子》美学化接受史既包括其美学思想的研究,也涵盖其文本本身审美创作研究。然而,《淮南子》是怎样成为一本美学著作而进入美学化研究视域中? 在今天看来,这似乎是一个多余的问题,因为《淮南子》蕴含美学思想,已然是当下学界公认的事实。现今中国古典美学史著作或相关教材,都会将《淮南子》纳入其中。这里需要注意的一个事实是,从最初在《汉书·艺文志》中被归为"杂家",到作为叛逆之书而遭儒学人士鄙弃,再繁盛于传统训诂研究范式,绝大多数时间内,《淮南子》的接受都与美学思想阐释几无关联。这都说明了《淮南子》作为"美学文献"不过是现代学术体制下研究者的"话语赋权",即《淮南子》作为一本美学专著是一个历史化的过程。因此,我们认为建构主义地对待《淮南子》的"美学发生史"是必要的。

　　一、古代《淮南子》美学意义的潜行发微

　　汉代《淮南子》文本经典化形成始于刘向校定本。在《说苑》、

《新序》中，刘向还大量引述《淮南子》，将《淮南子》从初期的待罪之书、隐秘之身推向世人。经刘歆、扬雄、班固等，《淮南子》归为《诸子》杂家一类。东汉许慎最早为《淮南子》作注，但已亡佚。其后高诱注解，流传至今并奠定了其经典化文本的地位。但这一时期因文学艺术等审美理论在学术创作中还未自觉形成，也就谈不上《淮南子》的审美接受了。20世纪之前，中国古代的《淮南子》研究历来是训诂学、文献学的主要对象。《周秦汉魏诸子知见书目》第五册中非常详细地罗列了历代（从东汉许慎的《淮南鸿烈解》到1977年于大成《淮南子今注今译》）《淮南子》研究书目（超过200部），从书名"解"、"注"、"校"这些主要语词中可以看出，这些论著本质上均属于中国训诂小学的治学范式之中①。

　　纵观这一漫长时期《淮南子》的文化接受史，也包含着一些非主流视角的美学意义表达，更有像《文心雕龙》这样的文论著作对其相关命题所做的创造性美学化接受，然而更多还是集中于《淮南子》文本修辞、创作手法等文章学解读。这些解读虽无完整体系设定，也非直接的美学观念和命题呈现，但作为《淮南子》整个美学化接受的重要一环，却也为现代以来《淮南子》作为美学经典文本的构筑提供了历史的赋说。

（一）《文心雕龙》对《淮南子》的文艺美学接受

　　就中国美学发展历程来说，魏晋南北朝是一个具有标识性的时代。在这个时代，文学作为审美艺术的特征开始被自觉发现。宗白华说："汉末魏晋南北朝是中国政治上最混乱、社会上最苦痛的时代，然而却是精神史上极自由、极解放、最富于智慧、最浓于热情的一个

---

① 严灵峰：《周秦汉魏诸子知见书目》第五册，北京：中华书局1993年，第63—138页。

时代,因此,也就是最富有艺术精神的一个时代。"①人作为审美主体的自觉意识觉醒,带来了大量的美学理论表达。陆机的《文赋》、钟嵘的《诗品》都已涉及文学艺术的审美创造特征。在这种背景下,《淮南子》的美学思想和文本本身的美学形式也为人所关注。作为中国古代最具经典意义的文论著作,《文心雕龙》最早从美学维度对《淮南子》进行了艺术思想和形式的接受。

第一,刘勰是第一个摈弃官方对刘安"叛臣"身份认定的人。刘勰没有基于儒家传统的社会政治角色来界定刘安,而是从一个才华横溢的"英才"形象角度去看待刘安。《文心雕龙·诏策》中说:"是以淮南有英才,武帝使相如视草;陇右多文士,光武加意于书辞:岂直取美当时,抑亦敬慎来叶矣。"②英才的主要体现就是文才,《神思》篇:"人之禀才,迟速异分,……淮南崇朝而赋《骚》,枚皋应诏而成赋。"可见,一个文思敏捷,才情过人的文章家是刘勰眼中的刘安。刘勰《辨骚》引用刘安的《离骚传》:"昔汉武爱《骚》,而淮南作《传》,以为《国风》好色而不淫,《小雅》怨诽而不乱,若《离骚》者,可谓兼之。蝉蜕秽浊之中,浮游尘埃之外,皭然涅而不缁,虽与日月争光可也。"这段话虽中心在《离骚》,但以刘安《离骚传》做论据,也说明刘勰高度认同刘安的文章作品及其文学观念。总之,"英才"形象,有别于其他人看待刘安的价值视角,突出了刘安的审美主体身份。

第二,《文心雕龙》中的文道观是《淮南子》道论的美学化发展。刘勰在《原道》篇中以理论的形式将道的感性之美予以明确,"文之

---

① 宗白华:《宗白华全集》第二卷《论世说新语与晋人的美》,合肥:安徽教育出版社 2008 年,第 267 页。

② 祖保泉:《文心雕龙解说》,合肥:安徽教育出版社 1993 年,第 388 页。本文《文心雕龙》引文皆出自该版本。

为德也大矣。与天地并生者何哉？夫玄黄色杂，方圆体分，日月叠璧，以垂丽天之象；山川焕绮，以铺理地之形：此盖道之文也"。这种感性形式之美即"道之文"，是"道"在广阔世界中的美学表达。这"文"就是具有感性形象的审美之"文"，指事物外部的形象。道正是以美的形象，即感性形式美呈现于天地自然之中，进而延伸到文章艺术的创造中。这一点是对《淮南子》文道关系的创造性接受。在道的形式呈现上，《淮南子》呈现出与先秦各家不同的特色①。《淮南子》将道放置在一个五彩缤纷、无限广阔的自然之文中去呈现，道化生天地自然之美，"引楯万物，群美萌生"（《原道训》）②。道从一味的抽象哲理转化为鲜活生动的美感形象，"是故春风至则甘雨降，生育万物；羽者妪伏，毛者孕育；草木荣华，鸟兽卵胎；莫见其为者，而功既成矣"。《淮南子》有意识地以想象性思维去喻道，以自身审美性的文本表达呈现出道的精义，代抽象玄思为文辞想象。从《淮南子》到刘勰，"道"之文的审美特征被充分肯定并描述。进而，文道观成为中国古代文学艺术本源探究中的一个核心命题，在众多文学审美领域得以呈现。

　　第三，《文心雕龙》中多个范畴、命题与《淮南子》相通。一是关于文情的论述。刘勰在《情采》中说："昔诗人什篇，为情而造文；辞人赋颂，为文而造情。何以明其然？盖风雅之兴，志思蓄愤，而吟咏

① 先秦各家道论基本上是贬低感性形式美的。孔子主张"文质彬彬"，虽不否定感性形式美，但其意仍在质。老子的"五色令人目盲，五音令人耳聋，五味令人口爽"等表达是明确批判感性之美；且老子论道，强调思维的纵深度，将道引向人的深邃思考中，而摆脱外在感性世界对道的纠缠。庄子虽对道有更为形而下的叙述，但依然强调道的不可感知。

② 刘文典：《淮南鸿烈集解》，《新编诸子集成》第一辑，北京：中华书局1989年。本文所用《淮南子》引文全部出自本书，后文只标注具体篇目，不再单独做注。

情性,以讽其上,此为情而造文也;诸子之徒,心非郁陶,苟驰夸饰,鬻声钓世,此为文而造情也。"这里很明显借鉴了《淮南子·缪称训》中的表达,"文者所以接物也,情系于中而欲发外者也。以文灭情则失情,以情灭文则失文。文情理通,则凤麟极矣,言至德之怀远也"。二是关于神思的审美心理描述。《文心雕龙·神思》篇中说:"古人云:'形在江海之上,心存魏阙之下。'神思之谓也。……故思理为妙,神与物游。"事实上,《淮南子》很早就有这种人面对外部世界直观的精神活动描述,《俶真训》说:"夫目视鸿鹄之飞,耳听琴瑟之声,而心在雁门之间,一身之中,神之分离剖判,六合之内,一举而千万里。"三是关于物感说的承续。《文心雕龙·物色》中"春秋代序,阴阳惨舒,物色之动,心亦摇焉"与《淮南子》"且喜怒哀乐,有感而自然者也","春女思,秋士悲,而知物化矣。号而哭,叽而哀,而知声动矣"等描述几乎一脉相承。

　　《文心雕龙》对《淮南子》的文艺美学思想的接受,既有概念的直接化用,而更多的是隐形的思想观念的传承。当然,相比《淮南子》的思想庞杂,《文心雕龙》文艺美学思想的呈现更加鲜明,理论应用的指向性更加明确。但也正是经过《淮南子》中的审美理论呈现,才催生、预示着魏晋时期的审美勃发和理论成熟。

(二)宋明时期《淮南子》文本创作的审美阐释

　　严格意义来说,自刘勰以后,很长时间内并无学者对《淮南子》"幽暗"的美学思想进行挖掘、阐释。这里罗列出的宋明时期的几个代表性文人作品,多关注于《淮南子》文本创作技法及其辞采风格,但我们也可以将其延伸至《淮南子》文本的修辞之美进行考察。一定意义上来说,《淮南子》自身的文本创造也是其审美观念的实践应用。

　　宋代张嵲和高似孙都基于各自的学术路径对《淮南子》做出了与同代学者相异的学术判断。北宋时期的张嵲有《读淮南子》一文,仅170余字,全文如下:

　　《淮南子》文甚类《荀子》，而引义推类，则《新序》《说苑》之流。其间事实可用者甚众，晋、魏以后，诸人颇采取之，藉使不合于经，犹当广异闻也。窃独悲八公者深博识事如此，而不能脱王安于祸，岂不能用其言耶？将斯路之信艰，不可以智免也？韩文有曰"发梐而苗薅之"，盖出于此，然薅作樢，乃传写之误，当以韩文为正。乱来，余求是书十五年，至壬戌冬从苏仁仲借得之，始获抄览。余悯古书未见售于今之人，未有镂印者，恐其散佚不全，乃别加装褫而归之。①

这篇短文体现对《淮南子》美学化接受的内容有三个方面。其一，对《淮南子》的文体表达"引义推类"特征做了文章史的渊源描述。其二，对其文本价值的理解，不同于传统经学视角，以"不合于经，犹当广异闻也"来定位，这里就包含了文学想象的意味。其三，自书及人，对刘安悲剧人生的体察和感慨。文中对刘安人生悲剧的理解一改往日传统士大夫的视角，突破了刘安为叛逆之人的政治文化角色限定，而是从其作为一个探索、追求人生理想的文人身份做出分析和解释，事实上关涉中国古代文人生存机遇及价值困境的生命思考。从作为创作主体来说，很显然，刘安的悲剧人格也涉及主体的创作个性和审美人格等美学命题。

　　宋代的高似孙在目录学著作《子略》中评价了刘安的才情和《淮南子》的文风。高似孙说："少爱读《楚辞》淮南小山篇，聱峻瑰磊，他人制作不可企攀者。又慕其《离骚》有传，窈窕多思致，每曰：'淮南，天下奇才也。'"高氏对刘安的"奇才"可对应于刘勰的"英才"称谓，且欣赏程度更甚。高似孙又说：《淮南》之奇，出于《离骚》；《淮南》之放，得于《庄》、《列》；《淮南》之议论，出于不韦之流；其精好者，又

① 曾枣庄编：《全宋文》第 187 册，上海：上海辞书出版社 2006 年，第 198 页。

如《玉杯》、《繁露》之书。"这里就完全是从《淮南子》文本的艺术表现手法来做出审美判断了。其中将《淮南子》的文风总结为类似《离骚》之"奇"、《庄》、《列》之"放",都突出了有别于儒家传统美学标准的审美个性,无疑是非常精辟且具有超越性审美眼光的。将《淮南》、《离骚》并举,沿袭了《文心雕龙》的说法;而将《淮南子》"奇"的审美风格归于《庄子》,则是高似孙最早提出的观点①。

《淮南子》在明代中后期又迎来了关于文本修辞美学接受的一个新阶段。明代中后期,以李贽为代表的反儒家传统思想兴起。其突出特点是对一切禁锢人真性真情的孔孟之道的强烈批判,以及对人的个性、自由的追求。伴随而生的是以公安派为代表的标举"独抒性灵,不拘格套"的新时代美学思潮。其中袁宏道等多位文学家加入到《淮南子》的阅读接受中,这就使得《淮南子》审美意义第一次得到充分展示。

袁宏道关于《淮南子》的评点,集中体现了其审美主张。一是以《淮南子》的《说山训》、《说林训》为例,袁宏道表明了审美创作"无意为文"的价值标准。"《山》、《林》二训,皆掇取古来名理名言,偶然成文,原无先后连缀之意。正以其无意为文,文特璀灿绚烂,如入宝山,探珠海,触目皆是珍怪。"在袁宏道看来,《山》、《林》二训的体例区别于一般的结构设计,而是创作主体的随性而为,其思想都是真性真情的呈现。这种解读将《淮南子》文本形式与创作主体的审美个性相联系,是很有文学批评新见的。二是以"文气"来评价《淮南子》的语言表达。在点评《俶真训》的文句时他说:"然文势纵横浩漫,而要言妙绪时一跃露,披沙拣金,自不可弃","跌宕纵横,情文兼到"。袁宏道充分认识到《淮南子》语言风格的雄放飘逸,并以"气"的美学形态来表达,赋予作品一种生命力的情感特征。自曹丕提出"文以气为主"

━━━━━━━━━━

① 高似孙:《子略》,上海:上海商务印书馆 1939 年《丛书集成初编》本,第 36 页。

主张,其后以气论文成为中国文论中的重要命题。袁宏道主张自然审美,以生命之气来对抗外界伦理规范的禁锢,突出体现在《淮南子》的阐释中。三是关于《淮南子》丰富意蕴的审美效果评价。袁宏道高度评价《说林训》的审美效果,"言有尽而意无穷,是二十一篇中之最妙者"。以中国美学最高的审美标准来评价《淮南子》的审美表达,由此可见袁宏道对于《淮南子》文本美学特点的偏爱①。

王世贞对《淮南子》的评点,首先关注文本内容的"错杂"。但不同于传统学者从思想驳杂角度加以批判,王世贞认为这种错杂只是各种思想的客观呈现,并不影响文章的统一风格和艺术风格,"《淮南鸿烈》虽似错杂,而气法如一,当由刘安手裁,扬子云称其'一出一人,字直百金'"②。可见王世贞并不关心《淮南子》作品的思想体系问题,更偏向其创作风格。进而,王世贞认为,《淮南子》继承《庄子》文风,通过审美修辞和新奇想象来以文显道,且内容上的综合百家之说更加凸显了这种吞吐万千、包容天下的文章气势。这是第一次对《淮南子》综合繁复的内容表达给出正面的审美评价。

自明以后,清代的《淮南子》研究又偏盛于校勘与考据之说。傅山撰《淮南子评注》虽然形式上保留了明人评点的体例,但已没有主体的审美体验和心灵感受美学表达,完全转向校勘和注解了。清代《淮南子》几无美学意义的接受生发,故此不述。直到 20 世纪,随着中国学术发展的巨大变革,传统文化的现代接受也呈现出新的局面。《淮南子》的美学阐释终于从训诂注解研究模式的一统天下局面中生发出来,走向其现代美学化历程的重要路途。

---

① 钱伯城:《袁宏道集笺校》,上海:上海古籍出版社 1981 年。
② 王世贞:《艺苑卮言》,陆洁栋,周明初批注,南京:凤凰出版社 2009,第 122 页。

二、《淮南子》美学思想接受的现代开启

《淮南子》美学思想接受的现代开启既是一个单独的文化事件，也昭示着中国现代美学的生成和发展。其两种思想接受的路径为20世纪以后《淮南子》作为美学思想文本奠定了基础。

(一)《淮南子》艺术美学思想的接受

1926 年杨没累撰写的《淮南子的乐律学》是艺术化阐释《淮南子》的范式开创。朱谦之在《没累文存》的《编者引言》中指出，杨没累一生"有志未成"的贡献在于《中国乐律学史》，这本书的基本构想是"从中国最古的音乐观，及钟律琴律起，中经两汉魏晋六朝隋唐，以至宋元明清，叙到'中国乐律的新趋向'止"[①]。但是因为杨没累的早逝，目前在《没累文存》中我们仅可以见到《淮南子的乐律学》一篇文章。

《淮南子的乐律学》显示出作者非常宏大的视野。该文分为"淮南子在乐律学上的位置"、"淮南子以前的乐律学"、"淮南子的音乐观"、"淮南子的乐律学"、"淮南乐学的影响"五个部分，作者的论述有三个非常突出的特征。首先，作者是在中国乐律史的整体视野中对《淮南子》进行了考察。杨没累不是仅仅就《淮南子》本身进行考察，而是放在整个历史坐标中考察了《淮南子》在乐律史的创新与影响，由此她提出，"淮南子"是"中古乐律界的中心人物"[②]。其次，作者主张以整体性的视角对《淮南子》进行考察。杨没累论到，要懂得《淮南子》中的音乐思想与音乐观，"只是看他的天文训和时则训是

---

① 朱谦之:《编者引言》，见《没累文存》，朱谦之编，上海:泰东图书局 1929 年，第 3 页。
② 杨没累:《没累文存》，朱谦之编，上海:泰东图书局 1929 年，第 2 页。

绝对不行的,所以就要遍览他的著作"①。例如,在讨论《淮南子》的音乐思想时,杨没累就征用了《原道训》《说林训》《本经训》《诠言篇》《修务训》《泰族篇》《主术训》《缪称篇》《氾论训》《览冥训》等十篇文献。需要注意的是,这种整体性地对《淮南子》进行考察,与"语录式"地肢解《淮南子》有着极大的差异。第三,作者非常清晰地厘定了《淮南子》的"音乐观"思想。杨没累将《淮南子》的音乐观概括为"和、静、易"三个重要特征,在此基础上,她从"乐制"、"乐教"、"感动"三个层次进行了论述②。特别是关于"感动"的论述,"和、静、易三者还只是音乐的体裁,他的主要精神纯然在乎一念真实的情感",只有这样"才能使人外感于乐,心随乐声而变"③。这里不难发现,杨没累关于《淮南子》音乐观的描述中,已经接触到现代审美"无功利性"的核心("精神纯然");同时音乐的艺术效果归结为心灵的感受,由此赋予了音乐艺术通向审美教育的可能性。其实,杨没累关于《淮南子》音乐思想的描述正是基于主体审美经验的视角,而其提出的"和、静、易"更是三个具有中国文化特征的审美范畴。

值得注意的是,杨没累《淮南子的乐律学》一文已经跳出了传统文本训诂的研究局限,而聚焦于《淮南子》音乐理论阐释。这种关于《淮南子》艺术美学的接受范式显然是具有现代意义的。以这篇文献为起点,我们可以看到一条从艺术经验(也即审美经验)出发来考察《淮南子》思想的接受路径。新中国成立后,俞建华主编的《中国画论类编》(1957年)中收录《说林训》《氾论训》《修务训》《说山训》论画四条④,其中提出的"谨毛失貌"、"君形者"等理论,涉及"局

①　杨没累:《没累文存》,朱谦之编,上海:泰东图书局1929年,第16页。
②　杨没累:《没累文存》,朱谦之编,上海:泰东图书局1929年,第26页。
③　杨没累:《没累文存》,朱谦之编,上海:泰东图书局1929年,第21—22页。
④　俞建华:《中国画论类编》,北京:人民美术出版社1957年,第6页。

部/整体"、"有限/无限"、"形/神"等重要审美范畴,不仅仅是一种具体的绘画技法理论,在一定程度上也涉及到了中国古典审美的核心问题。1962 年中央音乐学院中国音乐研究所出版的《中国古代乐论选辑》中,从《原道训》等 12 篇原文中收录相关音乐的论述。尽管该书中只有摘录而无阐释,但这种"话语建构"在一定程度上也说明《淮南子》的音乐理论是当代艺术美学的重要资源构成①。时至今日,艺术化阐释《淮南子》的范式依旧在延续,当下我们随机浏览一本《中国音乐史》、《中国绘画史》或者是《中国服饰史》等,其中理论部分均会提及《淮南子》,这一阐释范式构成了 20 世纪《淮南子》美学化接受的一个重要环节。

《淮南子的乐律学》的出现与杨没累的艺术审美教育经历有着密切关系。"1922 年,在萧友梅的建议下,北京大学附设音乐传习所成立,蔡元培兼任所长,萧友梅任教务主任并实际主持工作,正式开启中国大学的音乐教育。10 月,杨没累北上入学,成为音乐传习所招收的第一届音乐专业学生。"②这里提到了一个非常重要的机构,即"北京大学附设音乐传习所",这一机构的设置与蔡元培"美育代宗教"的理念有着密切关系。早在 1901 年蔡元培在《哲学总论》中已译介了"审美学"、"美育",其后把审美教育付诸现实的社会实践和人性的改造中。在《对于教育方针的意见》一文中,蔡元培就提出通过美育来提升国民境界的思想,基于这一点,陈望道认为:"中国之有美

① 中央音乐学院中国音乐研究所民族音乐研究班:《中国古代乐论选辑》,1962年,第 115—123 页。该书未正式出版,后封标有"内部参考资料"字样。"编辑出版"的落款为"中央音乐学院中国音乐研究所民族音乐研究班"。
② 刘延玲:《杨没累集·导言》,《杨没累集》,刘延玲整理,南京:凤凰出版社2020 年,第 16—17 页。

学,实以蔡元培先生提倡为早。"①蔡尚思也说:"所以只要讲到中国的美学,就不论理论与教育方面,均要首先提到先生(指蔡元培——引者)。"②不仅如此,蔡元培以一名教育家的视野将美学和美育设置为大学文科课程,更是提出了"以美育代宗教"的著名观点。其后,蔡元培利用其担任临时政府教育总长的身份,颁布了《小学校令》、《中学校令》、《师范教育令》和《大学令》,明确了艺术教育在各级学校课程中的地位。其中,《大学令》取消"经学科",将其拆分到文学科中的文、史、哲等近代学科体系中。这样,以美育为核心内容,中国现代美学正式走入大学学科体制之中,为自身的发展提供了制度化、学科化的基础。很显然,杨没累的《淮南子的乐律学》正是在美育理念的视角下,为积极挖掘古代文化经典中的艺术教育资源而作的努力。同样,在美育理念的引导下,陈炳琨于《新时代》1923 年第 1 卷第 2 号期刊上发表了《淮南子教育学说》。其中,陈炳琨突出了《淮南子》"坐而不教,立而不议,虚而往者实而归,故不言而能饮人以和"的人格感化教育思想。在他看来,这种人格感化教育类似于现代教育学中的陶冶教育,也是美育的集中表达。

从这个层面来看,《淮南子》的艺术理论阐释带有明显的美育目的。这种具有现代美学维度的经典阐释,使得《淮南子》的艺术美学接受从一开始就成为中国现代美学发生的一个表征。

(二)《淮南子》哲学美学思想的接受

现代美学的发展与哲学有着密切关系,当代美国著名美学家保罗·盖耶在一篇讨论现代美学兴起的论文中就论到,美学是一门"公

---

① 陈望道:《美学纲要》,载《陈望道文集》第 1 卷,上海:上海人民出版社 1979年,第 455 页。
② 蔡尚思:《蔡元培学术思想传记》,上海:棠棣出版社 1950 年,第 319 页。

认的、通行的哲学学术实践范围内的学科"①。20世纪初期,在日本与欧美学界关于哲学史知识的影响下,以谢无量、胡适、冯友兰为代表的中国学者开始了中国哲学史(或思想史)的建构②。《淮南子》作为古代经典文本也被纳入哲学史的知识体系中。这种哲学化思想阐释关涉到许多重要的中国古典美学的核心概念和命题,也不自觉地带动了《淮南子》美学思想的接受。1906年谢无量著《中国哲学史》出版,《淮南子》置于《第二编上·中古哲学史(两汉)》第五章。谢无量虽用文言写作,但其阐释范式已经具备现代学术形态。《绪论》中说:"兹编所录,起自上古,暨于近代,凡哲人巨子,树风声于当时,标新义于后来者,皆摄其学说之要,用今世哲学分类之法述之,以其条纪贯串,便易观省也。"③谢无量首先对《淮南子》进行了基本的流派判断,"旨近老子……惟取于道家者尤多矣"④。《淮南子》一章分为两大部分,其一为"道论",称"道"的特征为"无始无终、能生万物。而万物又由之以变化消长"⑤。这里可以看到,中国学者已经开始对"道"的本体论意义进行阐发。该章第二部分为伦理学,指出《淮南子》一书总体持"性善论",主张"清静"。他积极赞扬了《淮南子》"善论宇宙之大法,由形而上学,而兼为物理学之考索""言阴阳交感变化,化万物生灭凝散之理"⑥,也批评了《淮南子》语言上的"靡

① [美]保罗·盖耶:《现代美学的缘起:1711—1735》,《美学指南》,[美]彼得·基维主编,彭锋等译,南京:南京大学出版社2018年,第16页。
② 参见葛兆光:《道统、系谱与历史——关于中国思想史脉络的来源与确立》,《文史哲》2006年第3期,第48—60页。
③ 谢无量:《中国哲学史》,《谢无量文集》第二卷,北京:中国人民大学出版社2011年,第5页。
④ 谢无量:《中国哲学史》第二编上,上海:中华书局1906年,第18页。
⑤ 谢无量:《中国哲学史》第二编上,上海:中华书局1906年,第18页。
⑥ 谢无量:《中国哲学史》第二编上,上海:中华书局1906年,第18—22页。

散"、"辞博"。这其中,谢无量关于《淮南子》"道"的特征与自然之
美、生命之美的表达有暗通;"清静"描述也关乎审美心境问题。总体
而言,谢无量的阐释虽触及到某些美学命题,但引用多于论述,阐释
也较为粗犷,缺乏深入精微的分析。冯友兰在《中国哲学史》中认为
《淮南子》"杂取各家之言,无中心思想。唯其中讲宇宙发生之部分,
比以前哲学家所讲皆较详明"①,并侧重梳理了《淮南子》中关于宇宙
论的部分。他关注的文献也从《原道篇》转向了《俶真训》、《天文
训》、《精神训》、《诠言训》等篇目。冯先生对《淮南子》的哲学判断总
体不高,但论及其宇宙生命发生,又有生命美学之色彩。

在现代《淮南子》哲学思想阐释的诸多文献中,最具系统性的是
胡适的《淮南王书》。《淮南王书》原为胡适的《中国中古思想史长
编》第五章,后将此章单独抽出并在 1931 年由上海新月书店出版。
全书由"论'道'"、"无为与有为"、"政治思想"、"出世的思想"、"阴
阳感应的宗教"五章构成,涉及形而上学、政治哲学、精神哲学等内
容。值得一提的是,胡适还论述了《淮南子》的哲学思想对中国传统
工业美术的影响。总体来看,胡适关于《淮南子》思想阐释有三个特
点。首先,是胡适对《淮南子》的两个基本定位。一方面,胡适坚持认
为《淮南子》与道家思想具有内在渊源,"道家集古代思想的大成,而
《淮南王书》又集道家的大成"②。另一方面,胡适从历史时段上将
《淮南子》置于"中古"时期,在胡适的分析中,"中古"已经不是一个
简单的时间意义的概念,而是一个具有内在特性的文化概念。胡适
通过对比《淮南子》中"无以生为"、"贱身"等"最悲哀的人生观"与
《吕氏春秋》中"天下莫贵于生",在这种人生观的变迁之中赋予了
"中古"深厚的文化意义。其次,胡适对《淮南子》的系统研究,由此

---

① 冯友兰:《中国哲学史》,上海:神州国光社 1933 年,第 445 页。

② 胡适:《淮南王书》,上海:新月书店 1931 年,第 13 页。

生发出一系列重要概念范畴,这为从美学视角理解《淮南子》思想提供了重要理论资源。这些范畴包括"虚无/实有"、"有为/无为"、"天然/人功"、"物/身"(贱物而贵身)、"神/形"(贱神而贵形)等。第三,是胡适对该书呈现出"批判性研究"的姿态。虽然胡适对《淮南子》的内容丰富性、语辞文学性多有肯定,但总体上基于科学主义立场对《淮南子》持否定性评判。例如,他认为"道的观念在哲学史上有破除迷信的功用,而其结果也可以阻碍科学的发达"[①];又如,他认为《淮南子》在《俶真训》中的"主观的推论遂造成崇虚无而轻实有的人生,流毒无穷,其实全没有根据,又不合逻辑"[②]。正是在此基础上,胡适认为《淮南子》是"一部垃圾马车","垃圾堆积的太高了,遂把自己的中心思想自然主义的宇宙观埋没了"[③]。胡适的实证主义思想影响以及他对新文化的推崇,决定了他对《淮南子》中的"虚无"、"清静"、"自然主义"的批评。尽管如此,胡适的哲学思想阐释中因关涉现代美学核心命题,而为《淮南子》美学思想的发现提供了一种理论上可能。

　　哲学思想的阐释对现代知识体系下《淮南子》美学化接受有着重要意义。其一,《淮南子》哲学文本中包含着美学意义的可阐释性。《淮南子》本身就有一些直接关于"美"的论述,如"美是所在,虽污辱,世不能贱"(《说山训》),"天下之宝者何也,其小恶不足以妨大美也"(《氾论训》)等,然而,需要注意的是,这里的"美"是更贴近于伦理学意义的善,而非作为反思判断的现代审美。因此,《淮南子》文本的可阐释性并不是仅仅有一些文字层面的"美"论,而是它本身所具备的"阐释兼性"。李建中指出,"子学不仅有思想之争鸣,而且有资

---

① 胡适:《淮南王书》,上海:新月书店1931年,第21页。
② 胡适:《淮南王书》,上海:新月书店1931年,第32页。
③ 胡适:《淮南王书》,上海:新月书店1931年,第185页。

料之纂集……子学的博通与庞杂,在经史子集知识学谱系之中尤其
具有兼性阐释的意味和特色",这主要体现在文化视野、批判精神和
资料编纂三个维度上①。当我们理解子学在现代知识谱系中扮演的
角色是"阐释兼性",那么这种"兼性"完全可以体现在美学内涵的丰
富表达中。其二,在现代哲学化的解读中,《淮南子》"道"的思想与
现代西方审美无功利性形成嫁接。艾布拉姆斯论到,"十八世纪以
前,没有哪个哲学家或批评家认为人类艺术品应当被'无功利'地静
观,并且'是为了作品自身的缘故'",但是,18 世纪以来,一种新的审
美范式生成了,"他们定义感知者的感知方式为'静观'的,这种静观
是'无功利的'或'中立的',感知者以这一独立作品作为纯粹注释的
对象,将对象本身作为其自身的目的"②。也就是说,以审美无功利
为代表,兼及静观、自律等现代美学理念,其实是 18 世纪以后的建
构。《淮南子》的阐释兼性,就体现在"道"的"无为"的特征与审美无
功利性发生视域融合,这是从哲学化阐释到美学史阐释过程中一条
基本主线,也是为什么中国传统道家美学思想能够迅速进行美学转
化的重要原因之一。当然,我们需要反思的是,在《淮南子》当中,作
为本体的"道"仅仅是无功利的体现吗? 这种认知是不是存在以西释
中的风险?

(三)《淮南子》接受转换与中国现代美学的发生

对中国现代美学知识谱系的分析,既要把握其产生的知识构成
和学科背景,也要考察现代美学建设者的思想和方法流变。这些有
利于进一步认识中国现代美学发生、发展的学术史特征,并以此判断
中国美学的"合法性"和在世界美学中的独特价值。

---

① 李建中:《经史子集与中国文论的兼性阐释》,《社会科学》2021 年第 3 期。
② [美]艾布拉姆斯:《从艾迪生到康德——当代美学与范例艺术》,《以文行事:
　艾布拉姆斯精选集》,南京:译林出版社 2010 年,第 143—144 页。

　　其一,从《淮南子》的研究范式转型来看,现代学术转型为中国美学学科的出场提供了形态准备。现代学术转型是相对于传统学术范式而言。正如库恩所言,"一个范式就是一个公认的模型或模式",它之于一门常规科学的形成具有重要意义,即"常规科学研究乃在于澄清范式所已经提供的那些现象与理论"①。20世纪之前,中国古代的《淮南子》研究历来是训诂学、文献学学术范式的主要研究对象。民国时期刘文典的《淮南鸿烈集解》至今已成为《淮南子》研究最为经典的版本之一。其一经出现,与流传已久的庄逵吉本并称而通行。但如果从学术范式转型层面来看,刘文典的《淮南鸿烈集解》依然不具有范式意义,因为它没有突破中国训诂小学的传统,从本质上说,刘文典的研究依旧在许慎《淮南鸿烈解》所开创范式的延长线上。

　　在传统"经学"的框架下,民国时期的《淮南子》研究虽然依旧保留着传统学术范式特征,但因其自身独有的审美形式特征已经引起了研究者的兴趣和重视。事实上,自桐城派将"义理"、"考据"、"词章"作为具有相对明确界限的三种学术研究形态,"词章"因其更多关注文章的修辞形式特征日益走向美学化的方向。桐城派代表性人物姚鼐更是直接提出了阳刚之美与阴柔之美两种审美风格。徐景铨分析认为:"桐城派古文,虽标考据、义理、词章不可偏废之说,而致力最深者,实为词章,故戴震讥之为艺……然艺即今所谓美术也。文学本美术之一,名之曰艺,由今论之,适是为桐城古文重耳,又何害乎?"②从学术发展的规律来看,词章所具有的感性特征已经为民国学者对于经典文本的美学化范式研究的确立提供了一种路径走向。

　　中国美学形成的标志就是现代意义上的美学理论成果的出现。

---

① [美]托马斯·库恩:《科学革命的结构(第四版)》,北京:北京大学出版社2012年,第19—20页。
② 徐景铨:《桐城古文学说与白话文学说之比较》,《文哲学报》1922年第1期。

美学理论成果一方面来自于实践性的批评成果,如王国维对《红楼梦》作品的美学分析;另一方面来自于中国古代理论经典的美学思想挖掘。很显然,基于经典文本的美学思想发现及美学理论成果的突破,就需要这样的学术范式转型才能成为可能。以《淮南子》的接受为例,既有刘文典《淮南鸿烈集解》这样的传统之作,又从以往的考据、训诂中生发出思想性研究这样具备现代学术特征的形态。或者说,正是以胡适《淮南子书》为代表的具有"范式意义"的一大批古代文化经典"思想"研究著作,才为中国美学理论文本的出现提供了可能。从传统的朴学研究到现代思想研究,中国美学的理论萌芽也正夹杂在古代文化经典的哲学、伦理学、教育学、政治学等各类思想形态研究中。

　　其二,从《淮南子》的艺术美学——哲学美学思想阐释看中国美学形成的两种路径。如以《淮南子》为考察对象,其思想接受就体现了中国现代美学"两条路线"的相互促进。这两条路线就是以杨没累代表的"自艺术经验到审美理论"的"艺术美学思想阐释"和以胡适为代表的"自哲学(审美)理论到艺术经验"的"哲学美学思想阐释"。后一条路线("哲学→美学")更多关注美学的核心概念和基本命题,具有理论的抽象性和科学性特征。这条路线往往也被认为是中国现代美学体系化建构的主要路径,正如学者所说:"作为学科形态的中国现代性美学是从 20 世纪初叶开始,经由对西方近现代美学的移植传播而逐渐发展起来的,直到中华人民共和国成立为止的整个 20 世纪上半叶,通常概括称谓的中国现代美学的主要理论资源均是来自西方,而在哲学观念上,从早期的王国维、蔡元培到后来的吕荧、朱光潜等人,则大都属于哲学唯心主义。"①但通过对《淮南子》的思想接

----

① 谭好哲:《二十世纪五六十年代美学大讨论的学术意义》,《清华大学学报》2012 年第 3 期,第 72—77 页。

受考察,我们至少可以明确中国现代美学在知识谱系上的中华传统,从而对"中国现代美学的主要理论资源均是来自西方"这一论断进行局部修正。如基于对《淮南子的乐律学》的"知识考古",我们可以发现《淮南子》的思想接受过程中,原来存在一条极为扎实的植根于艺术实践的美学化路径。同时,这在一定程度上也丰富了现代中国美学出场的面向,因为艺术美学路径正对应了中国现代美学如何积极挖掘古代文化经典中的理论资源。事实上,王国维在《哲学小辞典》译作中使用"审美"、"美学"、"美感"、"美育"等现代西方化的美学概念之时,也在《红楼梦评论》、《古雅之在美学上之位置》等著作中已经做出了具有中华美学传统的独创阐释。虽然在当时,这种中华美学资源挖掘的自觉意识并没有鲜明地体现在《淮南子》的文本研究中,但从一开始,"自艺术经验到审美理论"就预示了一条中国现代美学发展的重要路径。

其三,从《淮南子》美学化接受看中国现代美学学科制度的建设。正如刘康论到,"发源于欧洲(广义的西方)并形塑了世界知识体系的文科,是现代性启蒙运动的产物,它以文明的反思、文化的批判为现代性启蒙的起点。西方知识体系进入中国,推动了中国的现代转型,把中国纳入了现代世界的体系中"①。其实,从宏观视域看,《淮南子》美学化接受的历程与19世纪末、20世纪初现代文科学术体系在中国建立有着密切关系。

左玉河在论述中国现代四部之学分化的过程时认为:"晚清时期,四部之学知识系统在西学东渐大潮的冲击下,不断解体与分化,

① 刘康:《什么是文科?——现代知识的型塑与体系》,《上海大学学报》2021年第2期,第1—19页。

逐渐被西方以近代学科为类分标准建构起来之新知识系统所替代。"①西方学科体制对中国传统学术的冲击,带来的最大影响就是削弱了子学的统治地位。一定意义上讲,对《淮南子》的解读应属于传统经学范畴,但现代学者对其哲学美学阐释已带有明显的现代学科意识。新的价值信仰为现代学科体制提供了理论框架的根基,传统经学中被忽视的人的性情、情感体验被凸显,成为建构新的学科非常重要的思想维度。1909 年孙毓修在《图书馆》系列论文中,将图书典籍分为总记部、哲学部、宗教部、社会学部、语学部、理科博物学部、应用的美术部、非应用的美术部、文学部、历史部等十类。美学,作为哲学的一个分支,在这种背景下寻找到自己的知识谱系,中国美学学科也正是在这样的背景下开始逐渐生成。

　　同时,20 世纪以后以大学机构为主导的现代文科课程设置也为《淮南子》研究带来了新的面貌。例如,1933 年蔡元培主编的《中国伦理学史》中,第二期《汉唐继承时代》第二章便是《淮南子》,其中分为"小传"、"著书"、"南北思想之调和"、"道性"、"性与道合"、"修为之法"、"善及无为"、"理想之世界"、"性论之矛盾"、"结论"十个部分②;1935 年容肇祖撰写的《中国文学史大纲》中,第十二章为《淮南子——吕览之续》③;又如 1948 年陶希圣撰写的《中国政治思想史》中,将《淮南子》置于黄老思想的脉络之中,重点论述了"宇宙发生论与人生观"、"人体发生论与养生术"、"社会变化论与统治术"等十二个问题④。正是在具有现代文科属性的"伦理学"、"文学"、"政治

① 左玉河:《从四部之学到七科之学———学术分科与近代中国知识体统之创建》,上海:上海书店 2004 年,第 333 页。
② 蔡元培:《中国伦理学史》,上海:商务印书馆 1933 年,第 94—104 页。
③ 容肇祖:《中国文学史大纲》,北京:朴社 1935 年,第 72—76 页。
④ 陶希圣:《中国政治思想史》,南京:中华印刷出版公司 1948 年,第 39—60 页。

学"等新型学术门类作用下,《淮南子》的研究范式也获得突破。而且,这些新型学术门类中所涉及的文辞、人性、身体、政治等关键词,为《淮南子》美学化接受提供了理论资源的准备。

三、《淮南子》美学思想接受的当代发展

新中国成立以后,《淮南子》哲学化接受这一范式依旧在延续,不同的是其内部的话语构成有所转变。侯外庐主编的《中国思想通史》(人民出版社 1957 年版)虽然也将《淮南子》专置一章,但是更多是从阶级斗争的视角考察,因此《淮南子》成为观察"儒法斗争"的一个窗口,其中的道家思想以及哲学观都成为被批判的对象。1957 年,中国人民大学哲学系哲学史教研室主编的《中国哲学史参考资料》中摘录《要略》部分内容。1963 年出版的《中国历代哲学文选　两汉—隋唐编》中,译注了《淮南子》中《天文训》、《原道训》、《精神训》、《修务训》、《氾论训》5 篇内容,称这几篇是在"唯心主义"、"神秘主义"、"悲观主义"以外具有"唯物主义思想倾向"和"一些进步的社会历史观点"①。这里我们可以见到日丹诺夫主义②对中国哲学史写作的影响,但是,从学术史"断裂/延续"的角度上说,尽管这种"选本"式的哲学化阐释有肢解、简单化《淮南子》倾向,然而这确实是用"另一种"方式延续着《淮南子》在中国哲学史上的地位。80 年代后,《淮南

---

① 中国科学院哲学研究所中国哲学史组、北京大学哲学系中国哲学史教研室:《中国历代哲学文选　两汉—隋唐编》,北京:中华书局 1963 年,第 48 页。

② 新中国初期哲学史写作,很大程度上受到了日丹诺夫《在关于亚历山大洛夫著〈西欧哲学史〉一书讨论会上的发言》的影响。日丹诺夫在这篇文章中确立了哲学史写作的基本思路,称:"科学的哲学史,是科学的唯物主义世界观及其规律的胚胎、发生于发展的历史。唯物主义既然是从与唯心主义派别斗争中生长和发展起来的,那末,哲学史也就是唯物主义与唯心主义斗争的历史。"(参见《日丹诺夫论文学与艺术》,人民文学出版社 1959 年,第 84 页)

子》哲学思想研究在摆脱了简单的政治价值判断之后，又呈现出新的话语体系特征。最具代表性的如牟钟鉴的《〈吕氏春秋〉与〈淮南子〉思想研究》（该书最早于 1987 年由齐鲁书社出版，收入辛冠洁主编的《中国传统思想研究丛书》），以道家思想为立场对《淮南子》做了系统性的研究，并将其与《吕氏春秋》一起放置在中国古代学术思想发展的历史进程中加以考察。且其书中关于《淮南子》美学价值的客观性、生命论以及多元文化思想的处理等命题都已切入到审美问题的思考①。徐复观在《两汉思想史》中单设"《淮南子》与刘安的时代"一章（该书最早由台湾学生书局 1976 年 6 月初版），从汉初的政治、学术发展等时代语境中分析《淮南子》。书中对《淮南子》儒道思想分野做出了清晰的厘定，并给出了因集体创作主体的不同价值立场而导致思想杂糅的判断，体现出关于《淮南子》思想体系探究的理论进展②。伴随着上述《淮南子》哲学思想的传统形态研究，在当代中国美学学科的发展背景下，80 年代以后兴起的美学史建构，直接促生了《淮南子》实现美学思想文本的价值地位。

（一）《淮南子》的美学史化接受

　　《淮南子》的美学史化接受是在上世纪 80 年代完成的，但其中有两点需要注意。一是，从"短时间"上看，关于"中国美学史写作"的基本想法在 1960 年代已经形成。1960 年代，中宣部和教育部组织编写高校文科教材，美学分为"美学概论"、"西方美学史"、"中国美学史"三个部分，分别由王朝闻、朱光潜、宗白华负责。但是，宗白华负责的"中国美学史"一直没有完成，"中国美学史却没有样板，无法依葫芦画瓢，而且中国美学的存在方式和资料形式大不同于西方美

---

① 牟钟鉴：《〈吕氏春秋〉与〈淮南子〉思想研究》，人民出版社 2013 年。
② 徐复观：《两汉思想史》卷二，《徐复观全集》，北京：九州出版社 2014 年。

学",因此这一学术史写作"相当有难度"①。在这种特定情境下,宗白华认为"中国美学史……现在只能做些专题性的初步探索而已"②。到了80年代,《淮南子》进入中国美学史,首先是以"资料选"的形态出现,即1980年北京大学哲学系美学教研室编的《中国美学史资料选编》。这本书归纳了《淮南子》关于美论的23点命题,数量为两汉部分之最,其中不仅关于美的本体论(如"论美丑"),也涵盖审美发生论(如"人之情,感于物而动"),还含括了审美鉴赏(如"乐听其音,则知其俗")和审美教育(如"圣人因民之所好而为之节文")等等。二是,从"长时间"上看,完成于80年代《淮南子》的美学史化接受,与整个20世纪《淮南子》现代知识形塑有着密切关系,这其中哲学化阐释有着极为重要铺垫意义。在《中国美学史资料选编》的《编者说明》中,专门提及"郭沫若、王朝闻、邓以蛰、侯外庐、黄药眠、魏建功、刘大杰"等学者的帮助③,由此可见中国美学史写作中的多学科助力。

　　20世纪80年代,伴随"美学热",《淮南子》美学思想研究兴起,多见于各类美学史著作,主要为观点综述。这其中以李泽厚和刘纲纪的《中国美学史》第一卷、叶朗的《中国美学史大纲》、陈望衡的《中国古典美学史》以及敏泽的《中国美学思想史》等为代表④。这些研

---

① 张法:《中国美学史应当怎样写:历程、类型、争论》,《文艺争鸣》2013年第1期。

② 宗白华:《宗白华全集》第三卷,合肥:安徽教育出版社2008年,第397页。

③ 北京大学哲学系美学教研室:《中国美学史资料选编》,北京:中华书局1980年,第1页。

④ 施昌东的《汉代美学思想述评》(中华书局1981年版)是新时期较早的一本断代美学史,在汉代美学史的框架下作者以"论美"、"论乐"两个部分阐释了《淮南子》美学。就影响力而言,施昌东的《汉代美学思想述评》不及叶朗、敏泽、李泽厚、刘纲纪撰写的中国美学通史,故在正文中不专门论述。

究有几个共通的特征:第一,强调《淮南子》的道家属性。重新回归道家,是 1980 年代中国哲学史、中国美学史建构的一个关键步骤。在 1962 年中华书局出版的《中国历代哲学文选　先秦编》选目中,由于俄苏话语的影响,教科书化的"无神论"和"唯物主义"使得《老子》和《庄子》直接排除在中国哲学史的叙事中。新时期在拨乱反正的大语境下,道家在中国文化史的应有地位得到了客观评价。在美学史领域,叶朗直接称"老子美学是中国美学史的起点"①,李泽厚也提出了"儒道互补"②的概念。正是在此基础上,"旨近老子"(高诱语)的观点成为《淮南子》美学建构的纲领性思想。第二,非常重视从美学基本命题展开对《淮南子》的论述。李泽厚、刘纲纪《中国美学史》从美与自然之道、美的多样性等几个方面对《淮南子》进行论述并给予较高评价,奠定了国内学界关于《淮南子》美学思想在美学史上的基本地位。其他如敏泽、叶朗等人美学史著作多围绕《淮南子》中关于美的本质、审美主体等美学基本命题展开。陈望衡谈到《淮南子》中美在适宜、形式美以及美与"一"(道)关系等。这一问题聚焦与新中国初期的"美学大讨论"有着极为密切的关系。第三,从美学史的视野下,通过审美范畴的提炼来确定《淮南子》在连接先秦与魏晋之间的美学意义。如多部美学史著作都提到《淮南子》中"文与质"、"神、形、气"、"情与理"等范畴,并从中国美学史的整体发展脉络中坐标它们的理论位置。在几本美学史叙述中,都明确了《淮南子》"过渡性"的美学思想价值。

可以发现,1980 年代《淮南子》的美学史化接受与这一时代的文化氛围有着密切关系,以《淮南子》为案例进行历史化考察,可以深入读出一些"文化无意识"。首先,是美学研究从"中国'美学'"走向

① 叶朗:《中国美学史大纲》,上海:上海人民出版社 1985 年,第 19 页。
② 李泽厚:《美的历程》,北京:中国社会科学出版社 1984 年,第 58 页。

"'中国'美学",即突出美学的民族文化性格。应当说,《淮南子》的美学化接受最为直接的原因在于 1980 年代的美学史写作,其背景在于中国学者开始自觉地建构"'中国'美学"的努力。这与 1980 年代以前的"中国'美学'"研究有着极大的不同。众所周知,在"美学大讨论"的过程中,关于美的本体讨论,最为典型的例子就是"一朵梅花",进而探寻美的主客观属性,这基本沿袭了西方美学研究的话语方式和核心范畴。现在我们再来审视 1980 年代美学史写作,就可以感觉到中国学者依托中国资源,开始进行真正"有中国"的美学理论建构的意图。也正是在这个过程中,《淮南子》作为美学文本的合法性得到了确认。其次,坚持马克思主义思想对中国美学研究的指导地位。在《淮南子》美学思想的阐释中,往往运用美的"客观性"、"差异性"、"多样性"等马克思主义美学范畴。李泽厚等《中国美学史》从汉代社会生产的时代环境下考察《淮南子》的审美精神和美的形态,都含有实践美学的特征。特别是叶朗《中国美学史大纲》专门标示《淮南子》"关于美和人的劳动创造的关系"命题,充分体现马克思主义美学经典文献《1844 年经济学哲学手稿》的理论精神对《淮南子》美学思想研究的影响。其间或有"以论带史"的阐释嫌疑,但在一定程度上也体现了中国学者在美学领域中马克思主义中国化的理论建设成绩。

从学术发展的历史进程来说,1980 年代美学史的接受范式基本奠定了《淮南子》作为一部美学文献的合法性地位。以李泽厚、叶朗、陈望衡、敏泽等为代表的学者在他们的中国美学史写作中形成了对《淮南子》美学思想的基本判断,直接影响了其后研究。《淮南子》美学知识的延续性以文学史内容体系为载体,不断"累加",丰富着《淮南子》美学思想的研究。当然,现在来回望 80 年代《淮南子》在美学史中的思想阐释,会发现其研究多停留在零散观点的基本罗列,并未形成集中主题,也无体系化设计。即便经典文本如叶朗《中国美学史》大纲,也只是罗列出《淮南子》七个美学命题、范畴,而无体系上的逻辑性。从这一点来说,《淮南子》思想很容易被解读为一些只言片语式的"美学格言"、"论美名句"。这种"肢解性"、"零散罗列式"的研究形态带来的直接后果就是《淮南子》被认定为缺乏整体性、体系化的思想汇编,而始终被挡在经典文本之外。

新世纪以后,随着当代中国美学史研究的深化,相关著作(教材)不断出现,其中大都单章论述《淮南子》美学思想。这一时段的研究有别于之前一味的观点罗列综述,大多聚焦于某个理论视点来展开对《淮南子》美学意义的阐发。在叶朗主编、任鹏著《中国美学通史》第二卷"汉代卷"中,《淮南子》的美学思想被放置在关联性审美思维的理论框架中探讨。作者认为《淮南子》"从思想上舍弃了万物之间的疏离、孤立与冲突,而以更富于内在联系与和谐感的模式取而代之"①,最终呈现万物为一的整体性审美思维特征。陈炎主编、仪平策著写的《中国审美文化史》"秦汉魏晋南北朝卷",将《淮南子》美学思想研究视野拓展到汉代审美文化的总体风貌中。著作在"以大为美"的主题统摄下,通过汉代都城、宫殿、皇陵、雕塑等物质审美形态以及散文、大赋等文学审美形态描述,以及与《淮南子》美学思想的对应,最终实现对汉初时代审美文化的总体把握。这其中,《淮南子》也被放置在大汉时代审美文化环境下,以各篇中多个理论话语的表达,呈现出"以大为美"的主题品格②。

纵观《淮南子》的美学史化接受,无论1980年代的观点罗列,还是新世纪以后的美学思想主题聚焦,尽管对《淮南子》的美学价值认定不一,但基本坐实了《淮南子》在中国古代美学史中的一席之地。

---

① 任鹏:《中国美学通史·汉代卷》,江苏人民出版社2014年,第239页。
② 仪平策:《中国审美文化史·秦汉魏晋南北朝卷》济南:山东画报出版社2000年。

(二)《淮南子》美学思想的专题性研究

在美学史研究的基础上,越来越多的学者开始关注、探究《淮南子》美学思想,且突破观点罗列式的研究范式,而走向单一主题性或整体性研究。

一方面,众多学者从传统美学视域出发,立足于传统美学基本命题、范畴对《淮南子》进行研究。周来祥《〈淮南子〉的哲学精神和美学思想》一文认为《淮南子》的根本精神是追求一种得道、悟道的大优游的审美境界,同时它把"道"与"和"联系起来,发展了中华文化的和谐精神①。21世纪以来,《淮南子》"体系化"研究成果增多。其中陈静《自由与秩序的困惑:〈淮南子〉研究》最为突出,该书聚焦《淮南子》儒道思想的融合努力,在详实资料基础上,极为清晰地揭示出两种思想共存而产生的游移困境及其背后的文化根源②。陈静之作虽是哲学思想表达,但透过其"自由和秩序的困惑"主题呈现,我们可以发现创作主体的精神挣扎以及传统文人的审美人格悲剧。很显然,这些创见已经关涉到中国古代美学思想的关键命题。此外,雷健坤的《综合与重构:〈淮南子〉与中国传统文化》主要从思想史层面论述了《淮南子》的理论体系及其历史价值,其中也涉及到其美学思想的体系描述③;孙纪文《〈淮南子〉研究》中提出儒道互融就成为《淮南子》美学新蕴涵的主导体系建构④。他们的研究是对以往学界关于《淮南子》为"杂家"之说的有力纠偏。杨有礼《新道鸿烈——〈淮南子〉与中国文化》虽不是从美学角度单论,但将《淮南子》放置在中

① 周来祥:《〈淮南子〉的哲学精神和美学思想》,《山东大学学报》2008年第4期。
② 陈静:《自由与秩序的困惑——〈淮南子〉研究》,昆明:云南大学出版社2004年。
③ 雷健坤:《综合与重构:〈淮南子〉与中国传统文化》,北京:开明出版社2000年。
④ 孙纪文:《〈淮南子〉研究》,北京:学苑出版社2005年。

国文化的历史建构中来定位,给予很高评价①。这些研究都将《淮南子》的美学思想同中国文化相关联,实为灼见。

另一方面,更多成果利用跨学科理论视角切入,从文学史、文学理论、神话学以及生命哲学、身体美学等维度展开了对《淮南子》美学品格的深入研究。因《淮南子》文本的赋体特征,加之学者的已有关注,新时期后,《淮南子》的文学审美价值又重新走进研究者的视域。聂石樵《先秦两汉文学史稿》第一次从文学史的研究维度阐释了《淮南子》的文学性,并将其作为中国文学发展过程中的经典文本来评价②。姜书阁《骈文史论》以骈文文体定性《淮南子》,突出其在中国骈文史上的地位③。

作为文艺美学最为相近的学科,文学理论成为近年来考察《淮南子》文艺思想的主要维度。与《淮南子》的美学史化、文学史化一样,文学批评史研究最先呈现《淮南子》文艺思想论述。王运熙、顾易生主编的《中国文学批评通史(先秦两汉卷)》,从文艺本质上论述《淮南子》因自然、灭文章、依道废艺等观点;从文艺价值上阐释了《淮南子》关于儒家六艺文化的态度。其立足于道家文艺美学来定位《淮南子》,并给予文论发展史上的较高评价④。另一部将《淮南子》写入文论史的著作是许结的《汉代文学思想史》。作者从汉代时代精神特征上来描述《淮南子》兼容各家的文学思想形态,并就其中具体命题做出解读;同时也肯定了《淮南子》对于魏晋文学思想演进的历史意义⑤。这时期具有代表性的文学性研究当属杜

---

① 杨有礼:《新道鸿烈——〈淮南子〉与中国文化》,开封:河南大学出版社2001年。
② 聂石樵:《先秦两汉文学史稿》,北京:北京师范大学出版社1994年。
③ 姜书阁:《骈文史论》,北京:人民文学出版社1986年。
④ 王运熙、顾易生主编:《中国文学批评通史》,上海:上海古籍出版社1996年。
⑤ 许结:《汉代文学思想史》,南京:南京大学出版社1990年。

绣琳的《文学视野中的〈淮南子〉研究》。该著作聚焦《淮南子》的文体表达、文学意象的美学特征等内容,突出《淮南子》文学艺术价值,实为新作。陈良运的论文《〈文心雕龙〉与〈淮南子〉》借助于"神"、"物感"等范畴的厘定,从影响研究视角探究了《淮南子》对后来文艺美学思想的影响。该文是关于《淮南子》文艺理论论述的一篇佳作。

近年来,《淮南子》研究尤其突出表现为理论视域的突破。丁秀菊《论〈淮南子〉的修辞美学取向》从文本修辞学角度提出其美学取向是在尚质前提下的文质统一;赵国乾《论〈淮南子〉的生命美学精神》认为其"尊天保真"生命美学理想的追求对中国审美文化传统产生了深远影响。黄悦的《神话叙事与集体记忆:〈淮南子〉的文化阐释》以神话思维来解读《淮南子》的思想体系及其蕴含的文化精神。著作通过历史叙事、哲学表达和文学想象的论述,充分显现神话作为建构社会关系的话语系统的价值①。刘成纪从"身体美学"这一维度阅读出《淮南子》的身体经验与世界经验的关系②。四川师大郑毅的博士论文《身体美学视野下的〈淮南子〉研究》(2012年)以"身体美学"为理论视野,采用跨文化比较等方法展开对《淮南子》的文化研究,其目的是为当代"身体美学"以及文艺学研究提供合理的文化身份认同与空间归属。这一成果也显示出当今《淮南子》研究的态势,即美学文本与当代文化理论的结合。

《淮南子》美学化接受是中国学术史上一个连续性的事业。尽管关于《淮南子》的接受范式发生了几次较大的转变,且每种范式内部

---

① 黄悦:《神话叙事与集体记忆:〈淮南子〉的文化阐释》,广州:南方日报出版社2010年。
② 刘成纪:《形而下的不朽 汉代身体美学考论》,北京:人民出版社2007年。

也存在话语的转换,但这种"转变"不会成为福柯知识考古学意义上的"断裂"。因为我们可以清晰地看到一种"知识累加"的现象,由此《淮南子》的接受史始终呈现继承与突破统一发展的格局。这种历史价值维度充分显现在现代《淮南子》美学化接受中:不论是杨没累的"艺术史"接受,还是胡适的"哲学史"接受,抑或是1980年代的"美学史"、"文学(理论)史"接受,它们均聚焦于"史"的视野。这与鲍桑葵关于近代西方美学兴起的发问有些相似:为什么现代西方美学不是发生于十六世纪那个艺术实践最为辉煌的时期之后,而是起源于十八世纪? 对此,鲍桑葵的解释是,"这种材料的特殊性质要求,先要经过一个长时间的批判欣赏的过程,然后它的内容才能真正进入意识之中"①。这无疑对于我们理解《淮南子》的美学化接受具有重要启示意义。与其说"史"意味着传统文化资源的合法性建构,毋宁说"史"是"西学东渐"和"整理国故"之间的一种暂时性策略,它是特定时期中国学者知识生产的一种方式。当中国学者开始以"世界中的中国"②调整"中国"与"西方"的关系的时候,中国美学研究策略也发生了战略性的变革,"美学的现代进程,不是推行某种版本的美学,而是促进不同美学传统之间的对话,在对话的过程中敞开新的理论前景"③。从这个角度上说,《淮南子》美学化接受依旧是一个"未完成的事业"。

---

① [英]鲍桑葵:《美学史》,张今译,北京:商务印书馆1985年,第223页。
② 刘康:《西方理论的中国问题:兼论研究方法、古代文论的现代转换》,《武汉大学学报》2020年第5期,第53—59页。
③ 彭锋:《现代美学神话的建构与解构》,《文艺争鸣》2019年第4期,第72—78页。

第一章 《淮南子》与汉初文化思想

《淮南子》自面世之日起,就伴随着众多的接受争议。关于《淮南子》书名、作者以及价值定位可为其复杂接受的三个代表性问题。生成于汉初时代特定的文化语境中,《淮南子》呈现出与时代相符的精神气质。同时,在较为完备的方法论指导下,《淮南子》汇融各家之说,沿着学术思想发展的路径继续前行,最终建构出自我特征的思想体系。

第一节 《淮南子》与汉初时代精神

《淮南子》一书,是汉初文化融合的理论结晶,是为大一统帝国确立一种文化模式的学术著作。因此,《淮南子》尽管大量采撷先秦的思想资料,兼容各家之说,但仍是汉初时代精神和文化语境下的理论生发。

一、《淮南子》概说

这里三个命题关涉《淮南子》书名称谓的变迁、思想主体的辨定以及后世价值的定位等方面。其中关涉文献引证、训诂考证内容,古今学者致力甚多成果翔实,且并非本书论说指向,所以不再赘述①。重提这三个命题,是为了映射当下关于《淮南子》美学思想研究不一而论的学术图景,兼有明确本文价值立场之意。

(一)关于《淮南子》的书名

一是以《鸿烈》称谓。从文献存在形态来看,先秦诸子类文章多是散篇,后人将其编撰成书,一般以人名称谓书名,如《庄子》、《孟子》等。著录成书的自觉意识应始于《淮南子》,《要略训》中交代了其著书的文化意图:

> 夫作为书论者……故著二十篇,有《原道》,有《俶真》,有《天文》,有《地形》,有《时则》,有《览冥》,有《精神》,有《本经》,有《主术》,有《谬称》,有《齐俗》,有《道应》,有《氾论》,有《诠言》,有《兵略》,有《说山》,有《说林》,有《人间》,有《修务》,有《泰族》也。……故著书二十篇,则天地之理究矣,人间之事接矣,帝王之道备矣。

在《泰族训》中列举了各章名目、写作体例之后,《淮南子》于篇末写到,"此'鸿烈'之《泰族》也",直接明确了其书名为"鸿烈"。东汉时期高诱《淮南鸿烈·叙目》云:"淮南之书,号称鸿烈。鸿,大也。烈,明也。以为大明道之言也。"②许慎在注《要略篇》中也说:"鸿,大也。烈,功也。凡二十篇,总谓之鸿烈。"③此后的学者也都沿用并解释了由《淮南子》自主标明的《鸿烈》称谓,如刘文典在《淮南鸿烈集

① 徐复观《两汉思想史》、牟钟鉴《〈吕氏春秋〉与〈淮南子〉思想研究》、陈静《自由与秩序的困惑——〈淮南子〉研究》、马庆洲《〈淮南子〉考证》等著作中都单独设章对《淮南子》的版本、文献引证等内容做专题研究。
② 刘文典:《淮南鸿烈集解》,《新编诸子集成》第一辑,北京:中华书局1989年,第2页。
③ 何宁:《淮南子集释》,北京:中华书局1998年,第1437页。

解》的"点校说明"中也说:"《淮南子》二十一篇,本名鸿烈。"

二是以《淮南内》或《淮南》称谓。最早涉及到《淮南子》书名的《汉书·艺文志》著录"淮南内二十一篇",又"淮南外三十三篇",颜师古对其注曰:"《内篇》论道,《外篇》杂说。"①后刘向校书,为其定名《淮南》,如高诱《叙目》所言:"光禄大夫刘向校订撰具,名之淮南。"《汉书·淮南衡山济北王传》中说:"招致宾客方术之士数千人,作为《内书》二十一篇,《外书》甚重。"据此估计,现今流传的《淮南子》应属于刘安的《淮南》系列之一,仅为《淮南》"内篇"。汉代的扬雄在《法言·君子》中也以《淮南》称谓:"《淮南》说之用,不如太史公之用也。太史公,圣人将有取焉,《淮南》鲜取焉尔。必也儒乎!乍出乍入《淮南》也。"②清代章学诚在《校雠通义》中也关注到《淮南》书名,"《淮南内》二十一篇,本名为《鸿烈解》,而止称淮南,则不知为地名欤?人名书名欤?此著录之苟简也。其书则当互见于道家,《志》仅列于杂家,非也(外篇不传,不复置论)"③。

三是以《淮南子》称谓。最早称《淮南子》之名的,见于问世于魏晋时代的《西京杂记》,其卷三曰:"淮南王著鸿烈二十一篇。鸿,大也。烈,明也。言大明礼教。号为淮南子,一曰刘安子。"而自《隋书·经籍志》以下,后世就多称为《淮南子》了。

《淮南子》书名称谓其实暗含历史上关于《淮南子》的地位认定。《鸿烈》虽由创作主体于作品中直接提出,但在汉代并没有得到认同。同时,在以传统儒家思想为主导的政治文化环境下,古代学者多认定作者刘安有谋逆之罪名,而罪臣之书是不能称子的,因此多以《淮南》

---

① 班固:《汉书》,北京:中华书局 1962 年。本文所引《汉书》皆依据该版本。
② 转引自牟钟鉴《〈吕氏春秋〉与〈淮南子〉思想研究》(附录:历代有关《淮南子》的考评辑要),北京:人民出版社 2013 年,第 290 页。
③ 章学诚:《校雠通义·汉志诸子》,见《文史通义校注》,叶瑛校注,北京:中华书局 1994 年,第 1058 页。

笼统称之。20世纪初,《推十书》的作者刘咸炘还在说"淮南不必称子",他在《旧书别录》卷三的"淮南鸿烈"条中说:

> 庄逵吉曰:只题淮南,不必称子,此说是也,……本集众所成,不可专属,故题其地。要略称为刘氏之书,犹吕氏春秋,著其成于刘氏、吕氏耳,不韦及安固不独任著书之名也。……古书称引,皆但云淮南,不加子字。[①]

在他看来,以刘安的声名地位,与吕不韦一样,都不足以称子,所以其书名为《淮南》即可而不必称《淮南子》。

直至近代以后,随着《淮南子》研究范式的转换,思想研究成为主要形态,其书名称谓问题也逐渐淡化。近代以降,学者往往以《淮南》、《淮南子》或《淮南鸿烈》等名称谓,虽多不相同,但所指为一。如向承周《淮南校文》、刘文典《淮南鸿烈集解》、刘家立《淮南集证》、吴承仕《淮南旧注校理》、杨树达《淮南子证闻》、马宗霍《淮南旧注参正》、王叔岷《淮南子斠证》三种、于大成《淮南子校释》、郑良树《淮南子斠理》、何宁《淮南子集释》等等。当代研究中,学界各类著作都以《淮南子》为名,也有以《淮南鸿烈》称谓,如李泽厚《中国美学史》(第一卷)第二编单列"《淮南鸿烈》美学思想"。研究著述中,学者多以《淮南子》或《淮南鸿烈》混用,亦无碍理论思想的接受。

(二)关于《淮南子》作者

《淮南子》的作者争议主要在于是个人之作还是集体之作这一问题上,即《淮南子》到底是刘安个人创作还是文人集团集体编撰。古代典籍有不少直接明确刘安为《淮南子》作者的,《汉书·艺文志》中就著录《淮南内》作者为"王安",即淮南王刘安之意。《西京杂记》中

---

① 刘咸炘:《推十书》第二册,成都:成都古籍书店1996年影印,第934页。

也说："淮南王安著《鸿烈》二十一篇。"唐代刘知几在《史通》中高度
评价了《淮南子》"牢笼天地"，并提到："昔汉世刘安著书，号曰《淮南
子》。"(《自叙》)明代胡应麟非常明确地肯定《淮南子》为刘安个人
所著这一说法，并对其他说法加以批评："淮南王招集奇士，倾动四
方，说者咸以此书杂出宾客之手，非也。左、吴、雷、被诸人著作绝无
可见，特附《淮南》而显，岂梁苑邹、枚，邺中刘、阮等哉!"(《少室山房
笔丛》卷二十八)王世贞在《艺苑卮言》中也说："《淮南鸿烈》虽似错
杂，而气法如一，当由刘安手裁。"①但也有学者坚持《淮南子》只是刘
安门下众多文人集体撰述而成。宋代高似孙认为："所谓苏飞、李尚、
左吴、田由、雷被、毛被、伍被、大山、小山诸人，各以才智辩谋，出奇驰
隽，所以其书驳然不一。"②至近代，胡适主张："淮南王是很能作文辞
的，故他的书虽有宾客的帮助，我们不能说其书没有他自己的手
笔。"③看起来胡适似乎是肯定刘安个人在其书著述中的作用，其实
仍然是主张"宾客的帮助"。关于《淮南子》作者考察，前辈学者多有
论述。陈静在其著作中，就单设一节来谈论作者问题，对历代观点梳
理考察非常详尽④，故本文不再赘述。

就《淮南子》一书来看，其包罗万象、思想流派众多是不争事实。
这种内容上的特点与当时淮南国文化繁盛、士人集聚密切相关。西
汉前期全国曾出现过四个文化中心。一是刘交为楚王的楚国，都城
为彭城(今江苏徐州)。二是河间献王刘德的河间国，立于景帝前元
二年(前155)，在位二十六年。三是吴王刘濞的吴国，高祖十二年

① 王世贞：《艺苑卮言》，陆洁栋、周明初批注，南京：凤凰出版社2009年，第122页。
② 高似孙：《子略》，《丛书集成初编》本，上海：上海商务印书馆1939年，第36页。
③ 胡适：《淮南王书》，见《中国中古思想史长编》，上海：华东师大出版社，1996
年第121页。
④ 参见陈静：《自由与秩序的困惑——〈淮南子〉研究》，昆明：云南大学出版社
2004年。

（前195）立国,都于吴（今江苏苏州）。四是刘安所在的淮南国,其都城寿春是以养士闻名的战国四公子之一春申君的故都。这其中,以河间献王刘德为核心的北方文化中心和以刘安为核心的南方文化中心构成了武帝时代两大学术思想汇集地。《汉书·景十三王传》:

> 河间献王德以孝景前二年立,修学好古,实事求是。从民得善书,必为好写与之,留其真,加金帛赐以招之。……故得书多,与汉朝等。是时,淮南王安亦好书,所招致率多浮辩。

作为文化集中地的思想领袖,刘安广罗门客。很显然,其学术集团在《淮南子》的著述过程中提供了学术智慧,发挥着重要的作用。高诱在《淮南鸿烈·叙目》中说:"（刘安）与苏飞、李尚、左吴、田由、雷被、毛被、伍被、晋昌等八人,及诸儒大山、小山之徒,共讲论道德,总统仁义,而著此书。"在这样一个自由、多元的文化空间,齐地的阴阳五行思想、楚地的道家思想,再加以儒生思想以及流行于其时的各家各派,作为文化原料和理论底色,经过刘安的创作处理,构成了《淮南子》的思想框架。

但同时,即便刘安的文人集团参与其书创作,很可能也只是各自贡献相应立场的思想材料;而如何将这些相异的思想材料整合在一个价值体系结构中,这就需要刘安的宏大视野和融汇百家的思维格局来解决。如果说,刘安的文人宾客参与《淮南子》,起到的是提供思想原料的作用,那么,刘安就是将这些散乱的思想元素有机整合、兼容并蓄成一个整一体系的关键作者。从这个意义上说,《淮南子》无论是个人之作还是集体行为,都不影响其核心思想的主题表达。其实,任何一部著作,即便是个人表达,往往也是通过个性化的书写来呈现一个时代的精神内涵和文化风貌;而集体参与创作更需要一个明确的主体来提供思想脉络的主干,以此引领、融合群体意识。因此,我们可以这样理解:《淮南子》是由刘安主导,深刻体现其主体性的时代思考、哲学表达和艺术精神的作品;众多文人群体的加入而带来的不同思想交融,最终也促进了这部作品主题和思想体系的完整表达。当面对各种思想的交流和碰撞,刘安更需要勇气和技巧来实现作品综合整一的主题设定。如果我们从这一维度来看待《淮南子》的作者问题,就可以如陈静所言:"关于《淮南子》的作者,我们仍然只能回到最初的比较含混的认识:它的作者是淮南王刘安及其宾客。这个似乎含混的说法,其实更准确一些。"[1]

　　而从刘安本人来说,他不同于一般王侯公子。《史记·淮南衡山列传》记载"淮南王安为人好读书鼓琴,不喜弋猎狗马驰骋";《淮南子·修务训》:"闲居静思,鼓琴读书,追观上古,及贤大夫,学问讲辩,日以自娱,苏援世事,分白黑利害,筹策得失,以观祸福,设仪立度,可以为法则,穷道本末,究事之情,立是废非,明示后人,死有遗业,生有荣名。……知人无务,不若愚而好学。自人君公卿至于庶人,不自强而功成者,天下未之有也。"可见,刘安是一位有着很高精神旨趣和审美品位的文人。他不喜好骄奢淫逸的王家生活,是因为他不仅始终持有一颗建功立业之心,同时又希望成为留名于世的思想者,其著书行为来自于自我人生价值追求的动力。梁启超对刘安的学术能力充分肯定,"刘安博学能文,其书虽由苏飞辈分纂,然宗旨及体例,计必先行规定,然后从事;或安自总其成,亦未可知。《要略》所提挈各篇要点及排列次第,盖匠心经营,极有柱脊,非漫然獭祭而已"[2]。因此,《淮南子》凝聚了刘安的思想表达和学术旨趣,这一点是应该明确的。

----

[1] 陈静:《自由与秩序的困惑——〈淮南子〉研究》,昆明:云南大学出版社2004年,第27页。

[2] 梁启超:《汉书艺文志诸子略考释》,《饮冰室合集》第十八册,北京:中华书局1989年,第9268—9269页。

其实，作者的争议是《淮南子》思想体系价值认定的表现。如果说《淮南子》完全是集体创作的成果，刘安也只是名义上的汇编者而已，那么文人集团不同学术思想的并列共存必然呈现驳杂主题的表达，而当众多学者将《淮南子》定位于杂家也就不足为奇了。但如果充分肯定刘安作为《淮南子》的思想主体，《淮南子》的理论个性和文化理想的创建就应该得到尊重和认可。

（三）关于《淮南子》后世价值定位

《淮南子》的价值定位基于研究者不同的接受取向。后世学者多元并存的价值评判，更加标示了《淮南子》的接受是一个富有特征的文化事件，这也为新的理论创见的出现提供了可能。具体来说，关于《淮南子》后世价值定位有以下几种代表性的观点。

一是因其文献价值或知识谱系传承功能而加以肯定。高诱《叙目》中说："故夫学者不论淮南，则不知大道之深也。是以先贤通儒述作之士，莫不援采以验经传。""援采以验经传"即是高诱对《淮南子》做出的文献价值定位。事实上，《淮南子》在后世的流传过程中，就不断被人援采为经传作注解，如《后汉书》、《文选》的注解以及《史记索引》中等，都引用援采《淮南子》中的话语材料；其他类书如《北堂书钞》、《艺文类聚》、《太平御览》中也是如此。文献引注或零散片语的格言呈现，在《淮南子》后世的文化接受中成为了一种较为典型的形态。这种文献训诂价值的发挥在清代达到鼎盛，众多学者致力于《淮南子》的文本校勘研究。代表作如钱塘《淮南子天文训补注》、王念孙《读淮南子杂志》以及庄连吉校《道藏》本《淮南子》，此外孙诒让《淮南子札迻》、俞越《淮南子平议》、王绍兰《淮南子杂记》、陈昌齐《淮南子正误》、陶鸿庆《读淮南子札记》、于鬯《校淮南子》等也相继出现。

从《淮南子》的内容呈现来看，几乎每个篇目中都有先秦学术思想的表达或直接的话语引用。因此范文澜说："战国秦汉诸子百家学说,因汉武帝独尊儒术,散佚甚多,《淮南子》保存了一些百家遗说,在这一点上,还是一部值得重视的著述。"①不仅限于人文思想,《淮南子》中还承续了前代大量的天文地理等科技知识资料,如二十四节气的提出,"'二十四节气'的完整、科学的记载,出自西汉前期淮南王刘安的《淮南子·天文训》"②。《淮南子》吸收保留了《吕氏春秋·十二纪》的知识体系,将每一节气对应每一音律,二十四节气对应十二音律,从而第一次全面提出"二十四节气"的运行规律。由此,经《淮南子》完整表述,体现中华农耕文化精神和思维特征的历法知识谱系在后世代代传承。后世南朝宋时期的《元嘉历》、唐朝的四部历法以及传播于日本的"和历",都建立在《淮南子》完整的"二十四节气"知识表达基础上。

　　这种价值定位一直以来成为《淮南子》文化接受正面性评价的主要依据,但同时以此带来的问题是学界对《淮南子》思想创造性的漠视和不屑。在这样的学术接受氛围中,《淮南子》被认定为一部只是对先秦思想剪裁、整理的文献汇编,也就可以理解了。而且直到民国之前,在《淮南子》近两千年的接受过程中,鲜见《淮南子》整体性的思想阐释,这就更加固化了人们对于《淮南子》接受的文化价值认知。

　　二是以其为杂家之说而作两极判断。其中之一是因其驳杂而作否定。此类价值评判古已有之,汉代扬雄《法言·君子》中说:"《淮南》说之用,不如太史公之用也。太史公,圣人将有取焉,《淮南》鲜取焉尔。必也儒乎!乍出乍入《淮南》也。"所谓"乍出乍入"即指《淮南子》思想游离于儒道之间,飘忽不定。其后的《淮南子》接受史中,偶有涉及思想解析的都持与扬雄相似观点,且延续至今。冯友兰在《中国哲学史》中直接做出判定:"《淮南鸿烈》为汉淮南王刘安宾客

① 范文澜:《中国通史》第二册,北京:人民出版社 1978 年,第 167 页。
② 陈广忠:《二十四节气的排序问题》,《中国非物质化文化遗产》2020 年第 2 期。

所共著之书。杂取各家之言,无中心思想。"①范文澜在《中国通史》第二册中也说:"淮南王刘安在本国招集以道家为首的百家游士,仿秦吕不韦著《吕氏春秋》例,撰《淮南内》二十一篇(又名《淮南鸿烈》、《淮南子》)。《淮南子》虽以道为归,但杂采众家,不成一家言。"②这些权威之说呈现于思想史文本,并被纳入大学教育知识体系中,往往就意味着学界对《淮南子》思想价值的盖棺定论。

但同时,"杂"也可以延伸为"博及古今"而被人大加赞赏。伴随着近代关于《淮南子》思想解读的勃兴,一批学者赋予其思想特征新的解读,并冠以"新道家"之名。梁启超《汉书艺文志诸子略考释》中说:

> 刘、班以《淮南》次《吕览》之后而并入杂家者,盖以两书皆成于宾客之手,皆杂采诸家之说,其性质颇相类也。虽然,犹有辩。吕不韦本不学无术之大贾,其著书非有宗旨,务炫博哗世而已,故《吕览》儒墨名法,樊然杂陈,动相违忤,只能为最古之类书,不足以成一家言,命之曰杂,固宜。刘安博学能文,其书虽由苏飞辈分纂,然宗旨及体例,计必先行规定然后从事;或安自总其成亦未可知;观《要略》所提挈各篇要点及排列次第,盖匠心经营,极有伦脊,非漫然獭祭而已。高诱《序》云:"其旨近老子,淡泊无为……然其大较归之于道。"此真能善读其书者。故《淮南鸿烈》,实可谓集道家学说之大成。就其内容为严密的分类,毋宁以入道家也。③

---

① 冯友兰:《中国哲学史》上册,北京:中华书局1961年,第477页。
② 范文澜:《中国通史》第二册,北京:人民出版社,1978年,第167页。
③ 梁启超:《汉书艺文志诸子略考释》,《饮冰室合集》第十八册,北京:中华书局1989年,第9268—9269页。

　　梁启超在这段话中以《吕氏春秋》与《淮南子》做对比，认定前者实为杂家之说，而后者为"学说之大成"，力挺《淮南子》的思想价值。不仅如此，梁启超还对《淮南子》中最为人诟病的"无中心思想"之说进行纠偏，认为其"匠心经营，极有伦脊，非漫然獭祭而已"。这可以看作是创新之见。在此基础上，《淮南子》后世地域同乡安徽人胡适也说："《淮南王书》折衷周、秦诸子，'弃其畛挈，斟其淑静，非循一迹之路，守一隅之指'，其自身亦可谓结古代思想之总账者也"①，又说："道家集古代思想的大成，而淮南书又集道家的大成。道家兼收并蓄，但其中心思想终是那自然无为而无不为的'道'"②。另一位民国大家刘文典更是毫不掩饰自己对《淮南子》的赞赏："《淮南王书》博及古今，总统仁义，牢笼天地，弹压山川，诚眇义之渊丛，嘉言之林府，太史公所谓'因阴阳之大顺，采儒墨之善，摄名法之要'者也。"③正是在这些大家之言的依托下，近代以降人们才又对《淮南子》另眼相看，也更加肯定其思想内容的包容性品格和综合性特征。徐复观在其《两汉思想史》中就说："以同一方式，抱同一目的，把汉初思想，作另一次大结集的，则为刘安及其宾客所集体著作的《淮南子》，这也可算得思想史上的伟迹。"④《淮南子》的思想价值认定在历经多年的固化陈见后，又敞开具有生命力的意义空间，迎接一代又一代的鲜活之见。

　　三是以人论书作出评判。在强大的儒家政治文化场域中，任何文化作品都必须以是否符合其价值标准来作出评判。刘安在《史记》、

① 胡适：《淮南鸿烈集解序》，见刘文典：《淮南鸿烈集解》，北京：中华书局1980年。
② 胡适：《淮南王书》，上海：新月书店1931年，第13页。
③ 刘文典：《淮南鸿烈集解·自序》，北京：中华书局1980年。
④ 徐复观：《两汉思想史》卷二，《徐复观全集》，北京：九州出版社2014年，第159—160页。

《汉书》中"谋逆者"形象身份的认定,就决定了《淮南子》狂诞之作的否定性价值定位。这以清代王夫之《读通鉴论·武帝》为代表:

> 取安之书而读之,原本老氏之言,而杂之以辩士之游辞。老氏者,挟术以制阴阳之命,而不知其无如阴阳何也。所挟者术,则可以窥见气机盈虚之蟒蠖,而乘之以逞志。乃既已逆动静之大经,而无如阴阳何矣。则其自以为窥造化而盗其藏,而天下无不可为者,一如婴儿之以莛击贲、育,且自雄也。率其道,使人诞而丧所守,狂逞而不思其居。安是之学,其自杀也,不亦宜乎!夫老氏者,教人以出于吉凶生死之外,而不知其与凶为徒也。读刘安之书,可以鉴矣。①

文化作品接受中,接受者知人论世,以"文如其人"的观念来判定作品的价值,是比较常见的做法。因此,如果想提升《淮南子》的价值高度,也就必须要对其作者刘安重新评价。显然,这一问题的出发点在于厘定刘安是否为儒家政治文化体系中的"谋逆者"。陈广忠在其著作《刘安评传》和后续相关论文中极力为刘安辩护,经过文献的佐证和思想的推衍,认定刘安是"含冤自杀"。陈教授从这一价值立场出发,基于后世同乡的情感亲近,兼及扎实深厚的学术考证,对《淮南子》的思想、知识体系做出极高评价。这或许就是王夫之所说的"以其情自得"式的文化接受方式。当我们以人文视角去面对古代的文化作品时,的确不应把它仅看作一个科学研究的对象,而应该视其为可以对话、有情感交流的"思想形象"。

　　四是以《淮南子》创作文本的审美价值而称道,兼及对刘安才情的赞颂。高诱就曾评价《淮南子》说:"其义也著,其文也富"(《叙

---

① 王夫之:《读通鉴论》,舒士彦点校,北京:中华书局2013年,第58页。

目》),论述了《淮南子》博采各家的知识体系,也表达了对于其文章辞彩之美的肯定。东汉王逸《楚辞章句》为刘安及其门客创作的辞赋《招隐士》作注:"《招隐士》者,淮南小山之所作也。昔淮南王安,博雅好古,招怀天下俊伟之士。自八公之徒,咸慕其德,而归其仁,各竭才智,著作篇章,分造辞赋。"王逸充分肯定了刘安及其身边文人集团的文学才能。刘勰没有从传统的社会政治角色来判定刘安的身份,而是从一个才华横溢的"英才"形象去看待刘安,显示出一个伟大文论家的审美眼光。其《文心雕龙·诏策》中说:"是以淮南有英才,武帝使相如视草;陇右多文士,光武加意于书辞:岂直取美当时,亦敬慎来叶矣。"当然,在刘勰看来,英才的主要体现就是文才,所以《神思》篇说:"人之禀才,迟速异分,……淮南崇朝而赋《骚》,枚皋应诏而成赋。……虽有短篇,亦思之速也。"这里的刘安是作为一个文思敏捷,才情过人的文章家出现的。刘勰在《辨骚》中就引用刘安的《离骚传》:"昔汉武爱《骚》,而淮南作《传》,以为:《国风》好色而不淫,《小雅》怨诽而不乱,若《离骚》者,可谓兼之。蝉蜕秽浊之中,浮游尘埃之外,皭然涅而不缁,虽与日月争光可也。"这段话虽主题在于赞颂屈原《离骚》,但以刘安《离骚传》做论据,也间接证明刘勰高度认同刘安的文章作品。总之,有别于一般文人看待刘安的价值视角,"英才"形象突出了刘安的审美主体身份。清代刘熙载《艺概·文概》中也说:"《淮南子》连类喻义,本诸《易》与《庄子》,而奇伟宏富,又能自用其才,虽使与先秦诸子同时,亦足成一家之作。"[①]以文本修辞之美而有很高的价值认定,这算是《淮南子》插柳成荫的无意之得。正因为这一点,在长期接受范式较为单调的《淮南子》研究过程中,审美意义的注入为《淮南子》进入新的历史时期接受空间的开拓提供了另一种价值路径。

---

① 刘熙载:《艺概》,上海:上海古籍出版社 1978 年,第 14 页。

二、《淮南子》与汉初时代精神

《淮南子》成书于汉初,其思想表达和文化呈现与那个时代精神下的心理定式、审美定式有着密切关系。汉初时代精神是《淮南子》的生成语境,并在《淮南子》文本内容中得到充分体现。

(一)大一统时代的大汉意识

汉初的时代精神与一个大一统王朝的建立密切相关。在经历了短暂的大秦王朝之后,汉代尤其是文帝、景帝至武帝即位之初实行的社会政治策略和文化主张都明显迥异于秦代,而呈现出自由平和、包容开放的精神特征。文帝前元二年颁《日食求言诏》,前元十五年颁《策贤良文学诏》,后元元年又颁《求言诏》,举天下英才贤人且中正谏言者。执政者对于人才和思想的尊重显示了大汉时代涵括万有的内在要求,伴随着政治一统、经济发展共同促成了一个大汉王朝的实现,如司马相如在献给汉武帝的《封禅书》中所描述的:

> 大汉之德,逢涌原泉,沕潏曼羡,旁魄四塞,云布雾散,上畅九垓,下泝八埏。怀生之类,沾濡浸润,协气横流,武节炎逝……(《汉书·司马相如传》)

在司马相如的描述中,这个大汉王朝以德为国家的基本品格。盛世之德如涌泉般广阔无垠,广被四方,上达九重之天,下到八际之地。天地自然一切生命都受到大汉之德的浸润濡染,呈现出和气广布、威武如炎的状态。而且,大汉盛世之德从社会政治、人伦道德领域拓展到天地自然、地理疆域、世间万物、文化审美等万象众有,最终统于"大"的境界。"大"的境界既包括天地时空之广大,也含有王道之大。天地之大皈依"天道",王道之大落实为"事道",二者统一呈现为汉代思想者所建构的宇宙结构体系和生成论,最终指向大一统社会的价值需求,从而标示出一种"大汉"意识。这种品格气魄浑大,恢弘广阔,充分表达出那个时代人们的社会政治心理、民族精神和文化理想。在这样的时代氛围中,人们谈天说地,面向广阔的自然世界,寻求把握对象的主体能力,更有对社会经纶毫不掩饰的追求。

《淮南子》将这种大汉景象表达为社会政治、文化思想上的"天下混而为一",《览冥训》中对此作了描述:

> 晚世之时,七国异族;诸侯制法,各殊习俗;纵横间之,举兵而相角;攻城滥杀,覆高危安;掘坟墓,扬人骸;大冲车,高重京;除战道,便死路;犯严敌,残不义;百往一反,名声苟盛也。……故自三代以后者,天下未尝得安其情性而乐其习俗,保其修命,天而不夭于人虐也。所以然者,何也?诸侯力征,天下合而为一家。
>
> 逮至当今之时,天子在上位,持以道德,辅以仁义;近者献其智,远者怀其德;拱揖指麾,而四海宾服;春秋冬夏,皆献其贡职;天下混而为一,子孙相代,此五帝之所以迎天德也。

在《淮南子》看来,三代以降至战国,天下割据,诸侯法令不一,连横、合纵两派离间,各国举兵而互相争斗,天下百姓性情不得安定,性命无法保全,其原因就在于各国频频武力相争,天下没有实现统一。与之相比,大汉时代,天子高位,实施道德又辅以仁义,臣民各安其位、安舒平和,海内归附,实现了天下大一统的盛世局面。《齐俗训》中也说:"秦王之时,或人菹子,利不足也。刘氏持政,独夫收孤,财有余也。"《淮南子》明确表达了对于大汉时代社会政治的赞美和憧憬。这也代表了汉初思想者最为普遍的历史文化心理,即以一种积极心态期待着大一统时代的到来并为之奉献智慧。

这种大汉意识还体现在士人们致力于揭示天下道理的思想模式

建构上。汉代文人,不再像身处秦代那样整日忧患于自身的性命安危,也无需绞尽脑汁地在政治权谋中赢得一席之地,终于可以认真地思考一个严肃而神圣的问题:如何建构一种符合这个时代特征的文化思想模式,来统摄自然、社会与个体的生存。于是,人们开始延续了战国以来"望天"的思想路径,努力探究宇宙时空所呈现出的秩序和规律。"望天"意味着一种新的思想表达方式,即以对宇宙时空的"天道"思考,来寻求一套统摄天地人一体化的应行之道。很显然,这种思考是应和这样一个大一统时代的需求。葛兆光在他的《中国思想史》中所说:"各自确认与坚守的立场与视角往往各执一偏,……不足以应付日新月异的历史变化与瞬息万变的社会需求。"[1]如果说,先秦诸子百家都各从自己的立场和视角去表达一方之见,往往陷入是非困境,那么汉代初期,思想者们开始努力揭示一个恒常的天理或者道理。如《淮南子》建构的宇宙构成论,是以中央之土为中心的空间形态,并对应"九野"、"五星",形成天人对应的秩序体系,这正体现了汉初思想者对恒常天理的揭示。

(二)务实求知的探索精神

汉代大一统时代下,人们拥有昂扬奋发的自信心和恢弘廓大的视野,并将其运用到对外部世界的认知和实践把握中。时代的主体性精神不仅是内化于心的人格形象,更面向无限的外部空间去呈现。人们认为无论天地自然、山川草木、社会事理,都可以纳入主体认知思维中去探索其本质规律。冯友兰曾说:"汉人最富于科学底精神。"[2]《淮南子》中多处表达那个时代的认知水平,传达出人们认识世界的信心。首先,在《淮南子》看来,大道之下的现实世界是可知的

---

[1] 葛兆光:《中国思想史》第一卷,上海:复旦大学出版社 2001 年,第 226 页。
[2] 冯友兰:《新事论》,《三松堂全集》第四卷,郑州:河南人民出版社 2001 年,第199 页。

对象。《人间训》："发一端,散无竟,周八极,总一筦谓之心。见本而知末,观指而睹归,执一而应万,握要而治详,谓之术。"这里的合乎心是本,合乎术是把握对象的能力。从心到术,意味着人的思维从形而上领域落实为形而下实践方法。《缪称训》:"欲知天道察其数,欲知地道物其树,欲知人道从其欲",从天道、地道到人道,显示了人们极力探求天地人之理的企图。《道应训》说:"言有宗,事有本;失其宗本,技能虽多,不若其寡也。"这里表明的是从现象到本质的思维认知,强调人的认识不能停留在感知事物的外表上,还要深入事物内部把握其本质规律。《说林训》中更是多处谈到人认知经验世界的各种思维方式:

> 尝一脔肉而知一镬之味,悬羽与炭而知燥湿之气,以小见大,以近喻远。
>
> 铜英青,金英黄,玉英白,磨烛确,膏烛泽也,以微知明,以外知内。
>
> 见象牙乃知其大于牛,见虎尾乃知其大于狸,一节见而百节知也。
>
> 循绳而斲则不过,悬衡而量则不差,植表而望则不惑。

这几句话从以小观大、见微知著、以局部知整体以及循规蹈矩等各种思维形态,来说明人的理性归纳能力。这种从个别到一般、从现象到本质、从因到果的思维方式充分体现了人把握世界能力的提升。此外,在"天人同构"的哲学思潮中,人们将整个天地自然与人类社会纳入统一的体系结构中,以整体性的思维去看待世界中的每个事物。于是,世界被看作一个具有内在联系与和谐感的整一体系,事物之间的对立和冲突被忽略,万物之间的关联性成为人们认知对象的主要特征。正如《淮南子》所说:"乃始揽物引类,览取挢掇,浸想宵类。

物之可以喻意象形者,乃以穿通窘滞,决渎壅塞,引人之意,系之无极,乃以明物类之感,同气之应,阴阳之合,形埒之朕。所以令人远观博见者也。"(《要略训》)这些认知水平的提升增强人们面向自然的信心,激励人们不断参与到开拓自然的实践创造中。同时,人们在对自然的审视和实践改造中,也重新发现了自然之美。人只有在对自然的充分关注之下,并以自己的本质力量去呈现,才会在感受自然、欣赏自然中,形成美感;进而通过情感对自然的投射,在描绘自然中展现人的生命精神之美。这种对自然的审美态度,充分表明大汉时代人们面向外部世界的自由开放的气度胸怀。

汉代也是一个务实求真的时代。冯友兰认为,汉代人推崇"实际之肯定"①,从而将儒墨名法为代表的先秦哲学观念转变为科学观念,如将阴阳五行之说应用到对宇宙世界规律的探讨中,建构人和自然相统一的思想模式,最终形成体系化的宇宙构成论完整科学图式。《淮南子》、《春秋繁露》中,作者基于各自的价值立场都设计了一套宇宙构成论的理想图式,以应用于那个时代的思想需求。而在日常的社会治理和行为活动中,这种务实体现为合理选择、辨证处理不同时代、不同地域的一切资源,以实现为我所用的目的。《淮南子》中多处表达了这样观念,《说山训》:"桀有得事,尧有遗道,嫫母有所美,西施有所丑。故亡国之法有可随者,治国之俗有可非者。"在《淮南子》看来,社会治理之法并没有一种绝对的标准,应以务实有效为遵循原则;在现实社会中要根据人的实际能力和事物的有效性来设计制度、确立目标。《齐俗训》:"放高不可及者,不可以为人量;行不可逮者,不可以为国俗",强调要尊重每个人的自身能力和特点,因性而为。这也是一种合规律和目的性的理论表达。《修务训》又说:"昔

---

① 冯友兰:《新事论》,《三松堂全集》第四卷,郑州:河南人民出版社 2001 年,第199 页。

者苍颉作书,容成造历,胡曹为衣,后稷耕稼,仪狄作酒,奚仲为车。此六人者,皆有神明之道,圣智之迹,故人作一事而遗后世,非能一人而独兼有之。各悉其知,贵其所欲达,遂为天下备",尽管人通过学习掌握知识学问和技能,但也需因性而成,不可能"一人而独兼有之"即掌握所有的知识;即便古代圣人也只是"人作一事而遗后世"。这是对人认知、实践能力合规律性的客观表达,充分显现了汉代人不耽于幻想、务实理性的求真态度。

同样,在这样一个时代,人们投身于外部世界之中,将所有的玄虚之思落实到具体实践之中。《说林训》中"人莫欲学御龙,而皆欲学御马,莫欲学治鬼,而皆欲学治人,急所用也",以及"临河而羡鱼,不如归家织网"等,都主张脚踏实地的有为实践,批判一味的空想。而且,人们在观察世界、探索自然的过程中,越来越自信于主体智慧和精神力量,面对自然时不再困惑疑虑而束手无策。人在"物"的面前,坚持主体的精神作用,便可以无所困惑,"圣人心平志易,精神内守,物莫足以惑之"(《氾论训》)。《修务训》也说:"通于物者不可惊以怪,喻于道者不可动以奇,察于辞者不可耀以名,审于形者不可遁以状。"人们只要掌握认知事物的能力,通晓道的精神实质,由表及里,就不会在对象世界面前惊惶失措;更不会将精力耗费在鬼神臆想之事上,更加从容面对社会生活中的一切事相。《要略训》在描述《地形训》的写作动机时表达:"《地形》者,所以穷南北之修,极东西之广,经山陵之形,区川谷之居,明万物之主,知生类之众,列山渊之数,规远近之路,使人通回周备,不可动以物,不可惊以怪者也。"从这段话来看,《淮南子》就是希望借助于关于地形的描述来扩大人们的视野,洞晓世间的一切自然奥妙,使人们以一种从容不迫、处世不惊的文化心理来看待世界。《淮南子》的描述充分体现了汉初人们拥有一种天下尽在我心的大国心态。

（三）极富张力的文化创造

汉初的统治者非常重视文化创造对于人类社会的价值。大一统时代，不仅仅呈现为地域疆界的辽阔与社会政治的强势，更以丰富多彩、辉煌灿烂的文化创造为表征。汉初之际，国家意识形态层面倡导无为而治，不再有秦代严苛的文化压制，整个社会呈现出自由、平和、包容的文化思想局面。文帝在前元十五年颁布《策贤良文学诏》等诏令文书，渴求贤良文学之士为大汉进行文化设计，丰富时代文化内容形态；客观上也营造了一种畅所欲言、自由表达的文化空间。考察《淮南子》的文化生成环境可以发现，作为汉代宗亲封国，至武帝之初，淮南国拥有较为自由的文化政治空间。《天文训》："淮南元年冬，太一在丙子，冬至甲午，立春丙子"，这里的"淮南元年"表明淮南国单独设有纪年系统。而在中国古代，正朔代表国家政治意志的权力象征。淮南国不奉朝廷正朔自行纪年，就意味着汉初中央王朝对封国的控制相对较为松散。汉初各封国远离中央各自为政，具有较为宽松的文化思想表达环境，有利于文化的自由创造。淮南王刘安身边就聚集了各地文化士人，形成了一个较大规模的文化集团。在汉初宽松自由的环境下，士人们浸润在一种奋发有为的时代情绪中，纷纷著书立说，谈诗作赋；也正是在这样一个宽容并蓄、自由奔放的社会空间中，才有了《淮南子》这部"绝代奇书"的生成。"从思想文化上看，汉代统治者结束了秦代统治者那种蔑视历史文化、实行思想禁锢的方针，转而采取了相当宽容的自由方针，并且开始对差不多被秦代统治者毁灭殆尽的古文化典籍进行搜集、整理、研究。"①于是整个汉初呈现出自上而下的主体抱负：统治者寄望辉煌灿烂的文化创造能够呈现盛世之德以及圣王功业，以士人为代表的文化创造者更

---

① 李泽厚、刘纲纪：《中国美学史》第一卷，北京：中国社会科学出版社1984年，第439页。

愿意通过文化实践来表达自己的人生理想和生命价值。文化主体的上下同心共同促进了汉代文化创造的极大发展。无论是歌颂汉朝盛世之德的大赋文章，还是现实生活中实际应用的恢弘宫殿、雄奇石雕等，都以超越往世的审美气概，标示着一个繁荣、辉煌的文化时代的来临。同时，这个时代思想者充分感受到知识表达和文化创造的畅快：站在大汉时代历史的制高点上纵观前世之说，在文化吸收和融合基础上自觉地著书立言，极力创造出符合这个时代的不朽作品。各种时代因素的共同作用，促使汉初形成了自由奔放、昂扬奋进、包容并蓄的文化创造盛世图景。

在这样的时代氛围中，汉代创造了辉煌灿烂的文化。各种文化相互交融，尤其是具有原始巫术、神话色彩，富有浪漫精神的楚文化融进北方，使得中正典雅的中原文化汇入狂诞浪漫的审美风格。从而"产生了把深沉的理性精神和大胆的浪漫幻想结合在一起的生气勃勃、恢宏伟美的汉文化，这对汉代审美意识和艺术的发展也产生了极为深刻的影响"[1]。多样丰富的文化形态、充满张力的艺术作品构筑了大汉时代人们的精神世界。从物质文化来说，我们透过汉代各类灵兽石雕画像中充满生命活力的场景，能感受到那个时代人们对生活的热爱和投入。"非壮丽无以重威"的大汉都城风貌，"观夫巨丽惟上林"的中央宫苑气象，以及霍去病墓前的巨石群雕，"马踏飞隼"造型之青铜器皿等等，无不显示出那种拓展时空、认知世界以及占有天下的强盛时代的文化精神。从精神文化领域考察，那粗犷豪放的歌舞伎乐传达出汉代朴实厚重的壮美之音；而扬雄、司马相如等一代文豪创作的散体大赋更是引领时代文风。"汉兴枚乘、司马相如，下及扬子云，竞为侈丽闳衍之词"（《汉书·艺文志》），这些充分

---

[1] 李泽厚、刘纲纪：《中国美学史》第一卷，北京：中国社会科学出版社1984年，第442页。

体现了汉代文学艺术特有的感性铺排、繁富巨丽、博大雄奇、豪迈粗犷的审美文化风貌。各类丰富多彩的文化艺术形态是汉初人们审美气概的直接呈现,"汉代是中国第一个大一统的封建中央集权制的盛世。汉代文史典籍中所表现出来的前所未有的淋漓元气、万钧气韵,汉代文物所体现的遒劲体貌、万古雄风,汉代文人所展现的盛世气魄、千般豪情,都包含着极其丰富的文化意蕴。"①从《淮南子》文本内容中我们也可以看到汉代文化创造的精彩呈现。这里有一切雄浑辽阔的时空文化图景,其中物象有实有虚:有会稽、泰山、王屋、首山、太华、岐山、太行、羊肠、孟门之"九山";有太汾、涅厄、荆阮、方城、殽阪、井陉、令疵、句注、居庸之"九塞";有越之具区,楚之云梦,秦之阳纡,晋之大陆,郑之圃田,宋之孟诸,齐之海隅,赵之巨鹿,燕之昭余等"九薮"想象之地等等。书中的神话叙事纵情恣肆,极富浪漫的艺术想象性,有伏羲、女娲、炎帝、黄帝、东王公、西王母以及青龙、白虎、朱雀、玄武、麒麟等等一系列的文化形象,更有嫦娥奔月、精卫填海、后羿射日、女娲补天等具有中华民族精神特征的审美传说。这些文化创造体现了大汉时代人们走出内心放眼外部世界的主体精神。人们尽情观察、感受体验、歌颂弘扬着无处不在的美,洋溢着对生活积极乐观、务实求美的情感气息。汉代的文人内心阔大,"苞括宇宙,总览人物",自由奔放、无拘无束地抒写着对天地自然的热爱,对现实人生的执着追求,对时代使命的主动担承,以及对生命价值的理想寻求。

(四)积极有为的入世情怀

汉代(特别是它的初期)是我国历史上的英雄时代。汉代初期,宽松的政治文化氛围并没有招致人的懈怠懒散,却直接开启一个历史上的伟大时代。结束先秦列国的长期纷争、分裂之后,一个版图辽

---

① 詹福瑞主编,杨树增、陈桐生、王传飞著:《汉代文人的生命感叹·引言》,保定:河北大学出版社 2001 年,第 1 页。

阔幅员广大,人口众多的封建中央集权的统一帝国,屹立于世界东方。在这样的时代,人们生产、生活、狩猎、锻炼,全力追求事功、财富,朴实而豪爽,远没有为沽名钓誉的虚伪之风和皓首穷经的书呆子习气所腐蚀。广阔的心胸,雄浑粗犷的气势、力量处处显示出人作为大地主人的豪情。人是天地的产物,但他与天地是并生而为三的。人是天的副本,是宏大宇宙的一部分。《淮南子·天文训》中说:"歧行喙息,莫贵于人。孔窍肢体,皆通于天。……故举事而不顺天者,逆其生者也。"人之所以为天下贵,就在于人的形体、德性是化天而成的。因此,"尊天保真"、"外物返情"即是保持人性的纯真与质朴,这展示了一种人生价值取向和超越情怀;同时,人又是天的骄子,是真、善、美的完满的统一。他是真,因为他具有智慧,通晓自然之道,是各种客观规律的发现者和开拓者;他是善,因为他有道德,知诗书,明礼仪,懂人伦;他是美,因为在天地之间,到处显现了他的本质力量。在汉初,人的观念是如此突出,主题如此明确。因而天地自然、社会文化无不是以人的存在与发展为核心,无不打上人的强有力的印记。

在社会政治领域,随着汉代文帝、景帝多篇诏书的颁布,激发起读书人对社会经纶的强烈兴趣,士人们也保持高度的社会政治关怀,积极入世,上疏献策,入仕博取功名,展现自己的人生价值。对于汉初帝国的强盛有为,士人们也都是从天道之德的层面予以歌颂,如陆贾出使南越所言:"五年之间,海内平定,此非人力,天之所建也","皇帝其丰沛,讨暴秦,诛强楚,为天下兴利除害,继五帝三王之业,统天下,理中国。中国之人以亿计,地方万里,居天下之膏腴,人众车舆,万物殷富,政由一家,自天地剖判未始有也"(《汉书》卷四十三《郦陆朱刘叔孙传》)。其后的武帝,更是充满征战拓疆意志,渴慕建功立业成就一代英明,"朕获承至尊休德,传之亡穷,而施之罔极"(《汉书》卷五十五《董仲舒传》)。汉初时代的盛世所为,给人们带来了一股强烈的自豪感,进而涌起积极入世、建功立业的愿望,并成为知识阶层普遍的政治文化心理。

在这样的时代,人们生活、生产自由而轻松,精神超拔;朴实而豪爽,追求事功财富。"不能耕而欲黍粱,不能织而喜采裳,无事而求其功,难矣","人莫不奋于其所不足"(《淮南子·说林训》),人们拥有追求事功的强烈欲望。人的实践活动是中国古代社会发展的物质基础,实践领域的开拓进一步激发起古代人们在各个领域的创造性。在面向广阔外部世界的实践创造中,社会的物质财富和精神文化得到充分发展,人类自身本质力量对象化的范围也不断扩大,美的形态更加无比丰富。"人们在实践中有力地确证了自己是能够支配,占有自然的强大主体,这对两汉审美意识的发展产生了极为深刻的影响。"[1]《淮南子·修务训》:"夫地势,水东流,人必事焉,然后水潦得谷行;禾稼春生,人必加功焉,故五谷得遂长。听其自流,待其自生,则鲧、禹之功不立,而后稷之智不用。"如果任由江河水流的自由泛滥,完全等靠庄稼作物的自生自长,那么,如鲧禹、后稷这样的明君也无法建功立业。因此,人们在实践活动中,不能一味依赖自然,放弃人的主体性;应积极进取,彰显出人作为大地主人的豪情。《淮南子》从人在实践活动中的能动性,延伸到整个人整个生命存在的价值根本,突出"人必事焉"、"人必加工焉",来倡导一种积极有为的主体性表达。先秦道家主张"天道","天地固有常矣,日月固有明矣,星辰固有列矣,禽兽固有群矣,树木固有立矣"(《庄子·天道篇》),肯定天地万物有自己的运行规律。但其自然法则更加强调人的宁静返性,通过"坐忘"、"无己"、"无为"去合道、达道。相比而言,以《淮南子》为代表的汉代思想在继承先秦道家基础上,更加强调人的主体有为的实践能动性。如《泰族训》"故因则在,化则细矣",既强调因循自然法则的重要性,更强调在尊重客观规律基础上,充分发挥人的主

---

[1] 李泽厚:《中国美学史》第一卷,北京:中国社会科学出版社1984年,第441页。

体性。在《淮南子》看来,"自然无为"并非是"寂然无声,漠然不动,引之不来,推之不往"(《修务训》),而是"若夫水之用舟,沙之用鸠,泥之用輴,山之用蔂,夏潦而冬陂,因高为田,因下为池"(《修务训》),即因地制宜、因势而为。汉代人们积极有为的人生价值以对自然物性的求真探索为基础,进而延伸到大自然的实践开拓过程中来实现。《泰族训》曰:"圣人之治天下,非易民性也,拊循其所有而涤荡之,故因则大,化则细矣。禹凿龙门,辟伊阙,决江濬河,东注之海,因水之流也。后稷垦草发菑,粪土树谷,使五种各得其宜,因地之势也。"《淮南子》中夏禹、后稷等圣人在实践活动中对自然的改造和利用,正是在"因地之势"、"因水之流"的生产智慧中,呈现出主体力量的伟大之举。

第二节 《淮南子》的学术史路径

中国古代的学术思考早见于庄子之说,其《天下篇》详细阐释了诸子学说的发生发展。后来的《荀子·非十二子篇》以更为学术批判性的视角探讨这一话题。其后,《论六家要旨》、《汉书·艺文志》也都从学术思想发展角度探讨诸子学的缘起。近代章太炎作《诸子学略说》,正是继承了《庄子·天下篇》、《荀子·非十二子篇》、《论六家要旨》以及《汉书·艺文志》,从学理的角度论定诸子出于王官。学术的缘起、发展既有其自身内在逻辑演变的自律性特征,更因社会形势变化而受他律性影响。《淮南子·要略》篇重点从社会政治因素阐发了太公之谋、儒学、墨子、《管子》之书、晏子之谏、纵横家、刑名之书以及商鞅之法的发生。本文从学术史维度考察《淮南子》的思想实现路径,既需要梳理先秦诸子以来的学理脉络,更需要将其放置在特定的社会历史情境中。

一、汉初代表性学术思想与《淮南子》

汉初的学术思想是中国学术思想发展史上的重要节点。梁启超曾说:"中国之学术思想,常随政治为转移……是故政界各国并立,则学界亦各派并立,政界共主一统,则学界亦宗师一统……而其运皆起于秦汉之交。秦汉之交,实中国数千年一大关键也。"[①]伴随着社会政治的统一,学术思想逐渐向杂糅整合的方向发展。但在综合发展的过程中,儒道思想成为其中最突出的两股主流,牵引着各家之说。牟钟鉴认为:"在《淮南子》成书前,学术发展的态势表现为从先秦的百家争鸣进到汉初的儒道两家单胜,其他家积极向二者靠拢。"[②]陈静通过对汉初各家学派的思想方法和语境分析,得出一个结论:"汉初思想正伴随着政治上大一统制度的建设,在走着一条综合的路"[③],"我们说汉初是一个思想融合的时期,那么,在汉初的思想综合中有哪些可能的基本立场呢? 答案是,只有道家和儒家"[④]。当然,儒道的引领以及各家思想的对话和整合,都不是盲目任意如脱缰野马般肆意横流,而是需要一种体系化的思想范式来承载。基于大一统时代精神下的价值追求,《淮南子》自觉承担起这样的文化功能。于是,在《淮南子》中可以看到各家学术思想的存在;也正如此,《淮南子》就有了面向各家思想的阐释可能。

---

① 梁启超:《论中国学术思想变迁之大势》,见《饮冰室合集·专集》第三册,北京:中华书局 1988 年,第 112 页。
② 牟钟鉴:《〈吕氏春秋〉与〈淮南子〉思想研究》,北京:人民出版社 2013 年,第 153 页。
③ 陈静:《自由与秩序的困惑——〈淮南子〉研究》,昆明:云南大学出版社 2004 年,第 153 页。
④ 陈静:《自由与秩序的困惑——〈淮南子〉研究》,昆明:云南大学出版社 2004 年,第 158 页。

（一）汉初道家、黄老学与《淮南子》

《淮南子》自其诞生,大多被看作道家学派著作。东汉的高诱在《叙目》中对该书的思想旨归做出判定:

> 其旨近老子,淡泊无为,蹈虚守静,出入经道。言其大也,则焘天载地;说其细也,则沦于无垠;及古今治乱存亡祸福,世间诡异瑰奇之事。其义著,其文富,物事之类,无所不载。然其大较归之于道,号曰《鸿烈》。鸿,大也;烈,明也。以为大明道之言也。

自高诱下,多数学者将《淮南子》归于汉代道家门下。梁启超评价《淮南子》"为西汉道家言之渊府"①,胡适说:"道家集古代思想的大成,而《淮南王书》又集道家的大成。"②许地山《道教史》说:"综观《淮南》全书是以老庄思想为中心来折中战国以来诸家底学说,可以看为集汉代道家思想底大成。"③金春峰也认为:"《淮南子》思想的特点是:以道家为主旨,反儒的倾向显明而突出。"④从文本事实看,《淮南子》的道家思想特征表现在对道家典籍尤其是老子话语的移植使用上;此外,《淮南子》关键范畴和核心概念的使用上,也多出自道家话语体系。《道应训》一篇运用各类历史故事、寓言传说等来对接《老子》文本,遍及四十一章话语,更是最能体现《淮南子》与老子思想的接受。对于《庄子》,《淮南子》虽然直接引用只有一处,但间接化用最多。王叔岷在《〈淮南子〉引〈庄〉举偶》中,详细列举了两者文字材料的思想意义相近之处,《庄子》33篇中的22篇在《淮南子》文

---

① 梁启超:《中国近三百年学术史》,见朱维铮校注《梁启超论清学史二种》,上海:复旦大学出版社1985年,第369页。
② 胡适:《淮南王书》,上海:新月书店1931年,第13页。
③ 许地山:《道教史》,上海:华东师范大学出版社1996年,第121页。
④ 金春峰:《汉代思想史》,北京:中国社会科学出版社1997年,第262页。

中均有相近意义的文字指引①。具体来说，如《淮南子》中"上游于霄雿之野，下出于无垠之门"（《原道训》）体现了《庄子》对生命自由境界的追求；"神调之极，游乎心手众虚之间，而莫与物为际者"（《齐俗训》）与《庄子》"游心于虚"都指向了一种高妙绝伦的精神境界。追溯这种相近缘由，我们可以发现，《淮南子》的作者刘安虽有王者身份，但复杂的家世背景以及面临武帝执政后"山雨欲来风满楼"的政治生存境遇，使得这位有着更为高远目标追求的淮南王更加畅想庄子式的心灵自由、任性而为的精神境界。

　　在汉初的思想环境下，这个时期的道家与先秦道家相比，思想价值取向已经有了非常明显的变化。先秦道家的自然主义特征在汉初道家这里转化为更加明显的形而下与实际色彩。这种变化，明确表达在司马谈《论六家要指》中："道家，使人精神专一，动合无形，赡足万物。其为术也，因阴阳之大顺，采儒墨之善，撮名法之要，与时迁移，应物变化，立俗施事，无所不宜。指约而易操，事少而功多"，"道家无为，又曰无不为，其实易行，其辞难知。其术以虚无为本，以因循为用。无成势，无常形，故能究万物之情。不为物先，不为物后，故能为万物主。有法无法，因时为业；有度无度，因物与合"。从司马谈的概括来看，汉初道家最大的特点是在先秦道家"以虚无为本"的基础上，强调了"以因循为用"；从政治之术来说，君主可以"无为"，但臣有为，具体实施法令。同时，汉初道家思想不囿于先秦道家固有立场，"因阴阳之大顺，采儒墨之善，撮名法之要"，"与时变迁，应物变化"，形成以道为本，因时而为，吸收各家思想兼容并蓄的学术体系特征。

　　处于汉初极富有时代性的学术氛围中，《淮南子》对先秦道家思想的接受呈现出明显的价值偏移。首先，先秦道家始终关注存在的

---

① 陈鼓应编：《道家文化研究》第十四辑，北京：生活·读书·新知三联书店1998年，第366页。

终极意义,寻求人的生存超越。老子思想虽也涉及政治之术,但终归指向形而上之理。而在《淮南子》这里,"道"逐渐形而下化为"事",那个孤悬于玄眇虚境的"天道"落实到现实社会与人间万象中。《淮南子》中,"道"从作为终极价值的理想原点,延展到现实人类社会具象,且自然万物都能分享有"道"的光辉而获有存在价值和生命精神。其次,《淮南子》对先秦道家接受不是单向性的原意追溯,而是基于接受主体的价值立场进行阐释。以"无为"思想为例,这个先秦道家思想中的核心范畴在《淮南子·修务训》中被赋予新的意义,"若吾所谓无为者,私志不得入公道,嗜欲不得枉正术,循理而举事,因资而立功。权自然之势,而曲故不得容者,事成而身弗伐,功立而名弗有"。无为不仅仅是老子的政治策略,也不停留于庄子所定义的个体遗世独立的人生选择,而是人在遵循自然物性、社会发展规律基础上建立的无名之功。这种以"事"明"道",且时时融入儒家人文规制等内容的道家思想接受方式,已经显示出《淮南子》多元化的理论视野和融汇各家的文化意图。

《淮南子》对先秦道家的思想改变,使得学界将其又称之为"新道家",熊铁基认为《淮南子》和《吕氏春秋》一样,是秦汉之际新道家的代表作①。冯友兰将其归入与新道家相通的另一个重要学派名号"黄老学","《淮南子》所讲的,正是司马谈所说的道德家的思想内容,《淮南子》所体现的正是黄老之学的体系"②。此外,作为黄老学的代表,《管子》思想在《淮南子》中也屡被提及。《淮南子》在《要略》篇中将《管子》列为代表性思想流派,加以评析:"(齐)桓公忧中国之患,苦夷狄之乱,欲以存亡继绝,崇天子之位,广文武之业",对其也做了较高评价。《道应训》篇引述《管子》云:"此所谓《管子》枭飞

---

① 参见熊铁基:《秦汉新道家略论稿》,上海:上海人民出版社1984年,第74页。
② 冯友兰:《中国哲学史新编》(中),北京:人民出版社1998年,第156页。

而维绳者。"(《管子·宙合篇》有"鸟飞准绳","枭飞而维绳"当是"鸟飞准绳"之误。)其他如《淮南子》明法的理论表达也是对《管子》的思想接受。汉初黄老思想颇受执政者青睐,处于最为得势之时,加之刘安又追求一种寻仙得道的生存方式,这样的背景自然会对《淮南子》思想体系的建构产生直接影响。而且,《淮南子》赖以立言之"道",具有黄老学说所具有的可塑性与现实指向性,并以此演绎出儒道合流的理论价值体系。所有这些,使得《淮南子》往往被后世学者贴上了黄老学说的标签。

但事实上,简单地将《淮南子》划归黄老学也是将其广博整一思想体系的简单化界定。不可否认的是,《淮南子》与汉初的黄老之学在认识论、历史观以及政治驭民之术上的确有一致之处,但《淮南子》中的思想与黄老学还是有很大界域①。首先,在《淮南子》这儿,虽多处援引老子之语,或主张老子之说,但始终没有将老子与黄帝并举。书中虽有多处"老庄"并称,但不见"黄老"并说。其次,《淮南子》对黄帝这一政治意象的描述并不充分,也没有对其过高评价。书中在少处引用黄帝的政治理想时,却对其评价"犹未及虑戏氏之道也"(《览冥训》)。同时对假托黄帝之言持批判态度,"世俗之人,多尊古而贱今。故为道者必托于神农黄帝而后能入说"(《修务训》)。《泰族训》:"圣人之治天下,非易民性也,拊循其所有而涤荡之,故因则大,化则细矣。禹凿龙门,辟伊阙,决江濬河,东注之海,因水之流也。后稷垦草发菑,粪土树谷,使五种各得其宜,因地之势也。汤、武革车三百乘,甲卒三千人,讨暴乱,制夏、商,因民之欲也。"可以看出,在对待汤武革命的态度上,《淮南子》与汉代黄老的观点是不一致的。更为注意的是,从学术史层面来看,《淮南子》对"神农"、"黄帝"婉转批

---

① 参见徐复观:《两汉思想史》卷二,《徐复观全集》,北京:九州出版社 2014 年,第 169—170 页。

评也暗示出其不依附于一家之说、坚持独立学术立场的姿态。

(二)汉代儒学与《淮南子》

汉初在国家治理上,黄老学说占据主流,但儒学思想仍然在各个领域得到显现。陆贾在《新语·无为》中批评了秦朝专任刑罚迅速灭亡的原因:"秦始皇设刑罚,为车裂之诛,以敛奸邪,筑长城于戎境,以备胡越,征大吞小,威震天下,将帅横行,以服外国,蒙恬讨乱于外,李斯治法于内……事逾烦天下逾乱,法逾滋而天下逾炽,兵马益设而敌人逾多。秦非不欲为治也,然失之者,乃举措太众、刑罚太极也。"①这其中陆贾提出了"仁政"、"德治"的思想,在此基础上又儒道兼容:"治以道德为上,行以仁义为本。故尊于位而无德者绌,富于财而无义者刑,贱而好德者尊,贫而有义者荣。"由此可见,汉初儒学思想一直在广大士人阶层广泛存在。尤其以《诗》、《书》、《易》、《春秋》及《论语》等为代表的经传,是社会各阶层中广泛传授、研习的主要内容。此外,汉文帝时"博士"官的设立也标志着汉代儒学向儒经博士的转化发展。儒家专经博士的设立,从国家层面为儒学的合法性和社会认同提供了条件,对于经学的兴起意义重大,如东汉王充所言:"博士之官,儒者所由兴也。"(《论衡·别通》)这直接催生了汉代儒学的发展,主要的标志就是以"六艺"为代表的经学形成。《史记·儒林列传》中梳理了儒学在汉初的思想行迹,"故汉兴,然后诸儒始得修其经艺,讲习大射乡饮之礼。叔孙通作汉礼仪,因为太常,诸生弟子共定者,咸为选首,于是喟然叹兴于学。然尚有干戈,平定四海,亦未暇遑庠序之事也。孝惠、吕后时,公卿皆武力有功之臣。孝文时颇征用,然孝文帝本好刑名之言。及至孝景,不任儒者,而窦太后又好黄老之术,故诸博士具官待问,未有进者。"

《淮南子》对儒家思想的吸收直接表现在对儒家典籍的引用接受

---

① 王利器:《新语校注》,北京:中华书局,1986年,第135页。

上。《淮南子》中大量引用了《易》、《诗》、《书》等儒家经典作为自己的思想材料或以言证事。具体来看,《淮南子》六篇中有对《易》的直接引用,共13处;对《书》的直接引用有2处;九篇中对《诗》的引用有21处;对《礼》的引用包括《周礼》、《礼记》等;《主术训》篇中直接有对《春秋》的意义评论等。此外,《淮南子》中引孔子语,虽只有两三处在现今《论语》本中能找到明确出处,但多处引"孔子曰",应该出自汉初流行的《鲁论》、《齐论》、《古论》等本中。《淮南子》关于儒家经典不仅仅是材料的摘引,而且是做出了富有新见的评论,可谓是创造性的文化接受。《泰族训》:"五行异气而皆适调,六艺异科而皆同道。温惠柔良者,《诗》之风也;淳庞敦厚者,《书》教也;清明条达者,《易》之义也;恭俭尊让者,礼之为也;宽裕简易者,乐之化也;刺几辩义者,《春秋》之靡也。"这是对"五经"最为经典的意义评判。《淮南子》中也有对儒家思想的理论接受。如《缪称训》篇中"心治",强调君主应当重视自身的道德修养,"以诚感人"、"以情动人"就借鉴了许多儒家学说,尤其是子思情感化效果的修养理论。《淮南子》直接引用《孟子》虽可见只有《泰族训》一处,但论述人性以及《修务》篇的学习之法,显然来自孟子的"性善"、重教等思想。至于荀子,《淮南子》非常推崇其包容各家的气魄和博取各派的思维视野,在思想体系的建构上很明显是荀子理论体系的延续和发展;在具体话语上,《淮南子》于《主术训》、《兵略训》等篇中直接引用荀子之语有11处。

　　《淮南子》综合各家,其中儒家思想是重要的价值根基之一。但《淮南子》并非简单地照搬儒学思想,与先秦儒家相比,其思想创新之处甚多,后文详述。同时,在道家的自由气息和天性自然的审美召唤下,《淮南子》也没有受限于汉初五经博士制度的羁绊;在自由多元的文化追求中,更没有陷入后来董仲舒独尊儒术思想体系下的严整秩序中。关于这一点,陈静详细论述了《淮南子》中的儒家思想与汉代儒学《春秋繁露》的价值差异①。

（三）汉代杂家与《淮南子》

在《汉书·艺文志》的分类中，《淮南子》与《吕氏春秋》同属"杂家"。刘向《汉书·艺文志》分诸子为十家，"杂家"是其中之一，定义为："杂家者流，盖出于议官。兼儒、墨，合名、法，知国体之有此，见王治之无不贯，此其所长也。"《隋书·经籍志》也说："杂者，兼儒、墨之道，通众家之意，以见王者之化，无所不冠者也。古者，司史历记前言往行，祸福存亡之道。然则杂者，盖出史官之职也。"从《汉志》、《隋志》关于杂家的定义"兼儒、墨，合名、法，知国体之有此，见王治之无不贯"来看，其具有兼容各家的综合性特征，在汇聚各家之长基础上，为"王治"提供一种更为有效的整体性治国策略。杂家与汉初新道家、黄老学说有相似之处，但"杂家兼容并苞之，可谓能揽治法之全。所以异于道者，驱策众家，亦自成为一种学术，道家专明此义，杂家则合众说以为说耳"②。对于杂家的评判，历来因其"杂"而在学术史上难以占据主流价值地位。也正因为这一点，《淮南子》作为众多学者眼中杂家的代表，就被表述为无体系、无核心的内容杂糅之作。前文已述，范文澜、冯友兰两位学者都提出《淮南子》无中心思想、无体系，并以此来界定其为杂家。但近世国内外多位学者也对此有不同见解。周桂钿认为："《吕氏春秋》和《淮南鸿烈》都是融会各家思想的新体系。以先秦各家的模式来套，它们都不'合格'，因此被归入'杂家'。这一事实正可以有力证明它们都是融会百家的新体系。"③美国汉学家安乐哲高度评价了《淮南子》的思想体系。在以《主术》

---

① 参见陈静：《自由与秩序的困惑——〈淮南子〉研究》，昆明：云南大学出版社2004年，第154—156页。

② 吕思勉：《先秦学术概论》，上海：东方出版中心1986年，第158页。

③ 周桂钿：《秦汉思想史》，石家庄：河北人民出版社2000年，第6页。

为中心的解读基础上,安乐哲分析了《淮南子》中五个代表性的相关概念,并提出:"《淮南子》的独创性和深度恰恰在于,它能够超越思想派别之纷争,融合各派思想之精义,而创造出一个新的哲学理论体系。"①如何理解杂家和《淮南子》的关系?一方面如果只是就字面理解杂家的杂驳不一特征,并以此划定《淮南子》为杂家,事实上是不符合其思想表达和价值旨归的。另一方面,如果只是为了给予《淮南子》在学术思想史上的一个历史定位,以杂家来称谓,就抽象地剥离了有着深刻思想的创造主体刘安与《淮南子》的血肉相连。因此,学者马庆洲虽也将《淮南子》并入杂家,"从某种意义上来说,《吕氏春秋》的出现,是杂家成熟的标志,而《淮南子》则为代表杂家的顶峰之作"②,但赋予《淮南子》非常确定性的理论体系认定,"在继承前人学说的基础上,《淮南子》的思想有新的发展,它广泛吸收各家的成果,但绝不是各种材料的拼凑,而是融合了各家学说,并有新的见解,其思想是有系统的"③,从而给予了《淮南子》很高的价值地位。牟钟鉴虽也主张《淮南子》是大规模思想汇集和综合以往学术的成果,并将其放置在秦汉之际思想发展的时代背景中去考量,但弃用了"杂家"这一学术称谓,而代之以"综合家"。牟先生认为"综合家"的三部代表著作,分别为《管子》、《吕氏春秋》和《淮南子》。牟先生阐述了这三部代表著作产生的学术逻辑发展,从战国中期齐国稷下学宫的成果《管子》到战国末年的秦国成果《吕氏春秋》,再到西汉前期的淮南王国成果《淮南子》,这"三部书都可称之为综合家著作,它们对

① [美]安乐哲:《主术——中国古代政治艺术之研究》,滕复译,北京:北京大学出版社1995年,第107页。
② 马庆洲:《淮南子考论》,北京:北京大学出版社2009年7月,第98—99页。
③ 马庆洲:《淮南子考论》,北京:北京大学出版社2009年7月,第106页。

先秦文化的总结,一次比一次更深刻更条理"①。牟先生超越了具体单个的文化作品,而放眼先秦两汉整个思想发展的主线去考察中国文化,高屋建瓴,是为高论。从学术史发展看,汉代各家各派都带有融合倾向,彼此吸收、渗透,你中有我,我中有你,这是学术发展自身逻辑规律的呈现。在这个过程中,首先是各种思想需要共存,但简单的共存无法解决各家之说之间的矛盾,所以还需要它们再相互吸收、相互转化,最终融合统一为共同的品质。此外,徐复观则以《淮南子》儒道思想的分野这一视角看待其杂家特征,并从文本之外的作者因素考察了《淮南子》的杂家形成原因。徐先生认为,多个不同思想立场的作者共同参与创作《淮南子》,导致其出现思想芜杂、众声喧哗的局面。在他看来,《淮南子》作者群的结构成分中,既有"大山"、"小山"这样的儒生,也有苏飞一类道家人士,其书的思想芜杂正是因为来自于不同作者的表达②。也就是说,《淮南子》的儒道思想杂处从一开始,就因其是文人集体创作而决定了的。

当代研究中,陈静关于《淮南子》思想学术归属论述富有创见。她认为将《淮南子》界定为"杂家"或"道家"、"综合家",其实基于各自的理论视角,也都是有道理的。"如何称呼《淮南子》并不重要,重要的是《淮南子》是一个难得的样本,把中国思想在即将进入大一统时代之际的理论困境充分地暴露出来了。因此,研究《淮南子》应当以它游移于道家的自由与儒家的秩序为着眼点。由此着眼,则持'道家说'是最有理论前景的。"③陈静关于《淮南子》儒道思想矛盾的解

① 参见牟钟鉴:《〈吕氏春秋〉与〈淮南子〉思想研究》,北京:人民出版社 2013年,第 278 页。

② 参见徐复观:《两汉思想史》卷二,《徐复观全集》,北京:九州出版社 2014 年,第 184 页。

③ 陈静:《自由与秩序的困惑——〈淮南子〉研究》,昆明:云南大学出版社 2004年,第 167 页。

读,极为深刻。她并没有把儒道共处的根源像徐复观那样归结为文本之外的作者因素,而是回到《淮南子》思想体系的设计中寻找。她认为徐复观的解释"瓦解了《淮南子》的整体性,消解了儒、道思想在共存于《淮南子》一书中表现出来的思想紧张,使两种思想的冲突外在化为人际冲突了"①。在她看来,《淮南子》的内容表达是一个完整的意义系统,其核心主题呈现为"自由与秩序的困惑",即揭示了一种在自由和秩序间不断游移的价值困境。进而,陈静将这种价值困境分析深入到作者的文化心理结构去寻找。她认为刘安所具有的"王"和"人"的双重身份,以及对"真人"和"角色"的双重人格价值的追求,使得《淮南子》在渴望自由和"务于治"的人生设计中摇摆不定,最终决定了其"以道家思想立场安顿全书的意图"②是不成功的。可以发现,陈静非常准确地把握住了《淮南子》思想体系中两大主线儒家和道家的矛盾共存,并从社会政治环境下的文化心理去揭示创作主体的精神挣扎,即"自由和秩序的困惑",这对于后世文人精神游移和人格悲剧研究意义重大。从纯粹的哲学思想研究维度来看,陈静的分析逻辑严密,分析圆通,对《淮南子》儒道杂处的价值困境的厘定极为准确而凝练。然而从审美的维度来考察,这种极为客观理性的描述,一定程度上却又消解了《淮南子》在人生意义寻求上的审美期待。"理想"之于哲学,在于思辨的圆融;之于审美,却是生命的境界。如果从中国古代文人的价值追求来看,出世与入世的困惑始终萦绕在其间。一方面追求人生的自由和超越是中国文人的审美理想,同时,担承天下的社会责任又时时成为他们的济世情怀。而这两者如

---

① 陈静:《自由与秩序的困惑——〈淮南子〉研究》,昆明:云南大学出版社 2004年,第167页。
② 陈静:《自由与秩序的困惑——〈淮南子〉研究》,昆明:云南大学出版社 2004年,第169页。

何统一,始终是他们无法解决的人生难题。在汉初这样的特定时代背景下,《淮南子》体会到了中国文人生命存在的悲剧困境,并始终表达对圆融完美的人生理想的寻求。如果我们从《淮南子》的这种思想描述中,去纵览中国古代文人共有的一种悲怨性的人生图景,就会明了《淮南子》儒道互融文化建构的努力是多么的可贵。中国历代文人虽在人生价值实现上始终难以如愿,但也没有走向极端的精神分裂境地,因为他们心中都还有一团理想的火光。基于此,事实上中国文人始终能有效地处理儒道精神共存的矛盾,从而显现完整健康的民族性格和生存状态。

二、汉代之前学术史上的百家思想整合轨迹

先秦诸子时代,百家争鸣,"道术将为天下裂"。一方面,它的丰富多彩书写了中国古代思想史上辉煌灿烂的一页;另一方面,诸子百家各自确认坚守的立场与视角往往各执一偏,不足以应付日新月异的历史变化与瞬息万变的社会需要。自战国中后期起,天下归一成为历史发展之大势。为适应这种大势,各种思潮、流派和学说也从彼此斥绌、相互诘难中,呈现出彼此倡和,相互融汇的走向。蒙文通对这个时期的学术思想流变特征有过详细描述:"晚周之儒学,入秦汉为经生,道相承而迹不相接。孟、荀之术若与伏生、申生之业迥殊。荀究明之,非学晦于炎汉,义逊于前哲,以道术发展之迹寻之,实周秦之思想集成于汉代,若百川之沸腾,放乎东海而波澜以息也。岂徒儒分为八,同萃于兹。周季哲人皆具括囊众家之意,惟儒亦然。名、墨、道、法之精,毕集于六艺之门,盖儒者至是已足以倾倒百家而独尊,有诚非由于一时偶然之好恶者。前则《吕览》、《淮南》之书,及《尸》、《管》之俦,胥主于道家以综百家,司马谈父子亦其流也;后则贾生、晁错、董生、刘向,亦莫不兼取法家、道家之长以汇于儒术。穷源竟流,而后知西汉之儒家为直承晚周之绪,融合百氏而一新之,

其事乃显。"①蒙文通虽以儒家思想发展为主体来看待各家之说在汉代的呈现形态,且对于《淮南子》的定位有可商榷之处,但清晰地表明各家之说走向融汇的必然趋势。事实上,在汉代之前,从荀子的思想到《吕氏春秋》的完成,这种"百川汇海"式的理论融合一直在努力尝试,但直到《淮南子》的出现,才初步形成了较为成熟的百虑一致的理论体系。《淮南子》作为百家融合代表性的著作,既是学术发展的内在逻辑,也是大一统时代对文化思想创造的必然要求。

荀子在公元前四世纪末提出了对诸子学说新的总结与新的批评。他对百家争鸣过程中出现的带有片面性弊病的各家之说进行了历史总结,解诸子之蔽,取百家之长。荀子的立场显然是儒家的,其"隆礼"、"劝学"等思想充分代表了儒家的基本立场。《韩非子·显学》云:"自孔子之死也,有子张之儒,有子思之儒,有颜氏之儒,有孟氏之儒,有漆雕氏之儒,有仲良氏之儒,有孙氏儒,有乐正氏之儒。"孙氏之儒指的是孙卿即荀子。后世学者也一直将荀子作为儒家代表性人物。但荀子的思想又不仅限于儒家,他也赞同《庄子·天下篇》对墨子、宋子、惠施及辩者的批评。按照侯外庐的观点,荀子的天道观受到道家影响,明显带有自然天道观特征,天也从有意志的天变为自然的天;其"心术论",又受到宋钘、尹文的影响②。荀子的出发点是明道、无蔽而实用,同时他的"道"却不像庄子的"道"上升到一个纯粹精神的恍惚境界,而是落实到社会人群的治理实际上,即由天下之道到百王之道的贯通。因此,在荀子看来,知"道"就是要了解"道"之为"道"而尽其用与变,知"道"就是能尽天下之理,能究天下之难,行礼义,别是非,致民于善。以此立场,荀子指出:"墨子蔽于用而不

---

① 蒙文通:《论经学三篇》,刘梦溪主编《中国文化》第四期,北京:生活·读书·新知三联书店1992年,第59页。

② 侯外庐:《中国思想通史》第一卷,北京:人民出版社1957年,第531—537页。

知文。宋子蔽于欲而不知得，慎子蔽于法而不知贤，申子蔽于势而不知知，惠子蔽于辞而不知实，庄子蔽于天而不知人。"(《解蔽篇》)荀子站在大"道"的全新高度，来揭诸家之短，并将"道"布施于世。可以发现，荀子之道虽立足儒家，但也融入了道家的部分观念。在兼容儒道的同时，荀子又始终保持着对于两家的客观批判。他提出了对道家一系(包括田蒙、慎到、庄子等)的批评，并兼及儒学子思、孟子一系。在批判的基础上，荀子接受儒道思想建立了一套天道与人道共存完整的文化思想体系。司马迁在评价荀子时说："推儒、墨、道德之行事兴坏，序列著数万言而卒。"(《史记·孟子荀卿列传》)清代傅山评价《荀子》思想的包容性特征，"《荀子》三十二篇，不全儒家者言，而习称为儒者，不细读其书也，有儒之一端焉，是其辞之复而啴者也，但其精挚处，则即与儒远而近于法家，近于刑名家，非墨而近于墨家者言"①。现代学者郭沫若认为："荀子的思想相当驳杂，……但他并不纯其为儒，而是吸取了百家的精华，确是不可否认的事实。因此我觉得他倒很像是一位杂家。"②

　　但是，由于时代和所处立场的限制，荀子的理论总结是阶段性的，且过于追求实用而削弱了人的主体自由。首先，荀子站在儒家的立场来消融其他各家，只是对儒家(也包括一部分法家)等拥有的共同社会思想话语的总结和归纳，还没有找到一个使各家各派都通贯于一，并且包容天道、世道、人道的基础，因而其"总方略、齐言行、壹统类"(《非十二子》)的期望与"凡人之患，蔽于一曲而暗于大理"(《解蔽》)的批评很对却并未能实现。其次，荀子之道一旦流入尘世，便沾上了浓厚的功利主义色彩。如荀子不但不反对统治者的骄奢淫逸，并且为其纵欲制造合法的理论。"圣人纵其欲，兼其情，而制

① 傅山:《〈荀子〉〈淮南子〉评注》,上海:上海古籍出版社1990年,第13页。
② 郭沫若:《十批判书·荀子的批判》北京:东方出版社1996年,第258页。

焉者,理矣! 夫何缰(强)? 何忍? 何危?"(《解蔽》)这些理论都使其囿于偏处儒学一隅的局限,而无法真正实现理论的大融合。

　　第二次理论融合出现在全国统一前夕的秦国,吕不韦招揽各国学者,形成一个重要的学术活动中心,集体编写出《吕氏春秋》。如果说荀子是以儒家学说为主进行思想的综合和统一,那么《吕氏春秋》则是以道家为主,力图对儒、墨、名、法、阴阳兼容并蓄,希望建构一个包罗万象、务实问政的理论体系。战国后期随着社会政治趋向统一,作为支撑大一统国家的文化思想也需要一个整一的形态存在。因此,吕氏希望为行将统一的封建帝国创造出一个较为完备的理论体系。《吕氏春秋》是对先秦经典及诸子百家的大综合,兼容了孔门一系的儒者学说,黄帝的古道家言,墨子一系的墨家思考,老子及庄子一流关于天道与人道的哲理,且引用和采纳了相当庞杂的古典,也借用了相当丰富的今典,"是非可不可无所遁"(《吕氏春秋·序意》),显示了其包容天下思想与知识的野心。《吕氏春秋》积极对待先秦文化思想,吸收各家之长,"老聃贵柔,孔子贵仁,墨翟贵廉,关尹贵清,子列子贵虚,陈骈贵齐,阳生贵己,孙膑贵势,王廖贵先,儿良贵后。此十人者,皆天下之豪事也"(《审分览·不二》)。万物为一的思想目标是其学术表达的最终价值,《吕氏春秋·不二》说:"听群众人议以治国,国危无日矣。……故一则治,异则乱。一则安,异则危。"更为可贵的是,《吕氏春秋》能够超越一家之隅评论历史事件,并以一种客观姿态评论时政;并且,《吕氏春秋》敢于"非今",站在弱小国家和底层民众的价值立场上评判是非,体现了学术表达的独立性、批判性和人文性。《吕氏春秋》希望融合百家之言建构一种话语体系,体现了那个时代学术思想融合创造的文化自觉。与这种思想统一要求相对应,《吕氏春秋》设计了一个涵盖天地万物古今之事的基本框架"十二纪",它依照天道循环变化,综合各种思想、知识与技术,形成一个日常思想与行为的结构秩序。

然而，尽管《吕氏春秋》看到了思想统一的必要性和必然性，但对如何统一并未找到科学完整的方法论，也没有设定一个超越性的价值原则。因此，其最终无法实现真正意义上的理论体系构建，只是对诸子进行折衷调和而已。正如学者所言："《吕氏春秋》一书，虽然形式上很有系统，但在内容上并没有自己的思想体系，而是把诸子百家的学说拼凑在一起。从这一角度看，此书很像是一部先秦'诸子百家'的史料汇编。"[①]《吕氏春秋》曾以天下无粹白之狐却有粹白之裘作譬，认为诸子驰说，众口异辞，各有所长，亦各有所短，若能博采众家之长，而弃其短，即可形成统一的学说。在它看来，思想体系是可以拼凑的，犹如剪裁拼凑众狐之白即可制成粹白之裘一般。这就背离了思想演进的规律，破坏了思想体系的内在有机统一。《吕氏春秋》虽力图探寻思想一统的途径，使百虑归一，但结果却是希望得到的"纯"而"粹"变成了不想得到的"混"而"杂"。

从荀子到《吕氏春秋》，虽在整合融汇各家之说的学术道路上，都因种种因素而无法实现理想的综合效果，但他们体现出的超越性视野和包容性姿态为后世学者的继续前行开启了空间。同时，伴随着大一统时代的必然来临，这种思想发展的方向为其后的《淮南子》提供了明确的价值路径。先秦诸子时代思想的丰富多彩抒写了中国古代思想史上辉煌灿烂的一页，以儒、道等为代表都设计出自己理想的人生图景，从而确立各自的人生价值取向。荀子思想的努力综合和《吕氏春秋》的完成为《淮南子》提供了理论的文化范式。《淮南子·要略训》中《泰族》者，横八极，致高崇，统天下，理万物，应变化，通殊类，非循一迹之路，守一隅之指"的说法，与《吕氏春秋·序意》中的"上揆之天，下验之地，中审之人，若此，则是非可不可无所遁矣"价值立场相似，都在表明一种包容百家的学术立场。《淮南子》对待先

---

① 孙开泰：《先秦诸子精神》，南京：凤凰出版社2010年，第192页。

秦文化的态度、思维模式以及建构新理论体系的价值立场，正是与《天下》、《论六家要旨》、《吕氏春秋》的学术努力一脉相承。这种趋于理论融合的文化范式是《淮南子》汇融儒道，建构文化理想的基础。于是，《淮南子》以其雄浑的气魄和阔大的模式，以更高的形态融合吸收先秦各派思想于自己的体系之中。

汉代思想结束了先秦百家争鸣、诸子蜂起的局面。大汉族时代形成的互渗互补的文化格局为《淮南子》百虑归一的思想体系创造了难得的机遇。《淮南子》综合百家的学术表达，正是适应了汉初社会文化环境的需要，也是自战国中期以后，列国由角逐争雄走向政治统一在思想文化领域的发展逻辑。大一统的社会时代趋势在寻求一种文化思想上的对应，身为淮南王的刘安从自居的社会角色身份出发，责无旁贷地致力于这样一场宏伟的文化建构事业中。同时，时代性的学术思想融合又意味着《淮南子》的思想体系形成是学术发展逻辑的必然。作为地域文化中心的文人领袖的刘安，追随着吕不韦等前辈，在继承前贤丰富的学术资源基础上，融汇整合，努力建构富有自我创建的思想理论体系。与荀子、《吕氏春秋》不同的是，《淮南子》跳出了固守一家学派的一隅视角和学术立场，而是对各家学说兼收并蓄，在一种较为优越的文化环境中进行融汇和创造。

在大一统国家的时代场域下，文化思想的统一也成为趋势。在这种文化潮流中，任何一种思想都必然无法仅仅立足于自身，而是要体现出开放包容的品格。正如司马相如在《难蜀父老》中所说的"驰骛乎兼容并包，而勤思乎参天贰地"。这种"兼容并包"、"参天贰地"的文化气度，成为这个时段文化学术表达的基本价值姿态。无论是《淮南子》，还是后来被认定为政治文化价值核心的儒学思想，都与之相呼应。当然，二者本质上不同的文化价值追求，也造就了不同的文化命运。但我们不能以政治文化地位的成败来代替学术表达的思想深刻性。如果仅从意识形态目标的适用性来看文化共同体的建构，董仲舒的天人合一的政治文化架构更具有实效性和规整性,"《淮南子》贯彻的理念是对所有学派思想的肯定和吸收。所以,它对各家思想采用的是相争相融、平等互进的态度。然而,从中国思想史发展的脉络看,《淮南子》所做的只是进行了一次有意义的文化整合工作,还没有完成将诸子思想进行较和谐的文化融合工作。也就是说,它所宣扬的思想还不是成熟的足以能适应大一统形势下所需要的意识形态。但《淮南子》所做的一切已经昭示了思想界的前进方向。这个思想的建构,最终是由董仲舒来完成的。于是,中国古代思想史和学术史又展开了新的一页"①。但如果还关注到大一统时代个体的自由生存,《淮南子》文化的整合则为人的生命理想追求留下了审美想象的空间。在董仲舒的体系中,人受制于秩序,被政治文化结构所包裹再也无法摆脱。在《淮南子》体系中,人们持有个体生命的理想,即便受制于现实环境,也仍然充满对人生的审美期待。

第三节 《淮南子》思想融汇的方法论

葛兆光在他的《中国思想史》中说:"各自确认与坚守的立场与视角往往各执一偏,……不足以应付日新月异的历史变化与瞬息万变的社会需求。"②《淮南子》适时而成,兼综百家之说,以"道"为基点,消融各家学说之间的界限,在吸收、包容和批判中超越百家之说中的对立和矛盾,将各家思想统一、调和、贯通起来,实现"统天下,理万物"的最终目的。

一、百虑一致"整一"论

刘安作为汉初时代最为杰出的思想者之一,对时代的社会政治

---

① 孙纪文:《淮南子研究》,北京:学苑出版社2005年,第226—227页。
② 葛兆光:《中国思想史》第一卷,上海:复旦大学出版社2001年,第226页。

发展和文化学术的脉搏都有非常准确的把握,他以放眼天下的理论视野和包容万千的学术姿态完成了《淮南子》的著述。在《要略训》中,刘安明确了其著书意图:"夫作为书论者,所以纪纲道德,经纬人事,上考之天,下揆之地,中通诸理,虽未能抽引玄妙之中才,繁然足以观终始矣。"以身边文化集团提供的思想原料为基础,刘安通过《淮南子》的著述,建立一套贯通天、地、人,融汇百家的学术理论体系。同时,这个理论体系不仅仅指向学术的自我发展,而且要能阐明宇宙大道并对应指导现实人生社会,"经古今之道,治伦理之序,总万方之指,而归之一本,以经纬治道,纪纲王事"(《要略训》)。

《淮南子》凸显"太上之道"作为"天理"的绝对优先意味,将其置于天地人自然法则与生存本原之上。同时,它又高悬这种大"道"的境界为其终极寻求目标,将大"道"贯穿自然、社会、人生三大领域,组合成一个庞大的系统结构,成为认知一切,浑融整一的宇宙观和世界观。书中说:

> 道始于一。一而不生,故分而为阴阳,阴阳合而万物生。(《天文训》)
>
> 洞同天地,浑沌为朴,未造而成物,谓之太一。同出于一,所为各异。(《诠言训》)

这里作者从宇宙发生论的角度揭示,宇宙万物都是"同出于一",所以"一"是"物之大祖",是万事万物的始基。进而,《淮南子》从时间维度来到空间广度,从宇宙发生论统一到宇宙结构论,万物的构成也都奉行"万物为一"的世界观:

> 万物之总,皆阅一孔。百事之根,皆出一门。(《原道训》)
> 夫天地运而相通,万物总而为一。(《精神训》)
> 百家之言,指奏相反,其合道一体也。(《齐俗训》)

殊型异类,易事而悖……圣人总而用之,其数一也。(《齐俗训》)

这里的"一"是"道"的存在方式,是《淮南子》世界观的价值目标。"一"既是大道原初的想象性历史起点,也是大道统摄下的自然万物的存在系统,代表着天地自然的整一结构。

在此基础上,《淮南子》汇集和融合了此前各家之说的丰富内容,努力推动文化和学术思想的"一"化。首先,全书对《老子》天道自然无为和道化生万物的思想进一步发挥,形成了自己系统的宇宙观,作为全书的理论基础。书中关于人性各有修短,人性和愉宁静,治万物应顺其性以及豁达的生死观大多吸收于《庄子》。其次,全书引《诗》、《易》等儒家经典多处。书中多篇称颂尧、舜等古代圣君,赞美孔子的人格和事业。《主术训》提出治国、修身要以仁义为本,这是典型的儒家公式;突出宗法制度和宗法伦理思想,乃是儒家根本。《修务训》用儒家积极进取的思想,重新解释"无为"。再次,关于不因循守旧,因时变法,反对贵古贱今这是法家的主张;《时则训》将《吕氏春秋》以阴阳五行为骨架搭起的十二纪图式进一步发展为天人一体的世界图式;察辩之学中的"类不可必推"和名实关系若干论述,显系受了墨家和名辩思潮的影响。所有这一切都兼容并蓄在《淮南子》的思想内容中。关于《淮南子》中的思想资料来源,众多学者已做了非常详实的梳理和研究①。很显然,从量的综合程度来看,《淮南子》几

---

① 清代学者王念孙于《读书杂志(〈淮南子〉)》就这一问题进行了分析,杨树达《淮南子证闻》以更为缜密、完备的形态对其中的思想出处做梳理。牟钟鉴的《〈吕氏春秋〉与〈淮南子〉思想研究》,王叔岷的《〈淮南子〉引〈庄〉举证》,曹道衡《〈淮南〉和五经》,马庆洲《淮南子研究》,漆子杨《刘安与淮南子》,朱新林《淮南引诸子考》、《淮南子先秦诸子承传考论》,殷素仪《论淮南子对诸子思想的继承和批判》等著作都对《淮南子》吸收先秦思想的情况做出了深入的专题研究。

乎包含了先秦时期最具代表性的各家各派思想资源，即便是文章风格区别于中原地区的《楚辞》，也可以看出二者之间的关联，尤其是文本的审美风格。也正是基于这一点，高诱在《淮南子·叙目》中评价"是以先贤通儒述作之士，莫不援采以验经传"。

当然，这些各家之说共存于《淮南子》中，应各有价值、各有定位，服务于"一"化的思想体系。《俶真训》云："夫目视鸿鹄之飞，耳听琴瑟之声，而心在雁门之间。一身之中，神之分离剖判，六合之内，一举而千万里。是故自其异者视之，肝胆胡、越；自其同者视之，万物一圈也。"只要持守大"道"，即便一人身体感知分离，也都能透视无限广阔天地自然，神游万里，万物尽在一体。以此比拟各家之说，表明只要共同朝向一个价值目标，各尽其用，就能和谐为一。由此《淮南子》积极肯定百家之说的价值，不以异己而弃，不以己出而独尊，"百家异说，各有所出，若夫墨、杨、申、商之于治道，犹盖之无一橑而轮之无一辐，有之可以备数，无之未有害于用也。己自以为独擅之，不通之于天地之情也"（《俶真训》）。这是最为朴素的整体系统论。《淮南子》整体论中，每一个部分之间都是紧密关联、相辅相成的，《说林训》中的"唇亡齿寒"、"鸟尽弓藏"等流传至今的一些成语多为此描述。在《淮南子》看来，各家思想尤以儒、道为代表都各有定位，各有功能，而成为有机整体之一部分。《淮南子》对各家各派的评说，没有偏于一家之隅，积极客观。它主张世界中的每一个事物之间尽管各有不同，但都可以围绕一个核心，共同作用，因此"毂立三十辐，各尽其力，不得相害。使一辐独入，众辐皆弃，岂能致千里哉？"不仅如此，大道之途不仅限于一家一说，每一个视角、每一种路径都可以通达大道，《说山训》："四方皆道之门户牖向也，在所从窥之。"所以《淮南子》强调人看待事物的思维方式也应周全，"圣人之偶物也，若以镜视形，曲得其情"（《说林训》），这里的"偶物"，就是全面整体、客观地看待对象。《要略训》中说："其言有小有巨，有微有粗；指奏卷异，各有为语。今专言道,则无不在焉。"

在吸收诸子百家理论资源的方式上,《淮南子》采取了"以事证言"的接受体例。"以事证言",作为一种对先前文化思想的接受、解读或称为注释体例,自《荀子》解《诗》开始,后来在《韩非子·解老》、《喻老》篇中及至《韩诗外传》形成。《道应训》通篇采取"以事证言"的接受方式,借助于各类叙事来对"道"进行诠释和解析,将抽象玄奥的"道"落实在具体的社会政治和人生现实中,大大增强了"道"的形象化和世俗化理解。"以事证言"的接受方式中,"事"与"言"往往并非同一家之说,不同思想流派的叙事和观点相互印证,为构筑《淮南子》统一的内容体系而共同存在,相互交融。而且,《淮南子》从未明确自己专属于儒家还是道家等某一思想流派,不像荀子和《吕氏春秋》那样站在某一固定立场来接受其他各家学说,而是多元化地对待以儒道为主体的各家思想,兼容并蓄。

当然,各家思想简单的共存,只是量上的堆砌,无法化解、融通它们之间的对立、矛盾。"这种融合不是对过去思想的一种'彼可取而代之'式的否定,而是一种百川汇流似的综合和兼融。并在综合和兼容中重新进行了整合和解释。"①因此,这种兼容不仅仅是方法或手段,而且是一种精神,它体现了《淮南子》超越偏执,会通百代的气魄。正如《要略训》中所说:"统天下,理万物,应变化,通殊类,非循一迹之路,守一隅之指,拘系牵连于物而不与世推移也,故置之寻常而不塞,布之天下而不窕。"《淮南子》在荀子、《吕氏春秋》学术努力的基础上,更进一步,致力于将各家思想资源相互吸收,相互转化,相互融合,最终将其统一为一种共同的品质、核心观念。从学术史发展来看,如果要实现对各家之说的思想吸收和融合,必须要抓住各家之说的思想共性或互通性观念作为核心品质,这既是学术规律的遵循,也

① 葛兆光:《中国思想史》第一卷,上海:复旦大学出版社1998,第315页。

是建构新思想的起点。《淮南子》兼综百家之说，但其主干是以儒道两家思想为基础。具体来看，《淮南子》抓住儒道学说中的互通性命题作为自己思想的核心。儒、道思想是中国文化思想发展过程中的两条主线，从人的存在维度来看其区别显而易见：一积极入世，一消极隐世；一兼济天下，一独善其身；一以天合人，一以人顺天等等。因此，在它们的发展过程中，各偏一隅，不可避免地存在着各自的理论缺陷。同时，二者又有相通之处：都是本体论与价值论的统一，人生论与艺术论的统一；二者的最高境界都是天人合一的人生境界；二者关注的始终是此岸而非彼岸，其目的都是寻求一种自然和谐的社会秩序。在陈静看来，《淮南子》融汇儒道体现在几个方面：从普遍的意义上理解人；分别建立了一套宇宙理论，以宇宙统一性回应秦汉统一帝国的理论需要；以天道明人道（感应）的思维方式，完成了思想表达的形式转化[1]。徐复观在对《淮南子·泰族训》的解读中，就提炼出几个命题，如法天、神化、"因"的观念以及由无为到简、大等作为儒道的"边际思想"。在徐先生看来，这几个"边际思想"命题就是《泰族训》努力实现儒、道互通的关键点[2]。《淮南子》正是从儒、道相通之处入手，以一种百川汇海式的兼容并蓄的精神对其吸收乃至超越。这种兼容总是与"和"的思维方式相伴而来。"和"总是与"对立"、"冲突"、"斗争"相对立。以辩证法著称的古希腊哲学，呼唤的是对立面的斗争，通过斗争以除旧布新，这就形成了生活在斗争中发展的历史进程观。与西方强调对立、斗争的文化背景不同，中国文化更多强调"和"。在《淮南子》之前，孔子就说："君子和而不同，小人同而

---

[1]　参见陈静：《自由与秩序的困惑——〈淮南子〉研究》，昆明：云南大学出版社2004年，第160页。

[2]　参见徐复观：《两汉思想史》卷二，《徐复观全集》，北京：九州出版社2014年，第248—255页。

不和。"(《论语·子路》)庄子则说:"至阳肃肃,至阴赫赫,肃肃出乎天,赫赫发乎地,两者交通成和而物生焉。"(《田子云》)不难看出,儒道两家都认为事物之间不是对立的,冲突的,事物可以完全不同,但不同事物之间是相成相济,是多样的和谐统一。而真正将这种"和"的精神付诸于理论实践的则是《淮南子》,因为儒家之"和"仅限于人与人之"和",道家之"和"仅限于人与天之"和"。《淮南子》以"和"的思想贯通天地、社会、自然等一切领域,形成了自己整一和谐的思维模式。

具体到美学维度,在《淮南子》看来,最高的审美境界是"道"境。"道"是无形无象的,"视之不见其形,听之不闻其声,循之不得其身"(《原道训》),"道"并非如自然属性那样具体可感。因此对审美理想的追求只能以"体道"的方式,即通过整体的直观的领悟,而远离对"道"的个别元素分析。这种整体的思维模式一直影响及支配着后来的中国美学的发展,任何一家中国美学的发展都在这个"道"的整体统摄下去解说,并在新的综合经验与体验中去彰显及表现这个"道"。即使是外来的传统如佛学也是要在这个整体的"道"中取得其认可地位,即演变为中国的禅宗释家,最终汇入"道"的整体文化氛围中去作用于中华民族的精神。以"和"为核心,追求整体性,是《淮南子》从百家之说中提炼出构建自己审美思维方式的重要核心内容。

二、对立统一"异同"论

整合各家思想,最重要的是如何认识、处理其共存现实及相互关系。《淮南子》对于事物的分析,运用的是"异同"理论方法。《说山训》:"故同不可相治,必待异而后成。"《淮南子》强调没有差异、对立,也就没有事物的存在,正是在矛盾双方的相互作用中,实现了自我的批判;在相互的渗透和交融中,实现了自我的超越,最终才能实现整一思想体系的建构。《淮南子》认为,要通过对事物、行为表象的辨证分析,觉察、审视其中的同中之异及异中之同,如《要略训》所说"通同异之理"。《说林训》:"汤放其主而有荣名,崔杼弑其君而被大谤,所为之则同,其所以为之则异",有些事物看起来大体相同,实则相异;有些似乎相异,实则相同。

第一,异是客观现实,也是世界事物多样性存在的依据,"万物之生而各异类"(《地形训》)。正是有异,才会导致世界的丰富多元化,才会有美的五彩斑斓,《齐俗训》:"佳人不同体,美人不同面,而皆悦于目","西施、毛嫱,状貌不可同,世称其好,美钧也",世间之美是多样统一的,是特殊性、个性化基础上的统一。异的存在是一种广泛现象,不仅仅自然世界的物质存在形态有异,人的思想观念、审美追求也同样有异。在此基础上,《淮南子》深入分析了异的产生的根源。

首先,客观事物、社会礼俗文化相异,往往基于其所存在的环境不同。"绣以为裳则宜,以为冠则讥。"(《齐俗训》)这里的美丑相异,是因为事物所存在的环境发生了变化。《氾论训》又说:"夫弦歌鼓舞以为乐,盘旋揖让以修礼,厚葬久丧以送死,孔子之所立也,而墨子非之。兼爱尚贤,右鬼非命,墨子之所立也,而杨子非之。全性保真,不以物累形,杨子之所立也,而孟子非之。趋舍人异,各有晓心。故是非有处,得其处则无非,失其处则无是。"这里孔墨相异,是因为各家各派思想观点的出发点和主观意图不一,因此是非对错的评判要充分考虑到对象的各自特征和本意;各家的人文规制都有自己的存在处境,以相宜为准,只要寻找到适合自身处境的礼俗和行为方式就是对的。这种尊重对象各自属性的多元化价值评判,充分显示出《淮南子》思想呈现的包容和大度。

其次,事物的是非、价值定位也会因为人的主观性而产生不同的评判。《齐俗训》:"今从箕子视比干,则愚矣;从比干视箕子,则卑矣;从管、晏视伯夷,则戆矣;从伯夷视管、晏,则贪矣。趋舍相非,嗜欲相反,而各乐其务,将谁使正之?……则趣行各异,何以相非也!"

从每个人的不同视角去看待各自对象,往往会得出相异的价值评判。这是因为人的行为方式和审美趣味不同,对事物的价值判断也不一样。因此,人们判断事物的是非之异,就在于看待对象是否合乎自己的主观目的意愿,"由此观之,事有合于己者,而未始有是也;有忤于心者,而未始有非也。故求是者,非求道理也,求合于己者也;去非者,非批邪施,去忤于心者也。忤于我,未必不合于人也;合于我,未必不非于俗也"(《齐俗训》)。同一件事,不同的人有不同的评价,这是"自视之异"(《齐俗训》)造成的。《淮南子》客观分析了"异"的主观根源,借此表达"异"存在的必然性和合理性。同样,在艺术审美领域,多元化的审美差异也存在。《说林训》:"异音者不可听以一律,异形者不可合于一体",突出了审美接受的差异性。《缪称训》直接明确了审美情感的不同,使得接受者产生了不同的审美接受效果,"同是声(乐)而取信焉异,有诸情也。故心哀而歌不乐,心乐而哭不哀"。《人间训》则强调接受者审美素养的不同产生的审美接受差异,"夫歌《采菱》,发《阳阿》,鄙人听之,不若此《延路》、《阳局》,非歌者拙也,听者异也"。

第二,异同实质上是"多"和"一"的统一。既然"异"的事实客观存在,那么,如何克服这种以我为主、固执己见的是非之异的局限呢。《淮南子》再次强调超越性的眼光,"至是之是无非,之非至非无是,此真是非也。若夫是于此而非于彼,非于此而是于彼者,此之谓一是一非也。此一是非,隅曲也;夫一是非,宇宙也。今吾欲择是而居之,择非而去之,不知世之所谓是非者,不知孰是孰非?"(《齐俗训》)真正的是与非,应超越一隅之见,放置四海,不因时空条件的改变而产生改变,最终在"道"的最高价值目标统摄下,呈现出真理与谬误的界限。

在万物为一之大"道"的笼罩下,"同"是玄同,是本质;异是事物和思想的多元化存在。如何理解"一"是世间万事万物的终极境界,

《庄子·知北游》:"异名同实,其指一也",最终从相对主义走向绝对主义的大"道"探求路径。《淮南子》则更为辩证地来处理万物为一的价值目标,"同出于一,所为各异,有鸟有鱼有兽,谓之分物。方以类别,物以群分,性命不同,皆形于有"(《诠言训》)。这里,《淮南子》没有抽象地描述同("一")和异的关系,而是将其放置在具体感性的形象层面,且分类展示。于是,在《淮南子》的描述中,同是宇宙万物的最后目的,是生命的最高境界,异是其具体的存在形态。但"故以道论者,总而齐之"(《齐俗训》),从道的最高境界来看,所有的事物形态、行为方式、礼俗文化,只要符合各自本性,各得其乐,都具有一样的价值,最终都同归于道的最高境界。所以,当我们在现实生活中,看到事物不同形态和事件的不同结果,其实只是视角的不同而形成的差异,在本质上,都是一致的,"事之情一也,所从观者异也。从城上视牛如羊,视羊如豕,所居高也"(《齐俗训》)。

同时,在同一的统摄下,事物多样性的异也是被允许、被肯定的。同一是多样性的统一,而非粗暴摒弃各异形态的绝对一元化。在"道"视野下,万事万物各有自身的价值存在,都能尽显宇宙世界的五彩缤纷和丰富多彩。正所谓"天地之所覆载,日月之所照誋,使各便其性"(《齐俗训》)。《淮南子》并没有因为同一的设定而消除多样化的相异形态,相反还给予了充分肯定。在一和多的关系上,《淮南子》更具有辩证的思维特征,更显示出包容百家的气度。《齐俗训》中主张不同地域文化习俗的存在都有其合理性,"胡人便于马,越人便于舟,异形殊类,易事而悖,失处而贱,得势而贵,圣人总而用之,其数一也";并且以音乐艺术的审美创造来比类百家之说的作用,"故百家之言,指奏相反,其合道一体也,譬若丝竹金石之会乐同也,其曲家异而不失于体",由此《淮南子》才有了"六艺异科而皆同道"(《泰族训》)的重要论断。同样,对于社会历史的评判,也应坚持这样的观念,《氾论训》:"五帝异道,而德覆天下;三王殊事,而名施后世。"这段话表明,即便具体的治理方式相异,但也都能在社会历史的发展中得到肯定和赞誉,是因为五帝三王都坚守了为政之道。《氾论训》也说:"百川异源,而皆归于海;百家殊业,而皆务于治",百家之说虽源自不同价值立场,各有相异之处,但最终都指向人类的社会生存和生命存在,如《易传》所言"百虑而一致,殊途而同归"。《淮南子》站在汉初大一统的时代背景下,努力实现文化整合,以包容通达的态度接受、审视诸子百家的理论思想和观念表达,一定意义上超越了荀子一隅之地的《解蔽》《非十二子》,有力地推动了中国学术思想史的发展。

第三,一个整体,既要保持本身同一性构成的稳定状态,又要通过不同的变化实现自身的发展,如何来实现这一点,《淮南子》提出了"待异而后成"的观点。《说山训》:"事固有相待而成者,两人俱溺,不能相拯,一人处陆则可矣。故同不可相治,必待异而后成。"这里的"异"实际上显示出对立双方背后的一种互补状态,双方蕴含着可以互为己用的可能和互为彼此的条件,而实现"后成"的最终目的。《兵略训》从兵法上进一步深化了"待异而后成"理论的对立统一性:

> 同莫足以相治也,故以异为奇。两爵相与斗,未有死者也;鹯鹰至,则为之解,以其异类也。故静为躁奇,治为乱奇,饱为饥奇,佚为劳奇。奇正之相应,若水火金木之代为雌雄也。

简单的类同不能产生创造物,任何事物或现象都是互为对立,才能实现统一,才会有更大的创造力。这就好比兵法中的奇正之理,相反因素之间的对立、制约,有时能更好地激发创造力的潜能,发挥意想不到的效果。如果将此延伸到艺术审美创造领域,就与刘勰在《文心雕龙·定势》中所说的"执正以驭奇"的文学艺术创作原则相通了。

在《淮南子》看来,对立面的双方可以相互转化,相互包容,"粟得水而热,甑得火而液;水中有火,火中有水"(《说林训》)。《原道训》:"是故贵者必以贱为号,而高者必以下为基。托小以包大,在中以制外,行柔而刚,用弱而强,转化推移,得一之道,而以少正多。"事物虽有多种相异属性,但"得一之道",就可以贵贱交替、大小转化、刚柔兼备、强弱推移。《缪称训》:"丝管金石,小大修短有叙,异声而和。君臣上下,官职有差,殊事而调。"这是说艺术之美来自于节奏整一而又富于变化的声音效果,君王治理实现的效果也是基于上下分工职责明确。正是相异的事物或职责,互相补充,最终实现同一境界。"待异而后成"体现的是对立统一的辩证思维,相异事物的存在,使世界呈现出丰富的多样性和差异性。正是这种差异性才形成了每个事物独特的质的属性,成为单独的这一个,才构成了事物存在的生命之美。同时,相异事物借助于一定的时空条件,相互补充甚至相互转化,共同推动这个世界整体的生命质量提升。

那么,怎么样才能"异而后同"? 首先,"同"要具备超越性和兼容性。《兵略训》:"故鼓不与于五音,而为五音主;水不与于五味,而为五味调;将军不与于五官之事,而为五官督。故能调五音者,不与五音者也;能调五味者,不与五味者也;能治五官之事者,不可揆度者也。"音乐中的"鼓"、烹调中的"水"、军事活动中的"将军"作为决定各自行为活动中的主导者,超越了五音、五味、五官,并将它们统一起来,最终实现多种因素的兼容、配合,直至和谐。"鼓"、"水"、"将军"既存在于相异事物、相异人群中,同时又超越、兼容相异人事的个别性、具体性。因此,同一是建立在具体、丰富、多元化上的综合,而非抽象的一般。其次,"异而后同"需要执要统多、执一应万的整体性把握能力。《人间训》:"见本而知末,观指而睹归,执一而应万,握要而治详,谓之术。"也即是说,抓住事物的核心和本质,总领全局,统率各异事相。《人间训》:"诚得其数,则无所用多矣。……铅之与丹,异类殊色,而可以为丹者,得其数也。故繁称文辞,无益于说,审其所由而已矣。"从炼丹术到文章表达，都要把握每项活动的基本规律，厘定其中的主导性因素，"数"、"由"就是方法、规律。掌握了规律，就意味着创造活动实现了主体性与客体对象的统一。

三、事与时变的通变论

在《淮南子》看来，宇宙的生成过程是大道化生万物、散为万物的过程。与此对应，人类社会的演进也是原初的大道逐渐衰减的过程，且这个过程是必然的。《俶真训》详细地描述了这个过程。随着时间的推移，纯粹古朴、天性保全的原初大道与当下的人、事有了很大的距离。当下之人既要持有大道情怀、遵道而行，也要客观面对现实社会的人文秩序，就必须寻求一个天性之道与人文规制能够共存的理论方案。《淮南子》在坚持返性归道的大前提下，适时而需地运用了通变思维。于是，天性之道仍是人的最高追求，返性体道也始终是人性完善的路径，但这些是作为超越性的价值目标和理想人生期盼的。现实人生、社会发展过程中，道又被设计为层次化、具体化、世俗化的"事"。"道德可常，权不可常，故遁关不可复，亡狉不可再"（《说林训》），道不变，但具体事物是变化的。这样就解决了最高层次的道和社会化的"事"之间的逻辑矛盾，摆脱了儒、道相异的价值困境，也就将最高的生命境界之道和世俗化的现实人生统一起来，为较为圆满的人生状态实现提供了一种可能。正是在这样的文化理想目标下，《淮南子》提出了通变论思想。在《要略训》中，淮南子批判诸子学说时，更多强调其社会功能即思想与时代的适用性，就各家学说内在的理论自洽性评判较少，这也符合其"知举措取舍之宜适"的评价原则。而《淮南子》通变论的基本原则就是"各使物宜"，即尊重事物的发展规律和基本属性。在《淮南子》这里，最典型的通变有两种形态。

一是时变，即因时而变。《说林训》："中夏用箑，快之，至冬而不知去，褰衣涉水，至陵而不知下；未可以应变"，强调的就是因时而变，因需而变。《说林训》又说:"以一世之度制治天下,譬犹客之乘舟,中流遗其剑,遽契其舟楫,暮薄而求之,其不知物类亦甚矣! 夫随一隅之迹,而不知因天地以游,惑莫大焉。"这里《淮南子》批判了一种固定僵化的思维方式,以契舟求剑来比拟治理天下的因循守旧。《兵略训》也说:"仪表者,因时而变化者也。是故处于堂上之阴而知日月之次序,见瓶中之冰而知天下之寒暑。"这种时变来自于日常经验,根据自然法则而来。因时而变突出体现在《淮南子》对待先秦儒道思想"历史观"的态度上。道家都以天性淳朴之大道为价值原点,老子推崇小国寡民、结绳而治的社会状态,庄子更是以古朴自然的远古为至德之世。《淮南子》继承了先秦道家的价值理想设计,虽仍以道为尊,但并没有固守历史的虚幻之景,而是充分认可了道在历史演进过程中的变化并以"事"来呈现。对于儒家,《淮南子》也是主张礼义等人文规制并非永恒,应与时变化,并且明确反对一味地崇古贬今。《氾论训》说:"所谓礼义者,五帝三王之法籍风俗,一世之迹也",这种人文规制是历史的产物,在具体实施过程中,"圣人之所以应时耦变,见形而施宜者也"。如果"夫以一世之变,欲以耦化应时",那就"譬犹冬被葛而夏被裘",所以"世异则事变,时移则俗易。故圣人论世而立法,随时而举事"。《人间训》多处阐释仁义因时而变:

> 仁者,百姓之所慕也。义者,众庶之所高也。为人之所慕,行人之所高,此严父之所以教子,而忠臣之所以事君也。然世或用之而身死国亡者,不同于时也。
> 知仁义而不知世变者也。
> 非仁义儒墨不行,非其世而用之,则为之擒矣。

在《淮南子》看来,仁义是好的,但需要适用这种理论的时代。仁义理论也并非超越时空而成为不破真理。从通变思维出发,《淮南子》对儒家礼义作出了创造性的阐释和接受，"义者，循理而行宜也；礼者，体情制文者也"（《齐俗训》）。义应遵循事理而适宜行事，礼应依据情感而表达外在形态，一定程度上这是对儒家思想中礼义内涵的突破。基于这样一个立场，刘安在武帝即位之初与窦太后关于礼乐改制的矛盾斗争中，竟然没站在主张黄老之说的太后一边，而支持新制礼乐。在《淮南子》看来，因时而变，人才能不会固守于一时之见，面对社会历史的演进、发展而与时俱进，就如《淮南子》对待先秦诸子之说，站在时代的变化中，始终敞开自己的接纳空间，去创造新的意义。

二是势变，即因情势而发生变化。《说林训》列举了势变的几种情形：

> 予拯溺者金玉，不若寻常之缠索。
> 兕虎在于后，随侯之珠在于前，弗及掇者，先避患而后就利。
> 逐鹿者不顾兔，决千金之货者不争铢两之价。
> 王子庆忌足蹑麋鹿，手搏兕虎，置之冥室之中，不能搏龟鳖，势不便也。

在《淮南子》看来，事物的价值大小是根据现实情境的需要而做出判断的。对于身处危险境地的人来说，如"溺者"，绳索的意义远远大于平日看重的金银珠宝；而"兕虎在于后"的人即便面前有"随侯之珠"，逃生也远比贪欲重要。因此，人需要根据事情的情势来做出合适的行为选择，这是现实的合目的性要求。处境影响甚至决定了一个人的能力发挥，这就是势的作用。《人间训》讲了一个"秦牛缺径于山中而遇盗"被杀的故事。秦牛缺在被强盗抢光财物之后，仍洋洋自得于不贪恋身外之物的智慧和境界，结果反而被杀。秦牛缺的问题就在于不懂得因势而为，一味地表现自己的勇敢，却不懂得在特定情势下表现自己"柔弱"的通变道理。《道应训》中又讲述了不同情势下面对财物和礼法的态度，可以看作是对儒家义利观的通变式解读。子赣从他国赎回了一个为人妾侍的鲁人，没有按照鲁国的礼法接受奖金。孔子不但没有夸赞子赣不贪恋财务的品行，反而批评他破坏规则，"赐失之矣！夫圣人之举事也，可以移风易俗，而受教顺可施后世，非独以适身之行也。今国之富者寡而贫者众。赎而受金，则为不廉；不受金，则不复赎人。自今以来，鲁人不复赎人于诸侯矣"。这里《淮南子》借孔子之口表达，人面对义和利的选择并非绝然固定立场，而因依据事情的情势来做出判断，否则就像子赣那样，虽不贪"利"却使得鲁国这一良俗被破坏。进而，《淮南子》从人的具体行为，又最终落实到对于儒道思想接受的态度上，《齐俗训》："道德之论，譬犹日月也，江南河北不能易其指，驰骛千里不能易其处。趋舍礼俗，犹室宅之居也，东家谓之西家，西家谓之东家，虽皋陶为之理，不能定其处。"道是人的终极价值目标，随日月永恒；礼俗规制却应根据不同情势而各不相同，因此需"审于势之变"。就此《淮南子》主张要摆脱观察事物的狭隘立场，以一种胸怀天下的大局观去对待不同时空的人文规制。

　　通变论体现了《淮南子》对待前人学说包容调和的接受姿态。《泰族训》："五行异气而皆适调，六艺异科而皆同道。"如何来有效利用五行、六艺这样的文化资源，关键在于"其美在调，其失在权"，即调和而不随意改变。但调不是简单的杂用，而是要抓住对象的共有品格和价值基点，也就是"道"。只有"得本则治"，才能融"多"为"一"。

四、否中求是的批判论

　　《淮南子》看出，整体统一之"和"并非是简单的杂糅，而是要通过批判去超越。《淮南子》在包容诸子之说的同时，从自我价值立场出发，对诸子之说又进行了批判。早在战国末期，庄子、荀子等思想家就开始对诸子思想进行批判,彼时思想的批判性已经成为自我学说建构的重要起点和路径。从学术发展的内在规律来看,这是一定时期内思想整合、创新发展的必然。与庄子、荀子偏执于一家之言立场不同,《淮南子》以更高的姿态去审视诸家学说,更为独立自由地去批判各家学说,并努力消融各家学说中的理论缺陷,以期获得超越与发展,最终来实现"为一"的有机整合。

《淮南子》中批判最多的就是儒家礼制,这也是其被认定为道家原因之一。具体来说,批判集中于以下几点。一是以大道为价值参照,批判儒家仁义是衰世之造,认为人心不古才有仁义。《齐俗训》:"率性而行谓之道,得其天性谓之德。性失然后贵仁,道失然后贵义。是故仁义立而道德迁矣,礼乐饰则纯朴散矣,是非形则百姓眩矣,珠玉尊则天下争矣。凡此四者,衰世之造也,末世之用也。"《淮南子》批判仁义之术是"弃本逐末"之外道,认为仁义、礼乐及是非的产生是社会大道不行、日渐衰微的体现。因此,仁义礼乐的产生,并不能从根本上代替大道来提升人的生命境界,更不会使人返性自然,只会使人变得更加虚伪。这种批判与老庄道家几乎一致,老子曰:"绝仁弃义,民复孝慈"(《老子·十九章》);庄子云:"仁义之端,是非之涂。"(《庄子·齐物论》)二是从贵真重情出发,批判儒家礼义虚文繁琐,不因民之性,不体情制礼。《齐俗训》中批三年之丧是"伪辅情",批判孔墨"乃始列道而议,分徒而讼,于是博学以疑圣,华诬以胁众,弦歌鼓舞,缘饰诗书,以买名誉于天下"(《俶真训》)。也就是说,儒家的缺点是讲究虚伪烦琐的礼义之节,并以此博取世俗虚名。《精神训》中批判儒家以礼违情最有思想突破:

衰世凑学,不知原心反本,直雕琢其性,矫拂其情,以与世交,故目虽欲之,禁之以度;心虽乐之,节之以礼;趋翔周旋,诎节卑拜;肉凝而不食,酒澄而不饮;外束其形,内总其德;钳阴阳之

和,而迫性命之情;故终身为悲人。……今夫儒者,不本其所以
欲而禁其所欲;不原其所以乐而闭其所乐,是犹决江河之源,而
障之以手也。……夫颜回、季路、子夏、冉伯牛,孔子之通学也。
然颜渊夭死,季路菹于卫,子夏失明,冉伯牛为厉,此皆迫性拂
情,而不得其和也。

儒家是严格区分义和利的,孟子:"为人者,怀利以事其君,为人子者,
怀利以事其父,为人弟者,怀利以事其兄,是君臣父子兄弟,终去仁
义,怀利以相接,然而不亡者,未之有也。"(《孟子・告子下》)人如获
利欲必远离仁义,这就造成了二者对立性的紧张关系。《淮南子》看
到这一点,于是批判儒家"禁其所欲"、"闭其所乐"是"迫性拂情",即
是一切违逆人之本性之情的做法。这看起来和《淮南子》另所倡导的
持守天性、节制欲望有相异之处,其实只是不同语境下的理论解读。
《淮南子》认为,一切自然之欲利得到适宜的满足之后.并不会内伤其
精神气志,"量腹而食,度形而衣,容身而游,适情而行"(《精神训》),
反而会与天地万物合为一体,沉浸于自然中养性修道。可见,《淮南
子》已经考虑到儒家礼制名教偏执一端的发展必然会束缚人性,摧残
人的生命之情。其后的历史发展,尤其是明清时期儒家思想在宗法
制社会中的极端适用印证了这一点。三是从因时而为出发,批判儒
家固守礼义,墨守成规。《俶真训》中批判儒家言必称三代是"胶柱
调瑟",《本经训》中批晚世儒者迷信三皇五帝等等。前文"通变"论
已举例描述,此处不再赘述。

　　对于道家,《淮南子》虽以老庄之"道"为价值起点,并着重表达
对道家自然天性、自由人生的向往,但仍然针对其不合时宜的观点表
明批判的立场。《淮南子》对于老庄道家的批判主要集中于《修务
训》中。一是对老子"绝学无忧"、"绝圣去知"的批判。《淮南子》主
张人的后天学习的重要性,并将其作为人性修养的路径,"马聋虫也,

而可以通气志,犹待教而成,又况人乎?"因此,人需要走向广阔的社会空间,接受更多的知识信息,"独守专室而不出门,使其性虽不愚,然其知者必寡矣"。二是对庄子消极无为思想的批判。《修务训》:"或曰:'无为者,寂然无声,漠然不动,引之不来,推之不往;如此者,乃得道之像。'吾以为不然。"在直接表明自己的立场后,《淮南子》进而反问:"尝试问之矣:若夫神农、尧、舜、禹、汤,可谓圣人乎? 有论者必不能废。以五圣观之,则莫得无为,明矣。"很显然,这是对道家消极避世、无法推动社会实践创造发展的批判。此外《要略训》中对道家无为思想批判改造,又提出"通而无为"的观点。《淮南子》对道家的批判充分显示了汉初的主体性精神,"西汉地主阶级在巩固了政权之后,已经不满足于《老子》的谦柔自保的人生哲学,他们雄心勃勃,富于进取,对于某些不合时宜的理论概念,敢于进行大刀阔斧的改造,使之适应新形势的要求,以便解除思想束缚,好在社会事业上,大显一番身手。"①《淮南子》在批判道家"蔽于天而不知人"的理论缺陷中,充分灌入了儒家主体性的能动精神,使其宇宙观与社会政治相沟通,体现了一种积极入世的精神,即所谓"言道而不言事,则无以与世浮沉"(《要略训》)。

总体来说,《淮南子》以儒道思想接受为主,故对其批判最显,尤以儒家为甚。此外,《淮南子》间或对法家的批判,《览冥训》:"今若夫申、韩、商鞅之为治也,拑拔其根,芜弃其本,而不穷究其所由生,何以至此也? 凿五刑,为刻削,乃背道德之本而争于锥刀之末。"《淮南子》虽主张法不可无,但反对唯法、苛法,由此批判法家伤民取末做法。

同时,《淮南子》批判儒道等各家之说,并没有走向一味地否定,

① 牟钟鉴:《〈吕氏春秋〉与〈淮南子〉思想研究》,北京:人民出版社2013年,第190页。

而是在批判中吸收、借鉴其理论养分,从而为自己思想体系的创建输送思想的源流之水。批判既不是完全的否定而走向虚无主义,更不是全盘接受而失去新思想的自我立场。批判意味着一种扬弃。如《淮南子》虽批判儒家规制的泥古陈见,但对儒家的经典却是肯定的,它认为对儒家经书只要正确地加以运用,其教化、疏导和规范功能还是非常见效的。正是基于这种肯定,《淮南子》虽然也认为"道灭而德用,德衰而仁义生"(《缪称训》),即物质文明与精神文明经常处于二律背反的状态,但它并未因此而否定仁义的价值,反而认为"天之所为,禽兽草木,人之所为,礼义制度。……治之所以为本者,仁义也;所以为末者,法度也"(《泰族训》)。因此,《淮南子》认为,仁义并非不好,而是在现实中很多人不能做到,或打着仁义的幌子做一些恶事,"孔、墨之弟子,皆以仁义之术教导于世,然而不免于儡。身犹不能行也,又况所教乎?"因此,《淮南子》没有全盘否定仁义,而是将其放在特定的语境中去考量。《淮南子》中更是多处赞扬孔子的人格精神和安顿人生、培植社会道德文明秩序的行为。至于道家,《淮南子》更是将其作为自己思想体系建构的价值基础。但依据时代性要求,《淮南子》又继承发展道家思想而呈现出自我理论的鲜活生命力。"淮南王吸取了《老子》中反剥削、反干涉的积极思想,主张慎刑减罚,减轻剥削;批判继承了《老子》'无事'、'无欲'的主张,要求封建统治者'省事'、'节欲';刘安从积极意义上解释了'贵柔'、'持后'等观念,提出了巩固封建政权的战略思想。"①同样对于法家,《淮南子》虽说"法度"是末,但这是针对秦王朝把法治推向极端说。而对法家的基本思想,它还是肯定的,"法者,天下之度量,而人主之准绳也"(《主术训》)。它从批判秦

---

① 陈广忠、梁宗华著:《道家与中国哲学·汉代卷》,孙以楷主编,北京:人民出版社2004年,第91页。

王朝单纯诉诸法治的教训出发,认为法的实施还必须以仁义、无为作调节。"且法之生也,以辅仁义。今重法而弃义,是贵其冠履而忘其头足也。"(《泰族训》)它认为执法的根本在于"无为"、"养化"、"尚贤",故把法家与道家、儒家思想结合起来使用,这样才能使诸家学说共处一完整的体系之中。在批判法家思想基础上,《淮南子》更加强调以心化民之作用。如何安定民心,《淮南子》兼容儒道思想,主张既需要使民无欲无为,又需要运用仁义,"治之所以为本者,仁义也"(《泰族训》)。因此,兼综百家之学而又富于批判精神,《淮南子》便克服了杂家倾向,而成为能够融会贯通的自我完善和具有创造性的理论了。正是在矛盾双方的相互作用中,《淮南子》实现了自我的批判;在相互的渗透和交融中,实现了自我的超越,为建构一种审美的生命理想提供了一套支撑性的思想体系。但在这个体系中,先前的各种思想只是形式上的消失了,实质上以扬弃的形式,成为了新体系的要素与组成部分。这种兼容统一的学术精神,为不同思想的存在和发展提供了一定的生存空间。不妨说,正是中国文化所具有的这种兼容并蓄精神,使之避免了在整一中完全走向沉寂和僵滞,永远保持自我调节和自我更新的活力。

第二章 《淮南子》道论与审美文化

在美学层面上，《淮南子》赋予道形象感性的审美化形态，突出大道为一的美学内涵，呈现"大浑为一"的审美理想。《淮南子》中的道论融合了儒道美学的有为实践品格和自由生命境界追求。在此基础上，《淮南子》致力于道事并举的文化设计，最终实现大一统社会时代下文化共同体的模式建构。

第一节 道与审美理想

《淮南子》论美的前提和基础是道。在《淮南子》看来，一切美好的东西都来源于道。"道者，一立而万物生矣。是故一之理，施四海，一之解，际天地。"（《原道训》）《淮南子》对道的阐释既包括对道之本体存在的回答，又包括对道之社会事理的寻求。从古代"道"论的发展来看，《淮南子》既是对先秦老庄之道的"扬弃"，又是对儒家之道的吸收和超越，显示出百虑一致的浑大气魄。

《淮南子》之道包括三个维度的内涵表达，《要略训》："故著书二十篇，则天地之理究矣，人间之事接矣，帝王之道备矣。"天地之理即自然宇宙观，天道；人间之事即社会历史观，人道；帝王之道即政治治术，政道。因此，《淮南子》之道是在天道—人道—治道这三个维度展开的。人道和政道又可以统称为事道。天道是形而上之道，事道是形而下之道。

一、道的审美化

自胡适从哲学维度阐释《淮南子》之道以来,学术界也多以此为阐释道的方式。哲学意味几乎涵盖了一切关于《淮南子》道的解释,并以此作为其价值思想的依据。徐复观在《两汉思想史》中论述《淮南子》道的属性时说:"《淮南子》以作赋的文学手法代替了哲学的思维,这是老子思想中形而上学堕退。"①陈静也说:"《原道训》开篇的论道显然降低了老庄论道的思维水平,很像是东郭子的经验方式,直接依靠形象的想象,使道具有了是一个东西的诸多表象。"②然而,同时她又指出:"以想象的丰富性,取代老庄玄思的深刻性,这是《淮南子》道论的特点。"③这从另外一个维度说明,《淮南子》论道,从抽象的玄思走向感性的形象,实质上是道的审美化的突破。

在论道上,《淮南子》呈现出与老庄不同的特色。老子论道,强调思维的纵深度,将道引向人的深邃思考中,摆脱外在感性世界对道的纠缠。老子之道是无法承载的,不可名,不可言,不可感觉把握。道只是思的对象,只能在玄思中澄明。因此,在老子这里,玄思冥想是体道最好的方式。庄子虽对道有更为形而下的叙述,但依然强调道的不可感知。在《知北游》那段著名的与东郭子的对话中,庄子虽描述道在"蝼蚁",在"稊稗",甚至在"屎溺",但其实恰恰是在批评东郭子把道看成可以直接把握的物,希望人们摆脱这些具体的物象,去领悟物象背后的真正的道。老庄之道都强调道的不可承载性,道与外在世界相分割。这样,道就变成了孤悬在思维空间之上的精神本源。

---

① 徐复观:《两汉思想史》卷二,《徐复观全集》,北京:九州出版社2014年,第198页。
② 陈静:《自由与秩序的困惑——〈淮南子〉研究》,昆明:云南大学出版社2004年,第176页。
③ 陈静:《自由与秩序的困惑——〈淮南子〉研究》,昆明:云南大学出版社2004年,第177页。

与老庄体道摒弃感性形式不同,《淮南子》将道放置在一个五彩缤纷、无限广阔的自然世界中,去呈现多样丰富的美的具体形态。《淮南子》有意识地以想象性思维去喻道,以自身审美性的文本表达呈现出道的精义,代抽象玄思为文辞想象。

首先,《淮南子》脱离了老子之道的纯粹抽象,以丰富多彩的自然形象展示道。在《淮南子》中,道更加形象,更加生动鲜活,《俶真训》:

> 至道无为,一龙一蛇;盈缩卷舒,与时变化。外从其风,内守其性;耳目不耀,思虑不营;其所居神者,臺简以游太清,引楯万物,群美萌生。

道化生天地自然之美,"引楯万物,群美萌生"。道从一味的抽象哲理转化为鲜活生动的美感形象。"是故春风至则甘雨降,生育万物;羽者妪伏,毛者孕育;草木荣华,鸟兽卵胎;莫见其为者,而功既成矣。"(《原道训》)道能春风化雨,包含着丰富的感性形象。道蕴蓄生命之美,包含广阔宇宙事象,是一种具有浓厚审美意味的"大宇宙之总"(《原道训》)。这里的道不仅仅是一个玄虚世界中形而上的抽象实体,它与天地物象、四时图景浑然不分,是气象万千、生趣盎然的感性世界的依托,是真正可以感觉、可以触动、可以观照的形象之道。

其次,为了强调道的宏大,《淮南子》在无限空间中铺陈道之形象。《原道训》:"原流泉浡,冲而徐盈;混混滑滑,浊而徐清。故植之而塞于天地,横之而弥于四海,施之无穷而无所朝夕;舒之幎于六合,卷之不盈于一握。"这里呈现出的道具有空间的延展性和时间的无限性。通过无穷想象,自然世界为道创造了一个无限广阔的空间。道的广大超越了天地四海、六合四维。可以发现,《淮南子》论道,不对道作深层次的追问,而是极力展现其广度的无限性;对道的描述不一味走向理性玄思,而尽显感性夸饰。借助于文本的审美言说,《淮南子》充分调动人的想象性意识去感觉、体验道。在这里,道是可以把握、可以表达、可以感觉、可以体验的。于是,《淮南子》将道化为自然界美的形态加以呈现,美无比丰富,无处不在,无奇不有。道化生为一幅色彩斑斓的天地之文、大美之图景:

> 天气始下,地气始上,阴阳错合,相与优游竞畅于宇宙之间,被德含和,缤纷茏苁,……万物掺落,根茎枝叶,青葱苓茏,崔嵬炫煌,蠉飞蝡动。……浩浩瀚瀚。(《俶真训》)

道在这里是一个个美丽和谐的生命,自由生长自然纯粹。为展现道之美在无限空间中的存在,《地形训》中历数五方,铺陈其间自然产物之美。这既有自然物产之美,也有人的本质力量呈现之美。自然之美与人的创造之美无限丰富而不可穷尽。《淮南子》将道从老庄一味玄思之中释放出来,使其映照于整个中华大地,美不胜收。

《淮南子》从宇宙、自然万物的产生来论述"道"的化育功能,由此呈现"道"的生命感性之美。虽然孙纪文认为"《淮南子》以'道论'为起点,把道看作是宇宙万物创生的源泉,人类历史也是'道'演化的结果。这是继承老子'道论'思想的体现"①。但很显然,《淮南子》对"道"的审美化表达触及到具体感性的生命存在,并将生命的形式存在与精神特征相统一,这是一种超越。杨有礼在论述《淮南子》"道"的创生性特征时也说:"这里揭示道的含义有二:一是道是宇宙万物的本质,即道生万物,所谓'禀受无形'就是说有形的万物由道不露形迹地产生出来;二是道是规律和准则,这里山高、渊深、兽走、鸟飞、日月之明、星辰之行等事物的运动变化都是以道为根据,也就是

---

① 孙纪文:《淮南子研究》,北京:学苑出版社 2005 年,第 85 页。

说,道是无变化的规律和准则。"①其实,不仅如此,《淮南子》"道"所
具有的创生性带有非常突出的审美创造性特征,其力量化育出自然
山川一切的美;同时,当"道"成为一切生命存在的终极依据,就意味
着"道"借助于"形"、"气"、"精神"等范畴,既保持了对人现实生命
的关注,又实现了对人生命有限性的自由精神的超越。这两者的统
一也构筑起中华审美理想的理论表达传统,即始终把现实生命存在
与自由精神价值相统一的人生理想作为一种完满的精神追求。

在《淮南子》看来,人们对道的体认需要来自于对自然的审美观
照。天地自然、宇宙万物纷繁复杂、形态多样,既承载道之天性,也成
为人的审美观照对象。人们以审美主体的姿态来观照自然之美,并
依据自然之美的丰富形态,以鲜明的审美形象来显现大美之道,从而
走向艺术化的审美创造。这样,道的审美化就成为一种具有审美自
觉的文化创造。在《要略训》"书论"中,《淮南子》以道的表达为论,
表现出明确的审美自觉意识:

> 夫五音之数,不过宫、商、角、徵、羽,然而五弦之琴不可鼓
> 也,必有细大驾和,而后可以成曲。今画龙首,观者不知其何兽
> 也,具其形,则不疑矣。今谓之道则多,谓之物则少,谓之术则
> 博,谓之事则浅,推之以论,则无可言者。所以为学者,固欲致之
> 不言而已也。夫道论至深,故多为之辞以抒其情;万物至众,故
> 博为之说以通其意。辞虽坛卷连漫,绞纷远缓,所以洮汰涤荡至
> 意,使之无凝竭底滞,卷握而不散也。

这里包含了两个命题。一是道为何要审美化表达。《淮南子》认

---

① 杨有礼:《新道鸿烈——〈淮南子〉与中国文化》,开封:河南大学出版社 2001
　年,第 49 页。

为,道虽为万物之本源,即如音之根本为宫、商、角、徵、羽,但只有多根琴弦才能发出美妙的乐声;只有"龙首"不够,必须"具其形",才能得见真容。传达大道也是如此,必须从抽象、根本之物推演到具体形象之物,才不会产生表达上的各种弊病。从文本论道层面,道是精深的,其意义隐藏于感性世界的背后,一般人是无法深刻领悟的。如仅仅抽象玄思,不注重语言表达的鲜明和丰富,就会让人索然无味,无法感受大道之精华。二是何以审美言道。道若想为人所感悟和体验,必须要用丰富话语和情感想象去表达,那就是"多为之辞以抒其情","博为之说以通其意"。由此,充满想象力的描述,铺陈夸诞的辞赋语言也就必不可少了。即便看似繁缛曲折的语言,其目的仍然在于澄明道的意蕴,使其便于传达。就《淮南子》文本呈现来说,其审美化的言道方式表现为语言的对偶化、文本的辞赋形式特征。将文赋的华丽辞风运用到道的言说上,形成了《淮南子》审美言道的特色。徐复观在评述《淮南子》的文字形式时,认为是受了当时辞赋盛行的影响,不知不觉地把辞赋的手法运用到文章创作上,"在《淮南子》中,也有许多圆浑深厚的散文"①。屈赋传统为淮南王刘安注入了先天的文化基因;刘安对于屈原,在心灵深处有着伤时感事的情感共鸣。因此,运用辞赋文体去表达宇宙世界、社会人生的本质思考,是《淮南子》最为自然的美学表达。夸诞华丽的文风虽然在一定程度上削弱了传道的思想深刻性,但却带来了思想表达的可接受性。将关于宇宙人生的思考从一味的内在思辨或社会应用拓展到形式承载,这意味着实现了思想的形式化。

从一味抽象的玄思走向想象,使得道的言说从纯粹的哲学走向审美与文学。想象力的渗入,是思想表达从历史文本、哲学文本、道

---

① 徐复观:《两汉思想史》卷二,《徐复观全集》,北京:九州出版社 2014 年,第 172 页。

德文本走向文学艺术文本最重要的审美因素。就中国文学史来看，先秦《庄子》文本所呈现出来的丰富想象和汪洋恣肆的审美情感使其道的阐发极富有文学意义。但庄子并非是有意识地突出文本形式之美，而更突出对外在形式的摆脱，如"解衣盘礴"般的效果，因此一切文本形式只是庄子伟大思想表达的客观效果。《淮南子》虽也明确道以无为本，但却有意识地将道展示在一种形象化的想象世界中，并以一种审美化的文本形式加以呈现。这对于后世的审美文学从文史哲的混同局面中逐渐独立，具有重要的意义。在对道的文本言说上，《淮南子》有意识地从哲学文本逐渐向文学文本过渡。正如学者指出，"文字写作的对偶化与思想的对称结构，很可能借助于书写与思考的共同材料即语言文字而产生交集。……哲学文本引导我们关注文字的思想内涵，……文学文本则强调文字本身的独立意义与视觉特征，从而将其从日常语言的链条中解脱出来，凭借自身而获得某种圆满性，这也正是审美化的语言"①。至少可以说明，在《淮南子》看来，大道本源是可以用想象的、美的方式表达出来。

二、道的美学内涵："一"之美

"一"是中国古典美学尤其是道家美学的本源性概念，其旨在描述世界的原初性和整一性。老子"道生一，一生二，二生三，三生万物，万物负阴而抱阳，冲气以为和"（《四十二章》），阐释了世界生成过程中"道"与"一"的关系。庄子继承老子阴阳之气思想，"是故天地者，形之大者也；阴阳者，气之大者也，道者为公，则非形非气，故无名也"（《庄子·则阳》）；并发展了老子"道"与"一"的关系规定，"泰初有无，无有无名。一之所说，有一而未形"（《庄子·天地》），进一步强调了"一"的本体意义。《吕氏春秋》在宇宙观上进一步明确了

---

① 任鹏：《中国美学通史·汉代卷》，南京：江苏人民出版社2014年，第238页。

"一"的地位,认为天地万物本源"太一","万物所出,造于太一,化于阴阳"(《大乐》);同时,将"一"作为万物运动的总规律,"故知一,则应物变化,阔大渊深,不可测也。德行昭美,比于日月,不可息也。豪士时之,远方来宾,不可塞也。意气宣通,无所束缚,不可收也。故知知一,则复归于朴,嗜欲易足,取养节薄,不可得也。离世自乐,中情洁白,不可量也。威不能惧,严不能恐,不可服也。故知知一,则可动作当务,与时周旋,不可极也。举措以数,取与遵理,不可惑也。言无遗者,集于肌肤,不可革也。逸人困穷,贤者遂兴,不可匿也。故知知一,则若天地然,则何事之不胜,何物之不应"(《大乐》)。"知一",意味着主体合规律性合目的性,无论自然之性还是社会之理,甚至人性之情,都能洞察一切,了然于胸。《礼记·礼运》:"礼必本于太一,分而为天地,转而为阴阳。"这里的"一"不仅被赋予了万物之始、混而如初的意义,而且也成为了社会伦理、人文礼治的最高本源。

《淮南子》在道和一的关系上,区别于老子。《精神训》:"夫精神者,所受于天也,而形体者,所禀于地也。故曰:'一生二,二生三,三生万物。'万物背阴而抱阳,冲气以为和。"张双棣《淮南子校释》中对此注解:"《老子》十二章云:'道生一、一生二、二生三、三生万物,万物背阴而抱阳,冲气以为和。'《文子·九守篇》与《老子》全同,《淮南》本之《老子》,而有重大改造。《淮南》无'道生一'三字,非《淮南》传写脱去,高注'一谓道',可见《淮南》无'道生一'之语。倘有,高不得有此注。《淮南》乃有意删去'道生一'三字,正是《淮南》之唯物与《老子》唯心区别所在。《吕氏春秋·大乐篇》云:'道也者,至精也。不可为形,不可为名,强为之谓之太一。'道即是太一,亦即是一。淮南与《吕览》思想有一脉相承之势,此其一斑。"①张先生此注解是为确论,明确了《淮南子》与老子在"道"论上的重大区别,即"道"与

<hr/>

① 张双棣:《淮南子校释》,北京:北京大学出版社1997年,第741页。

"一"二者关系。对此,《天文训》中具体论述:

> 道日规,始于一,一而不生,故分而为阴阳,阴阳合和而万物生,故曰:"一生二,二生三,三生万物。"天地三月而为一时,故祭祀三饭以为礼,丧纪三踊以为节,兵重三罕以为制。

在遵循以"三"为制的哲学表达基础上,《淮南子》突出道"始于一",道是从"一"的形态开始呈现的。如果说在老子那儿,"道生一",道是"一"母体,"一"与道是隶属关系;到了《淮南子》这儿,"一"和道演化成一种主体与状态之关系。"一"是道的存在状态,是道的审美呈现,是道的审美理想的可名可言的表达;道是"一"的精神内涵。道和"一"是精神和形式呈现的关系。道通过"一"的感性显现,使美的精神和光辉弥散宇宙万物。《俶真训》:"道出一原,通九门,散六衢,设于无垓坫之宇",这里,大道以"一"的本原形态呈现,上通九天之门,下散六衢之道,充斥于无边无际的宇宙时空,无所不存,无所不在。依此,"一"之美体现为以下特征。

第一,《淮南子》中,"一"作为道的存在,是无和有的统一,是虚和实的统一。《淮南子》认为这个"太一之道"不可闻,不可见,但同时"太一之道"同各种具体事物并不隔绝。它既超越万物,又能化生万物,并遍存在各种具体对象之中。《诠言训》:"夫无为,则得于一也。"作为无,它是观念,是非感性把握的;作为有,它是具体的,存在于感性世界中。"夫无形者,物之大祖也;无音者,声之大宗也。……肃然应感,殷然反本,则沦于无形矣。所谓无形者,一之谓也。"(《原道训》)一切事物,无论其外在形态多么光鲜亮丽,其最高的存在境界是无形;一切美妙声音的最高境界是无音。因为各种有形之物,有声之音,其形、其音都会从产生到衰灭,都是有限的生命过程。只有能感应到"一"之美的事物,返其本性,就能实现无的最高境界。这里的无,就是达到了道通为一的状态。

"一"之美,是一种境界,是一种超越性审美思维,但并不意味着走向单一和空洞的无,而是有和无的统一。"无"不是绝对的静态存在。"无"运动不息,生出了"有",化生自然万物。"无"充满着蓬勃的生机,具有生命的意味。"一"以"无"价值基点,没有走向单调和静止,而是呈现天下之有。《原道训》:

> 是故视之不见其形,听之不闻其声,循之不得其身;无形而有形生焉,无声而五音鸣焉,无味而五味形焉,无色而五色成焉。是故有生于无,实出于虚;天下为之圈,则名实同居。音之数不过五,而五音之变不可胜听也。味之和不过五,而五味之化不可胜尝也。色之数不过五,而五色之变不可胜观也,故音者,宫立而五音形矣。味者,甘立而五味亭矣;色者,白立而五色成矣;道者,一立而万物生矣。

这里从万物生成的维度阐释了"无"对于万物之"有"的价值意义。无形才产生出有形,无声才生成出五音,无味才感发出五味,无色才呈现出五色,因此有生于无。但同时,五音、五味、五色一旦生成,其丰富变化创造出的变音、美味、颜色就数量繁多。其中,五音、五味、五色都有一个基础的核心,即宫调、甘味、白色,这就好比大道中的"一","一"确立了万物就产生了。

从这里来看,《淮南子》一方面继承了先秦道家"无"为万物之本的观念,承袭无中生有的美学表达,同时,又将"一"的概念引入其中,作为承接"道"和"无"的中介。这既保留了道家美学自然无限的美学境界追求,又借助于"一",将这种美学理念落实到具体现实,投向鲜明灿烂的有形世界,而不致走向绝对空洞的虚无。也就是说,在《淮南子》这里,道的存在并不是与现实对立的,而是"无"和"有"的统一。在"一"的价值目标下，超越性的"无"才能化生出"五音"、"五色"、"五味"等基本的有形世界，并由此衍生出无穷无尽、纷繁复杂的现实世界。这也使得有形的自然世界在《淮南子》的美学体系中获得了自身的意义与价值，一切事物都按照"道者一立而万物生"的模式不断获得生命的美学意义。《淮南子》虽然同样认为这个"太一"不可闻，不可见，却强调它同各种具体事物并不隔绝。"一"既超越万物，又能化生万物，并遍存在各种具体对象之中。《诠言训》说：

> 洞同天地，浑沌为朴，未造而成物，谓之太一。同出于一，所为各异，有马有鱼有兽，谓之分物。方以类别，物以群分，性命不同，皆形于有。隔而不通，分而万物，莫能及宗。故动而谓之生，死而谓之穷，皆为物矣，非不物而物物者也。物物者，亡乎万物之中。

这里的"一"，既是"混而为一"的道，亦是化成各种具体对象的"物物者"。所谓"分物"是指各种具体对象，即现象之殊相存在。因为"一"不是具体对象，故可视其为"不物"；同时"不物"并非是虚无，而是有质而无形，无形中含有形，故它也是一种物质性存在（"非不物"）。正由于各种具体对象都是由"一"构成的，因此各种事物的生成流变都不过是"一"之显现，各种现象之殊相存在都不过是"一"的流转。也正是在这种意义上，《淮南子》认为，"太一"之道不与具体对象相对立，并由此得出了"物物者"（道）遍在于各种具体对象之中（"亡乎万物之中"）的结论。于是，浑沌抽象的"太一"之道演化为具体的形象，有飞禽、游鱼、走兽等等，所有事物都依托"一"的存在，而成为道的形式表达和感性显现。"大道无形"（《诠言》）并非"道无形"，而是意指作为终极本体意义上的"大道"先验存在于经验世界之上，但仍然可以散发光辉到具体万物当中而生成丰富多彩的感性形象。总之，正是因为"一"的存在，才"无"中生"有"，使得道实现了有无统一。遵循道，"一"才能超越万物，到达无限之美；才能超越万物之有的有限性、功利性，实现自由之境。依托"一"，道才能化生有机世界，而不致沦向没有生机的黑暗世界；万物存在才能成为具有生命力，道才会生机勃勃，生气灌注。

第二，"一"之美并非一味走向僵化的统一，而是"一"中有变。《原道训》："万物之总，皆阅一孔，百事之根，皆出一门。"这里的"一孔"、"一门"，是万物百事存在秩序的依据和根源。正是"一"才生成了多和变，多变最终又归于"一"。《说山训》也说："江出岷山，河出昆仑，济出王屋，颍出少室，汉出嶓冢，分流舛驰，注于东海，所行则异，所归则一。"百川汇海，万物归一，这是"一"之美的价值目标；但"所行则异"又意味着"一"来自于"异"。因此，"一"之美是丰富的统一，呈现变化之美。《兵略训》："所谓道者，体圆而法方，背阴而抱阳，左柔而右刚，履幽而戴明，变化无常，得一之原，以应无方，是谓神明。"神明之美就在于"一"和变的统一之美，在持守"一"的基础上应变无方。《淮南子》不仅强调"一"是"万物之总"、"百事之根"，而且强调它"其动无形，变化若神；其行无迹，常后而先"（《原道训》）。也就是说，它看待"一"的本质，立足点是其"变"。

《淮南子》推崇"一"之美，却不至于走向绝对的一元化，就在于其拥有变化万千的内生本源；在突出审美的规定性基础上，也承认审美的自由性和多元化。《齐俗训》："故百家之言，指奏相反，其合道一体也，譬若丝竹金石之会乐同也，其曲家异而不失于体。"《淮南子》以音乐审美领域为譬喻，虽强调的是百家之言的"合道一体"，但反过来看，在"一体"的价值目标下，也是以多种样态的音调乐曲显现为前提。《淮南子》本是用来说"道"的性质，无意于说艺术审美，然而其意蕴却是与艺术审美相通。因此，《淮南子》"一"之美论也成为后世美学理论发展的重要文化资源。清代石涛"一画"论在精神旨趣上就暗通《淮南子》思想，石涛说："太古无法，太朴不散，太朴一散而法立矣。法于何立,立于一画。一画者,众有之本,万象之根;见用于神,藏用于人……立一画之法者,盖以无法生有法,以有法贯众法也。"①石涛所强调的"一画"之理也是包含万物于其中,从而达到以实写虚,实现空灵无限之美。可见,以道为根本,《淮南子》"一"之美并不意味着为美的价值设置一个绝对的终点,而是面向世界敞开意义的空间,其中蕴含着生机无限的生命可能。这也是中国古代审美思维的重要特征。赵奎英对中国古代的宇宙模式曾做出表述:"从静态角度看,它像一个非常简约的分类系统。首先,是以天人合一的同一性思维,把天与天地万物都看成一体相通的一类事务和现象,不管是相似的还是相反的,都归为'一'。其次,是以阴阳对反的两极思维,把宇宙总体分为阴阳对反的两大类,即为'两'。进而又把'五行'作为一个更为细致的分类标准,在五形每一'行'的名下都聚集着一些更小的'类聚'。从动态角度来看,它以阴阳两极的相互对立和相互依存为基本关系,通过相克相生、五行制化的循环模式,宇宙万物都经由它的'反'面'复'归于初,生成始终具有内在'同一性'的动态平衡性整体。"②这种理论表达也正是对《淮南子》上述观点的对应。从这种宇宙模式的思维特点来看,中国古代的"一"是动静的统一,是变化的统一,充满了审美的意味。

三、"大浑为一"的审美理想

在百虑归一的价值目标下,以"一"之美作为道的现实呈现,《淮南子》建构起自己"大浑为一"的审美理想观,《原道训》说:

---

① 王宏印:《〈画语录〉注译与石涛画论研究》,北京:北京图书馆出版社 2007年,第 5 页。
② 赵奎英:《从中国古代的宇宙模式看传统叙事结构的空间化倾向》,《文艺研究》2005 年第 10 期。

所谓一者,无匹合于天下者也。卓然独立,块然独处;上通九天,下贯九野;员不中规,方不中矩;大浑而为一,叶累而无根;怀囊天地,为道关门。

这里刘文典本将"大浑"二句断句成"大浑而为一叶,累而无根"。按杨树达注解,浑通"棍",《说文·手部》:"棍,同也。"叶累即积累,同义连用。《广雅·释诂》"叶,聚也。"从《淮南子》上下文语境及其美学思想考察,本文现依杨树达之说改为"大浑而为一,叶累而无根"。这样,作为《淮南子》中一个核心美学命题,"大浑为一"就具有了更为明确、丰富的意义指向。

《原道训》这段关于"一"的美好描绘即《淮南子》对于最高审美境界的畅想。这是一种贯通天地,苞括宇宙的审美境界,集中呈现为"大浑为一"的审美理想。"大浑"即大全,整体,呈现为大美形态,更代表《淮南子》以一种阔大的审美视野尽收百家之说于其中、兼融万千汇通古今的博大审美情怀。"为一"意味着有和无、一和多,同和异的统一,表明《淮南子》在汇容前人的基础上而进行超越,创建起自己的整一体系的价值实现。"大浑为一"是《淮南子》完整成熟的审美理想的范畴表达。

这里的"一",作为万物之本,是无形的。这种境界超越感性存在,我们的感官无法直接把握这一审美对象,无法在日常的时空感觉中完整地去体验。但同时"一"的审美形象,是"大浑为一"之美,它超越于天下万物,是一种超越一切、"无匹合于天下"的境界,是一种一览众山小的雄浑气概。为一之道符合自身生成的规律性特征,虽有"员"有"方",但又超越于世俗规范的"规"、"矩"。从审美维度来看,"一"可以被看作为一种包容万千、俾睨天下"无匹合于天下"的美的最高境界。人与天地自然"大浑为一",其间审美主体实现精神的真正自由。在《淮南子》中,这就是"总而为一"的大道之美境界,

《精神训》：

> 夫天地运而相通，万物总而为一。能知一，则无一之不知
> 也，不能知一，则无一之能知也。譬吾处于天下也，亦为一物矣。
> 不识天下之以我备其物与？且惟无我而物无不备者乎？然则我
> 亦物也，物亦物也。物之与物也，有何以相物也？

天地自然、人与万物同一。万物同一的道理在于，万物之间无所
谓主客之分。包括人在内，都属于万物之一。自然万物不会因为人
的存在而存在，人也不能以客体之物的姿态去看待自身之外的自然。
《淮南子》再次表达了天人合一的中华审美理想，将人与天地自然的
和谐存在作为生存的理想价值状态。同时，从审美思维来看，《淮南
子》消除了二元对立的主客模式，主张不必以客体对象思维去看待世
界，发展了中华美学的体验式审美思维。这种圆融整一的审美状态
正如《原道训》所云：“其全也，纯兮若朴；其散也，混兮若浊。”独立看
待每一种事物，虽各有形态，但失之纯美，“混兮若浊”；只有当以“为
一之道”为价值根源，以整一状态呈现时，自然万物才能如一块璞玉
那样，纯美素朴如初。如《俶真训》中所说，“浑浑苍苍，纯朴未散，旁薄
为一，而万物大优”，宇宙为一时，呈现的是“旁薄为一”之美。道之一，
意味着道的光辉、精华是广散于天地之间，与万物浑然为一体。当道与
天地万物融为一体，天地万物都粘附有道的光辉，并以感性形态显现出
来。一切的一，一的一切都闪耀着道的神光光辉，彰显着道的至美。
道的为一之美，既是自然万物感性形态背后的本一之源，是内在的气
韵生动精神，也是呈现出来的万物感性之美。它既是宇宙万物自然
之一体呈现出的精神之美，又是承载于一物一象上的感性精华。
　　为一之美强调的是生命的自然浑成。“夫天地运而相通，万物总
而为一”，世界是一个充满生机的有机系统，包括人在内的万物同一，

这也是《淮南子》"大浑为一"审美理想的表达。以道的审美眼光来看待世界,对世界的观照呈现出整一的状态。在这个整一的世界中,包含着丰富的变化,具象为奇妙的杂多。如果延伸到艺术的审美领域,就意味着这是艺术品审美的规律,正如亚里士多德在《诗学》中所说:"一个美的事物——一个活东西或一个由某些部分组成之物——不但它的各部分应有一定的安排,而且它的体积也应有一定的大小;因为美要倚靠体积与安排,……在诗里,正如在别的摹仿艺术里一样,一件作品只摹仿一个对象;情节既然是行动的摹仿,它所摹仿的就只限于一个完整的行动,里面的事件要有紧密的组织,任何部分一经挪动或删削,就会使整体松动脱节。要是某一部分可有可无,并不引起显著的差异,那就不是整体中的有机部分。"①道是一个系统,是一个有机体,如同人的血脉相连,"夫道有经纪条贯,得一之道,连千枝万叶"(《俶真训》)。同时,道以"一"的存在呈现,成为一个中心,连接千枝万叶。就像这浑然天成的天地世界一样,一件自然整一的艺术品就是生命的有机体,呈现出完整性和多样性的辩证统一,在此基础上实现整一和谐之美。这种为一之美在刘勰的《文心雕龙》中具体为文学之法,《附会篇》:"何谓附会? 谓总文理,统首尾,定与夺,合涯际,弥纶一篇,使杂而不越者也。……是以附辞会义,务总纲领,驱万涂于同归,贞百虑于一致;使众理虽繁,而无倒置之乖,群言虽多,而无棼丝之乱;扶阳而出条,顺阴而藏迹,首尾周密,表里一体,此附会之术也。"

　　自然万物在呈现出自身感性形态时,如果不能通达"为一之道",其审美就止于物象形态之描绘或音声悦耳之表达;艺术如果不能有一个生气灌注的精神内核,其审美也无法实现自由境界。只有能够通达那个精神本源性的"为一之道",自然生命、艺术创作便都可以

────────

① [古希腊]亚里士多德:《诗学》,陈中梅译,北京:商务印书馆1996年,第25页。

获得超越性的审美价值。因此,"一"不仅是通向大道的境界,还是一种具备超越性价值的审美思维。无论是君王依道行政治之术,还是圣人通达万物之理,懂"为一之道"都可以帮助其超越当下现实中的诸多限制,洞悉事物规律。《原道训》:"托小以包大,在中以制外;行柔而刚,用弱而强;转化推移,得一之道,而以少正多。"为一之道直达事物的本质规律,圣人正是以"一"为根本之法,便能返其本性,通达大道。《俶真训》中描述了得一之道才能实现的审美自由境界:

　　　　夫秉皓白而不黑,行纯粹而不糅,处玄冥而不暗,休于天钧而不碍,孟门、终隆之山不能禁,湍濑旋渊、吕梁之深不能留也,太行石涧、飞狐、句望之险不能难也。是故身处江海之上,而神游魏阙之下,非得一原,孰能至于此哉!

　　这里描述了"得一原"之道的审美主体,其审美品格洁白、纯洁、高尚,不会因外界环境而变得阴暗混杂。拥有无限高远的大道精神,可以无所畏惧,面对一切困难;超越现实生活中的一切羁绊和束缚,"身处江海"却能"神游魏阙"。审美主体通过审美想象实现对人与自然现实关系的精神超越,这种超越性可以超越物质活动,确立人类精神发展的高远目标。《淮南子》描述的这种境界正是艺术创造所能达到的超越性特征。正如黑格尔所说:"艺术是对自然的征服,艺术作为一种想像是真正的创造。"①
　　《淮南子》"大浑为一"的审美理想不仅呈现在自然美领域,也延伸到社会层面。远古之时也是最好的大道时期,呈现出淳朴未散、万物丰足的理想状态;后世推移,为一之道逐渐分散,便意味着社会政

━━━━━━━━━━━━━━━
① [德]黑格尔:《美学》第一卷,朱光潜译,北京:商务印书馆 2010 年,第 181 页。

治的一种理想状态的衰退。《俶真训》列举了不同时代的社会政治状态，"至德之世"时，大道为一，"群生莫不颤颤然仰其德以和顺"，天下祥和；"及世之衰也，至伏羲氏"，是因为"其德烦而不能一"；再到"神农、黄帝"，虽社会治理有效但却不能使百姓和谐为一；到"昆吾、夏后之世"，嗜欲无度，性命失去了根本；最后延续到周王朝后期，已成衰落之势，大道之治分裂，"道术为天下裂"。在《淮南子》看来，社会历史的更迭变迁，正是"道"不再"为一"，而走向衰落分散的结果。《本经训》中也批评了晚世学者的社会历史观，因为"不知道之所一体"，即不懂得"道"是一个整体，即便学问广博，面对社会历史的变化也免不了迷惑。而对于君王来说，"君执一则治，无常则乱"，"君失一则乱，甚于无君之时"。这里的"一"，是一种信仰坚持，是一种恒久；也是一心一意，初心，未经改变的本性。其"执一"之政看似"无为"，实则"得于一者"，《诠言训》："夫无为，则得于一也。一也者，万物之本也，无敌之道也。"可以看出，《淮南子》谈"为一"之美，从自然天道落实在社会人事之道，力求兼容诸子各家美学思想，尤以儒、道两家的接受和超越为基础。儒家的人文主义与道家的自然主义；儒家的入世精神和道家的出世理想；儒家的富有、日新、阳刚、行健和道家的空无、恬适、阴柔，最能代表中华民族的审美文化、智慧理想。因此，对儒、道审美理想的吸收、批判乃至超越统一，体现了《淮南子》对圆满人生的美好祈盼，是其"大浑为一"的审美理想的具体诠释。从《淮南子》内容本身来看，它"观六艺之广崇，穷《道德》之渊深"（《泰族训》），既吸取了道家那种"周游六合，腾跃古今"，"与天地精神相往来"的自由豪放的气魄，又融合了儒家美学中的质朴、厚重以及对现实人生的执着。同时，《淮南子》既消除了儒家美学过于偏执于世俗而无法实现精神自由的迷惘，又摆脱了道家美学那种玄空虚幻的个体精神畅游，从而建立起以追求圆满的人生境界为核心的审美理想。

　　总之，《淮南子》"大浑为一"的审美理想是在特定的历史文化氛围中对先秦以来以儒、道为主的诸家美学思想的一次重大总结和整合，并且形成了自己完备的体系。它倾天折地之说的气概代表了那个时代中华民族的最高审美智慧，形成了中华民族审美理想观的最初范型。这种审美理想在《淮南子》中主要体现在以下几个层面。其一，它表现为一种吞吐四海，"苞括宇宙"的大美之境。这种大美之境是审美理想的观念化形态，它以"道"为其哲学依据，既有对天道之美的终极寻求，又有对人道之美的充分肯定，融真与善为一体，是真善美的统一；其内涵无限丰富，雄浑博大，集中代表了汉民族的审美性格和精神风貌。其二，"大浑为一"的审美理想充分呈现于《淮南子》核心范畴中。审美感应论建立在万物为一的系统论基础上，主张整个世界充满了生命流动之美；审美情感论实现情理相融，既明确了情感表达的现实需求，又指向大道为本的精神追求；神游论并不是只强调自身的超脱，而是特别强调"道"的"至大"性，充分体现"大浑为一"的审美内涵。其三，人格理想是审美理想的人生化体现。《淮南子》的人格理想以"圣人"为其范本。这里的"圣人"既自然体道，追求精神的独立，又积极有为，凸显主体的能动；它的实现是"顺情返性"与"禀受于外"的统一；它的最高境界是一种天人合一的"自得"之境。其四，艺术理想是审美理想的艺术表现形态。这里的艺术理想在文道观上主张社会功用与审美的统一；同时，高扬"至情"的艺术特征大旗，极力突出艺术的独立性；主张刚柔相济、自然与文饰并举的艺术风格。最后，审美政治论是《淮南子》审美理想的想象性政治呈现。以审美政治化和政治审美化的统一为目标，《淮南子》表达了对"神化"审美政治境界的期待。

第二节 道的审美品格

《淮南子》包容各家之学,内容繁复,但在其整个体系中,儒道两家是根本性思想原料,也是《淮南子》道论的两条脉络。《淮南子》审美理想论包含了道的完整性审美品格,表现为自然之美与人文之美、无为之美与有为之美的融合统一,其意蕴是追求人的天性纯真,追求与现实生命存在的价值理想统一。

一、自然之美与人文之美的统一

(一)天性之美与美的自然属性

作为本体存在,这里的"道"是包裹宇宙、覆天载地、化生构成天地万物的本原。《淮南子》对此有诸多描述:

> 夫道者,覆天载地,廓四方,柝八极,高不可际,深不可测,包裹天地,禀授无形。(《原道训》)
>
> 道至高无上,至深无下,……包裹宇宙,而无表里,洞同覆载而无所碍。(《缪称训》)
>
> 夫太上之道,生万物而不有,成化像而弗宰。(《原道训》)

《淮南子》充分发挥了先秦道家的理论,其道的哲学底蕴都是宇宙本原或最高的精神实体。在这个层面上,道被释为形上本体。这里的道遵循天性自然,《原道训》:

> 所谓天者,纯粹朴素,质直皓白,未始有与杂糅者也。所谓人者,偶瞕智故,曲巧伪诈,所以俯仰于世人而与俗交者也。

　　《淮南子》将"天"与"人"对比，着眼点在于道的层次。最高层次的道是形上本体意义的，即大道，具有清静的天性，归依到自然无为，进入天然的境界。所谓"天然"，是指纯粹朴素，质洁性真，没有一点杂质；所谓"人为"，是指邪曲不正，虚伪奸诈，曲意逢迎，沦于世俗。这个形上本体的道作为评判一切价值合理性的最高标准，与"人"相对，实现对"人"生活状态的超越。它对于洗涤遮蔽在虚灵上的污泥，映现人间的黑暗丑恶，以及拓展人的思维空间，培养人的超越意识，无疑具有极强的渗透力和极高的功效性。天性自然之道呈现出来的是一种"大巧"之美，《泰族训》：

　　　　故神明之事，不可以智巧为也，不可以筋力致也。天地所包，阴阳所呕，雨露所濡，化生万物，瑶碧玉珠，翡翠玳瑁，文彩明朗，润泽若濡，摩而不玩，久而不渝，奚仲不能旅，鲁般不能造，此之谓大巧。

　　这种"大巧"之美靠天地阴阳二气抚育，天然生成，非人力所为，是由"神明"所化。"神明"即自然之道，它虽没有意识，却像一个伟大的工匠，合规律而又合目的地创造了自然中的一切，使自然中的事物达到高度的完美。所以，美应无须人工文饰，而在于事物本身未加修饰的自然形态，在于主体自得。《修务训》："曼颊皓齿，形夸骨佳，不待脂粉芳泽而性可说者，西施、阳文也。嘁䐈哆呐，蓬蒢戚施，虽粉白黛黑弗能为美者，嫫母、仳倠也。"西施、阳文美在天然，嫫母、仳倠即便涂脂抹粉也难以为美。《俶真训》中说，无论是牺尊"华藻镈鲜，龙蛇虎豹，曲成文章"的雕琢之美，还是其沦为沟中之断木的丑，其实"失木性钧也"，都失去了木的自然本性。因此，人为地追求外在华美或弃之如断木之丑，都丧失了物品本身内在的"道"之天性。引而申之，则一切艺术也应该追求自然之美。反之，人工雕琢，披锦列绣，就会破坏质朴自然之美，"夫雕琢刻镂，伤农事者也，锦绣纂组，害女工者也"（《齐俗训》），好的艺术作品也应是"至言不文"（《说林训》）。

一方面《淮南子》承继了先秦道家所推崇的自然天性之美，但同时并没有一味去追求大道之美的玄思之境，而是落实到具有自然美属性的具体事物上。从美本质的抽象思考转化为美的事物的存在性描述，与其说是"形而上学的堕落"，毋宁说是对自然之美的心灵贴近。《淮南子》认为，大巧之美是自然造化之美，无关"智"、"力"。这种自然之美与天地同在，如"瑶碧玉珠"、"翡翠玳瑁"，具有美的天然属性，非人为之所然。《淮南子》中直接阐明这个观点："白玉不琢，美珠不文，质有余也"（《本经训》），表明自然美在于其自然属性。可以发现，《淮南子》在这里描述的自然属性之美，其实关涉中国当代美学界一度探讨的美的本质命题。美的本质探讨中，有一种观点认为美来自于事物本身的自然客观属性。显然，《淮南子》所说的"瑶碧玉珠"、"翡翠玳瑁"这些事物都具有"大巧"之美，也都是因为其本身所具备的"文彩明朗，润泽若濡"自然属性。《淮南子》虽然并没有明确美的属性等命题，但也为如何把握美提供了一种切实的路径。其实儒家观念中也有关于美在事物本身的天然属性之说。荀子在发扬孔子"仁者乐山，智者乐水"比德美学观念基础上，提出："夫玉，君子比德焉。温润而泽，仁也；栗而理，知也；坚刚不屈，义也；廉而不刿，行也；折而不挠，勇也；瑕适并见，情也；扣之，其声清扬而远闻，其止辍然，辞也。"（《法行》）这段话中荀子以玉来象征君子的高尚品德时，就谈到了玉本身的自然本色之美"温润而泽"、"坚刚"、"其声清扬"等。在《大略》中荀子又提到"山林川谷美"之"美"，在《劝学》篇中说到"兰槐之根是为芷……其质非不美也"等等，都强调了自然物本身的客观属性之美。从自然之美到美在事物的自然属性，《淮南子》一步步将道家美学的超越性与儒家美学的存在性相融合，使得中国古典美学在美的探究上呈现出入乎其内而又出乎其外的价值路径。

(二) 生命之美与人事之道

《淮南子》中,大道自然表现为道始终洋溢着生命之美的色彩,并以此感召着现实世界。《原道训》:

> 约而能张,幽而能明;弱而能强,柔而能刚;横四维而含阴阳,纮宇宙而章三光;甚淖而滒,甚纤而微;山以之高,渊以之深;兽以之走,鸟以之飞;日月以之明,星历以之行;麟以之游,凤以之翔。

在道生万物的过程中,美的世界产生了。道化生万物,呈现出鲜明的形象和感性特征,也赋予自然万物充满个性的生命,促使其顺性而长,演化为五彩缤纷、丰富充盈的审美世界。

道化育万物形成自然之美。道如何化生万物,成为各家宇宙生成论最主要的理论表达。《老子》有"道生一,一生二,二生三,三生万物"之说,形成了中华文化最为经典的道生万物的基本模式。《易传》云:"易有太极,是生两仪,两仪生四象,四象生八卦","一阴一阳之谓道"。《吕氏春秋》也说"万物所出,造于太一,化于阴阳"(《大乐》),将道化生万物归于阴阳二气。在此基础上,《淮南子》形成了自己的万物生成的基本观念,并在《天文训》中对此作了非常详尽的描述:

> 道始于虚霩,虚霩生宇宙,宇宙生气,气有涯垠,清阳者薄靡而为天,重浊者凝滞而为地,清妙之合专易,重浊之凝竭难,故天先成而地后定。天地之袭精为阴阳,阴阳之专精为四时,四时之散精为万物。

《淮南子》将道化生万物的过程做了一个清晰的描述:道(虚

廓)—宇宙—气—天地—阴阳—四时—万物。从太一即元气开始,浑然一体的元气最初显出两种对立的趋向,然后演化成阴阳二气,阴阳二气经过上下离合的作用,再衍生出日月星辰、天地四时和万事万物。很显然,《淮南子》也把"气"看成道生万物的重要介质,但又把"气"的来源更加明确化,消除了前哲先人对"气"的神秘化,而将之归结于"宇宙"。在《淮南子》看来,道作为精神本体,是超越性层面的;相对来说,气更为具体,是经验世界的创造物和物质化元素。清阳之气生为天,重浊之气生为地;阴阳之精演化为日月四时。《淮南子》以具体的"气"来描述宇宙演化乃至世界生成的形而上问题,并加以想象,更具有审美色彩。

同时,《淮南子》又多处明确了万物生成的重要路径是"和"。中华美学精神中推崇和合之美。以儒道为代表的百家之说虽各有不同而异趣,却"百虑而一致,殊途而同归",都主张和合之道,并将其作为大美生成的路径。《论语》中有"礼之用,和为贵,先王之道,斯为美"(《学而》),突出和的伦理品格;另有"子曰:君子和而不同,小人同而不和"(《论语·子路》)。表明和的对立统一的辩证性品格。道家也讲和,《庄子·天运》谈到《咸池》之乐时说:"奏之以阴阳之和,烛之以日月之明。"《老子·四十二章》中:"道生一,一生二,二生三,三生万物。万物负阴而抱阳,冲气以为和",《国语·郑语》所记载的"和五味以调口"、"和六律以聪耳"等等,都表明人的一切生命活动的形成就是和合关系作用。《淮南子》充分吸收先秦"和"的思想,《天文训》:"阴阳合和而万物生";《览冥训》:"两者交接成和而万物生焉";《氾论训》:"天地之气莫大于和,和者,阴阳调,日夜分,而生物。春分而生,秋分而成,生之与成,必得和之精","阴阳相接,乃能成和";《泰族训》:"神明接,阴阳和,而万物生矣"等等。阴阳和合演化宇宙万物,这一命题其实并非《淮南子》首创。从先秦儒道,到《吕氏春秋》,都有此描述。但《淮南子》从生命美学的角度继续发展这一观念,更加详尽地描述了这个过程,并通过二十四节气对应生命的形成。《天文训》中描述:自立冬到冬至四十六天,天含阳气还未下降,地怀阴气尚未上扬;自此之后,阳气开始下降,阴气开始升腾,但并未融汇,各自在天地之间游荡;继而,阴阳二气渐渐地互相漫润融合形成中和之气漫延扩散,包裹天地以生成万物;最终,中和之气互适调配,从而化育万物生命。由此《淮南子》表明,阴阳二气的和合使得整个宇宙形成一个有着秩序和谐之美的统一体,这个统一体上升到生命存在的高度,是孕育一切生命的"神明"之大美。这种大美不仅呈现于自然万物,甚至还可以催生人的精神创造,如音乐艺术的发生。《淮南子》在《吕氏春秋·十二纪》基础上,更加体系化地论述了阴阳二气和合相生与音乐的关联,将每一节气对应每一音律,二十四节气对应十二音律:"二阴一阳成气二;二阳一阴成气三。合气而为音,合阴而为阳,合阳而为律,故曰五音六律。"(《天文训》)这里其实隐含着艺术发生说的一个命题,即艺术来源于天地自然。可以看出,《淮南子》较为简单地将音乐本源归于自然之气,而没有认识到艺术创造与人的本质力量之间的关系。但《淮南子》主张阴阳二气和合化生艺术,进而将艺术融入天、地、人统一的宇宙整体,也提升了艺术生命的宇宙境界,为中华美学的超越性品格奠定了基础。

在《淮南子》看来,万物化生正是因为"和"。因为"和"才有了"化",或者说"和"是"化"的本质。"化"体现的"和",是一种天地自然融为一体的生命和谐。在中国美学看来,"化"之境正是体现和谐之美的生命境界。后世邵雍说"性应雨而化者,走之性也;应风而化者,飞之性也……"(《皇极经世·观物内篇之一》卷五),描述十多个"化",来论述宇宙生命的内在律动。王夫之《姜斋诗话》卷一说:"含情而能达,会景而生心,体物而得神,则自有灵通之句,参化工之妙。""化"的观念使得中华审美文化处处充满生命精神。

道化生万物却不凌驾于万物之上。《原道训》:"夫太上之道,生万物而不有,成化像而弗宰",道具有无目的的合目的性,不占有对象,不主宰对象,和对象是一种相生相和的关系,这就是一种审美关系。"生"是一种生发,意味着是生命之美的最高境界。"化像"是万物的感官形象。道作为万物的精神本源,在现实世界"化"为感官形象。正如黑格尔的著名论断"美是理念的感性显现"一样,在《淮南子》"化像"过程中,美成为了道的感性显现而产生;但同时,又不像黑格尔的"绝对理念"统摄对象,控制对象。因此,《淮南子》把道看作是一个有生命意义的本体,在道的化育之下,到处都是充满生命运动的世界。道的意义就在于化生万物,生生不息,"天致其高,地致其厚,月照其夜,日照其昼,阴阳化,列星朗,非其道而物自然"(《泰族训》),意谓道虽看似无所作为却化生万物。道化生万物是"无私"的,"故有形出于无形,未有天地能生天地者也,至深微广大矣!"(《说山训》)道不必高居于天地之上,却能化生天地。《原道训》:"故阴阳四时,非生万物也;雨露时降,非养草木也。神明接,阴阳和,而万物生矣",道的化生过程看似无目的,却是一种自然而然、无目的的合目的性。这种自然而然的化生行为,正是按照美的尺度进行生命构造,并产生一个色彩斑斓、生机盎然的世界,这实际上是一种具有审美意蕴的活动。《诠言训》又云:

> 洞同天地,浑沌为朴,未造而成物,谓之太一。同出于一,所为各异,有鸟有鱼有兽,谓之分物。方以类别,物以群分,性命不同,皆形于有。隔而不通,分而为万物,莫能及宗,故动而谓之生,死而谓之穷,皆为物矣,非不物而物物者也,物物者亡乎万物之中。

"道"化生万物;万物被赋予有形生命,呈现出千姿万态的个性化生命状态。每一种事物都分有道的精神光辉,因此虽各不相同,即便生死也都共有道的精神之宗。同时,道以无形化生万物,也遁入有形事物之中,这就使得道隐匿在万物之中,成为自然万物世界的精神之核。道化生万物,转化后又弥漫在万物之中,这就决定了《淮南子》之道其并非高居一隅、超自然存在的悬空之"道",而是始终亲和于自然万物之间,"是故能天运地滞,轮转而无废,水流而不止,与万物终始"(《原道训》),道与自然万物同生同在。这就区别于黑格尔的那个统摄一切的绝对的"理念"。因此,道与万物之间构成的是一种诗意的关系,"是故至道无为,一龙一蛇;盈缩卷舒,与时变化。外从其风,内守其性;耳目不耀,思虑不营;其所居神者,臺简以游太清,引楯万物,群美萌生"(《俶真训》)。"道"创造了大自然的生命之美,意味着大自然的造化之功,"物质带着诗意的感性光辉对整个人发出微笑"①。道在化育生命的过程中,把自己的价值追求完全融于在自然万物的存在和成长中,而不是高居其上、对立旁视。道的化育生命,是将自己的目的与自然万物的规律性成长相统一的,是符合美的活动的。同时,自然万物的生命成长,也是在道的价值目标引导下而各有其性、各显风采,最终形成一个合目的性和规律性的美的世界。中华美学向来注重宇宙自然作为一个生命的有机体系,强调对自然万物生命活动存在规律的直觉体验。人在这种对万物生命活动的观察体验中,去感受寻求生命活动带来的律动之美和节奏之美。

　　自然之美不仅呈现于道化生万物,也体现于道作为人事活动应遵循的自然法则上。在《淮南子》看来,一切遵循自然法则的生命存在都能分享"道"的光辉,而具有天性之美。人的生存也是这样,持守自然大道才能获得诗意的栖居。《时则训》:

---

① [德]马克思、恩格斯:《马克思恩格斯文集》第三卷,北京:人民出版社 2009年,第 503 页。

制度阴阳,大制有六度:天为绳,地为准,春为规,夏为衡,秋为矩,冬为权。绳者,所以绳万物也;准者,所以准万物也,规者,所以员万物也;衡者,所以平万物也;矩者,所以方万物也;权者,所以权万物也。

天、地、四时是包括人在内的万物及其运行的基本"规矩"、"准绳"和"权衡"。天道具备正直品格而不邪曲,追求常新而流于不旧弊,"直而不争,修而不穷;久市不弊,远而不忘;与天合德,与神合明",因而"自古及今,不可移匡;厥德孔密,广大以容",它也才能够作为生命存在应当追求的最高境界,且从古至今、不可移易。同时,天、地、时为生命存在提供了一种合规律性的原则和规范。天地四时循环往复,气候、物候、天象、地理等自然运转都是"道"合规律性的呈现,所以人类对自己生存的自然情境应特别予以尊重、同情和了解,人在生存活动中应当依"道"而行,有所法式、有所禁忌。只有顺此而行,一切生命才能实现大道天性之美,人类才能获得合目的性的价值回报,最终实现"天人合一"的最高生命境界。

这种自然之美,也充分体现于生命存在所依托的"地形"之道中。《地形训》:

凡地形,东西为纬,南北为经。山为积德,川为积刑。……土地各以其类生,是故山气多男,泽气多女;……中土多圣人,皆象其气,皆应其类。是故坚土人刚,弱土人肥;……凡人民禽兽万物贞虫,各有以生,或奇或偶,或飞或走,莫知其情,惟知通道者能原本之。

《论语》中有"仁者乐山,智者乐水",《淮南子》承继了儒家的比德观念,将山水地形与人的品格关联,并对此作了情感逻辑上的阐释：山仁，万物生焉，故为积德；川水智，智制断，故为积刑也。在此基础上，《淮南子》以五行、五方、五色等地理形貌对应物产种类和人的五脏、五窍、五体等身体机能，进而延伸到东西南北中不同地理方位人的生理特征。限于时代的认知水平，《淮南子》的比类阐释中包含着很明显的臆想成分，但从美学的维度来看，这充分体现了《淮南子》具备一种以自然为法、万物一体的审美思维。《地形训》将地形与人的生命存在相对应，不同的生存环境，有不同的民俗人情，也就形成人的不同性格特征和文化心理。这个观念可以用来阐释审美创造中的艺术风格问题。不同地域环境中人的文化性格和精神气质，影响了审美艺术的表达，形成了各种各样的审美风格。因此，在多元化的审美空间，人们需要对于他者的文化性格、审美风格等给予充分的理解和尊重，在此基础上，实现一种"美美与共"的文化理解。可以说，具体的"美"也是生成于具体的生存环境中，人应当因"天时"，遵"地形"，通晓天地自然之道。在《地形训》中，《淮南子》从人的生存情境这一层面来论述地形，于是，客观的地形特征也就有了人的主观性色彩，也因合乎人的目的性而获得生命存在的价值意义。

（三）道与仁义的关联

《淮南子》中，自然之美不仅旨归于天性之道，还走向了人的生命存在，进而呈现于人类社会的实践创造中，成为人及其行为所应遵从的自然法则、应然之道。这些法则在社会历史的发展过程中慢慢演化为一种人文规制，用来维护整个社会的井然有序、和谐安宁，并内化于人的心灵自觉。《淮南子》在坚持自然之美的大道持守基础上，又融入了面向现实社会的人文情怀，力图实现自己理想的审美境界。

在《淮南子》这里，当"道"从终极价值本源落实为自然感性物象，并来到了生命存在和社会世俗的情境中，首先要解决的是如何协调融合"道"与"仁义"等人文规制的关系。《淮南子》给出的文化方案是：道德为本，仁义为需，审时世而变。

　　《淮南子》认为,形上本体之"道"落实到"仁义"层面,在于历史发展的必然性。在社会历史变化的过程中,《淮南子》分别以"道"—"德"—"仁义"来对应。《缪称训》:"上世体道而不德,中世守德而弗坏也,末世绳绳乎唯恐失仁义。"《淮南子》在《俶真训》、《览冥训》、《本经训》中描述了人类社会发展从上古到今世的几个阶段,虽划分有差异,但都将这几个阶段描述成一个由清平治世到衰世的流变过程。随着社会的演化,"道"、"德"、"仁义"逐次呈现。在《淮南子》看来,符合"道"的社会应当是"无庆贺之利、刑罚之威,礼义廉耻不设,毁誉仁鄙不立,而万民莫相侵欺暴虐,犹在于混冥之中"(《本经训》),这样的社会是原始而又淳朴的,人与人之间也没有高低贵贱之分。但是,《淮南子》也看到这种时代已一去不复返,于是才有"道灭而德用,德衰而仁义生"(《主术训》)。从"上世"到"中世",对应的是由"道"而"德"。在《淮南子》看来,"德"是连接"道"和"仁义"的重要桥梁,具有两个重要的品格特征。其一,"德"与"道"相通。《淮南子》提出"率性而行谓之道,得其天性谓之德"(《齐俗训》),表明"德"源自于"道",德性来自于道性,依据"德"的修行能通达"道",所以"天道无亲,唯德是与"(《诠言训》)。同时,"德"是"道"的外化,也仅有"德"最接近"道",如《缪称训》所云:"道者,物之所导也;德者,性之所扶也。"在这里,"道"与"德"虽有境界高低、内涵深浅之分,但二者天然亲近,共同指向最高的生命境界。由此"道"、"德"可以并称呈现,成为永恒存在的价值本体,"道德之论,譬犹日月也,江南河北不能易其指,驰骛千里不能易其处"(《齐俗训》)。其二,《淮南子》中的"德",又并非完全局限于先秦道家论述的虚静、柔弱等内在德性之中,而是外化出来落实到人文规制,呈现为社会伦理的现实情貌。《俶真训》:"是故道散而为德,德溢而为仁义。"《泰族训》中也明确表达:"中考乎人德以制礼乐,行仁义之道,以治人伦,而除暴乱之祸",这里的"人德"又意味着"制君臣之义、父子之亲、夫妇之辨,长幼之序、朋友之际,……此治之纲纪也"(《泰族训》)。于是,以"德"为桥梁,《淮南子》将"道"和"仁义"连接了起来,实现了形上本体的自然之道与世俗空间的人文规制相通。由此,《淮南子》给予创制出人文规制的儒家圣人充分肯定,"周室衰,礼义废,孔子以三代之道教导于世"(《人间训》),更是以孔子为后世表率。总之,由"道"至"德"再到"仁义",体现了《淮南子》从价值本体的终极寻求走向现实人生的规律性把握、由道性之德落实为仁义之德的价值转化。

既然"道"不再与"仁义"决然对立、互相隔绝,《淮南子》对于"仁义"等儒家人文规制就报以同情之理解的态度,甚至将其纳入到人性之中。《淮南子》中的人性包含不同层级的维度,首先是承继先秦道家所主张的天性自然,"人生而静,天之性也"(《原道训》);其次又将儒家仁义礼乐甚至为其所不容的情感都纳入其中,《泰族训》:"人之性有仁义之资,非圣人为之法度而教导之,则不可使乡方",仁义与"好色之性"、"饮食之性"、"喜乐之性"、"悲哀之性"一样,都是人的正常需要。从"道性"到"仁义之性",体现了《淮南子》对于人类社会发展过程中人性的历史性理解,也暗含《淮南子》儒道融合的思想态势。

从人性的讨论出发,《淮南子》将这种观念扩展到社会、人生领域,切实地去讨论社会治理问题。《本经训》说到,等级不同的社会治理方式,"道"为上策,即提倡反本复初的"无为而治";其次是仁义礼教,使"政教平,仁爱洽,上下同心,君臣辑睦,衣食有余,家给人足,父慈子孝,兄良弟顺,生者不怨,死者不恨"。《泰族训》中也说:"治之所以为本者,仁义也","故仁义者,治之本也"。《淮南子》将"道"和"仁义"分置于不同层级的治世表达中,从而构建了一个体系化、层级化,现实性更强的文化模式。这种模式体现在政教中,就是《泰族训》中的"参伍"。"参"就是取法于天、地、人三才,以建立明堂制度,调和阴阳之气,制定度量标准和礼乐制度;"伍"就是确定君臣、父子、夫妇、长幼、朋友之际的道德规范,以此作为治国的纲纪。"参伍"之道贯通了天道和人道,实现了天时地利人法相统一。《淮南子》在自己的文化方案中,以效法天地自然而立度制的思想为基础,以社会发展的变化规律为具体依据,并推衍出适合人的存在的规范情境,最终实现符合儒道共同价值标准的理想人生境界。

这样看来,"道"与仁义虽有层次的高低之分,但就其同为人性呈现以及治世功能而言,又相互联系。因此,在仁义之治的社会,民、官吏、君王从下到上都遵从社会规范和伦理秩序而不能放任,"道胜则理达矣,故返于无为"(《本经训》),即"道"占主导地位,又可以回到无为而治的境界。于是,仁义作为政治、人生之道,是可以提升到一个更高层次的价值空间,甚至能通达大道。而且,在《淮南子》看来,仁义最理想的境界是化为内心自觉,而非徒有虚名,这和天道自然的价值精神是相通的。如圣人就是内在自觉、自发地实践仁义,不为外在之名,也无需自我勉强,正所谓"圣人因时以安其位,当世而乐其业"(《精神训》)。

然而,形上本体的"道"跌落至形下层面以后,它是不是就永归世俗,无法实现其超越性的终极关怀而陷入"蔽于人而不知天"的迷惘境地?《淮南子》对此也作了明确的回答,《齐俗训》中说:"既出其根,复归其门,已雕已琢,还反于朴",《本经训》云:"赢缩卷舒,沦于不测,终始虚满,转于无原";《精神训》中认为"化者复归于无形也"。这些话都表明,现实中的一切作为有限的存在,其最终的指向仍归于道,即"反于朴"、"转于无原"、"归于无形"。而在治世等实践活动中,"道"虽体现为儒家之"用",如"百家殊业而皆务于治"(《氾论训》),但"用"的背后总是有一个终极的价值依据。"故一动其本,而百枝皆应"(《泰族训》),这个"本"即是支撑、统摄直至超越各种各样世间之"用"的"太上之道",所以"有百技而无一道,虽得之弗能守"(《俶真训》)。即便《淮南子》将道与仁义相融合,但"仁义之不能大于道德也,仁义在道德之包"(《说山训》),道与仁义还是有着层级区分、品格落差的。于是,《淮南子》给仁义设置了一个"时"的维度。《人间训》:"仁者,百姓之所慕也。义者,众庶之所高也。为人之所慕,行人之所高,此严父之所以教子,而忠臣之所以事君也。然世或用之而身死国亡者,不同于时也。"这样,仁义并非万古之永恒,而是因时之则。相比较仁义的因时而为,《齐俗训》则强调了道德的永恒性和超越性,"道德之论,譬犹日月也,江南河北不能易其指,驰骛千里不能易其处。趋舍礼俗,犹室宅之居也,东家谓之西家,西家谓之东家,虽皋陶为之理,不能定其处"。道德如日月普照大地,其光辉笼罩众生;礼俗仁义好比各家之宅,各为己用。这样一来,《淮南子》就保证了天道自然的最高价值地位,为无数沦入世俗尘世中的人保留了一份原初之心,更为现实人生提供了一片超越性的自由天空和诗意化的栖息之地。

总之,以道为本,体现出《淮南子》追求生命存在价值本源的超越性品格;以仁义为用,表达了《淮南子》关注现实人生的人文情怀。由此,《淮南子》既重形上之道又关注形下之仁义,既追寻生命价值本源又寻求现实人生意义,既执着于精神自由又自觉践行人文规制,融合儒道思想为一体,表达出对于一种理想人生图景的期待。

(四)自然之美与人工之美的互补

《淮南子》认识到,人的主观创造是美产生的重要因素。除了天地间天生自在的美之外,人类也可以创造出自然界所没有的人为之美。人类必须懂得利用自然界并创造"美"的东西来实现自身的本质力量,"清酏之美,始于耒耜"(《说林训》),由于人类利用"耒耜"、"杼轴"等工具进行物质生产,然后才有"清醴之美"等等的产生。因此《修务训》中一方面描述"不待脂粉芳泽而性可说者"的自然之美,同时又说即便美如毛嫱西施,如若"若使之衔腐鼠,蒙蝟皮,衣豹裘,带死蛇",也会"过者莫不左右睥睨而掩鼻",说明美在一定条件下,

也是可以转化为丑的。因此自然之美也要"使之施芳泽,正蛾眉,设
笄珥,衣阿锡,曳齐纨,粉白黛黑,佩玉环",就会"无不惮悇痒心而悦
其色矣",说明人为的因素在审美创造中产生了重要影响。进而,《淮
南子》以舞蹈为例来表明,"今鼓舞者"之所以能"绕身若环,曾挠摩
地,扶旋猗那,动容转曲,便媚拟神,身若秋药被风,发若结旌,骋驰若
骛",达到如此的审美效果,并非天生的"柔纵",而是"淹浸渍渐靡使
然也",即艺术之美最后的呈现来自于长期的训练坚持。所以审美创
造既有先天的自然禀赋,但更多来自于人的主观努力和能动创造。
《本经训》中虽以批判为目的,但却通过美丽描绘,表明了人们追求这
种人工繁复之美的客观存在事实:

> 木巧之饰,盘纡刻俨;嬴镂雕琢,诡文回波;淌游瀷淢,菱杼
> 纱抱;芒繁乱泽,巧伪纷挐,以相摧错,此遁于木也。……大钟
> 鼎,美重器,华虫疏镂,以相缪纱;寝兕伏虎,蟠龙连组;炬昱错
> 眩,照耀辉煌;偃蹇寥纠、曲成文章;雕琢之饰,锻锡文铙;乍晦乍
> 明,抑微灭瑕;霜文沈居,若簟籧篨;缠锦经冗,似数而疏,此遁于
> 金也。

很显然,《淮南子》在这里是言不由衷的。当作者在用极为铺陈
华美的词句来渲染这些木器、铜器的文饰之形时,似乎已经忘记了其
所批判的对象,而完全沉浸在这些美丽图案的感官享受中:装饰精巧
的木器,盆龙屈曲、卧虎昂首,各具形态;雕琢精美的花纹如奇妙文
字、回旋水波,如菱类水草纠结缠绕;花纹光华迷眼,奇妙精巧,错落
相间,五彩缤纷。再看钟鼎:精美绝伦,花鸟虫鱼刻镂其上,错落有
致;各具情态的犀牛、老虎、苍龙图案,如丝带相连,灿烂辉煌;构形婉
转委曲形成美丽的图景;雕琢出的装饰线条,如锻锡后的自然纹理,
隐约朦胧,瑕不掩瑜;如霜的纹理镶嵌在铜器上散发幽光,如苇席纹

路缠绵冗长、疏密得当。可见，《淮南子》虽以主张自然之美为最高标准，但并不否定人工雕饰之美，对两者持兼容态度，认为可以通过雕饰而达大美。在持守大道无为之美基础上，又突出了人的创造的主体之美，一定程度上融合了自然之美和人工之美，形成了较为辨证多元的审美观。因此，其理想的审美呈现应是质朴自然与文饰雕琢的统一。南北朝时钟嵘在此基础上提出了"芙蓉出水"与"错采镂金"两种艺术美风格。在其以后的中国历代文学创作中，这两种风格都并存发展，得到突出的表现。

二、无为之美与有为之美的统一

《淮南子》中的"道"，是"因物自然"的"无为"之美与能动创造的"有为"之美的统一。

（一）天命养性与"感而有应"的相通

从人的内心修养和审美创造来说，《淮南子》主张大道之境的实现需要超越现实有限，消除外界物欲的纷扰，并保持心灵的虚静。很显然这是一种无为的生命存在状态呈现，即如《齐俗训》所说，以无为姿态，就能"通于道者如车轴，不运于己，而与毂致千里，转无穷之原也"。《诠言训》中以通达大道为目标，具体论述了人的无为修养路径：

> 原天命，治心术，理好憎，适情性，则治道通矣。原天命则不惑祸福，治心术，则不妄喜怒；理好憎则不贪无用，适情性则欲不过节。不惑祸福则动静循理，不妄喜怒则赏罚不阿，不贪无用则不以欲用害性，欲不过节则养性知足。凡此四者，弗求于外，弗假于人，反己而得矣。

在这段论述人格修养的内容中，《淮南子》仍主张返性于初、虚静心灵、平息好恶、调适情性,基本上体现先秦道家无为的精神特征。但注意的是,《淮南子》绝非回到先秦道家的与外界隔绝的绝对"无欲"、"坐忘"。可以看出,这里的无为并非是摒弃好恶、泯灭情性导致人无所作为、消极生存,而是在"原天命"的价值目标预设下,突出对心、情、性的"治"、"理"和"适",也就是不必恣意妄为,更不能纵情胡作非为。因此,《淮南子》一方面主张天命养性,但同时由"不惑祸福"、"不妄喜怒"、"不贪无用"、"欲不过节"的无为主张又表达了人在心灵、性情与外在社会关系上保持一种适度的关联和亲密。这样的无为就注入了积极的生命活力,具有现实性品格。由"不惑祸福"、"不妄喜怒"、"不贪无用"、"欲不过节"所带来的结果是积极的生命存在状态,即"感而有应"了。《修务训》说:

> 若吾所谓"无为"者,私志不得入公道,嗜欲不得枉正术,循理而举事,因资而立,权自然之势,而曲故不得容者,事成而身弗伐,功立而名弗有,非谓其感而不应,攻而不动者。

"无为"不是"感而不应",而是遵从自然法则和社会情势条件下的"感而有应"。在人格层面上,"无为"意味着人的精神品格要做到"公"与"正";在人的行为法则上要"循理举事"、"因资而立",遵照自然规律,才能最终实现"事成"、"功立"。很显然,这里含有儒家事功追求的人生目标,同时,也呈现出道家顺其自然、"功成而不居"的行为风范和人生态度。《诠言训》中又提到无为与人"智"的关系:

> 天下不可以智为也,不可以慧识也,不可以事治也,不可以仁附也,不可以强胜也。五者,皆人才也,德不盛,不能成一焉。德立则五无殆,五见则德无位矣。故得道则愚者有余,失道则智者不足。

作者首先肯定了人的这五种才能,其次才明确智、慧、事、仁、强都要以"德"为基础为前提。这就说明,"无为"之意是不能无"德"而强用这五种能力。无为表现为不"任智",因为"任智者必危,用才者必困"。相对于无穷无尽的自然之理和复杂多样的事物之形,人的"智"总是有限的,受制于时间和空间。如果一味任己智,可能欲速则不达;只要"循理"、"因资"、权衡情势,摒弃私欲贪欲,就能"事成"、"功立"。与老庄的"绝胜弃智"相比,《淮南子》并没有完全消除"智",而是强调在实践中善用智慧,不要独凭私智。这表明相比于先秦道家,《淮南子》在无为观念上更具有积极性,也更为辩证合理。《淮南子》主张无为,其意图是想实现内在天性保全与外在成事立功的统一。由此无为之美与有为之美在审美人格追求中,因天命养性与感而有应的价值相通得到统一。

(二)因物自然与主体有为的结合

《淮南子》中的"道",作为置于天、地、人生存本原之上的自然法则,贯穿于一切时空范围内的万事万物:

> 天致其高,地致其厚,月照其夜,日照其昼,阴阳化列星朗,非其道而物自然。……夫大生小,多生少,天之道也。(《泰族训》)
>
> 是故至道无为,一龙一蛇,盈缩卷舒,与时变化;外从其风,内守其性,耳目不耀,思虑不营。其所居神者,臺简以游太清,引楯万物,群美萌生。(《俶真训》)
>
> 是故天下之事不可为也,因其自然而推之。(《原道训》)

先秦道家提倡"天道"即自然规律,"天地固有常矣,日月固有明矣,星辰固有列矣,禽兽固有群矣,树木固有立矣"(《庄子·天道篇》),皆肯定天地万物的运动有自己的规律,并不依人的主观意志为转移。从宇宙自然到社会政教,老子提出"无为而无不为"的至理名言。《淮南子》继承并发展了先秦道家的天道自然的思想。一方面,它强调了因循自然法则的重要性,认为人的活动,必须以尊重客观事物的自然法则为前提。《泰族训》说:"故因则在,化则细矣。""因"就是尊重客观规律,循"因"办事,效果显著;不按规律办事,收效微小。禹、后稷、汤、武正是"因水之流"、"因地之势"、"因民之欲",故能"无敌于天下"。所以人应遵循事物固有的规律才能可为天下之事,《原道训》:"是故天下之事,不可为也,因其自然而推之;万物之变,不可究也,秉其要归之趣。"这里提到人面对自然万物需要秉持的基本姿态"因其自然"和"秉其要归"。"因其自然"意指顺应自然规律,"秉其要归"突出把握对象的内在发展趋势。从"因其自然"到"秉其要归",体现了《淮南子》对事物规律性把握的进一步推进,已经触及到对事物发展必然性规律思考。按照古希腊哲学家亚里士多德的说法,必然律的发现要高于已然律获得的思想深度,所以"诗比历史更真实"[1]。以此为基本价值立场,《淮南子》高度赞扬了一切"修道理之数,因天地之自然,则六合不足均也"(《原道训》)的圣人所为,如"禹之决渎也,因水以为师;神农之播谷也,因苗以为教"的丰功伟绩。与此对照,《淮南子》强烈批判了一种盲目的"有为","若夫以火爆井,以淮灌山,此用已而背自然,故谓之有为"(《修务训》)。这种"有为"违背自然法则,更多呈现在衰世之中,逮至"衰世,……覆巢毁卵,凤凰不翔;钻燧取火,构木为台;焚林而田,竭泽而渔……"(《本经训》)

另一方面,"道"的自然法则不可抗拒,那么人遵"道"而行时,是消极顺应还是主观作为,亦即消极无为还是积极有为? 先秦道家的自然法则是以贬低主体的能动创造为代价,因为只有"坐忘"、"无

---

[1] [古希腊]亚里士多德:《诗学》,陈中梅译,北京:商务印书馆1996年,第81页。

欲"、"无已"、"无为"才能合道,故它张扬的"道法自然"、"无为而无
不为"等,缺乏一种切实可操作的机制,最终流于空虚和玄想。《淮南
子》给出了明确的主张,"道"不是绝然的无所作为。《齐俗训》认为
"故圣人体道反性,不化以待化",就能"则几于道矣"。道的存在并
非绝然无为,更不是孤悬万物之上的空无,而是有所依据、有所依附
的。道不以己力,善用他力,需要在对象的关系中显现才能实现目
的。因此,这里自然之道带有浓浓的人世情怀。进而《原道训》中直
接表明《淮南子》关于无为的价值立场:

> 所谓无为者,不先物为也;所谓无不为者,因物之所为。所
> 谓无治者,不易自然也;所谓无不治者,因物之相然也。万物有
> 所生,而独知守其根;百事有所出,而独知守其门。故穷无穷,极
> 无极,照物而不眩,响应而不乏,此之谓天解。

这段话基本主题是无为与有为的辩证统一。在《淮南子》看来,
无为是不要违背事物的规律,而是自然而然、遵从规律,最终就会获
得实际的效果"无不为"。无为中"有生万物",蕴含了无限的生机与
积极;无为能成万事,一切因自然之性皆可成功。这样,有为与无为
就不是肯定与否定、积极与消极的对立关系,而是"因"与"为"即前
提与结果的关联。只要符合条件,一切无为都可以转化成有为。这
样的转化与统一,意味着《淮南子》努力实现合规律性合目的性的人
类实践活动自由。在这种自由形式的实践活动中,人既保留主体对
对象自然规律的尊重,又最大程度地发挥主体的能动性和本质力量。

《淮南子》谈无为,其无意抽象的悬空冥想,本质上是力求现实,
有利于人的内心品格、生命存在,乃至社会政教。由"无为"到"无
治",是希望君王内修其性,外遵自然之理和因民之性而实施治理,最
终获得"神化"的理想社会境界。而在面向自然的实践创造中,所谓

"自然无为"也并非是"寂然无声,漠然不动,引之不来,推之不往"(《修务训》),而是充分利用自然客观规律、把握对象发展趋势的有所作为,即"若夫水之用舟,沙之用鸠,泥之用輴,山之用蔂,夏渎而冬陂,因高为田,因下为池"(《修务训》)。《淮南子》主张,不应等待自然恩赐,而应在尊重客观规律基础上,充分发挥人的主动性。社会进步或事业的成功,不是靠消极等待而是靠积极努力取得的,"听其自流,待其自生,则鲧禹之功不立,而后稷之智不用"。假若听任江河自由泛滥,坐等禾苗自生自长,那么鲧、禹、后稷就无法建功立业促使社会发展。同样,人类要解决其物质生活资料的需要,也就不能单纯地依赖于自然,放弃人为,而应尽自己的努力去积极索取,"夫地势水东流,人必事焉,然后水潦得谷行;禾稼春生,人必加功焉,故五谷得遂长"(《修务训》)。这里"人必事焉"、"人必加功焉",实际上正是对人的主体创造性所谱写的礼赞。这样的实践创造才真正体现了客观规律与主观能动性的统一。

(三)阴柔之美与阳刚之美的共存

无为之美主张以后为先,在审美形态上呈现为阴柔之美,其基本特征是清静、闲适、空灵。《淮南子》中对无为或道的描述多呈现为阴柔之美的色彩,《原道训》:"是故达于道者,反于清净;究于物者,终于无为。以恬养性,以漠处神,则入于天门。"这里的清净、淡漠、性恬等既具有阴柔属性之美也是无为之美的表达。《原道训》中以水喻道极力渲染其阴柔之美:"天下之物,莫柔弱于水,然而大不可极,深不可测;修极于无穷,远沦于无涯,……是谓至德。夫水所以能成其王德于天下者,以其淖溺润滑也。"这里的"水"意象突出柔的哲学功能,但因其意象形态的美感特征往往引向审美领域。再经过中国古代文人的情感融入,"柔情似水"自此也成为古代审美创造中阴柔之美的情境描绘。总体上来看,《淮南子》突出天道自然时,其描述多指向阴柔之美的价值形态。同时,无为中蕴含的积极有为思想在《淮南子》中又表现为对阳刚之美的推崇。阳刚之美,其性火热,"积阳之热气生火,火气之精者为日"(《天文训》),其境界雄浑宏阔,风骨遒劲,气势豪迈。整部《淮南子》充满追求外在事功的主体志向和改造自然的实践精神。这种高举主体性大旗的理论表达反映在审美理想的追求上,就呈现出一种积极、高昂的壮美风貌和以"大"为美的审美取向。一方面,这种充满阳刚之美的大美形态逼真地摹拟、再现感性对象的雄浑、博大和"自然";另一方面,这种大美的感性形式凝结、呈现了主体力图把握和占有外部世界的强烈愿望与高亢情怀。从《淮南子》中的一些神话艺术形象上,我们能感受到这种阳刚之美的主体精神,如《天文训》中"昔者共工与颛顼争为帝,怒而触不周之山,天柱折,地维绝",描绘了一个悲壮的共工形象;"女娲补天"的神话叙事为我们塑造了一位上补苍天、下治洪水害兽,拯救人类而又不居功的中华女神光辉形象;"后羿射日"则表现了一位顶天立地、上射十日为民除害的伟岸人格英雄形象;"禹遇黄龙负舟"传达出大禹形象蕴含的一种大义凛然而置生死于度外的豪迈情怀。从《淮南子》对这些崇高之美的伟大人格歌颂中,可看出其对阳刚之美的推崇。《兵略训》云:"唯无一动,动则凌天振地,抗泰山,荡四海,鬼神移徙,鸟兽惊骇","动"则惊天动地,这是一种雄浑壮丽之美。《兵略训》中还描述了一种战争场面的雄浑气势,"三军之众,百万之师,志厉青云,气如飘风,声如雷霆,诚积逾而威加敌人,此谓气势"。在坚持战争之道的价值原则基础上,《淮南子》着重渲染出正义之师的阳刚之美气势。

　　儒家推崇阳刚美,孟子提倡"浩然之气",形式上是"至大至刚",内容上体现为"充实而有光辉"的"大"。这种观念反映到文艺观上,儒家主张言志明经富有积极进取气概的作品,塑造的是经世伟才的光明磊落大丈夫人格形象。道家则推崇阴柔之美,老子说:"天下至柔,驰骋天下之至坚。"(《第四十三章》)其思想反映在文艺作品的主题表达上,往往传达出一种强烈的生命意识或表现一种遗世自得之慕。《淮南子》在继承儒道的基础上,强调二者的统一。在它看来,阴柔与阳刚共同构成丰富多彩的世界,"至阴飂飂,至阳赫赫,两者交接成和而万物生焉。众雄而无雌,又何化之所能造乎!"(《览冥训》)因此,"刚柔相成,万物乃形"(《精神训》),否则,"太刚则折,太柔则卷",只有"圣人正在刚柔之间,乃得道之本"(《氾论训》)。《淮南子》刚柔互融的审美风格在后世文艺实践的历时推衍中得到了充分的体现。北宋文学家欧阳修在文学主张上大谈言志载道,其散文大开大阖,富有积极进取的气概;而在其诗词创作上则柔婉细腻。同样,李清照除了写有大量的婉约派之作外,也还留下了"生当做人杰,死亦为鬼雄"这样的阳刚之作。

从《淮南子》道论来看,它是对先秦诸子之道的一次有机融合,并在此基础上,实现了自己的理论超越。《淮南子》认为各家道论都有相统一的必要性,因为各家之道无论其产生的时代环境抑或其学说本身都有其局限性。故而,各家所包含的真理性价值是相对的,不足以称为"大道","百家异说,各有所出。若夫墨、杨、申、商之于治道,犹盖之无一橑,而轮之无一辐,有之可以备数,无之未有害于用也。己自以为独擅之,不通于天地之情也"(《俶真训》)。《淮南子》用道统一百家的用意,就是创造一个贯穿自然、人生、社会等各个领域的兼容一切的"道"理。它反映了那个时代人们对宇宙、现实和人生的深刻思考,显示出一种兼融并蓄的综合趋向,展示了中华民族思维方式的开拓性、进取性和历史的主动精神。

第三节 "道"、"事"并举的文化理想

《淮南子》的道论,不仅是一套纯粹的知识理论的建构,也是人追求生命存在意义和社会价值的审美化表达。这种表达又蕴含着一种

文化企图,即融合儒道思想体系中的核心价值,"言道"与"言事"统一并举,实现一种文化共同体的理想模式建构。

一、"道"、"事"并举的文化内涵

关于《淮南子》的文化意图,吴汝纶曾认为:"大氐古人之书,绝非漫然而作。世之治《淮南》书者,往往玩其藻采,疏其词句,至于故训同异,亦有缀拾而钩稽之者,乃于著书之人与夫所以著书之旨,独罕及之。则是所谓'纪纲道德,经纬人事',以及'与世沉浮','与化游息'者,终溘溘然而弗能知。"①从篇首对大道之美的彰显与坚持,到篇中对仁义礼乐人文之美的包容,再到篇末"道"、"事"并举的明确,《淮南子》从文本结构上历时性地表达了自己的文化追求。

(一)以"道"为本、以"事"为变

《淮南子》明确提出以道为本、以事为变的价值原则,力图来解决终极玄思之"道"与现实规制之"事"间的对立分野。《氾论训》:

> 故圣人所由曰道,所为曰事。道犹金石,一调不更;事犹琴瑟,每终改调。故法制礼义者,治人之具也,而非所以为治也。

就作为价值根源而言,"道"是"所由",指向超越性、永恒性的意义存在,也即最高的生命境界;但就现实社会存在而言,"事"是"所为",指向具体的、历史的现象呈现,随情势而发生变化。

首先,要突出以"道"为本的核心地位。在《淮南子》中,"道"被设定为包裹宇宙、覆天载地、化生天地万事万物的本原,是生命最高的精神实体。从功能来说,牟钟鉴又将"道"解释为宇宙自然、社会历

---

① 参见高步瀛:《吴挚父淮南子评点本跋》,载何宁《淮南子集释·附录四》,北京:中华书局1998年,第1532页。

史发展的总规律①。从时间维度考察,"道"化生万物,先于一切具体存在;空间维度上,"道"统摄万物,超越了具体存在的有限规定性,这样"道",拓展人的无限想象空间,培养人的超越意识,具有了极强的审美意味。"道",引导人追求一种精神世界的最高旨趣,通达真理的最高境界;"道"又作为一切生命存在价值追求的最高标准,洗涤遮蔽在虚灵上的污泥,映现人间的黑暗丑恶。坚持"道",才能让人寻找到世界的本源价值和生命存在的精神意义。

其次,《淮南子》文化理想设计中,在持守"道"的基础上,用"事"来呈现现实社会中个体生命的存在和行为情境。这样,"道"在人类社会的演进中,被赋予层次性、历史性、发展性的文化特征,并以"事"的丰富形态呈现。在《淮南子》中,"事"即事理,是社会历史进程中形成的人文规范等各种价值形态,以及人在社会活动中的知、欲、情、俗等思想意识的呈现。如牟钟鉴所言,"事"是"人们的具体社会活动,名礼制度、伦理规范、伦理规范、风俗习惯"②。

在《淮南子》看来,"事"最大的特征是"变",能因时而变,随势而变。《淮南子》以多元开放的姿态对待"事"。在"事"的各类形态中,最具代表性的就是儒家仁义礼乐等人文规制。以其为例,《淮南子》虽在一定程度上肯定了仁义礼乐的合理性和必要性,但并没有固守仁义礼乐本身,也没有把它永恒化;而是在认同仁义礼乐基础上,主张因事而需,因时而变,不拘泥于一世之礼,一地之俗。因此,《淮南子》突破了儒家仁义礼俗等人文规制的一元化和固定性,主张礼俗的多元平等,自然顺应不同时空中的人们生活。《齐俗训》:

① 参见牟钟鉴:《〈吕氏春秋〉与〈淮南子〉思想研究》,北京:人民出版社 2013年,第 232 页。
② 参见牟钟鉴:《〈吕氏春秋〉与〈淮南子〉思想研究》,北京:人民出版社 2013年,第 233 页。

故公西华之养亲也,若与朋友处;曾参之养亲也,若事严主烈君;其于养,一也。故胡人弹骨,越人契臂,中国歃血也,所由各异,其于信,一也。三苗髽首,羌人括领,中国冠笄,越人劗鬋,其于服,一也。帝颛顼之法,妇人不辟男子于路者,拂之于四达之衢,今之国都,男女切踦,肩摩于道,其于俗,一也。故四夷之礼不同,皆尊其主而爱其亲,敬其兄;猃狁之俗相反,皆慈其子而严其上。夫鸟飞成行,兽处成群,有孰教之!

这段话中,《淮南子》以更为宽容、大度的心态对待礼俗。各类礼俗生成于不同的时间、空间等丰富复杂的社会环境,与人们具体的思维方式、行为方式密切相关,代表了不同社会伦理标准和价值取向。《淮南子》没有局限于儒家所设定的礼俗规范,以超出汉家天下的视野看待中华大地上的每个民族,主张尊重每个地域人的生存方式,认可"四夷之礼"都有其自身存在的价值地位。而且,"四夷之礼"等各地礼俗虽形态不一,但都有各自适用的价值功能,无所谓高低优劣。在《淮南子》看来,没有一套亘古不变、固定统一的人文规制标准来对各类礼俗制度作贵贱、是非的价值判断;也没有一种人文规制标准能齐统天下社会,驭使各国;更不能强迫所有人接受一种唯一所推崇的文化礼俗。从审美维度来说,就是"各美其美"。由此,从尊重"事"的多元形态和开放性特征出发,《淮南子》强调人们都应当尊重不同地域空间的文化礼俗;要根据时间和空间的变化,实施不同时代、不同地区的人文礼俗,正所谓"入其国者从其俗,入其家者避其讳,不犯禁而入,不忤逆而进",实现"行齐于俗"。这样,《淮南子》改变了只以单一儒家视角看待礼俗文化意义的立场。也就是说,《淮南子》中的"事",不仅属于一家之理,而是有多重复义的。比如《齐俗训》中所谈礼俗,带有明显的"自然之礼"色彩。人生活在自然礼俗所钩织的社会中,就会"行礼而不知为礼"。而且,《淮南子》主张入乡随俗顺其自然、尊重人们各自生存发展之道,这实际上已带有一定程度道家文化思想色彩。

其三,在"道"与"事"的关系上,既要发挥"道"对于"事"的价值约束,也要依据"事"的情势对"道"灵活"权变"。

"道"落实在"事"的现实形态中,更要发挥其"所以然"之价值统摄,规范"事"依"道"而行。作为"之所以然","道"为世界万事"之当然"提供终极依据。《淮南子》认为,现实社会中,人们不应只迷恋于或只看到各类"事"相,而要挖掘蕴含在"事"相背后的带有规律性和本质特征的"事"之"道"。人类社会的一切行为都要遵照道的价值指引,来具体化为自己的行为原则。《人间训》中说:"圣人之举事,不加忧焉,察其所以而已矣。今万人调钟,不能比之律;诚得知者,一人而足矣。说者之论,亦犹此也。……故繁称文辞,无益于说,审其所由而已矣。""察其所以"才能把握事情内在的规律和道理;面对"繁称文辞"关键在于"审其所由",也是突出背后之道。《淮南子》多处说明这一观念:

> 不法其已成之法,而法其所以为法。(《齐俗训》)
> 法制礼义者,治人之具也,而非所以为治也。(《氾论训》)
> 圣人终身言治。所用者非其言也,用所以言也……故循迹者,非能生迹者也。(《说山训》)

这里,圣人之言只是"迹","所以迹"才是圣人之道;"成法"是"事","所以为法"是"道";"治人之具"是"事","所以为治"是"道"。《淮南子》深刻地体悟到,在人类社会发展的过程中如何通过事的表象去发现背后的规律,既是认识社会本质特征的方式,也是借此去提升生命通达大"道"的价值路径。在《淮南子》中,社会政治的治理格局、圣人理想都最终在道的价值规律下来实现,"古之治天下也,必达乎性命之情,其举错未必同也,其合于道一也"(《俶真训》),"五行异气而皆适调,六艺异科而皆同道"(《泰族训》)。"道"是最高的、永恒的价值根基,"事"是具体呈现、应时而变的现实存在。圣人只有在"道"的引导和价值预设下,才能够循不变之道,行可变之事。同时,在《淮南子》中,"道"的纯理性、思辨性逐渐走向具体性、现实性层面,直接对现实社会政治生活产生影响,甚至表现在与国家存亡的关系之中,如《氾论训》所说:"有在得道,而不在于大也。亡在失道,而不在于小。"

《淮南子》认为,人类在社会活动中,现实存在的事理都不可能成为终极的价值依据。如果没有那个大道的统摄,世间万物、各家之理都陷入到是非对错的纠缠中,无法越出各自意见的纷争;有了道的高悬存在,人间之事就不至于永远投向偏执一方或强者。在社会实践过程中,持守"道"的价值根本,人类才能"因物之所为",无为才具有了有为的积极内涵。"所谓无为者,私志不得入公道,嗜欲不得枉正术,循理而举事,因资而立功,权自然之势……"这样,"道"在无为,也与有为相通而具有实际的人生价值了。《原道训》在论说"泰古二皇"和"大丈夫"的时代时,都将其作为人文世界的开创者,落实到社会功业层面。但又指明,他们的行为原则是"因其自然而推之",都坚持了据道而行的行为原则。

但同时,"道"毕竟不是现实社会中的具体存在,如何来应对现实的千变万化?《淮南子》设计的基本原则是"权"变。《氾论训》:"可以共学矣,而未可以适道也。可与适道,未可以立也。可以立,未可与权。"《淮南子》将"权"作为"圣人之所独见也",以此来沟通"道"与"事"的价值差异。《淮南子》积极吸收先秦儒家"权"的理论。《孟子·离娄上》中,关于"嫂溺援之以手"还是以礼"授受不亲",孟子和淳于髡进行了讨论。在孟子看来,在生命存在面前,应当"援之以手也",这就是"权"。在《淮南子》看来,"权"的引入,可以很好地协调

"道"和"事"之间的价值困惑。"权"即权变,意味着一种变化,能够根据现实情势激活人的生命力量,将孤居一隅的道演化到人世间,从一个抽象物转化为人类社会发展过程中各种事相背后的价值规律。《淮南子》依据"兼稽时世之变,而与化推移"(《要略训》)的权变思维,将"道"推衍、生发到现实社会中的各个领域之"事"。这样,"道"实现了融于"事"中。正是基于"事"的具体呈现,"道"虽然隐身于万物之外,超越于现实空间,但并没有走向凝固和僵化,反而在生活世界中不断丰富、不断更新而保有生命的活力。"事"使得"道"走向现实人世,让"道"存在于一个个鲜活的生命具象中。

总之,"道"是根本,应大处着眼,所以《淮南子》说:"治大者道不可以小,地广者制不可以狭,位高者事不可以烦,民众者教不可以苛。夫事碎,难治也;法烦,难行也;求多,难瞻也。"(《泰族训》)"事"是具象,可小处落实,所以"故事有利于小而害于大,得于此而亡于彼者"(《泰族训》)。以"道"为本,以"事"为变,为《淮南子》文化理想的建构提供了基本的价值立场。《淮南子》的"道"与"事"也就有了不同层次的关系表达:"道"演化为"万物生成"的事理,落实"治国之事"的事功,以及催生"仁义礼乐"的事制。但这并不表示"道"就此消解,相反,《淮南子》正是以"道"为价值根基,包容"天地之理"、"人间之事"与"帝王之道",最终实现儒道互融、贯通百家的文化理想。

(二)"与化游息"与"与世浮沉"的统一

"道"、"事"并举构筑了《淮南子》所畅想的完整的生命意义,实现"与化游息"与"与世浮沉"价值统一。《要略训》:

> 夫作为书论者,所以纪纲道德,经纬人事,上考之天,下揆之地,中通诸理。……故言道而不言事,则无以与世浮沉,言事而不言道,则无以与化游息。

　　"事"承载了人与世俗的融合,传达社会性的价值规则;"道"意味着人与自然天性的融通,肯定了人们坚持追求生命最高境界的价值目标。道事并举,才能实现"与化游息"与"与世浮沉"相统一的完整的生命意义,这正是《淮南子》努力实现的人生境界。《淮南子》对人生命意义的思考是通过连接"道"和"事"而实现。在《要略训》中,纪纲是现实社会人文规制,却与道德相提并论;经纬是天然的宇宙结构要素,也与人事相连接。其中的"道",已经不再是本然存在的"太上之道",而在某种程度上具有如胡适所说"虚位"的意义,具有超越性和终极价值皈依的色彩①。其中的"事",则具体展开了历史文化的图像,人文思想得以落实,成为涵容道家之外思想,尤其是儒家思想的重要载体。因此,如果只是言道,就不能应对社会历史的现实变化,无法通晓人世规制和普遍观念,无法"与世浮沉";反之,只是言事,就始终居于俗世,无法实现人生的超越,去获取生命的自由境界,最终无法"与化游息"。"与世浮沉"表明了人的社会需求,体现社会性价值,是道对现实人生的落实和关怀;"与化游息"描述了人的自由状态,指向本真性追求,是道对事的超越和除蔽。在《淮南子》的文化建构中,"道"与"事",虽一为超越有限的精神本源和价值皈依,一为落入尘世的具体物理,却消除了不可逾越的差异存在,两者之间形成了道事互通的关系。"道"的高存与永恒可以将人从现实世界中超越,实现"与化游息"的审美自由;"事"的俯身与变化可以展现人在现实中生命的鲜活,保有"与世浮沉"的人文关怀。

　　事实上现实社会中,人的生命存在往往处于一种矛盾的价值困境中,"本质存在与现实存在处于尖锐的对立状态,在对立两端的中间就站立着人的生命,因为生命就其特点看,它包含了先天的有限性和又不甘于这种有限的无限性。站立在有限的现实之上,又力图进

---

① 参见胡适:《淮南王书》,上海:新月书店1931年,第21页。

入到无限的本质存在之中,这是一种超越的精神。超越的精神本身就包含了人的两种对立的特性。一是现实的悲剧性命运,二是充满希望的不息的精神。第一点是超越精神出现的原因,是超越的对象。第二点可以说是超越精神本身,是承载着生命进入本质存在的跃升"①。现实存在使得人必须遵从社会规范,并寻求经世之功,然而往往又因无法实现而陷入悲剧性命运状态中。本质存在使得人时时着力超越现实,实现自由境界而获得生命精神的提升。然而,这种本质存在与现实存在的矛盾对立,决定了其融通绝非易事。纵观整个中国古代士大夫文人的生存状态,其普遍性的悲剧人生命运充分印证了这一点。《淮南子》作者刘安以对自身生命的深刻体验和对命运的关注,已经意识到中国古代文人面临的人生两难,即在作为社会角色所应承担的天下责任,与作为本质生命所应追求的自由境界之间如何选择。于是,《淮南子》设想了一种文化模式,即"道"、"事"并举,一方面立足于现实有限性的客观存在,同时又持守大道而时时不忘对有限性的超越,这样,既能保有对世俗人生的"与世浮沉",又能超越现实,实现"与化游息"的生命境界,从而呈现人最为完满的生命状态。

当然,《淮南子》也意识到,一旦落身"与世浮沉",如何再能获求"与化游息"的生命境界是非常重要的问题。如何寻求本质生命对现实有限的精神超越? 可以看出,《淮南子》文化理想建构的前提是基于人在现实社会中的处境。否则,真正处于那个"至德之世"的时代,道还是"旁薄为一"的状态,也就不存在分裂、矛盾、困惑的文化挣扎了。因此,要解决的还是人"与世浮沉"之中,如何找到一个能让人面向自由向度的价值空间。但仁义礼乐等事理规制毕竟是在特定的历

---

① 雷体沛:《存在与超越——生命美学导论》,广州:广东人民出版社2001年,第104页。

史形势下出现,不具有终极意义,更不是人生命意义的根本原则;同时,个体在人文既成的社会环境中,天性已经被破坏,不自由的生命状态势必戕害人的天性。那么,如何寻求生命的精神家园,如何解决这种现实与理想、个体自由与社会规制之间的矛盾呢。《淮南子》设计了一种返性于初的价值路径。

《淮南子》在《俶真训》中描述一个时间性的宇宙生成(社会进程)模式。宇宙生成过程中伴随着"道散为万物",造成道的破碎和无序。这个破碎、无序的过程是对应于人类社会历史进程的。人类社会的历史如同宇宙生成一样,经历了从原初的和谐到彼此类分,乃至相互对立斗争的过程。在这个大道分析剖判的过程中,各种社会性的人文规制等"事理"呈现。宇宙生成论在原初大道与现实"事"之间安排了一个时间过程,"'道'处于时间之'初'或者'古时',物出现在时间流程开始之'后'并存在于'当今',时间流程在道与万物之间拉开了距离"①,因此,人如果想要寻求对现实的超越,主要的路径就是返性于大道之初。《淮南子》提出,人的真性与俗伪只是古今之别,如果返性于初,进行价值回溯,就避免了庄子式的直接碰撞,而获得"优游于天地之间"的人生境界。

于是,"反"(返)就成了本质生命超越有限现实的路径。首先,返性让人从过度的声色欲望中摆脱出来。一味沉溺于嗜欲和无度的追求之中,"耳目淫于声色之乐,则五藏摇动而不定矣"(《精神训》)。只返朴归真,克服声色欲情的控制,就会形成"亲戚不相毁誉,朋友不相怨德"的美好社会状态。其次,不仅个体修身需要返性,治国也同样如此。《淮南子》主张人主治世是基于其人格的表率、道德境界的合法性。《诠言训》:"为治之本,务在于安民;……节欲之本,在于反

---

① 陈静:《自由与秩序的困惑——〈淮南子〉研究》,昆明:云南大学出版社 2004年,第 224 页。

性。"因此,返性不仅有益于个体生命天性保全,还能还能从根本上解决治国问题。《淮南子》多次提到返性,将其运用于各种场合的论述。据统计,《淮南子》提到"反"字有196次。还有与"反性"相通的概念,如"反朴"、"反枢"、"反本"、"反道"、"反虚"、"反太素"、"反无为"、"反己"等等。那么,返性是否意味着《淮南子》期望人类真的返回到那个"混混苍苍,纯朴未散"的大道远古时期呢。很显然,这是不可能的。《淮南子》已清醒地意识到社会演进是事实性存在,不可更改的。《淮南子》所期待的,其实就是将返性转化为一个人格修养的过程,最终从"与世浮沉"的有限现实中超越出来,进入到生命自由的"与化游息"的精神境界。在《主术训》、《本经训》、《修务训》中,这种表达非常充分。只有通过艰难的长期的人格修养,返性于初,就能达到"与化游息"的自由生命境界,如《俶真训》云:"是故圣人之学也,欲以反性于初,而游心于虚也。"这样,《淮南子》将人性的纯粹、理想的追求,放置在原初的大道状态中去回溯。从"道"的本体坚守出发,《淮南子》叹息在这个过程中"道"的流散、人性的散失、天性的遮蔽、物欲的盛行,表达了对远古时代的价值肯定,为大道存在提供了一个理想的社会情境,为人性返初提供了一个最高价值的理论预设。因此,这里的返性于"初"并不指代时间概念,而是一种纯粹理想价值的表达。返性只是在精神上想象地呈现"过去"所表征的状态。那个"性合于道"的状态是一种超越性、精神性的悬置存在。它让人们在追求现实生活理想的同时,始终有一个安身立命的精神家园和心灵皈依。

一方面,《淮南子》从时间维度明确了社会演进过程中由"道"至"事"的现实存在。但同时,《淮南子》始终悬置了一个终极之道的存在,作为现存秩序的对照、审视和价值旨归,并由此肯定返性于初的追求。如果把《淮南子》文化理想延伸,后世历代文人始终在个人性情保全与社会角色担当之间寻求一种平衡,实现理想性和现实性、本真性和有为性、批判性和建构性的统一。正是在这种儒道进退中,他们找到了平衡点,即便大多陷入一种悲剧性命运状态,但始终能在精神层面做到"与世浮沉"之后的"与化游息",使得人生较为完整,而不至于一个个陷入绝境。

二、文化理想的逻辑生成

(一)道论的逻辑演进

《淮南子》的文化理想并非只是探求宇宙的终极本源,最终是要落实在人的存在和发展这些现实维度中。"汉人的望天,并不是受好奇心的驱使去探问宇宙的奥秘,而是怀万古之忧戚在追究人事之当然的最终根据。因此,汉代的望天者在望天的时候,心里想着的还是人事,他们在天上看见的,更多的是正确的人事态度而不是自然的奥秘。"①因此,在《淮南子》的文化理想中,"道"虽是根本,且作为价值预设和思想原点,但无法具体呈现生命存在的鲜活性和丰富性。现实社会中,由于"道"逐渐演化成"事"的丰富形态,因此《淮南子》意识到,如果在今天只是一味固守言"道",就会陷入迷惑之中,无法面对具体的现实事理情境。《要略训》:

> 今专言道,则无不在焉,然而能得本知末者,其唯圣人也。今学者无圣人之才,而不为详说,则终身颠顿乎混溟之中,而不知觉寤乎昭明之术矣。

在《淮南子》看来,可能只有圣人明晓"道"意。但现实社会中,普通人没有圣人的智慧,就意味着无法获取体道的现实路径。因此

---

① 陈静:《自由与秩序的困惑——〈淮南子〉研究》,昆明:云南大学出版社2004年,第161页。

将"道"落实到具体的世间"事"中呈现,就意味着道从玄虚化、抽象化向现实化、感性化转化。

《淮南子》由"道"而"事"文化逻辑演进,是自先秦以来道论哲学发展演变的呈现。先秦道家把"道"设为最高的哲学范畴,着力强调道的绝对性、超越性和永恒性;从"道"的终极本原性特征出发,以阴阳之气作为宇宙化生的二元介质,突出"道"生成万物的化生功能,从而确定"道"一统天下万物、统摄自然的绝对存在地位。如学者所说,"早期的道家所主要关心的,是以'道—万物'式的存在论为基础,致力于解决主体的自我超越问题,很少涉及肯定政治思想的内容"①,"道"孤悬天宇,很少落实到社会政治。不过,"在战国末期至西汉初期,'道'逐渐形而下化:在早期道家思想中相距遥远的'道'与'万物'两端逐渐接近。前者渐渐地向处于现实之中的万物下移。与此趋势一致,现实世界中的各种运动和制度,开始分有"道"的神圣性和权威性,从而实际上剥夺了'道'作为存在论根源的实在的含义。由此,社会的各种结构与过程凭借着对'道'的分有,开始成为独立于人类个体深思熟虑的活动,具有充分自足的价值与"无为"的性质"②。可见,汉代的道论越来越具有社会化色彩,已经从本源之"道"附身于世俗空间"与世浮沉"。到了《淮南子》这里,将"道"从万物之上融于万物之中,"皆为物矣,非不物而物物者也。物物者,亡乎万物之中"(《诠言训》),"道"虽化生万物,但不再与万物对象相隔绝,而是"物物者"("道")遍在于万物对象之中("亡乎万物之中")。人也是万物之一,自然也就与"道"天然亲近,而无需靠玄思冥想,"心斋"、"坐忘"去体道。此外,《淮南子》多处论述"天人感应",将"天"作为现实中人与道相通的重要元素。因为道有天性,天人相通相感,所以人也

---

① 任鹏:《中国美学通史·汉代卷》,南京:江苏人民出版社2014年,第232页。
② 任鹏:《中国美学通史·汉代卷》,南京:江苏人民出版社2014年,第232页。

就与天道相连。天道也就必然地走向人道的价值体系中。《泰族训》云"天设日月,列星辰,调阴阳,张四时……其生物也,莫见其所养而物长,其杀物也,莫见其所丧而物亡",突出了"天"在"道"与"人"之间的功能。就此而下,"道"一步步来到现实社会、政治治理中,成为"道"之"事",具体落实在社会历史发展过程中的个体修身和治国理政层面。这样"道"论就从道之天性的终极本源探求,延伸到"事"之存在的社会问题解决。"道"的天性之理通过具体经验的"事"的种种作用得以呈现。冯友兰曾对中国儒道两家的基本内涵做出较为清晰的界定,"儒家强调人的社会责任,但是道家强调人的内部的自然自发的东西。……人们常说孔子重名教,老庄重自然"①。"名教"即儒家所追求的"事"之功,"自然"即道家所崇尚的"道"之天性。《淮南子》整合儒道,融会"道"、"事",就是将"道"之天性作为基本价值立场,将其放置在社会发展的客观情势下,吸收、改造儒家积极入世、重功求名的思想,打通儒道所共存的价值规则,最终实现道事并举、互济互通的文化建构。

到此,《淮南子》的"道"已没有老庄一流那种虚无缥缈、玄奥寂灭的色彩,而是富于感性物质的、世俗人生的具体内涵。所以这个"道"是包含着丰富的感性现实内容的"道",而"道"之"大",也是蕴蓄着广阔宇宙事象的"大","植之而塞于天地,横之而弥于四海。施之无穷,而无所朝夕"(《原道训》),是一种具有浓厚审美意味的"大宇宙之总"(《原道训》)。这里的"道"并非是一个超验、纯粹的抽象实体,它与天地万物、四方秋毫浑然不分,是气象万千、生趣盎然的人类社会和物质世界之总和,是一个真正可感可触、缤纷生动的"大道"。

---

① 冯友兰:《中国哲学简史》,北京:北京大学出版社1997年,第23页。

(二)历史规律的呈现

《淮南子》从人类社会发展的历程来描述"道"走向"事"的必然。古时候大道盛行,"其德生而不辱,予而不夺。天下不非其服,同怀其德",所以人们可以安闲宁静,无需为物欲生存去劳心烦神。但随着时代发展,大道不存,人们需要改善生活环境,适应生存,"民迫其难则求其便,困其患则造其备。人各以其所知去其所害,就其所利"(《氾论训》)。于是,人根据现实社会的情势,依据自己对对象世界的规律性把握,呈现与之相适应的实践行为方式,并借此制定有利现实生存和良好社会关系的人文规制。明确了"事"的合理性,就从逻辑上认可了人类社会的历史进程规律和现世社会人文礼制的存在。

具体来说,《淮南子》认为,"道"从本然性来说,是绝对性存在和意义根本。但事实上,"道"随着社会进程的演化在不断地衰减、分散。从"道"充盈其间的远古时代,到"事"全面呈现的今世,在社会历史必然的发展。《俶真训》:

> 至德之世,……纯朴未散,旁薄为一,而万物大优。
>
> 及世之衰也,至伏羲氏,其道昧昧芒芒然,……是故其德烦而不能一。
>
> 栖迟至于昆吾、夏后之世,嗜欲连于物,聪明诱于外,而性命失其得。
>
> 施及周室之衰,浇淳散朴,杂道以伪,俭德以行,而巧故萌生。周室衰而王道废,儒墨乃始列道而议,分徒而讼。

《淮南子》将道生万物的宇宙生成模式对应于人类社会的进程。"道"从原初的和谐统一已经散为万物。"道"由单纯转为复杂,由整一化为分散,由宁静变为躁动。同样,人类社会进程也从最远的"至德之世"逐渐下滑为衰世。"道"在现实社会中就无法保全其原初的

精神存在,只能以个别的、具象的、差异性的、有局限性的世俗化"事"理形态出现。儒家的仁义礼乐就是在这样的环境下产生:

> 是故道散而为德,德溢而为仁义,仁义立而道德废矣。(《俶真训》)

> 道灭而德用,德衰而仁义生。故上世体道而不德,中世守德而弗坏也,末世绳绳乎唯恐失仁义。(《缪称训》)

> 率性而行谓之道,得其天性谓之德。性失然后贵仁,道失然后贵义。是故仁义立而道德迁矣,礼乐饰则纯朴散矣,是非形则百姓眩矣,珠玉尊则天下争矣。(《齐俗训》)

在《淮南子》看来,人类社会的演进,也是"道"不断衰减的过程,人们也越来越远离最初那个纯粹之"道"了。最后,社会的衰变、人性的虚伪,导致人们社会生存的价值根据发生变化,不再是纯粹的"道",而是帮助人们协调、规范现实生活中具体问题的事理规制。概括《淮南子》所言之"事",有远古传说之事,有古代贤君圣人之事,有近世社会之事,都表现为人在实践过程中的"事功"及其创造的社会文明。从《淮南子》勾勒出来的社会进程历时衰减模式来看,虽然这些"事"理与最初的那个纯粹整一的"道"越来越远,但也都是特定社会阶段的必然。每一种"事"理呈现,代表的都是符合所处时代的社会规范和价值标准。因此,进入社会文明、人文规制语境下之"事",也是人们在不同的社会环境中的生存智慧。正是依据于此,人们才能够"与世浮沉"于现实社会中,实现个体现实的社会价值。这样,"事"代表着人在现存的社会秩序中寻找到自己的身份角色,按照既有的价值规范追求一种生活理想。对于《淮南子》这样一种"道"散"事"显的社会历史表达,尤其是"道德"存在和"物欲"追求的对立矛盾,牟钟鉴认为:"作者(即《淮南子》)同时触到了社会发展的两个侧面,即精神文明与物质文明,并感到两者之间具有不平衡性。作者的主导思想,认为历史的发展在物质文明不断进步的同时,却出现了精神道德水准的某种下降。这一思想有其片面性,也含着真理的成分。就历史的长河而言,物质文明决定精神文明,但二者并不是同步的,在私有制下,人们物质生活水平的提高并不必然带来精神生活情趣的升华,经常是物质的富足与精神的堕落同时并存,其间的关系错综复杂。本书的某些提法有助于我们对这个问题作辩证的理解。"①牟先生将"道"和"事"指代精神文明和物质文明,一定程度上简化了这两个概念的内涵,但引入人类社会发展过程中的物质生产和精神生产的不平衡问题,来说明不同时代"道"和"事"的辩证关系,就延伸到审美创造领域了。无形中,这种论述切中了《淮南子》在审美自由与事功之间如何协调沟通的文化企图。

三、文化意旨:文化共同体的想象性建构

"道"、"事"并举,不仅是一种新的文化理想形态,更体现出《淮南子》对于大汉时代一种文化共同体的建构需要。

文化理想的基本模式是一个民族文化认同感的基础。汉代作为中华大一统理想的第一个成功范例,必然要有最为鲜明的文化模式来把民族认同感落实下来。一种文化模式的确立,是大汉民族国家实现大一统社会政治形态的必要条件。"构成民族国家本质内容的,是国家的统一性和国家文化的同质性,是国民对主权国家在文化上、政治上的普遍认同。"②因此,文化和政治的共同作用是实现一个民族国家的合法性本质的基础。"在文化意义上说,中国是一个相当稳

---

① 牟钟鉴:《〈吕氏春秋〉与〈淮南子〉思想研究》,北京:人民出版社2013年,第238页。
② 王联:《世界民族主义论》,北京:北京大学出版社2002年,第224页。

定的'文化共同体',它作为'中国'这个'国家'的基础,尤其在汉族中国的中心区域,是相对清晰和稳定的,经过'车同轨,书同文,行同伦'的文明推进之后的中国,具有文化上的认同,也具有相对清晰的同一性。"①在葛兆光看来,"这一以汉族为中心的文明空间和观念世界,经由常识化、制度化和风俗化,逐渐从中心到边缘,从城市到乡村,从上层到下层扩展,至少在宋代起,已经渐渐形成了个'共同体',这个共同体是实际的,而不是'想象的',所谓'想象的共同体'这种新理论的有效性,似乎在这里至少要打折扣"②。葛先生基于对安德森"想象的共同体"的理论批判,提出中华共同体事实上至少在宋代已形成,而并非安德森所说的停留在一种想象层面。但如果我们将这种"想象"理解为一种超越现实时空的文化传承与思想跨越,"想象的共同体"概念为理解"淮南子"的生成及合法性的建立就提供了一种历史阐释。当古代各地域人们无法超越时空,去寻求一种普遍共通的生活状态和价值规范时,思想者凭借"想象"性的文化理想建构来实现一种思想观念上的精神认同。于是,不同地域的人们虽相隔千里,但在这种文化理想的价值导引下,却内心相互联结,具有了一种精神上的共同体意向。这种"想象"性的建构过程,不仅仅是政治结构的刚性嵌入,而融入了共同体所需要的情感、审美心理元素以及语言、神话、图腾信仰等文本形式。由此,《淮南子》的生成不仅作为政治共同体构造的组成部分,也是思想观念、审美文化等想象性共同体的呈现。

① 葛兆光:《重建关于"中国"的历史论述——从民族国家中拯救历史,还是在历史中理解民族国家?》,《二十一世纪》,网络版第43期,2005年10月31日。
② 葛兆光:《重建关于"中国"的历史论述——从民族国家中拯救历史,还是在历史中理解民族国家?》,《二十一世纪》,网络版第43期,2005年10月31日。

《淮南子》所承担的对大汉民族共同体的文化想象和认同,是一项"统天下,理万物,应变化,通殊类"(《要略训》)的宏伟思想创造。"上考之天,下揆之地,中通诸理"(《要略训》)的论说方式,意味着《淮南子》努力寻求超越各家局部之"意见",而追求整一思想的"道理"企图。秦汉的政治统一为思想的发展提供了"天下"的时代背景。《原道训》就经常以"天下"为背景来讨论道,"天下神器,不可为也","夫有天下者,……自得而已",等等。在大汉民族国家创制过程中,随着"天下"观的不断凸显,需要有一种文化思维来为天下共同体的形成做理论基础。这种理论基础不能"循一迹之路,守一隅之指",其依据不能是一家之"意见",而必须是普遍化、整一化的"道理"。中国古代思想中,围绕人的生存价值寻求,一直贯穿着人性论和宇宙论的两种路径。人性论以人性的善恶真伪作为人的存在价值评判依据,其指向人的内心,是一种向内的哲学思维方式。宇宙论突出人的生存法则和自然道理,以天地宇宙之理来引导、决定人的生存方式,指向外部世界,是一种向外的哲学思维方式。古代关于人的生存行为一切的合法性来源于道德准则,但这种道德合法性从哪儿来,思想家们沿着两条路径寻找,一是基于人性,一是服从于天理。先秦时期,各家各派围绕人性的理解思想林立,互成掎角之势,自成一家之言。百家争鸣,体现了当时思想文化的多元性,但都无法实现对人的生存的共性理解,尤其在社会政治上的理论主张来源不一。从战国后期到汉初,人们对人性的洞察逐渐被放置在对天理的探究之下。汉代大一统的社会情状需要一种超越各家各派的大道之理的理论支撑。"天下"这一概念伴随着秦汉时代的统一,逐渐成为知识文人的思考对象。"在这一背景下,思想需要代表的是'全体'或者'整体',这样,思想就不能够再是'意见',而必须是普遍化了的'天理'或者'道理'。代表'部分'的'意见'必须转变为代表'全体'的'天理'或者'道理'，才能确立其普遍的意义。"①因此，汉代的思想家们总是在努力地寻求这样一个"天理"的模式，并且将代表"天理"的"天"或"道"作为宇宙运行、人生存在、社会结构、历史发展的根据，上至君王、下到民众，为每个人的生命存在和行为方式提供合法性和应当性的理论依据。

　　在汉初大一统社会时代精神以及"百川异源而归于海"（《要略训》）大融合式的学术思想共同作用下，身居封国王位却又时时追求个体生命价值的刘安创造出《淮南子》。这部书是被刘安作为大一统帝国文化理想设计的模式，用来敬献给汉武帝的。《汉书·淮南衡山济北王传》："初，安入朝，献所作《内篇》，新出，上爱，秘之。"在《淮南子》中，一种涵盖万有的文化整体性理想模式被建构起来，并以此指向宇宙自然与现实生存的价值共存。《淮南子》通过宇宙论所营构出的天人体系，将大汉帝国无限空间的人事都笼罩其中，形成一个想象中的共同体。在这个共同体中，人们应该遵循统一的道理规制。这种以儒家和道家为核心的"道"、"事"并举的文化理想形成了一元主体、多元共存的文化共同体格局，期待成为中国古代人们的共同精神价值。与此相对应，当一种文化模式真正建立起来，个体如何在这种文化模式中落实自身的位置、寻求自我生命意义，就必然导致一个普遍性价值困境问题的出现。这种价值困境呈现为在文化秩序与精神自由的矛盾中带来的个体某种深沉的悲怨情怀，并表现于大量文学作品之中。

---

① 陈静：《自由与秩序的困惑——〈淮南子〉研究》，昆明：云南大学出版社 2004年，第 163 页。

第三章 审美范畴论

中华美学在自己的发展过程中,形成了很多富有民族精神气质的审美范畴。《淮南子》虽没有直接的审美范畴表达,但在其哲学式的话语体系中蕴含着丰富的审美范畴初始形态。其中,感应、"情为本"以及神游这三个概念最富有美学意味。在先秦美学走向魏晋美学的过程中,《淮南子》中审美感应论、审美"本情"论、神游论等三个范畴扮演着极为重要的审美过渡角色,且延伸为中华美学中最为重要的范畴形态。

第一节 审美感应论

审美感应是中国美学之于世界美学的馈赠。就此问题,郁沅在其论著《感应美学》开篇就清晰地指出,"'感应'虽然是中国哲学和中国美学特有的一个范畴,但它的内涵却具有世界性",其中很重要的一个原因是"它在美学上讨论的是审美主体和审美客体之间的矛盾统一问题"①。应该说,自康德提出"物自体不可知"的认识论革命以后,审美中的主客二分问题不仅是近代以来西方美学的一个重要问题,同时也是困扰西方美学的一个难题。然而,中国哲学从《周易》的发端之处就显示出天人合一的"认知/存在"意识,由此构成源远流

① 郁沅:《感应美学》,北京:文化艺术出版社 2000 年,第 2 页。

长的感应思想。"气分阴阳,阴阳的交互运动,就是感应"①,人与自然(天)、人与人、物与物都可以形成感应关系。质言之,"感应"是中华民族独具特色体悟世界、认知事物的一种基本方式,它的核心思想建基于"合"上的"交互"与"大化",在主客之间的关系性建构中实现物我同一乃至于物我皆忘的审美理想。在当下的学术史叙述中,感应思想的形成多追溯至先秦经典,由此则直接过渡到魏晋南北朝时期。在此脉络中,汉代学术思想之于感应形成的贡献则研究不多,更不必说对《淮南子》感应思想的系统论述。其实,汉初《淮南子》综合先秦学术,已经初步形成了各种感应类型的描述,是中国古典感应思想形成历程中承上启下的关键性枢纽。基于上述,本文试图完成两个目标:第一,梳理《淮南子》感应思想生成的哲学根基和具体内涵;第二,在此基础上,将其置于中国美学史的历史长河中,审视《淮南子》感应思想对后世特别是魏晋时期("中古")审美文化产生的影响。

一、万物为一的整体美学观

《淮南子》审美感应论生成于天人一体的整体美学观念。《淮南子》的感应模式中,感应双方还没有明确的主体和客体之分,既可以人感于物,也有以天感人(精诚动天)。因此,《淮南子》审美感应论,虽以人作为价值根基,但并不是以人为绝对中心而漠视自然世界的生命意义。天人一体的整体美学强调人与事物的感应双方都是巨大生命系统中的构成,并且不是二元对立,而是彼此相融的密切关系。《精神训》:

---

① 张晶:《审美感兴论与中国哲学中感应思想的相通与相异》,《社会科学战线》2022 年第 11 期。

　　夫天地运而相通,万物总而为一。能知一,则无一之不知也,不能知一,则无一之能知也。譬吾处于天下也,亦为一物矣。不识天下之以我备其物与? 且惟无我而物无不备者乎? 然则我亦物也,物亦物也。物之与物也,有何以相物也? 虽然,其生我也,将以何益? 其杀我也,将以何损? 夫造化者既以我为坯矣,将无所违之矣。

　　这段话集中描述了人与世界万物同一的观念,这种整体美学观也是淮南子“大浑为一”审美理想的表达。《淮南子》主张包括人在内的自然万物是一个不可分割的整体,强调整体之内无“我”、“物”地位高低之分和尊卑之异,实现“人物相一”共存状态。

(一)万物相通的哲学理论基础

　　《淮南子》的审美感应论建立在中国古老的万物相通、生命一体的整体性哲学观念基础上。其中,“五行”和“阴阳”学说是这一整体性哲学观念的理论来源。最早见于《尚书·洪范》中的“五行”表述“一曰水,二曰火,三曰木,四曰金,五曰土”,已将这五种物质元素从具体的日常生活中进行了哲学提升,抽象化为构建宇宙世界的五个范畴,并借助“五行”关系将宇宙世界紧密联系为一个整体。《周易》以象征性的八卦意象符号来把握自然世界的运行规律和本质特征;其中,“━”和“╌”代表着阴阳,并以不同组合来暗示、象征包括人类社会在内的世界丰富复杂的各种关系,借此实现人把握世界规律的理想。庄子谈到《咸池》之乐时说:“奏之以阴阳之和,烛之以日月之明。”(《庄子·天运》)老子:“万物负阴而抱阳,冲气以为和。”(《老子·四十二章》)这些都表明宇宙万物的形成是在阴阳二气的作用下,形成和谐整一的自然状态。到了战国后期,阴阳五行学说将阴阳观念与五行之说相联系,构建了比较完整的宇宙系统。在这个系统中,自然世界的一切元素都按照五行的原理纳入其中。值得注意的是,艺术创造领域的"五音"与其他自然事物一起,也被放置在统一的宇宙系统中,宫、商、角、徵、羽与土、金、木、火、水五行相对应。这样,艺术与自然事物之间也形成比类感应的关系,从而延伸出"艺术之美来自于自然世界"这一中国早期朴素的美学命题。

《淮南子》认为,宇宙万物的演化是从"一"开始,"道曰规,始于一,一而不生,故分而为阴阳,阴阳合和而万物生"(《天文训》)。阴阳二气互相调和化生万物,"阳生于阴,阴生于阳,阴阳相错,四维乃通,或死或生,万物乃成"(《天文训》),最终形成秩序和谐的宇宙统一体。五音六律也是阴阳二气合成,"二阴一阳成气二;二阳一阴成气三。合气而为音,合阴而为阳,合阳而为律,故曰五音六律"(《天文训》),也顺承了先秦以来关于音乐艺术根源在于自然之气之说。于是,在《淮南子》这里,包括人在内的自然世界万事万物构成了一个有机的整体。这个整体的结构规律按阴阳五行的法则组织,以四时、五方的规范排列归类。《天文训》中:

> 阴阳相薄,感而为雷,激而为霆,乱而为雾。阳气胜则散而为雨露,阴气胜则凝而为霜雪。毛羽者,飞行之类也,故属于阳;介鳞者,蛰伏之类也,故属于阴。日者,阳之主也,是故春夏则群兽除,日至而麋鹿解。月者,阴之宗也,是以月虚而鱼脑减,月死而蠃蜕膲。火上荨,水下流,故鸟飞而高,鱼动而下。物类相动,本标相应,故阳燧见日则燃而为火,方诸见月则津而为水,虎啸而谷风至,龙举而景云属,麒麟斗而日月食,鲸鱼死而彗星出,蚕珥丝而商弦绝,贲星坠而勃海决。人主之情,上通于天,故诛暴则多飘风,枉法令则多虫螟,杀不辜则国赤地,令不收则多淫雨。

这个整体的世界以阴阳为基本构架,自然万物各安其位。天象中的"九野"、"五星"、"八风"、"五官"、"六府"、"四时"都是按五行规律呈现出的关联性结构。《地形训》中地人相配,以五行、五方、五色配人之五脏、五窍和五体,并将东西南北中的人体特征、物产种类嵌入其中。每一个体系中天地人互相感应连成一体。这种一体性中的感应规律往往缺乏逻辑的严密性,甚至有"音以八相生,故人修八尺"(《天文训》)这样的牵强之说,但其都以万物一体化的体悟方式去把握世界,才有"故律历之数,天地之道也"这样的价值判断。这样,以"道"为价值根基,自然世界中的每一个事物都凭借与其他事物的关联和感应确定自己的存在价值。《泰族训》云:"故一动其本而百枝皆应,若春雨之灌万物也,浑然而流,沛然而施,无地而不澍,无物而不生。"在这种万物一体、互为关系的整体观中,蕴含着审美化的关系,因为每个自然事物都互为彼此,都能从与之相关的事物中感受到自身的存在。于是,包括人在内的宇宙自然构成了一个和谐统一的系统,且呈现规律之美。"秦汉时代,屡次有人尝试建立一个统摄整个宇宙体系的理论。《吕氏春秋》有如此尝试,《淮南子》有如此尝试。"①《淮南子》立足于阴阳五行,以互为关系的视角把握自然世界,这样,天地万物和人都具有了相通之处。

(二)万物为一的感应模式

在万物为一美学观的映照下,《淮南子》审美感应呈现于多种关系模式中。首先,物物感应。《览冥训》:"夫物类之相应,玄妙深微,知不能论,辩不能解。故东风至而酒湛溢,蚕咡丝而商弦绝,或感之也。画随灰而月运阙,鲸鱼死而彗星出,或动之也。"这里无论是东风吹对应的酒涨出,蚕吐丝对应的商弦断绝,还是用芦苇灰画圆缺引发月晕缺损,鲸鱼死引发彗星出现,各类感应都来自于各类事物之间的

---

① 许倬云:《中国文化的形成》,《中国文化的发展过程》,贵阳:贵州人民出版社2009年,第14—15页。

自然关联,事物与事物之间并不存在任何属性比类的关联因素,具有明显的偶然性和随机性。在《览冥训》中,有些事物之间的感应也有着一定的形式关联,如"故山云草莽,水云鱼鳞,旱云烟火,涔云波水",山中的云气像草莽,水上的云气像鱼鳞,旱地的云气像烟火,久雨的云气像水波。这种关联建立的依据是自然形象的比类相似,即"各象其形类,所以感之"。可以发现,无论是基于外在形象直观性的物物感应,还是无法探究属性逻辑关系的神秘感应,都在表明自然世界背后似乎有一个神秘的结构图示,每一个事物都在这个结构图示的连接点上。在《淮南子》的理解中,宇宙自然不是一个事物孤立静止、相互隔绝的场域,而是以事物间丰富复杂关系呈现出来的迷幻、神秘的世界,这种神秘是"不言之辩,不道之道"(《览冥训》)。这些神秘的感应都生成于万物一体的宇宙自然中。每件事物、每种现象之间由于感应的存在,被关联到自然整体中,也成为了这个整体的有机构成。《泰族训》:"远之则迩,延之则疏;稽之弗得,察之不虚;日计无算,岁计有余。夫湿之至也,莫见其形,而炭已重矣。风之至也,莫见其象,而木已动矣。"整体世界中,每个事物都异常敏感于其他事物的变化,即如"湿之至"对应炭重,"风之至"触发木动。大自然事物之间的这种细腻的感应变化,交织起一张巨大的关系场域。在这个场域中,事物感应促生了无限的变化可能,使得审美视野中的自然世界变得更加幻化且充满动感和活力而极富美学意味。整体世界中,任何一个事物的变化必然就会引起与之关联的局部甚至整体的存在变化,每个事物都敞开自己面向其他,互为对象。《淮南子》对于事物之间的感应关联并没有做过多的理性逻辑分析,没有从主观经验的认知层面去看待事物之间关系,而将其置于浑沌未分的整一思维模式下,这实际上已经触及直觉审美的方式。物物感应则浑然为一,又因感应而消除了万物之间的罅隙。

其二,天人感应。这里的天人感应,既是人感于天,也包括天感于人。《淮南子》从天人同构关系中去理解人的生命。《天文训》：

> 天地以设，分而为阴阳。阳生于阴，阴生于阳。阴阳相错，四维乃通。或死或生，万物乃成。蚑行喙息，莫贵于人，孔窍肢体，皆通于天。

人的生命存在就是天地设定，由阴阳二气和合化生而成。因此，人的生命存在也是宇宙自然的构成。《淮南子》将人的生命与天地并齐，提升到天道高度，这是一种非常可贵的生命价值观表达。《精神训》：

> 是故精神，天之有也，而骨骸者，地之有也。
> 夫精神者，所受于天也，而形体者，所禀于地也。
> 天有四时、五行、九解、三百六十六日，人亦有四支、五藏、九窍、三百六十六节。天有风雨寒暑，人亦有取与喜怒。故胆为云，肺为气，肝为风，肾为雨，脾为雷，以与天地相参也，而心之为主。是故耳目者，日月也；血气者，风雨也。

《淮南子》突出天人同构，事实上也是将人与天地自然相统一。天地自然是人精神形体的外化；人与天地之道融合为一。人不仅是天地自然的一部分，而且其精神思维、身体律动也与天地自然的运行规律相一致，并且相互渗透，相互感应。正是人与天地同构，所以人具有感应天的先天禀赋。而且，人都可以在天地自然中找到感应之物，并能用恰当的表现形式呈现出来。这样一来，天地自然并非是存在于人之外而与人疏远的客体对象，而是在"道"的统摄下，与人相亲相近的"人化的自然"。而人的精神形体本就与天地自然相通，在心中蕴涵了整个自然，人也就可以"自然的人化"，如《兵略训》所云：

"将军之心,滔滔如春,旷旷如夏,湫漻如秋,典凝如冬,因形而与之化,随时而与之移。"《淮南子》发展了孔子"智者乐水,仁者乐山"(《论语·雍也》)的比德观念,从人的伦理品格与自然的比类扩展到人的整个精神形体与天地自然之美的感应。这为刘勰"诗人比兴,触物圆览,物虽胡越,合则肝胆"(《文心雕龙·比兴》)审美感物的文学表达做出了理论准备。当然,《淮南子》主张感应关系中"自然的人化",并没有就此消除人的生命价值。《荀子》有"人有气、有生、有知、且有义,故最为天下贵也"(《荀子·王制》)。《淮南子》承继儒家贵人的主张,认为既然人与天地自然有着相同的结构,互相感应,且人的生命与天地自然都具有同一的时空运行节奏,所以人本身就是一个具有完整生命的小宇宙,"天地宇宙,一人之身也"(《精神训》)。人是宇宙系统的一个有机组成部分,人的自然形体与天地自然有统一的结构,有对应性的联系。这就要求人的精神心理、形体活动必须与天地自然相统一,从而形成了中华美学从人与自然的统一性上去把握世界的和谐思维。

此外,依据天人同构的先天关联,天地自然都带有人的意识色彩。《天文训》中将天地自然现象与人的情绪相关联,"怒者为风,和者为雨,感而为雷,激而为霆,乱而为雾"。同时,天地自然也都沾附上人事的象征意义,"四时者,天之吏也,日月者,天之使也;星辰者,天之期也,虹霓、彗星者,天之忌也"。这样,天地自然与人间世事也形成了相互感应,《览冥训》:"故圣人在位,怀道而不言。泽及万民。君臣乖心,则背谲见于天。神气相应,征矣。"这里表明,圣人治政的好坏就会引发相应的天象征兆,正是相互感应的结果。天地自然与人相通,人类的活动就能引起天地自然的反应。《览冥训》中的师旷奏乐导致玄鹤飞来、风雨骤作、平公重病、晋国大旱;庶女叫天则引发雷鸣电闪、楼台倒场、海水漫溢,这些感应的发生都是因为人的行为而导致自然世界的变化。这样,天人感应就不仅仅于自然主义的特征,而带有明显的价值评判色彩。

其三,人与人感应。与物物感应、天(自然万物)人感应不同,当人与人产生审美感应,二者必定是心意相通、情感共鸣。《缪称训》中"宁戚击牛角而歌"便会感应"桓公举以大政";"雍门子以哭见孟尝君"引发孟尝君"涕流沾缨"。这并不是因为"歌哭"行为,而在于人的情意相通,从而才有"一发声,入人耳,感人心"的审美感应效果。《主术训》中说:"荣启期一弹,而孔子三日乐,感于和;邹忌一徽,而威王终夕悲,感于忧。"这种人人感应,通过艺术作品的传达,形成了最具审美效果的情感共鸣。

这样,《淮南子》依托物物感应、天人感应、人人感应等多种感应模式,建立起一个庞大的审美感应场域,并使得天地自然万物与人皆融入其中。在《说山训》中,我们甚至能看到上述各种感应模式的同时存在:

> 詹公之钓,千岁之鲤不能避;曾子攀柩车,引𫐐者为之止也;老母行歌而动申喜,精之至也。瓠巴鼓瑟,而淫鱼出听;伯牙鼓琴,驷马仰秣;介子歌龙蛇,而文君垂泣。故玉在山而草木润,渊生珠而岸不枯。

这里有玉与草木之间的物物感应,有钓者与鱼、鼓瑟者与鱼之间的人物感应,也有丧亲者与扶棺者、歌者与听者之间的人人感应。在万物为一的自由场域,任何人、物之间都可能形成感应。物物感应描绘了自然物象之间的内在律动和生命节奏的神秘统一。天人感应揭示了人作为审美主体感物表情的审美创造规律,因为正是人对天地自然的审美感应,才触发心灵,激发情感,进而诉于语言等艺术形式,产生艺术。人与人的感应则明确了心灵互动、情感相通的审美心理状态。

二、玄妙深微的比类思维

(一) 感应的直觉性

《淮南子》认为,各类感应是一种"玄妙深微,知不能论,辩不能解"的神秘过程,无法用知识理辨,却能直达对应物之间的本质关联。以至于有学者感叹这感应的神妙,"然而,如果问:何以有二便有感? 地球与苹果、阳光与石头、阳光与枝叶、变形虫与外界、狗与环境等等,它们之间何以仿佛有意志般地如此感应? 却不为人所知。我们只能在万有引力中承受万有引力并以之为人的一种规定,正如我们头上的灿烂星河是宇宙的天命一般。换句话说,虽然感应之因不为我们所知,但这丝毫不影响它作为最本己的最本源的综合,不影响它让先天综合命题成其为命题"①。在其看来,感应作为事物之间的关联事实,是不以人意志为前提的先验存在。而在《淮南子》这儿,感应的发生也并非理性可以认知,《览冥训》云:

> 耳目之察,不足以分物理;心意之论,不足以定是非。故以智为治者,难以持国,唯通于太和而持自然之应者,为能有之。

《淮南子》关于感应的论述,已深入到人与大自然界的精神关联,并且强调这种"知不能论,辩不能解"的"自然之应"甚至高于"智"。《淮南子》对这种感觉能力的描述用了"玄妙深微"概念表达。所谓"玄妙",即无法用知识解释的奇妙之境;"深微"意味这种过程能直达深处,且又不离开具体事物本身。这种感应虽不能通过经验性的统计来知论、辩解,但也能直达事物的本质或人的内心,始终都呈现

---

① 陈迎年:《感应与心物——牟宗三哲学批判》,上海:上海三联书店2005年,第75页。

于具体可感的现象存在。感应双方互相作用，超越现实的有限认知，以一种不可言传的玄妙之思融合为一，而呈现天地自然和谐境界，这样感应的结果就具有浓郁的审美意味了。

《淮南子》论述这种心意机能时，并没有对审美思维特征的自觉发现，但其所描述的感应过程却触及人类把握世界的一种特殊的方式。马克思关于人类掌握世界的四种方式，包括理性的、宗教的、实践—精神的以及艺术的。其中，艺术的方式区别于理论的、知识性的，是情感性的、直觉性的特征。康德在《判断力批判》中关于审美判断的定义，也提出美是无关概念和认知的。很显然，《淮南子》中感应方式就与艺术方式、审美有相通之处。在这里，无论是精妙入微的人的感觉能力，还是玄妙难辨的自然物物相感，这种"自然之应"很容易引发审美主体对天地自然的审美感应。《淮南子》没有明确表达的文学艺术审美发生，终于在《文心雕龙》中得到理论性表述，《明诗》篇中说："人秉七情，应物斯感；感物吟志，莫非自然。"于是，以审美感应为基础的中国文学艺术中最负盛名的"感物说"，在"随物以宛转"、"与心而徘徊"等阐释下，成为中国古代文人创造名篇佳作等审美创造的最为切近的动力机制诠释。《淮南子》关于"故山云草莽，水云鱼鳞，旱云烟火，涔云波水，各象其形类，所以感之"的物感描述，也被刘勰直接转化为"山沓水匝，树杂云合：目既往还，心亦吐纳。春日迟迟，秋风飒飒；情往似赠，兴来如答"。

（二）比类相应

这种玄妙深微的感应，在《淮南子》看来，其发生缘起在于双方的比类相应。在《淮南子》万物一体观念的审视下，即便不同空间、不同类别的事物，无论是依托事物形式或者事物运行活动过程、状态等某一点上的共同属性，都可以放置在一起建立起某种关联，从而实现一个万物依存、和谐共生的整体世界。这种感应关联模式的思维特征，如学者所言："对于《淮南子》的作者们来说，从思想上舍弃了万物之间的疏离、孤立与冲突,而以更富于内在联系与和谐感的模式取而代之,尽管这一整体性的思维并不直接等同于所谓的'有机主义'。"①可以发现,在《淮南子》这里,比类思维搭建起自然界各种审美感应关系的主要生成路径;不仅如此,也成为其文化表达的一种思维方式。《要略训》中阐释各篇要义指出,"《览冥》者……乃始揽物引类,览取挢掇,浸想宵类","《精神》者所以原本人之所由生,而晓寤其形骸九窍,取象与天,合同其血气,与雷霆风雨比类其喜怒,与昼宵寒暑并明,审死生之分,别同异之迹,节动静之机,以反其性命之宗","《说山》、《说林》者,所以窍窕穿凿百事之壅遏,而通行贯扃万物之窒塞者也。假譬取象,异类殊形,以领理人之意,解堕结细,说捍搏困,而以明事埒事者也。"等等。这些表述中的"揽物引类"、"假譬取象"等,都是比类思维的具体呈现方式。由此,《淮南子》以比类作为自然世界、人类社会中人、物、事最基本的关系模式,这就为万物之间的感应相连提供了可能。

《淮南子》为万物世界设定了这样一个比类结构关系,并且人类社会中的一切活动行为,或自然世界中万物彼此之间都在这个结构关系中形成感应关联。这样,比类不仅为万物之间关系形态的呈现,也形成了人们观察世界、体悟世界的特定思维方式。这种思维方式为人类审美把握世界提供了可能。因为事物之间,尤其是人与自然世界之间的比类关联是纯粹感性的直觉关联,区别于理论性认知关系。而且,在这个结构关系中,人与自然世界的关联往往带有一定的价值判断和情感表达,也就沾有一种人文色彩。《天文训》中说:"物类相动,本标相应……人主之情,上通于天,故诛暴则多飘风,枉法令则多虫螟,杀不辜则国赤地,令不收则多淫雨。"这里,天地自然通过自身运行及时令、节气比类对应万物变化,甚至包括人世间的生产、

---

① 任鹏:《中国美学通史·汉代卷》,南京:江苏人民出版社2014年,第239页。

生活及政治等一切活动。人的行为及其后果,可以借助其所对应的自然变化感应效果来呈现价值意义。这样的比类相应一定程度上就摆脱了纯粹的自然主义,走进人世,作为社会状态的表征而带有"善"价值特征。如《时则训》中描述:

> 故正月失政,七月凉风不至;二月失政,八月雷不藏;三月失政,九月不下霜;四月失政,十月不冻;五月失政,十一月蛰虫冬出其乡;六月失政,十二月草木不脱;七月失政,正月大寒不解;八月失政,二月雷不发;九月失政,三月春风不济;十月失政,四月草木不实;十一月失政,五月下雹霜;十二月失政,六月五谷疾狂。

这里的比类关联由社会政治状态引发,涉及人与天地万物、天地之间、物物之间,由此在人世活动和自然现象间形成一种想象性同构关系。就以直观性的比类方式去把握世界这点而言,《淮南子》比类感应承袭了史前的巫术象征思维,并将其作为理论预设的先验性依据。

这种关系既不能以"真"的合规律性标准来判定合理性,也不能在"善"的价值关照中去寻求到恒定的秩序规律。在当今时代,"科学"化的认知思维已经成为我们探求宇宙世界、人类社会各种关系最主要的方式,这种古老的比类观念似乎已显得格格不入甚至毫无意义。但列维-斯特劳斯批评了今天的人们将巫术与科学对立起来的做法。在他看来,巫术及其思维虽存在于某一特定历史阶段,却是一种尚未充分实现的整体的开端、雏形、略图、部分。事实上,巫术与科学是人们获取知识的两种平行的方式,只是适用于不同种类的现象①。如果说,列维-斯特劳斯还只是从科学的维度去寻求这种巫术思维的

---

① 参见[法]列维-斯特劳斯:《野性的思维》,李幼蒸译,北京:商务印书馆1987年,第18页。

合理性,那么一旦我们还原这种模式所应用的历史语境,就会发现其在审美创造理论生成中显示出独特的价值。比类感应了解事物关系的方式,往往会直接从一种内在本质的方面把事物等同起来。这是一种事物之间互为表象、本质的内在关联。这种关联不一定是逻辑的、理性的、科学的,但很可能是直觉的、体验的,或许带有神秘色彩的心领神会。而且,在这种关联中,人类的认知、情感与意志混融一体,对世界的观照呈现出意向性效果。这样,比类感应中主体之间体现的不必是求真性关联,而关涉意义性统一。尤其在人与自然的比类感应中,人往往依据对自然形式的直觉领悟或想象性情感投射,使自然对象都具有人情色彩。这种人与自然间的亲和性,为自然万物之美感的形成又提供了基础。在《时则训》中,《淮南子》比类感物,将人的行为、感情状态与天地四时的永恒变化相对应。建立在这种比类共通的基础上,《淮南子》赋予了"时"生命化和审美化的内涵。《天文训》云:"四时者,春生夏长,秋收冬藏,取予有节,出入有时,开阖张歙,不失其叙,喜怒刚柔,不离其理。"于是自然被赋予一种"喜怒刚柔"的情感状态。春夏秋冬四时之季乃自然节奏,这是天地之大美;节、时、叙、理等人的生命活动应遵时序之变而起伏,暗合这种节奏之美方能充满生机。人与"时"推移,在不同的时间变化中,与自然呈现出和谐一致的感应关联。《缪称训》云:"春女思,秋士悲,而知物化矣。号而哭,叽而哀,而知声动矣。"这里"春"、"秋"与"思"、"悲"的对应,意味着四时变化中的自然图景与人的情感也形成关联对应,进而自然内化于人的情感中。同时,《淮南子》审美感应强调感应双方情感的双向流动,《缪称训》:"男子树兰,美而不芳,继子得食,肥而不泽,情不相与往来也",正是《文心雕龙》"物色相召"、"一叶迎意"、"虫声引心"理论表达的先河。这样一来,四时变化中自然物象与人的情感就形成了审美同构关系,并作用于人的审美意识中形成较为固定的文化心理模式。人对于自然物色的感动,取决于这样的关联模式,从而强化了中国文学中自然意象的抒情主题性格的界定,如"一叶知秋"、"喜柔条于芳菲"就形成一种"集体无意识"的文学心理范型和文化传统。《淮南子》比类感应观念在后世进一步生发出成熟的审美创作规律理论。陆机《文赋》中:"遵四时以叹逝,瞻万物而思纷。悲落叶于劲秋,喜柔条于芳春",刘勰《文心雕龙·明诗》云:"人禀七情,应物斯感,感物吟志,莫非自然"等,与《淮南子》审美感应理论遥相呼应,并发展为中国艺术理论中关涉众多审美命题、内涵最为丰富的"物感说"。

(三)"气"动感物

在《淮南子》中,自然世界呈现出的比类结构只是理论上确定了存在感应的可能,真正促发感应的动力因素在于"气"。《泰族训》云:"天之且风,草木未动而鸟已翔矣;其且雨也,阴曀未集而鱼已噞矣,以阴阳之气相动也。故寒暑燥湿,以类相从;声响疾徐,以音相应也。"这说明,鸟、鱼感受天气的变化而呈现出自然界的事物感应是"阴阳之气相动"。在《淮南子》看来,天地万物都是秉阴阳之气化生而成,都具有同类生命之气;且气之流荡,直接促发了感应的形成。《俶真训》云:"夫天之所覆,地之所载,六合所包,阴阳所呴,雨露所濡,道德所扶,此皆生一父母而阅一和也。"《本经训》也说:"天地之合和,阴阳之陶化万物,皆乘人气者也。"从"气"动感应出发,《淮南子》赋予了自然感应现象充沛的生命内涵,这是从感应到审美感应最为重要的环节。

同时,正是因为"气"的促发,使得天地自然万物始终处于一种流动的、彼此交融的"和"生命状态,而具有无限生命之美的意味。《览冥训》:"乃以明物类之感,同气之应,阴阳之合,形埒之朕,所以令人远观博见者也","故至阴飋飋,至阳赫赫,两者交接成和,而万物生焉。众雄而无雌,又何化之所能造乎?"无形中,《淮南子》先秦各家审美观念实现了相通。老子"冲气以为和"的观念。《象传》中也说:

"咸,感也。柔上而刚下,二气感应以相与。止而说,男下女,是以亨。利贞。取女吉也。天地感而万物化生,圣人感人心而天下一步和平,观其所感,而天地万物之情可见矣。"《淮南子》融汇儒道,最终将"气"作为审美感应发生动力,最终为这一理论提供了生命精神的支撑。徐复观注意到,《淮南子》的这种思想吸收,"战国末期盛行阴阳五行之气说,于是形成了'气的宇宙观',由气的宇宙观而又形成'气的人生观'。老庄所用的精字,此时也渐与之发生关联;精可以说是一种特殊纯一的气,流贯于天地及人的形体之中,并成为天与人及人与人、人与物,互相感通的桥梁。此一意味,在《吕氏春秋》中表现得很明显,也被《淮南子》中的道家继承了下来"[1]。只是《淮南子》不仅继承,而且更为深入地探讨了"气"如何通过感应关联实现"和"的境界过程。包括人在内的天地自然一切事物,都是在气的流动中发生着交感,各自互相作用又融合为一,形成了气韵流动的审美感应效果。《淮南子》在《天文训》中直接将音乐认定源于阴阳二气的交感化和,"二阴一阳成气二;二阳一阴成气三。合气而为音,合阴而为阳,合阳而为律,故曰五音六律",表明阴阳二气的交感催生了音乐艺术的发生。基于"气"的功能描述,《淮南子》将音乐从纯粹自然的生发中提升到与人同等的生命力高度,从而洋溢着气韵流动的生命节奏之美。阴阳二气化生万物,是因为天地阴阳之气的感应相和之下,世间万物才能产生。没有感应相和,阴阳之气互相隔绝、独立存在,是不具有生命的创造性的。在《淮南子》中,由"一"生阴阳二气,虽二元相异,但并不相互对立,"天地感"、"天地合"、"两者交通"、"阴阳接",仍然够感应和合,互相统一。这种感应和合是万物生命生成、存在的必然路径,它所构筑的生命性的审美思维对中华文学艺术,乃

---

① 徐复观:《两汉思想史》卷二,《徐复观全集》,北京:九州出版社2014年,第216页。

至审美理论影响深远。正是在这个意义上，叶朗给予了以《淮南子》为代表的汉代"气"论充分的价值地位，"先秦哲学中的'气'的范畴，经过《淮南子》和王充的元气自然论，在魏晋南北朝时期转化成了美学范畴，出现了'气韵生动'的美学思想"①。

三、精诚动心的情感性特征

当以人为主体一方，依托"气"的作用而形成的审美感应，必然会带有强烈的情感色彩。"当万物'各从其类'，呈现出有条不紊的脉络时，'感应'便成为世界变动的展现方式。对于这一因素，应当充分考虑它在美学方面的影响。在秦汉时代，感物生情是常见的审美模式与审美表现，这正是在气化感应的世界中得以建立起来的。"②很显然，《淮南子》审美感应论中，非常注重情的效果。一方面，人感于天地自然，从而激发情感，才能形之于外创造艺术；同时，天地感于人，也是情感的力量而导致自然变化。在以"气"为感应动力基础上，《淮南子》融入情的元素，提供了一种学术话语转化的可能，即将天人感应从一个纯粹的哲学表达转向审美表达。

（一）精诚之情

在肯定情感基础上，《淮南子》还进一步突出了审美感应精诚动人的情感效果。《主术训》：

> 夫荣启期一弹，而孔子三日乐，感于和；邹忌一徽，而威王终夕悲，感于忧。动诸琴瑟，形诸音声，而能使人为之哀乐。县法设赏，而不能移风易俗者，其诚心弗施也。甯戚商歌车下，桓公喟然而寤，至精入人深矣！

---

① 叶朗：《中国美学史》，上海：上海人民出版社 1985 年，第 161 页。
② 任鹏：《中国美学通史·汉代卷》，南京：江苏人民出版社 2014 年，第 134 页。

　　荣启期的弹琴歌唱让孔子有绕梁三日之感，邹忌的演奏引发齐威王悲哀不止，甯戚之歌使得齐桓公不住叹息，这一切都是情感的精诚动人效果。这种效果不仅体现于艺术接受，甚至作用于"县法设赏"不能达到的移风易俗、感化民众的审美政治层面。《淮南子》中的"精"、"诚"大多描述感应主体的情感力量。《览冥训》中多处提到："夫瞽师、庶女，位贱尚葈，权轻飞羽。然而专精厉意，委务积神，上通九天，激厉至精"，"夫全性保真，不亏其身，遭急迫难，精通于天，若乃未始出其宗者，何为而不成"。《说山训》也说："老母行歌而动申喜，精之至也。"《主术训》中有"刑罚不足以移风，杀戮不足以禁奸，惟神化为贵。至精为神"，以及"故至精之所动，若春气之生，秋气之杀也。虽驰传骛置，不若此其亟。故君人者，其犹射者乎？于此豪末，于彼寻常矣，故慎所以感之也"等描述。发生在各类感应中的这些"精"字，其表达的都是心志纯粹、情感充沛的精神状态。同时，在《淮南子》看来，感应主体不仅情感要"精"，还需"诚"。显然，《淮南子》又融合了儒家"以诚感化"思想，《礼记·中庸》说："诚者，天之道也；诚之者，人之通也"，诚是主体人格的显现且含有道德意味。由此，《淮南子》在《泰族训》中直接明确："故圣人者怀天心，声然能动化天下者也。故精诚感于内，形气动于天，则景星见，黄龙下，祥凤至，醴泉出，嘉谷生，河不满溢，海不溶波。"圣人怀有天地之心，精诚于内，才能挟带着巨大的情感力量。这里的"精诚"既持守天道之真，又蕴含人道之善，因此"精诚"之情不仅能感化人，甚至能感动天地，成为《淮南子》中最具有力量的审美感应效果表达。《览冥训》中描述了天人感应所带来的精诚动人效果：

　　　　昔者，师旷奏《白雪》之音，而神物为之下降，风雨暴至，平公癃病，晋国赤地。庶女叫天，雷电下击，景公台陨，支体伤折，海水大出。夫瞽师、庶女，位贱尚葈，权轻飞羽，然而专精厉意，委务积神,上通九天,激厉至精。

　　师旷奏乐与玄鹤飞来、狂风暴雨骤作、平公重病、晋国大旱等天
象后果联系在一起,庶女含冤叫天与雷鸣电闪、楼台倒塌砸伤景公、
海水满溢等天象相对应,这种天人感应既不符合自然物类相应的基
本原则,也并没有附着儒家伦理道德形态,其必然的因果关系已经越
出了自然秩序和道德秩序的界限。是什么导致了这样夸张奇妙的感
应效果呢? 很明显,"感"的关键是这里"上通九天,激厉至精"的情
感力量。在《淮南子》看来,是"专精厉意"的"至情"力量,悲感人心,
上通天意,用精诚感动苍天。师旷演奏的《白雪》以及齐国贫女的呼
告,正因为精神专一,情感充沛,才会精诚动天。这种精诚之情超越
时空,摆脱秩序,走出有限,在自由的天地里让心灵遨游。这种精诚
之情搭建起天人之间的关联,成为人们想象性把握天地自然的一种
价值路径,且由此来彰显人超越于现实社会的主体本质力量。在后
世的文学作品中,我们经常能看到类似的感应场景,如关汉卿笔下的
那个受尽凌辱含冤屈死的窦娥,俨然与《淮南子》中这个含冤叫天的
庶女身影相似。她们都以巨大的悲怨之情感天动地,以精诚之情消
弭了一个社会底层女子的弱小,显示出对人的尊严的坚守。
　　《淮南子》之后最为系统表述感应理论的是董仲舒《春秋繁露》。
董仲舒以感应为结构建立起一个庞大而又秩序井然的儒家伦理性的
宇宙图示。以五方论述为例,《淮南子》在《天文训》中论述五方:

　　　　何谓五官? 东方为田,南方为司马,西方为理,北方为司空,
　　中央为都。

再看《春秋繁露》论述五方:

　　东方者木……司农尚仁……南方者火……司马尚智……中
央者土……司营尚信……西方者金……司徒尚义……北方者
水……司寇尚礼……

　　可以看出，《春秋繁露》的宇宙结构不仅仅是一个自然秩序，更主
要是蕴含着儒家观念的道德秩序。这种道德秩序通过天人感应发挥
着重要的社会政治功能，让人也深陷这种严密的政治文化结构中，无
从逃匿。与《春秋繁露》相比，《淮南子》感应模式并未搭建起带有儒
家伦理价值关系的天下结构。在《俶真训》宇宙生成模式的基础上，
《天文训》最终呈现了一个由四时对应五方的宇宙结构图示，从而也
形成了一种世界秩序存在。《天文训》描述，在宇宙生成的过程中，从
"道始于虚廓"，到"四时之散精为万物"，最终出现了一个空间化的
五方结构，也就形成了一个秩序化的宇宙结构图式。它以东、南、西、
北、中为基础，以"二绳"、"四钩"为方角，再分别对应"九野"、"五
星"、"五官"、"五行"、天干地支。但不同于宇宙生成模式，这个秩序
化的宇宙结构图式背后并没有体现出一种伦理价值立场，虽也能天
人感应，或物类相通，但总体上不对应人的伦理品格，只是一个自然
性的秩序结构。它虽然也被《淮南子》设计存在于现实社会，但并不
能将人的生命价值固定其中。《淮南子》自然性的秩序图式也会形成
天与人的连接关系，同样带来天人感应的效果，但并非是儒家仁义礼
智信道德的力量。一方面，是自然的因素，即天人因同类而感动，如
《时则训》描述天时物候、天象政令互相统一对应的那样。更为重要
的是，《淮南子》天人感应体系中的情感，无论是上通于天的"人主之
情"，还是上通九天的"专精厉意"，都并未带有董仲舒《春秋繁露》中
的伦理品格。于是在《淮南子》中，这种情感效果下的天人感应越出
了自然和人文道德的秩序范围，将人从自然世界的必然限制中和现
实生活的礼制束缚中超越出来。《淮南子》以情作为天人感应的审美

中介,将人与天地自然的关系从哲学、神学引申到美学领域,对于中国美学的发展有着重要的价值,因为人与自然的情感关系一直是中国美学、文学最主要的审美命题。没有情感的纽带,自然山水也就无法成为审美的对象而进入中国文学的创作中。

(二)心与情感

《淮南子》认为,精诚动人的情感一定要与心灵相通,《览冥训》中说:

> 昔雍门子以哭见于孟尝君,已而陈辞通意,抚心发声,孟尝君为之增欷呜唈,流涕狼戾不可止,精神形于内而外谕哀于人心,此不传之道。

雍门子强烈的情感来自于心灵的触动,"抚心发声";孟尝君因悲歌而感怀乃是其个人的心灵体验,是无法剖解之后传授给别人的,所以说这是"不传之道"。这就说明人与人的感应相连,只有深入彼此心灵,才有精诚动人的情感共鸣。否则如《缪称训》所说:"男子树兰,美而不芳,继子得食,肥而不泽,情不相与往来也",没有心灵的互相融透,自然没有情感的互动交流,更无法形成审美感应。因此,《淮南子》非常强调"心"在人的情感活动中的作用。《原道训》说:

> 夫心者,五藏之主也,所以制使四支,流行血气,驰骋于是非之境,而出入于百事之门户者也。是故不得于心而有经天下之气,是犹无耳而欲调钟鼓,无目而欲喜文章也,亦必不胜其任矣。

在《淮南子》看来,"心"是人的五脏主宰,它不仅构建人的生命存在,也是情感精诚动人的感官要素。先秦道家也非常重视"心"的作用,《老子·第二章》:"是以圣人之治,虚其心,实其腹",庄子更是提出"圣人之心"、"不肖之心"、"天下之心"、"游心"、"机心"、"静心"、"忘心"、"虚心"、"心斋"、"心乐"等诸多概念,涉及到宇宙论、修养论、养生学等各个领域。可以看出,道家多是从人的生命结构和精神心理来谈论"心"。《淮南子》认为,在人与自然的审美感应关系中,心通过主宰人的一切感官,将人与自然融于一体,直通大道,实现生命的和谐统一。同时,精诚之心可以感化四方,"心之精者,可以神化,而不可以导人;目之精者,可以消泽,而不可以昭誋。在混冥之中,不可谕于人"(《缪称训》)。在此基础上,《淮南子》进一步突出了"心"的情感性功能,将情感的审美效果归结为心灵的作用。如《原道训》所说,没有心灵的作用,人就失去了审美主体的能力,"犹无耳而欲调钟鼓,无目而欲喜文章也",就像没有耳朵无法调音,没有眼睛无法欣赏文章一样。《俶真训》也说:"且人之情,耳目应感动,心志知忧乐。"这里《淮南子》以心灵比拟艺术活动中的耳目感官,虽本在说"心",却无意中揭示一个重要的美学命题:人的审美感官在审美活动中的重要作用。

在《淮南子》中,心与情感都是主体特有的精神活动能力。但只有来自心灵深处的情感,才能成为具有审美感染力的艺术要素。如果将《淮南子》的这种观念应用到审美活动领域,则更能揭示审美艺术的发生规律。《本经训》说:"有充于内而成象于外",人心灌注情感才会投射到外在形象中,并促生艺术创造。艺术正是有心灵灌注的情感,才能精诚动人,所以《诠言训》说:"故不得已而歌者,不事为悲;不得已而舞者,不矜为丽。歌舞而不事为悲丽者,皆无有根心者。"所谓"根心者"就是具有生命灵魂的真挚情感。任何不是来自内心真情实感、不得已而为之的艺术活动都不能产生动人的审美效果。没有心灵灌注的艺术情感,西施画得再美也引不起人的喜悦;孟贲的眼睛画得再大,也感觉不到威严,正所谓"美而不可悦"、"大而不可畏"(《说林训》),因为它已失去了灵魂,自然无法打动人。庄子在《渔父》篇中曾说:"真者,精诚之至也。不精不诚,不能动人。故强哭者虽悲不哀,强怒者虽严不威,强亲者虽笑不和。真悲无声而哀,真怒未发而威,真亲未笑而和。真在内者,神动于外,是所以贵真也。"在吸收了庄子的贵真思想基础上,《淮南子》更加充分地描述了真情的审美心理机制,将情与心统一,并作为审美情感精诚动人的判断标准。《修务训》:"故秦、楚、燕、魏之歌也,异转而皆乐;九夷八狄之哭也,殊声而皆悲,一也。夫歌者,乐之征也,哭者,悲之效也,愤于中则应于外,故在所以感。"只有心灵的主体性得到极度的发挥,人才能将自己的情感投注到对象世界,在自由想象中构筑一个艺术世界。突出人的心灵意义,意味着《淮南子》对待生命的态度是情感性、审美性、人文性的。生命并非只是一个生理的有机体,更不是功利场域中的工具,而是有心有情的人。无论尊卑高低,人人有心,人人都应彼此平等对待,尊重对方之心,也需敬畏人心。

　　基于心灵的作用,审美感应中的主体情感能实现共通交流,《俶真训》:"夫人之所受于天者,耳目之于声色也,口鼻之于芳臭也,肌肤之于寒燠,其情一也。"因为有共同的情感反应,人与人之间就有了审美共通的基础。孟子也提到过相似的观点:"口之于味也,有同嗜焉;耳之于声也,有同听焉;目之于色也,有同美焉。至于心,独无所同然乎?心之所同然者何也?谓理也,义也。"(《孟子·告子上》)孟子将审美共通性归结为人人皆有义理之心,《淮南子》则将其发展为人的情感共通,这是审美传达从义理到情感的理论转变。以情感为主要内容,共通感先验存在于每个人的心中,表现为一种可传达性的心意状态。这样,情感就成为了人与人审美交流的重要中介。托尔斯泰说,艺术就是作者将自己心灵体验过的情感传递给他人。"在自己心中唤起曾经一度体验过的感情,在唤起这种感情之后用动作、线条、色彩、声音,以及言辞所表达的形象来传达这种感情,使别人也能体验到这同样的感情——这就是艺术活动。"①情感及其传达是艺术的根本,也是艺术实现精诚动人的重要前提。《淮南子》虽没有明确表达审美活动中情感表达的地位,但其主张的情感共通性为中国古代文学接受理论中"知音"式阅读路径提供了审美心理的依据。

第二节　审美"本情"论

《泰族训》有言,"今夫《雅》、《颂》之声,皆发于词,本于情,故君臣以睦,父子以亲",这应该是陆机"诗缘情"理论之前,中国文论史上第一次自觉、直接地明确诗歌抒情的本体地位。于是,我们可以说,在中国情感理论美学化发展历程中,汉初《淮南子》是一个重要的转折点,它以大道之情、体情制礼、愤情直发和精诚动人等思想,开启了先秦的哲学之情、道德之情向审美情感的转变②。"大道之情"延续了先秦道家以情达道的价值追求,同时突破了情的修身伦理维度,将其发展为艺术活动中的审美情感。"体情制礼"综合儒墨道法诸家思想,在"情—礼"关系中创造性提出"文情理通",第一次明确地肯定了诗歌的情感本位。"愤情直发"是艺术宣泄的直接表达,它既突

---

① ［俄］列夫·托尔斯泰:《艺术论》,丰陈宝译,北京:人民文学出版社 1958年,第 47 页。

② 长期以来,《淮南子》"情论"问题一直没有被充分重视,一些系统研究《淮南子》的哲学、文学专著中,都鲜有论情。就当下成果而言,关于《淮南子》的情感理论考察主要有两大分布趋势,其一是围绕"至情"、"悲情"、"适情"等概念展开现代阐释,如赵欣的《〈淮南子〉艺术至情论及其生命意识》(《学术交流》2013 年第 3 期)等;其二是将《淮南子》置于整个汉代情感理论中展开考察,如马婷婷的博士论文《汉代情论研究》(华中师范大学 2011 年)、樊祯祯的博士论文《汉代情感思想及其美学意义》(山东大学 2010 年)等。本文以"本情"为核心概念,不仅仅是对《淮南子》情论的系统阐释,在此基础上,我们试图在大的历史视野中,描绘出"情"的美学化理论历程。

破道家的"无我",也超越儒家的"中道",试图在强烈的主体抒发中走向"至情"的艺术境界。经过《淮南子》的理论转变,中国古典美学中的情感理论初步奠定,审美"本情"论催生、预示着情感勃发的魏晋美学来临。

一、大道之情

基于生命构成这一前提,《淮南子》以情为性,把情看作是人的生命本性,《原道训》:"夫性命者,与形俱出其宗,形备而性命成,性命成而好憎生矣。"人的形体、性命、情感相伴而生,共同构成了生命存在。三者的生成本源"俱出其宗",即都是道的化生结果。情感,作为人生命属性特征,与性命一体。《精神训》从天人相通观念出发,赋予了生命情感的天性依据:

> 天有四时、五行、九解、三百六十六日,人亦有四支、五藏、九窍、三百六十六节。天有风雨寒暑,人亦有取与喜怒。故胆为云,肺为气,肝为风,肾为雨,脾为雷,以与天地相参也,而心之为主。

人的生命源于天,人的情感也不应当拘于小"我",而应当有一种与天地万物之大道同体的生命情怀。因为性情是人生命意识的表达,《淮南子》肯定了性情的自然生成,《原道训》:

> 人生而静,天之性也。感而后动,性之害也。物至而神应,知之动也。知与物接,而好憎生焉。好憎成形,而知诱于外,不能反己,而天理灭矣。故达于道者,不以人易天,外与物化,而内不失其情。

　　在这里，《淮南子》既肯定了虚静是人之天性，也客观描述了"好憎"之情感物而生是人性发展的必然。人在社会现实中，不可能沉浸在一种绝然抽象的自然情性状态中。在世俗社会的人文规制环境中，人与人、人与物发生着种种关联，从基本的生存需要到社会关系处理，"物化"当不可免。但即便如此，人也应当要保留自己的性命之情，而不至于迷失自我。《淮南子》在肯定自然之情的前提下，也充分认识到社会现实环境中人的生存发展而"物化"的客观存在，体现出求真务实的文化精神。《泰族训》将人的自然欲望与生命感情归为人性，"民有好色之性"，"有饮食之性"，"有喜乐之性"，"有悲哀之性"；甚至说"人之性有仁义之资"，把社会规制都统一到人性中，使得情感更具有世俗化。这样人的性情范围从自然之道拓展到社会之道了。

　　只是在"外与物化"的环境下，情感容易走向欲望，无法返回天性，因此，要始终以道为价值目标，才能"内不失其情"。这样，《淮南子》将情的天性特征建立在道的价值目标下，也就是性情合道。由此，以达道为前提，《淮南子》批判了各种"乱情"的情况。《淮南子·俶真训》说："循天者，与道游者也……故圣人不以人滑天，不以欲乱情，不谋而当，不言而信，不虑而得，不为而成，精通于灵府，与造化者为人。"如何让天性之情始终合道？《淮南子》主张从主体的内心修养上去下功夫，其基本路径是"反（返）情"（《要略训》）。《精神训》："衰世凑学，不知原心反本，直雕琢其性，矫拂其情，以与世交，故目虽欲之，禁以之度；心虽乐之，节之以礼；趋翔周旋，诎节卑拜；肉凝而不食，酒澄而不饮；外束其形，内总其德，钳阴阳之和，而迫性命之情，故终身为悲人。"首先不要雕琢外饰性情，保留性情的本真状态即可。其次不要依赖外在的礼义规制堵塞性情。在外界世俗社会中，人如果产生了各种欲望喜好，即便刻意用礼义节制，虽也能强迫自己本性之情，但最终还是可悲之人，因为一味靠堵塞情性是无意义的。那么,怎么样才能做到保全自然性情? 那就是调理性情,保持心灵的平和宁静,忘却外在的世俗欲望和物质条件,对情感无益的事情都不要去做。《精神训》中描述了这样一种理想的状态:

> 达至道者则不然,理情性、治心术,养以和,持以适,乐道而忘贱,安德而忘贫,性有不欲,无欲而不得。心有不乐,无乐而不为。无益情者不以累德;而便性者不以滑和。

通达大道之人,对情、性、欲处理得当,能呈现和谐相融的生命境界。《淮南子》从个人顺情养性的生命境界,延伸到一种普遍性的人生价值追求,即实现诗意地栖居在“道”的理想情境中。先秦道家也是以道为价值目标来论情的,突出情的自然性。《庄子》外篇第一篇《骈拇》:“彼至正者,不失其性命之情”,要想实现道的境界,就要保全天性之情。在此基础上,庄子肯定人“任其性命之情”,但反对偏执之情和世俗好恶之情。《德充符》:“吾所谓无情者,言人之不以好恶内伤其身,常因自然而不益生也。”世俗化的好恶之情有伤身心;无此情,就可超脱一切,达到安时处顺、自适自得的“悬解”境界。因为世俗物欲之情会损害道的实现,正是从这个意义上,庄子甚至主张“无情”。庄子从保全天道出发,明确反对一切社会化的好恶之情。《淮南子》以情为性,强调情感不应受到外在物欲的侵扰,“感而后动,性之害也”,保持自身的天性和真实,很显然这是延续先秦道家自然之情的论述思路。

但相比较于庄子言说,《淮南子》的大道之情有了新的理论突破。首先,个体修身层面的人性之情延伸到艺术活动中的审美情感,道也就从抽象的自然天性之境走向形象化的审美之境。《缪称训》以音乐为例,将是否“尊道”作为艺术创造实现最高审美境界的标志,“歌之修其音也,音之不足于其美者也。金石丝竹助而奏之,犹未足以至于极也。人能尊道行义,喜怒取予,欲如草之从风"。音乐之美不仅仅在于演唱者的声音修饰和乐器辅助,决定其审美效果的是内在的合道之情,即"本主"。《氾论训》说:

> 譬犹不知音者之歌也,浊之则郁而无转,清之则燋而不讴。及至韩娥、秦青、薛谈之讴,侯同、曼声之歌,愤于志,积于内,盈而发音,则莫不比于律而和于人心。何则? 中有本主以定清浊,不受于外而自为仪表也。

包含着大道的情感是音乐艺术产生审美效果的主要原因。中无"本主"的音乐,表演者无论音色清浊,都达不到婉转圆润的审美效果。韩娥、秦青、侯同等这些名歌手,与"不知音者"相比,其歌声比合音律且和谐动心,就在于内心积聚着真挚的感情。这种感情充溢于胸,通过音乐表露出来。情感不仅成为艺术发生的动力,而且能使艺术作品产生巨大的感染力。大道之情,是一种充满内心生命体验的情感,是人在现实生活中的真实的生命感受表达。《淮南子》的情感不仅仅是返性达道的人性禀赋,更是实现审美境界的艺术品质;情不再是与外在世界相隔绝的抽象人性,而是充满了生命气息和感性表达的审美精神。

同时,这种艺术品质和审美精神因为有大道作为价值本源,又不同于世俗层面一般的感官物欲。《原道训》从审美接受层面,分析了一般的感官满足与审美情感的区别:

> 夫建钟鼓,列管弦,席旃茵,傅旄象,耳听朝歌北鄙靡靡之乐,齐靡曼之色,陈酒行觞,夜以继日,强弩弋高鸟,走犬逐狡兔:此其为乐也,炎炎赫赫,怵然若有所诱慕。解车休马,罢酒彻乐,而心忽然若有所丧,怅然若有所亡也。是何则? 不以内乐外,而

以外乐内,乐作而喜,曲终而悲,悲喜转而相生,精神乱营,不得
须臾平。察其所以,不得其形,而日以伤生,失其得者也。

这种"靡靡之乐"和"靡曼之色",呈现的是现实物欲生活的快感
追求。《淮南子》把这种艺术效果称为"以外乐内",即给人带来一时
的感官满足,却不是深入心灵的情感体验。这种没有精神内核的艺
术很容易让人"怅然若亡"。但是,《淮南子》批判"靡靡之乐"和"靡
曼之色",主张"以外乐内"、节制欲望,并不同于与儒家"禁其所欲"、
"闭其所乐"。儒家对外在利欲持坚决的批判态度,孟子说:"为人
者,怀利以事其君,为人子者,怀利以事其父,为人弟者,怀利以事其
兄,是君臣父子兄弟,终去仁义,怀利以相接,然而不亡者,未之有
也。"(《孟子·告子下》)因此,儒家在利欲与性情之间预设了一种对
立性的价值矛盾。《淮南子》则批判了儒家这种禁欲主义倾向,称其
"迫性拂情"(《精神训》),即违逆人之本性。如何获得真正的审美体
验?《淮南子》认为需要接受者的"以内乐外"审美坚持,也就是以大
道为宗旨,超越物欲感官享受,以追求审美情感为目的的艺术接受。
当接受者能够获得这样的审美享受,便不再处于因物欲而悲喜起伏
的情形状态中,最终能获得精神自由与情感升华。《淮南子》在这里
批判"靡靡之乐",虽主要是宣扬其大道为本的观念,但对照后世文学
审美的现实发展,却具有鲜明的针对性。它触及到了文学艺术审美
品格高下的问题。如今,当大众文化、消费文化已成为人们选择的惯
常形态,文学也日渐被拖进商业化社会的市场关系中。人们的审美
追求更多的五光十色的图像作品,带来的是强烈的视觉冲击和感官
享受。审美日常生活化已成为这个快餐文化时代的固定命题。艺术
创造、审美接受是沉沦于纯粹的感官享受、欲望满足,接受现实,亦步
亦趋,还是实现超越,坚持大美之道?《淮南子》"以内乐外"、"以外
乐内"的情感理论表达,或许给我们提供了启示。

二、体情制礼

情为自然之情，是人所共有的。但《淮南子》认可了人的外在物化，这就必然导致情感社会化。社会化的情感就包含了礼义规制内容。同时，《淮南子》是坚持情的自然天性的，这样，情和礼如何相处。在物化的社会环境中，怎么样实现情感的天性与社会性统一？在这个问题上，《淮南子》既不同于传统道家的一味保全自然天性，也明确否定儒家的礼义压制这一做法。情和礼的关系，《淮南子》认为，二者可以统一。《齐俗训》：

　　故礼因人情而为之节文，而仁发忾以见容。礼不过实，仁不溢恩也，治世之道也。夫三年之丧，是强人所不及也，而以伪辅情也。三月之服，是绝哀而迫切之性也。夫儒、墨不原人情之终始，而务以行相反之制，五缕之服。悲哀抱于情，葬埋称于养，不强人之所不能为，不绝人之所能已，度量不失于适，诽誉无所由生。

礼可以根据感情而使用适度的外在形式，仁发自内心并以外在感情呈现；礼不能超过感情的实际，仁也不能超过恩德所施行的限度。也就是说，仁礼这些外在的人文规制需以感情的实际为基础。这样，感情就不会与礼制相冲突，更无需礼制来控制。在此基础上，感情和礼实现了内在统一。可以看出，《淮南子》对礼抱一种理想主义的立场，将礼看作人的内在性情的自然呈现，而并非是异化情感的外在工具。因此《淮南子》批判了儒墨礼制，认为他们"不原人情之终始"，没有根据人的本真性情来设立，而强人所难，绝人所能。也就是说，《淮南子》否定的不是礼，而是违逆了人的自然性情的儒墨礼制。因此，"义者，循理而行宜也；礼者，体情制文者也"（《齐俗训》），礼义都应根据人的性情来制定,才合乎人的生存发展,维护社会秩序的有效。《俶真训》:"孔、墨之弟子,皆以仁义之术教导于世,然而不免于偏。身犹不能行也,又况所教乎! 是何则? 其道外也。"这里批判儒墨仁义,也并非单纯否定仁义,而是认为仁义与人的内心性情不一致,人就无法出自内心情感自觉地践行仁义。如此,自身都做不到,又怎么能教导别人呢。

儒家也把情感看作是人的自然本性,但将情感对照礼义,并强调后者对前者的控制。《礼记》:"何谓人情? 喜、怒、哀、惧、爱、恶、欲。七者弗学而能。何谓人义? 父慈子孝,兄良弟弟,夫义妇听,长惠幼顺,君仁臣忠,十者谓之人义。"荀子《正名》篇"性者天就也,情者性之质也,欲者情之应也",也肯定了情是人之本性的特质,但他认为情容易引起人的欲望。人对色、声、味、臭、佚的欲望追求,虽是"人情之所必不免也"(《王霸》),但导致情欲,自然就产生了恶的性质,因此不能任其发展,就需要礼义"化性起伪"。如此一来,荀子还是强调以礼来约束和规范情,《礼论》:"苟情说之为乐,若者必灭。故人一之于礼义,则两得之矣,一之于情性,则两丧之矣。"荀子这里虽也主张情与礼义二者统一,但只有情统一于礼义,受礼义控制方可两者兼得;反之,如果礼义统一于情,则二者都丧失了。此后,礼义控情论成为汉代儒家的主要看法。情因恶而需礼的控制,这一点成为礼教政治合法性的根据。董仲舒认为,性和情是人自然存有的,是一种"天"性。但他主张,性是善的,情是恶的,导致人性善恶二分。根据人的不同社会地位,他提出"圣人之性"、"斗筲之性"和"中民之性"性三品说,其实这更加突出了礼义等社会规制对情的完全控制。《淮南子》对于以礼为代表的儒家人文规制,事实上是持有限的肯定态度。一方面,《泰族训》列举了儒家仁义之礼治理天下的必要性和合理性,并将其也纳入到人性内容,"人之性有仁义之资";同时,又时时以道来统摄,"仁义之不能大于道德也,仁义在道德之包"(《说山训》),以情来判断仁义礼制的合理性。这其实更有利于文学艺术在道德教化和经世致用的文化环境中，获取自身审美性独立发展。

《淮南子》关于情与礼的关系，涉及到中国古代美学中一个重要的理论命题即情与理的关系。中国古代的审美观念是主张情理统一，但多是以理节情的。荀子《乐论》："以道制欲，则乐而不乱，以欲忘道，则惑而不乐。故乐者，所以道乐也，金、石、丝、竹，所以道德也。乐行而民向方矣。"《乐记》也说："人生而静，天之性也，感于物而动，性之欲也。物至知知，然后好恶形焉。好恶无节于内，知诱于外，不能反躬，天理灭矣。"具体到文学艺术，诗虽"吟咏情性"，但限定于道德价值框架，必须时时守望"礼义"。所以儒家的"发乎情"似乎遵循了"民之性"，事实上"止乎礼义"作为"先王之泽"具有更高的价值规范，这就很容易导致"情性"的"礼义"化。到《淮南子》这儿，"礼义"并没有非常强势地凌驾于"情"之上，也没有完全否定"情"，代之"节其情"，而是适度缓解了两者之间紧张对立的关系。《淮南子》调换了"礼义"和"情"两者的地位，即不是"情"合乎"礼义"，而是"礼义"顺"情"而为。《缪称训》中有"情系于中，行形于外。凡行戴情，虽过无怨；不戴其情，虽忠来恶"，就突出了"情"的重要性。《淮南子》以情为本位，《缪称训》提出了一个重要的命题"文情理通"：

> 文者，所以接物也，情，系于中而欲发外者也。以文灭情则失情，以情灭文则失文。文情理通，则凤麟极矣，言至德之怀远也。

"文接物"，意味着文是情感外化后的社会性形式，具有理的内容。文与情的关系，里面也包含着情与理的关系。文不能灭情，情也不能灭文，二者理想的关系是文情统一，这样就能通达大理，即"文情理通"，也就能实现至德境界。《淮南子》在这里提出的"失情"、"失文"之说,事实上切入了文论史上一个重要的命题,即情与文的辩证关系。后世刘勰在《文心雕龙》中批判"为文而造情"、主张"为情而造文",可以看作是对《淮南子》思想的深入发展和理论明确。同时,《齐俗训》曰:"制乐且以合欢宣意而已,喜不羡于音。"可见《淮南子》是肯定文艺抒发情感的意义,同时他也肯定礼义等人文规制,并认为礼义是合乎情感的。因此,他一方面批判儒家的世俗礼乐是"言华"、"行伪"的产物,倡导雅颂之音,强调"理好憎之情,和喜怒之节";另一方面也认为礼乐如合乎人情则可通道感人的社会作用,如肯定《诗》、《书》、《礼》、《乐》具有"知俗"、"知化"(《主术训》)和通道略物作用,而批判道家、法家、墨家否定礼义等人文规制的观点。这一切都建立在《淮南子》礼合乎情的情感本位论基础上。在情欲与礼义的关系问题上,《淮南子》采取的是自然而然的处理姿态,还没有笼罩在儒家礼法之网的禁锢中,更不会走向后世宋明理学"存天理,灭人欲"那样的人性违逆。《淮南子》反对的是"今目悦五色,口嚼滋味,耳淫五声,七窍交争,以害其性,日引邪欲,而浇其身"的倾向,主张在人的生命追求中,可以有情欲适度的存在,"自养得其节",这样才能彰显活泼的生命意义。在此基础上,《泰族训》中宣称:"今夫《雅》、《颂》之声,皆发于词,本于情,故君臣以睦,父子以亲。"情感是"雅颂"具有审美效果的根源。这是第一次明确地表达诗歌的情感本体地位。传统儒家美学虽也表明诗歌的情感特征,但都以伦理道德的价值原则规范约束。因此,诗歌的伦理道德是第一性的,情感是第二性的。但《淮南子》将伦理特征仅仅界定为诗歌的接受效果,而产生这种效果的主要来源还是"本于情"。如果没有情感,君臣、父子之间也无法建立起理想的伦理道德关系。这完全突破了儒家道德为本的文艺观。

　　任鹏谈到《淮南子》关于感性的论说时,表示其情感及欲望关系的表达都是承袭了此前的传统,"在《淮南子》一书中,由于其多元主义的思想倾向,它并不激烈否定情感的价值,而是如同《庄子》某些后出篇章那样,予以有限度的肯定,从而建立起从礼乐制度到道家理想的超越之路。在这一阶梯化的初级层次,情感的涌动导致了各种外在化的礼乐的表现","事实上,在情感的驱动与艺术性或审美化的表现之间,尚存在着种种复杂的操作层次。不过在此,一切均化约为主体情感的驱动力。尽管《淮南子》仅仅在一定限度上承认礼乐成立的价值,最终仍然将其消解;但是,至少在局部的论述中。依然采用了肯定性的立场。这或许可以看作是对时代主流思潮的妥协与折中"①。其实,"有限度的肯定"只适合《淮南子》对礼乐制度的态度,而且《淮南子》也并未将礼乐消解。事实上,对于情感,《淮南子》则始终赋予其突出的地位。《淮南子》以道为本体,以情感为标准来限制礼乐制度的存在价值。《淮南子》作者刘安本人就是一位才情恣肆的文人,又深受屈骚美学影响。《淮南子》文本言说时而汪洋恣肆,时而深沉多虑,情感形态丰富多样。《要略训》:"夫道论至深,故多为之辞以抒其情",这样,《淮南子》以情言道,直接将哲理之道延伸到审美之道。

三、愤情直发

　　《淮南子》不仅否定了外在礼制对情感的压制,相反,只要是人的自然之情,真性之情,即便是一种极端的情感状态,如悲愤之情,甚至怒情,也可以通过艺术活动宣泄表达,并能产生强烈的审美效果。《淮南子》倡导艺术活动中"愤情直发"。《缪称训》说:

　　　　甯戚击牛角而歌,桓公举以大政;雍门子以哭见孟尝君,涕流沾缨。歌哭,众人之所能为也;一发声,入人耳,感人心,情之

---

① 任鹏:《中国美学通史·汉代卷》,南京:江苏人民出版社 2014 年,第 243 页。

至者也。

宁戚和雍门子,以歌哭的方式表达一种感人肺腑、催人泪下的悲愤之情。正因为带有强烈的生命情感,其歌哭才能够以不可抗拒的力量感染着听众,深入人的心灵。至情的艺术效果是心灵与情感和谐共振所产生的一种审美高潮。这种情感具有极强的冲击力,震撼人心。歌声通过审美感官人耳传入,直接作用于受众心灵,产生"至情"的审美效果。关于至情的力量效果,《泰族训》做了精彩描述:

> 赵王迁流于房陵,思故乡,作为《山水》之讴,闻者莫不殒涕。荆轲西刺秦王,高渐离、宋意为击筑,而歌于易水之上,闻者莫不瞋目裂眦,发直穿冠。

赵王因被房而远离故乡,自然有着极为强烈的生存感受和人生情感,因此其所作的《山水》让听者无不落泪;高渐离、宋意为荆轲击筑放歌,体现的是悲壮的家国情怀和慷慨赴死的英雄气概,能叫人两眼圆睁,怒发冲冠。"至情"带有强烈的力度,呈现出悲愤之美。《淮南子》所倡导的至情,将情感抒发从审美心理的优美状态提升到具有极强力度的崇高位置,一定程度上是对传统中国美学审美形态的丰富。

《淮南子》充分肯定了人表达悲愤情感的合理性,《齐俗训》:

> 且喜怒哀乐,有感而自然者也。故哭之发于口,涕之出于目,此皆愤于中而形于外者也。譬若水之下流、烟之上寻也,夫有孰推之者!故强哭者虽病不哀,强亲者虽笑不和,情发于中而声应于外。

人有喜怒哀乐，都可以通过外在的情绪反应和具体的行为方式表达出来，这也是一种自然情感的呈现。悲愤之情，是人面对社会生活中的各种问题和困境，表现出来的一种个人性的自我情绪状态。从真情到"愤情"，是自然天性情感向社会性情感的延伸。同时，愤情也是人面对特定社会环境而产生的应急性反应，带有极强的冲击力和力感。《淮南子》将情感注入了社会性内涵和自我意识，突破了道家主张的无我状态下的自然之情。同时，也区别于儒家所强调的"合礼"情感以及"温柔敦厚"情感形态，《淮南子》更加肯定情感的激烈形态，《本经训》从悲情到怒情，在肯定其符合人性基础上，将其作为礼乐形式产生的根本原动力：

> 人之性，心有忧丧则悲，悲则哀，哀斯愤，愤斯怒，怒斯动，动则手足不静。人之性，有侵犯则怒，怒则血充，血充则气激，气激则发怒，发怒则有所释憾矣。故钟鼓管箫，干戚羽旄，所以饰喜也。衰绖苴杖，哭踊有节，所以饰哀也；兵革羽旄，金鼓斧钺，所以饰怒也。必有其质，乃为之文。

正是一定要有真实的喜、怒之情，才为表现这些情感，规定相应的"饰哀"、"饰怒"等礼乐形式。《淮南子》认为愤怒之情也是人面对外界社会环境而产生的本能之性，明确了这些激烈情感表达的合理性。更加值得注意的是，从孔子的"诗可以怨"之情，到屈原的"发愤"之情，到这里的"愤斯怒"，《淮南子》发展了情感抒发的力度形态，并将其纳入到礼乐文化的表达内容。礼乐都可以通过"文"来对应"饰喜"与"饰怒"等情感内容，这是对儒家"乐而不淫，哀而不伤"伦理情感观的超越。对照《诗大序》："诗者，志之所之也，在心为志，发言为诗。情动于中而形于言，言之不足故嗟叹之，嗟叹之不足故永歌之，永歌之不足，不知手之舞之，足之蹈之也。"可以发现，《淮南子》更加突出了情感的悲、怒形态,并将其看作是艺术发生的直接动力。《淮南子》认为,悲愤之情本因"忧患撄人心"之感发激荡而生,悲哀、怒气都是人之本情使然。人心生忧,为常性常情;有忧累积则成悲,悲哀不尽便化为愤怒,愤怒之气需要得以渲泄。《修务训》:

> 故秦、楚、燕、魏之歌也,异转而皆乐;九夷八狄之哭也,殊声而皆悲,一也。夫歌者,乐之征也,哭者,悲之效也,愤于中则应于外,故在所以感。

于是,这种情感宣泄的强烈渴望催发了文学艺术创作,悲愤之情成为艺术的源泉和动力。在特定的情势下,当创作主体内心积聚了强烈的情感,并以内在心灵去体验情感,情感就成为一种具有巨大势能的心理动能,直接催生艺术活动,"愤于内而形于外",感情也得以喷发。

中国古代文艺富有浓厚的抒情性,甚至把情感作为文学艺术表现的主要内容。宗白华认为:"中国纯文学传统的中心就是抒情文学:诗、词、曲。"①中国古代文艺往往以情感为中心去把握艺术的本质。儒家非常重视感情在艺术活动中的作用,《乐记》:"凡音者,生人心者也。情动于中,故形于声,声成文谓之音。"表明了情感是音乐艺术发生的重要心理机制,并进而提出"人心之动,物使之然也",较为完整地揭示出感物动心、由心化情、从情入声、声文成乐的艺术发生路径。但儒家美学并未就此走向纯粹的抒情。因为当情外在物化后,就容易滑向欲,所以需要将情约束在理的范围内,才能保全伦理之性情。《毛诗序》:"情动于中而行于言;发乎情止乎礼义。"陈望衡

---

① 宗白华:《〈沃富兰〉编辑后语》,《宗白华全集》第二卷,合肥:安徽教育出版社1994年,第297页。

在评说孔子的"知之者不如好之者,好之者不如乐之者"时认为,儒家虽也主张审美之"乐"建立在情感之"好"基础上,但往前追溯,还是根源于伦理之"知","如果说,知'仁'是好'仁'的前提,那么,好'仁'又是乐'仁'的前提。后者包含前者,审美既包含理智,又包含情感,理在情中,情在美中"①。与之对照,《淮南子》特别强调"愤情直发",并从"怨"、"哀"发展到"悲"、"怒"等抒情形态,这明显已经突破了儒家中正平和的伦理性情感抒发。《淮南子》明显表现出对悲(愤)情之美的推崇:

> 及至韩娥、秦青、薛谈之讴,侯同、曼声之歌,愤于志,积于内,盈而发音,则莫不比于律而和于人心。(《泛论训》)
>
> 故不得已而歌者,不事为悲;不得已而舞者:不矜为丽。歌舞而不事为悲丽者,皆无有根心者也。(《诠言训》)
>
> 雍门子以哭见孟尝君,涕流沾缨。歌哭,众人之所能为也;一发声入人耳,感人心,情之至者也。(《缪称训》)
>
> 春女思,秋士悲,而知物化矣。号而哭,叽而哀,而知声动矣。(《缪称训》)
>
> 故哭之发于口,涕之出于目,此皆愤于中而形于外者也,譬若水之下流、烟之上寻也,夫有孰推之者!(《齐俗训》)
>
> 故瑟无弦,虽师文不能以成曲,徒弦,则不能悲。故弦,悲之具也,而非所以为悲也。(《齐俗训》)
>
> 至味不慊,至言不文,至乐不笑,至音不叫。(《说林训》)
>
> 哭者,悲之效也,愤于中则应于外,故在所以感。(《修务训》)

---

① 陈望衡:《中国古典美学史》上卷,武汉:武汉大学出版社 2007 年,第 89 页。

　　《淮南子》在论述情感表达时，多数是以悲（愤）为主要情态。《览冥训》中描绘的"师旷奏白雪之音"、"庶女叫天"等故事，其精诚动人中更是充满了悲情色彩。

　　从情感抒发的形态来说，《淮南子》的"愤情直发"早已超过了儒家"诗可以怨"的层面，也是对屈原"发愤抒情"的提升。屈原的文学创作集中地体现了情感的悲愤特点，《惜诵》中说："惜诵以致愍兮，发愤以抒情。"屈原的"愤"情带有明显的个人性身世感怀和忧国忧民的社会关怀，这是具有鲜明个性特征的情感表达。刘安与屈原有着较为相近的心理同感。刘安曾经作《离骚传》，并在其中借屈原之冤，以明自己之志。"信而见疑，忠而被谤"，屈原的烦冤悲愤之情，也是刘安内心感受的真切表达。但刘安身为王者的政治身份，其遭遇背后不仅仅传达出一股悲愤情感和悲怆心理，更多是一种为天子所不容、无法自由生存的怒情。《说林训》中的"兰芝以芳，未尝见霜"暗含美的事物更易被毁灭，这或许是刘安身处特定情境下表达出的一种哀世之情，可与屈原作品中的自哀之情相通。自屈原的"发愤抒情"、《淮南子》"愤情直发"，再到司马迁"发愤著书"、韩愈"不平则鸣"、欧阳修"穷而后工"等等，种种情感抒发形成了中国古代作家在困境中的文学命题呈现。其实，悲怨情怀是中国古代士大夫文人一种普遍性的创作心理。漫长的中国古代文学发展过程中，从蔡琰《悲愤诗》到陆游的《书愤》五首，几乎大多数文人总是以悲愤为题，在作品中抒发伤时感世、壮志难酬、人生多患的情感。由此可见，悲愤情感的抒发已成为中国古代文学固化的审美文化性格。

四、"本情"论的审美过渡

　　"情"在中国文学传统中是一个极为复杂的问题，宇文所安就指出其涵义是非常宽泛的，affections（感情）、emotions（情感）、objective disposition（主体的性情）、circumstance（情况）、passion（激情）均分有其义，但又不完全对等①。中国抒情理论在漫长的发展过程中，逐渐丰富成熟，形成了独具中华民族审美个性的文学观念。先秦时期，文学的功能重在"言志"，而情感更多被赋予哲学、伦理学意义，与人之"性"、"欲"相关联。孟子将情感与人性相统一，赋予其道德品格；荀子始终从欲的层面谈人情感的节制，主张以礼控情。魏晋时期，陆机将情感转化到文学活动中，首次扛起"诗缘情"大旗，后经钟嵘、刘勰、萧统、沈约等理论主张，情感终成为文学艺术最重要的美学属性。那么，从哲学、道德之"情"到文艺之"情"，情感是怎样被美学化的？在朱自清《诗言志辨》的解释中，其缘由在于五言诗丰富的文学实践催生了陆机的理论自觉。他论到，"'缘情'的五言诗发达了，'言志'以外迫切的需要一个新目标。于是陆机《文赋》第一次铸成'诗缘情而绮靡'这个新语。'缘情'这词组将'吟咏情性'一语简单化、普遍化，并檃栝了《韩诗》和《班志》的话，扼要地指明了当时五言诗的趋向"②。如果说朱自清根据文学实践的变迁回答了这一问题，可以继续发问的是，除了经验实践层面的变革诱发理论的突破，是否存在一种哲学上的先导促使"诗缘情"的生成？

　　沿着上述思考路径，可以发现汉初《淮南子》是中国古典情感理论发展历程中一个极为重要的转折点。《淮南子》中所言之"情"，虽承传先秦诸子哲学伦理层面的解读，但逐渐生发出审美意义。这一问题的端倪，上世纪30年代胡适的经典之作《淮南王书》中已有显露。在该书的第五章《出世的思想》中，通过对《淮南子》"无以生为"、"贱身"等思想解读，胡适不无感慨，"这样哀艳的文章，发挥一个最悲观的人生观，而出于一个安富尊荣的王者的书里，这是何等重

---

① ［美］宇文所安：《中国文论 英译与评论》，王柏华、陶庆梅译，上海：上海社会科学院出版社2003年，第655页。
② 参见朱自清《诗言志辨》，上海：开明书店1947年。

要的时代象征……中国真已深入中古时代了"①。胡适能从这一汉
初的哲学文本中读出"中古"的意味，可以说是眼光独到，这里的"中
古"，已赋予其重要的文化意义，"悲观的人生观"所流露出的"悲
情"，勾连起《淮南子》与魏晋风度的内在逻辑。胡适更多是一种哲
学层面的义理阐释，因此他既没有赋予这种"悲情"更多的阐释，更没
有看到《淮南子》情感理论在中国古典情感理论中的转折意义。《淮
南子》的情感理论，虽杂糅了伦理化的道德情感、哲理性的天性之情，
但呈现出鲜明的美学化倾向，可以算作是中国情感理论的一次"转
折"。有趣的是，若是将这一"转折"与晚近西方"情感转向"（affec-
tive turn）加以对比，在"情感转向"的他者镜像中反而更好凸显这一
"转折"的性质。在西方，黑格尔对情感的审美化有如此描述："一般
地说，音乐听起来就像云雀高空歌唱的那种欢乐的声音。把痛苦以
欢乐尽量叫喊出来并不是音乐，在音乐里纵然是表现痛苦，也要有一
种甜蜜的声调渗透到怨诉里，使它明朗化，使人觉得能听到这种甜蜜
的怨诉，就是忍受它所表现的那痛苦也是值得的。这就是在一切艺
术里都听得到的那种甜蜜和谐的歌调。"②这里描述的"痛苦"也应有
"甜蜜的声调"及"明朗化"，谈到的其实就是情感的艺术化、审美化
问题。但西方近代以来"情感转向"更多体现的是哲学之情向政治之
情的转变，它寻求的是一种向外的抗争与突破③。而在中国美学谱
系中，情感的审美化首先就意味着从政治道德中跳脱出来。《淮南
子》的"本情"论就是从宏观的政治哲学向美学的转变，它追求的却
是一种向内的主体性的完善，由此外化成文，在诗情画意的审美之境

① 胡适：《淮南王书》，上海：新月书店 1931 年版，第 117 页。
② ［德］黑格尔：《美学》第一卷，《朱光潜全集》第十三卷，合肥：安徽教育出版社
　　1990 年，第 128 页。
③ 刘芊玥：《"情动"理论的谱系》，《文艺理论研究》2018 年第 6 期。

中通达天人的和谐与完善。之所以将《淮南子》情感理论概念化为"本情",就是为了突出《淮南子》把情感作为文学活动的内在本因这一重要突破。这种审美倾向与《淮南子》文本审美喻道、诗意化风格统一。简而言之,《淮南子》将大道之情作为艺术审美的前提,实际上明确了情感的精神追求,避免情感走向一味的感官享受;突出以情为本,将情感置于礼之上,摆脱道德礼制的束缚,最终为情感走向独立的审美之途创造了可能;愤情及至怒情的论述,突破了儒家情感中正平和的伦理定式,丰富发展了中国文学艺术抒情的审美性格;情感的精诚动人,又触及到文艺的审美接受的共通感。可以说,自先秦之后,《淮南子》作为汉代文化经典,其情感理论直接催生了魏晋情感勃发的文学审美自觉时代到来。终于到刘勰那儿,情感的审美化被正式提出:"故立文之道,其理有三:一曰形文,五色是也;二曰声文,五音是也;三曰情文,五性是也。五色杂而成黼黻,五音比而成韶夏,五情发而为辞章,神理之数也。"(《文心雕龙·原道》)情感以辞彩之美得以呈现,也成为走入文学艺术最富标识性的特质。

第三节　审美神游论

《淮南子》关于"神游"的描述主要见于《原道训》、《俶真训》、《览冥训》、《精神训》等篇目当中。其所展现的"神游"意象以和道之游为价值旨归,以徜徉于虚实相生的审美情境为依托,以游心于虚的返性之游为价值路径,建构起神游论的美学范畴体系。

一、超越有限的"和道之游"

(一)道的价值旨归

《淮南子》的"神游"超越了时间和空间,摆脱了物质载体的依附,也没有规定其自身的目的,是一种无目的性的和道之游。《俶真训》对和道之游有这样的描写：

> 是故圣人内修道术，而不外饰仁义，不知耳目之宜，而游于
> 精神之和。若然者，下揆三泉，上寻九天，横廓六合，揲贯万物，
> 此圣人之游也。

这里的圣人是得道之人的一种人格形象。他们能够体悟到"道"
的真谛，通过与自然的沟通不断强化自己的精神世界，达到了精神的
"和"的状态。"精神之和"既是神游主体即圣人修道而为的审美效
果，更是圣人在体味生命自由状态中而实现的精神超越。

《淮南子》中各类神游都以道为价值旨归。神游遨游于无限时空
之域。在《淮南子》这儿，只有"道"才具有无限性，所谓"在太极之先
而不为高，在六极之下而不为深，先天地生而不为久，长于太古而不
为老"。《淮南子》的"神游"论立足于"道"，"神游"的前提也是"修
道"，即对"道"的一种体悟方式。无论是《原道训》中的"太古二皇"
神人，还是《齐俗训》、《泰族训》中描述的王乔、赤松子等异士名人，
其实现的"以游玄眇，上通云天"或"弃虚轻举，乘云游雾"的神游境
界，都是在"遗形去智，抱素反真"的体道前提下完成。不仅如此，就
连《览冥训》中那个补苍天、立四极创下伟大功绩的女娲，能实现神游
之境也是因为"道德上通"的缘故。《览冥训》对其神游有这样一段
描述：

> 乘雷车，服驾应龙，骖青虬，援绝瑞，席萝图，黄云络，前白
> 螭，后奔蛇，浮游消摇，道鬼神，登九天，朝帝于灵门，宓穆休于太
> 祖之下。然而不彰其功，不扬其声，隐真人之道，以从天地之固
> 然。何则？道德上通，而智故消灭也。

　　文中描述了女娲补苍天、涸淫水、济冀州等神绩,并以"考其功烈,上际九天,下契黄垆,名声被后世,光晖重万物"这样的圣王人格来评价,具有典型的实践有为特征。但是这段神游描述中女娲功成后"隐真人之道,以天地之固然",又从现实人格的有为转为通达"真人之道"的无为之境。这就表明,一方面,《淮南子》赋予了神游的事功化色彩而呈现具体感性之美,另一方面又持守大道的价值旨归,进一步明确神游面向天地自然的无限境界之美。

(二)超越性品格

　　《淮南子》神游论直接的话语呈现是"神与化游"。《原道训》:

　　　　泰古二皇,得道之柄,立于中央;神与化游,以抚四方。是故能天运地滞,轮转而无废;水流而不止,与万物始终。风兴云蒸,事无不应;雷声雨降,并应无穷。

　　"神与化游"意味着神游主体,在天地自然中囊括一切,于万物运转中深谙规律之道,游刃有余,并最终实现通达大道的生命理想境界。这里的神游具有鲜明的超越性特征。一是对有限自然的超越,他们可以上天入地,可以自由遨游,跨越高山险阻,任意驰骋。二是对自我有限生命的超越。在神游过程中与天地万物并存,"与造化者俱",超越有限的生命时长而达到永恒。这里的"泰古二皇"具有典型的神人人格特征,他们领悟了"道"的核心要义,于是能够让自己的肉体无所凭借地游于四方,虽不刻意而为却能化生万物,任意驱使天地、水流、风云、雷雨等。"神与化游"体现了神游主体依托大道、突破自然局限的超越性特征。尽管他们的精神看起来只有"秋毫之末",却能够大于宇宙万物的总和,这正是通过对自我世界的开拓而实现了对生命小我的超越。

　　在《淮南子》看来,最高境界的审美之游应该是超越人的生理感官局限的,在超越感官"小我"与自然的有限后,直达与"道"相通的生命体验。在这样的生命体验中,"道"给予生命敞亮却不见其光,提升生命品格却不见其形,响彻天地自然却不闻其声。《淮南子》和道之游与庄子所说的"乘天地之正,而御六气之辩,以游无穷者"形成了审美重合,标明了一种人道合一的境界。这种境界和道而生,超越了感官"小我"、理性认知、现实时空的有限性,而是审美体悟和直觉直达大道的自由境界。大道之境,"高不可际,深不可测",是无法以有限认知来局部把握的。

"神游"所追求的自由境界并不仅仅是自然层面的自由,同时也是人在社会关系层面所实现的自由。汉学家鲍尔(Bauer)在谈到中国道家"游"的生命体验时指出:"'游'这个概念的有趣之处就在于它的模糊性,它既是指无目的的游荡、漫游、流浪,也可以指悠闲的、修养的漫步,除了本身之外并无目的。和道家不同的是,这些行为在儒家的世界里都具有否定的意义……'悠闲'、'游'。这与儒家所强调的负有责任的人生截然不同。"①《淮南子》的"神游"论也是如此。神游主体和道而游,意味着只有摒弃复杂的社会关系的纷扰,摆脱现实社会关系的束缚,才能真正体会"道"的深刻意味,也就能实现神游的超越性状态。《精神训》里所描述的真人、至人"性合于道也",不过度追求满足感官自我的物质欲望,摆脱社会关系视为对自身的束缚,轻视被天下人认为至高无上的权力。这样,他们的和道而游就完全超越了世俗的社会羁绊,在审美体验中实现了自己真正的精神自由,也即是《精神训》中所描述的"容身而游":

　　若夫至人,量腹而食,度形而衣,容身而游,适情而行,馀天

---

① Bauer, Wolfgang. *China and the Search for Happiness*. New York: Seabury Press. 1976. p. 181.

下而不贪,委万物而不利;处大廓之宇,游无极之野;登太皇,冯太一,玩天地于掌握之中,夫岂为贫富肥臞哉!

至人体道而为,能根据自己的实际情况做出取舍,让自己的身体和精神相统一,并且调适自己的情感,追求"自得"的生命体验。于是至人就能够在"无极之野"毫无阻碍地遨游,也能够在精神世界中傲视天地,这正是一种阔大高远、气度万千、睥睨天下的大美之境。

和道而游不仅构成一种价值性的大道追求,更是一种在审美追求中对生命意义的关怀和坚持,这是中国审美文化中最富有内涵的价值取向。

二、神妙丰富的想象之游

《淮南子》的神游论,带有非常鲜明的审美化效果,其突出的表征就是神妙丰富的想象。这里既有多种类型和品格的神游主体形象,也有各显神通的神游方式和形态。在感受生命追求所带来的审美体验过程中,神游主体进入到"玄眇之境"、"无外之境"等等奇妙的想象空间。神游的主体以对自由的追求为旨归,在奇妙的审美空间中呈现想象中的神奇世界和自然图景。

(一)神游主体想象

《淮南子》丰富了神游的主体形象想象,并借此来拓展神游空间。《庄子》神游描述中单一的"神人"形象,到《淮南子》这儿,发展为一大批生存于各个时空中的"神游"主体,如神人、得道之人、古朴先民、异人名士、瑞兽等等丰富多样的形象。一类是泰古二皇、冯夷、大丙这样的充满了神话传奇色彩的神游人格形象。《淮南子》以神人遨游的审美想象描述出这类主体的生命境界,他们往往能够达到常人所不能达到的境界,无所不能、无所不通,与天地自然同在。这类神游形象的神、人一体特征成为后世神话的文化意象范型。第二类是《淮南子》中真人、至人、圣人等哲学化的神游主体形象。作为“道”的体悟者，他们依道而行，超越了时间和空间的限制，精神上逍遥漂浮上天入地，实现绝对自由的大道之境。在神话人格形象和哲学化人格形象之外，还有一类是古朴先民、异人名士。《淮南子》也将他们纳入到神游状态中，使其具备了神游的生命体验能力。这类主体形象多属于世间之人，既不拥有“神人”那种神秘莫测的力量，也没有“体道者”所拥有的哲学修为，但他们凭借着养性所获得的精神禀赋，也能够做到“以游玄眇，上通云天”，“弃虚轻举，乘云游雾”。《淮南子》云：

> 至德之世，甘暝于溷澜之域，而徙倚于汗漫之宇，提挈天地而委万物，以鸿濛为景柱，而浮扬乎无畛崖之际。（《俶真训》）
> 卢敖游乎北海，经乎太阴，入乎玄阙，至于蒙谷之上。见一士焉，深目而玄鬓，泪注而鸢肩，丰上而杀下，轩轩然方迎风而舞。（《道应训》）
> 王乔、赤松，去尘埃之间，离群慝之纷，吸阴阳之和，食天地之精，呼而出故，吸而入新，蹀虚轻举，乘云游雾，可谓养性矣，而未可谓孝子也。（《泰族训》）

至德之世的古朴先民、卢敖、王乔、赤松脱离了尘世间各种事物的掌控，在神游的过程中追寻自己的本性，达到“返璞归真”，从而实现“游心于虚”的审美境界。这类主体人格的设置，是《淮南子》大道入世的一种表征。神游作为一种极高的生命境界，在先秦哲人的描述中往往只被赋予通达大道的哲学化人格。《庄子》当中的“体道者”一般是神人、圣人这类形象，而《淮南子》所描写的古朴先民、异人名士拓展了《庄子》的“体道者”空间，将凡人也纳入到了能够悟道的行列，进一步丰富了“神游”主体的形象。这意味着《淮南子》并不执拗于抽象化的神游情境，而将面向现实实践中世俗化的神游境界之门打开，将审美的自由通道赋予每一个追求生命理想的人。

　　值得注意的是《淮南子》中第四类、也是最富有想象性的神游主体：一大批瑞兽意象。《览冥训》中描写了赤螭、青虬、凤皇之游：

　　　　今夫赤螭、青虬之游冀州也，天清地定，毒兽不作，飞鸟不骇，入榛薄，食荐梅，嚼味含甘，步不出顷亩之区，而蛇鳣轻之，以为不能与之争于江海之中……

　　　　凤皇之翔至德也，雷霆不作，风雨不兴，川谷不澹，草木不摇……还至其曾逝万仞之上，翱翔四海之外，过昆仑之疏圃，饮砥柱之湍濑……羽翼弱水，暮宿风穴……

　　龙和凤是中国古代重要的图腾形象，其承载的祥瑞、祈福等人生美好意愿成为中华文化中重要的象征意象。《览冥训》中描写的赤螭、青虬和凤是中华文化中龙凤意象的早期表达。《淮南子》描述这类文化意象的神游，带有非常明确的文化象征性。这类瑞兽意象的神游，并非人格形象的达道追求，而是以世间自然祥和的景象为其价值对应。与其说是瑞兽神游，倒不如说这是《淮南子》所畅想的人与自然审美化的交相互感图景。《淮南子》以这类神兽作为神游主体的象征意象，促生、丰富了中华文化象征意象的图谱，不仅为后世文学艺术的神话形象提供了文化原型，也为人们的日常生活滋养了文化意蕴。

　　如果追溯《淮南子》中这种极富有想象图景的神游意象的美学根源，会在现代出土的大量的汉墓神画中找到。这些神游意象代表了当时比较流行的神游观念。1976年发现的洛阳汉墓中的砖室壁画呈现了西汉时期较为成熟的民间信仰神游图景。壁画图景中由前向后依次描绘了彩云、女神、月亮、仙翁、双龙、二枭羊、朱雀、白虎、仙女、墓主人乘凤升仙、伏羲、太阳、黄蛇等等众多神、人、瑞兽形象。以神游意象为表征,可以看出《淮南子》所代表的大汉时代人们的审美风格趋向自由阔大。

(二)"驾御而游"的想象性方式

《淮南子》还赋予了极为奇妙的"驾御而游"方式。"御"是先秦时期的"君子六艺"之一,人们可以通过"驾御"自由地体验游历山川的感受。《原道训》当中所描述的"冯夷、大丙"以及"大丈夫"这样的形象所进行的是"驾御而游"。作为"神人",他们"驾御而游",或是"乘云车,入云蜺;游微雾,骛恍忽",将客观存在的工具通过情感的体验转化为抽象的存在;或是以阴阳、四时为工具,抛弃了客观的物质载体,从而实现了"驾御而游"的精神境界。在《淮南子》看来,既然是最高境界的神游体验,所用的游历方式自然不会是俗世中的车马工具,因为这会大大削弱神游的想象意境,于是冯夷、大丙神游是"驾云车,入云蜺"。这里的驾御意象"云车"既保留了俗世中的车马具象原型,又将其提升为具有超越性的想象中神物。这种半物半仙化的神游驾御意象非常符合中国文化心理。《西游记》中各路仙人的坐骑往往也是这类意象,似乎可以从《淮南子》这儿找到文化原型。如果说冯夷、大丙神游驾御意象还是云车这类半物半仙化的工具,那么驾御意象到了"恬然无思"的"大丈夫"神游主体这儿,已发展到想象力都无法凭借的地步。其神游驾御意象已无比自由阔大,"以天为盖,以地为舆,四时为马,阴阳为御,乘云陵霄,与造化者俱","电以为鞭策,雷以为车轮"。"大丈夫"驾御意象超越了自然的具象化世界,而提升到天地四时、阴阳二气、风雨雷电等神化世界。不同于我们今天以科学理性的眼光来规律性地把握这些自然现象,在古老先民那儿,人们是通过一种想象性的方式构筑自己对世界的理解和感受。这些神化般的驾御意象显示出那个时代人们把握对象世界的一种路径,这种路径不以逻辑、推理为方式,而是以想象实现人对自然有限的超越,具有强烈的审美意味。"如果说冯夷、大丙之以云为御的神游已经超越了俗世以车马为御的游历,进入了精神自由的境界的话,那么,'恬然无思'的'大丈夫'之以'四时为御'的神游则使神游主体的精神境界更加开阔、更加自由,天地万物都成为其可以自由支配的对象,外界事物对人所构成的限制已经消弭殆尽,这里的主体获得的是一种绝对的自由。"①

(三)神游境界的想象性描述

　　《淮南子》中最富有审美意蕴的是神游境界的想象性描述。在神游境界的形态上,《淮南子》多是对《庄子》中神游境界的继承或化用。《原道训》、《俶真训》、《精神训》、《齐俗训》、《修务训》中有大量描述,如"经纪山川,蹈腾昆仑"、"游于无穷之地"、"游于精神之和"、"游于灭亡之野"、"游于天地之樊,芒然仿佯于尘垢之外,而消摇于无事之业"、"游于忽区之旁"、"游敖于无形埒之野"、"处大廓之宇,游无极之野"、"以游玄眇,上通云天"、"逍遥仿佯于尘埃之外"等等。更值得注意的是,《淮南子》中的神游境界将具象化的实境和空灵化的虚境相统一,为后来中华美学最重要的审美范畴意境生成奠定了基础。在庄子那儿,神游境界被定格为一种审美之境,但多为抽象玄虚的概念存在,意指通达大道的哲学意蕴。一定意义上来说,庄子之神游境界因其高居于天际一隅,还没有走向更为感性的人生图景。《淮南子》对于神游境界的描述,除了丰富这些境界空间的类型名称,更走向了对其审美化的铺陈展现。如前章所述,《淮南子》"道"论的最大贡献是"道"的审美化走向,以此为基础,其关于神游境界的描述也呈现出审美化、文学化倾向。《淮南子》以美学化的手法,将抽象玄虚的神游境界具象化一个个美丽生动的场景。这就使得其神游境界

---

① 杜绣琳:《文学视野中的〈淮南子〉研究》,北京:中国社会科学出版社 2010 年,第 307—308 页。

在喻指大道的哲理意会之外,具有了更为感性、鲜活的生命灵动之美。《淮南子》以那个时代最负盛名的赋体语言来铺陈神游境界,文学表达创造了极富想象力而又具体生动的审美图景,形成了具象化实境与空灵化虚境相统一、虚实相生的审美情境结构。如果我们不偏执于哲学路径上《淮南子》与庄子的关联,将视野放到中国古代文学史的场域中,会发现《淮南子》中的神游描述更与另一位伟大的先人屈原的《离骚》有神妙相通之处:

> 驷玉虬以乘鹥兮,溘埃风余上征。朝发轫于苍梧兮,夕余至乎县圃;……路曼曼其修远兮。吾将上下而求索。饮余马于咸池兮,总余辔于扶桑,折若木以拂日兮,聊逍遥以相羊。前望舒使先驱兮,后飞廉使奔属。鸾皇为余先戒兮,雷师告余以未具。……吾令丰隆乘云兮,求宓妃之所在。解佩纕以结言兮,吾令蹇修以为理。纷总总其离合兮,忽纬繣其难迁。夕归次于穷石兮,朝濯发乎洧盘。保厥美以骄傲兮,日康娱以淫游。虽信美而无礼兮,来违弃而改求。览相观于四极兮,周流乎天余乃下。

这里的神游主体、驾御意象、上天入地的自由空间都可以看作《淮南子》的先见范本。而《离骚》更为奇诞瑰丽的神游境界的审美化描述,直接开启了《淮南子》神游境界的想象铺陈之路。在《离骚》叙事性的神游描述中,神游主体的人格形象也被《淮南子》充分发展并继承。从文化渊源来看,刘安与屈原同属于楚文化的审美空间场域之下,虽时代变迁,但浸润身心的这种精神气质仍然承传。这就使得刘安对屈原有着别样的情感寄寓。这种文本上的美学暗接,也应合了史实上的印证。《汉书·淮南衡山济北王传》:"初,安入朝,献所作《内篇》,新出,上爱秘之。使为《离骚传》,旦受诏,日食时上。"这说明,刘安对屈原为代表的楚文化作品《楚辞》,尤其是《离骚》有过细致的研读。从《淮南子》文本的审美化表达以及其中神游境界的美学化描写来看,也正是如此。自此以后,神游作为《淮南子》翱翔于神妙空间的想象之境,成为中国古代文学中具有审美想象的游仙理想的观念原型。从屈原到李白,大量作品中呈现出此类文学图景。正如陈望衡所云:"神游虽然可以体现在人的全部活动中,但只有在艺术活动(包括艺术创作与艺术欣赏)中,它才能得到最充分、最突出、最具光彩的体现。艺术的领域就是一个辽阔的神游的天地。可以说艺术是人的最为自由(精神自由)的王国。"①

三、"游心于虚"的返性之游

"游心于虚"这一范畴是作为《淮南子》"神游"论的价值路径提出的。"游"并非现实中身临其境的游玩,而是虚幻的心灵徜徉,由此,《淮南子》提出了"游心"的观点,《修务训》云:

> 君子有能精摇摩监,砥砺其才,自试神明,览物之博,通物之壅,观始卒之端,见无外之境,以逍遥仿佯于尘埃之外,超然独立,卓然离世,此圣人之所以游心。

这里所描述的"游心"境界,正体现了世俗化人格"君子"形象走向神人化人格"圣人"的过程。在这个过程中,君子通览世间万物之运行,保持心的澄澈,素朴返性,从世俗之境超脱,实现无外之境的自由追求,最终通达大道。《淮南子》将"游心"从世俗尘世的主体修为,逐渐净化到心神所在的生命返真,这是一个生命提升而返性的过程。《俶真训》这样描写"游心于虚"的形态:

---

① 陈望衡:《中国古典美学史》上卷,武汉:武汉大学出版社2007年,第110页。

心有所至而神喟然在之,反之于虚,则消铄灭息,此圣人之
游也。

是故圣人之学也,欲以反性于初,而游心于虚也。达人之学
也,欲以通性于辽廓,而觉于寂漠也。若夫俗世之学也,则不
然⋯⋯以招号名声于世。

这里所说的"虚"从其本义上来说指的是虚无、虚旷,即摆脱了外
在社会中的各种人生欲望以及自然的有限存在,达到素朴保真、心灵
纯粹的人性原初状态。但在《淮南子》这儿,"游心于虚"是指游于天
地之间,追寻到了与"道"相通的精神境界,即作为人生最高境界的
"自得"之境。这种返性追求不是避离尘世的无奈之举,而是主动寻
求生命境界的提升。因此,只有心至神定,消除一切羁绊,主动融于
天地之间,就能"反之于虚"而达道神游。于是,《淮南子》认为只有
圣人之学才能"游心于虚",在返朴归真中实现更高的生命追求;达人
之学则力图使人在寂静的境界中明了性命之情;而俗世之学则割裂
人的本性,追求外在的仁义礼乐,藉以邀取名利,是《淮南子》所不提
倡的。由此,这里的"虚"不仅是虚空,而是孕育着一切生命的期待;
主体在游心的过程中向更高的人生理想进发。基于这种理论表达,
《俶真训》描述了真人的"至虚"之游:

若夫真人,则动溶于至虚,而游于灭亡之野,骑蜚廉而从敦
圄,驰于方外,休乎宇内,烛十日而使风雨,臣雷公,役夸父,妾宓
妃,妻织女,天地之间,何足以留其志!是故虚无者道之舍,平易
者道之素。

真人之游是"至虚"之游,即摆脱外界一切最为彻底、最为自由的
心灵虚静的修为状态。在这种神游过程中,真人之心是一种独立的

精神存在,具有超越一切的力量;即便自己的形体还处在俗世之中,但精神已经上入九天之际,下到三泉之间,驾御雷公、夸父、宓妃、织女这样的神明。这种神游之境不仅体现为真人把握了心灵修为的根本,即"虚无"、"平易",而更加突出在神游的场景中无所不能,在大道的场域中无所不为。《精神训》中对此明确,"所谓真人者,性合于道也。故有而若无,实而若虚,处其一不知其二……芒然仿佯于尘垢之外,而消摇于无事之业……"因此,"游心于虚"而返性,并非无所意义的返回,而是在有和无、实和虚的统一基础上,回归生命价值的最高点。

　　"游心于虚"的价值路径是返性之游,那么,人之初性即"真性"的依据何在?《淮南子》给出的理论解释仍然以"道"为根基。在其看来,"道"作为宇宙世界的本源,决定了包括人在内的世间万物的本性,"人性"亦出自"道性"。而《淮南子》已先验性预设了化生万物的道是虚静淳朴的,"夫太上之道………其全也纯兮若朴,其散也混兮若浊"(《原道训》),"道出一原……寂漠以虚无,非有为于物也,物以有为于己也"(《俶真训》)。既然如此,人自然分有道而得以成性,"人生而静,天之性也"(《原道训》)。"静"是人依道而天然具有的"性",也是人行为过程中应该呈现的自然状态。可见,在《淮南子》这儿,对于人之初性是作为理论预设,或者说是抽象的价值定位。当然,《淮南子》对于人性之本的设定,其实是中国哲人在大道语境下,关于人现实生存中应行之道的形而上之思考。或者说,这里人性之"静"是形而上之道与形而下之实际生存所提供的价值原则,"静"不是与"动"决然对立的寂然无为,而是人在道德价值目标下,应当持守的一种进退自如、宽容平和、自然淡定的人生态度。

　　既然人之初性即为具有道性的虚静淳朴特征,为何还要借助于神游体验才能返性归真呢?《原道训》从"人生而静,天之性也"的命题接着说:

> 人生而静,天之性也。感而后动,性之害也。物至而神应,
> 知之动也。知与物接,而好憎生焉。好憎成形,而智诱于外,不
> 能反己,而天理灭矣。

《淮南子》非常明确地揭示了人天性之"静"被破坏的过程。人
性原初是素朴宁静的,但在社会演进过程中,不可避免地受到外在因
素的侵扰而逐渐失去其本真天性了。《淮南子》分别列举了侵蚀人之
天性的种种因素,主要是知、欲、情、物、俗这五样。"知",在《淮南
子》中互通"智",即人面向外在世界,力图把握对象所获得理性知
识,体现为认知外物、分别是非的思维和能力。"欲",即指人对外在
世界的欲求,体现为"目好色,耳好声,口好味"之"嗜欲"(《诠言
训》),这是被《淮南子》看作最有害于人之真性的因素,"人性欲平,
嗜欲乱之"(《齐俗训》)。"情"作为损害人之天性的因素,在《淮南
子》这里往往是抽象意义上的使用,"夫喜怒者,道之邪也;忧悲者,德
之失也;好憎者,心之过也;嗜欲者,性之累也"(《原道训》),以此来
说明理论上的自洽。更多时,《淮南子》赋予了"情"更为积极的审美
意义。此外还有外在世界带给人的物象迷乱和俗世规则、人文规制
的限制和干扰。正是在这些因素的影响下,人之天性逐渐丧失。与
先秦道家一味批判、完全否定不同,《淮南子》对此现象持更为客观、
辨证立场。一方面,他认为人性的逐次变化是社会演进的必然,就像
大道逐渐衰弱一样;同时,人返性归道又是生命存在的价值目标,即
便困难重重,也要坚守这样的理想。因此,在《淮南子》看来,只有
"循天者,与道游者也"(《原道训》),才能实现原初真性。《诠言训》
中对此做出了非常明确的因果逻辑式的表达:

> 凡人之性,乐恬而憎悯,乐佚而憎劳。心常无欲,可谓恬矣;
> 形常无事,可谓佚矣。游心于恬,舍形于佚,以俟天命,自乐于

内,无急于外,虽天下之大,不足以易其一概,日月廤而无溉于志,故虽贱如贵,虽贫如富。

这段话谈到人的本性是乐恬憎悯、乐佚(安逸)憎劳的,只有无欲无事才能实现人性的恬佚。看起来,《淮南子》是非常消极地对待生命的存在状态。但这里"游心于恬"的表达,意味着这种无为返性并非全然消极静等,而是汇入了人的心灵作用,并以此主动对抗世俗尘世而具有一种超越性色彩。甚至这种主体之心的强大力量,可以弥漫于天地之外而无所动摇。只有在这样的神游中,人们以自由想象获得审美体验,脱离俗世的物欲羁绊,净化自己的心灵,达到澄澈纯粹的精神状态,从而实现返回天性之美的自然状态。

总之,只有在"游心于虚"的神游过程中,人才能实现精神之和顺,获得心灵性的审美体验。"和顺"即心灵与自然之"和",追求人与自然的和谐统一。无论是"驾御而游"、"心神之游"、"容身之游",还是"仙化之游",《淮南子》都强调了神游主体的精神能够超越自身或者外物的限制,与自然界合而为一,以达到绝对自由的"无外之境",实现主体之"神"与自然的"和顺"。同时,虚静是实现心灵审美体验的基本途径。神游主体将自己沉入到"虚静"的境界当中,摒弃外物干扰,净化自己的心灵,使心灵世界跨入"无外之境",从而达到心灵性的审美体验。

《淮南子》认为,"游心于虚"的返性之游不仅是哲学意义上的体道追求,也是现实生命存在中必要的审美提升。毕竟,在日益喧嚣、物欲横流的社会中,纯粹美好的真性是人保有健康人格的基础。而且,正是在每个个体层面上的真性保全,才能共同创造出一个更为清朗气正的社会美好图景。

四、"神游"论的承传与发展

"神游"是《淮南子》美学理论中一个重要的概念。"神游"论作为中国古典美学重要概念之一,有着鲜明的发展轨迹。从孔子的"游于艺"到庄子的"逍遥游",再到《淮南子》的"神游",以及后世对"游"的审美空间的不断拓展,"神游"理论最终成为中国古典美学中一个重要的命题,并在不同的历史时期得到了具体的阐释。

从词源的角度来看,"游"最初的含义与人的精神世界并没有太大的联系,许慎在《说文解字》中将"游"解释为:"游,旌旗之流也。"段玉裁注:"旗之游如水之流,故得称流也……引申为凡垂流之称……又引申为出游、嬉戏。"可见"游"最原始的意义应当是表现旌旗随风飘荡的样子,而段注为"游"注入了水流的意味。中国古代的先贤们正是从这种自由的状态中引申出了自由、畅快的意味,领悟到"游"的审美价值,从而将"游"的意蕴引申成为人生最高的生命境界与审美境界。

最早将"游"纳入中国古代审美理想范畴的当推儒家美学创始人孔子。孔子以诗性之思来洞察人生在世的根本问题,他标举出"游"的范畴来对人生境界加以揭示。在《论语·述而》当中有这样的表述:"志于道,据于德,依于仁,游于艺",这里的"艺"指"六艺",用"游"来说明六艺带来的审美感受。孔子关于人的价值追求所描述的这个过程很全面,在强调仁、德等儒家之道基础上,也突出了审美感受是人重要的生命需求。"游于艺"就是人在审美活动中所达到的一种自由境界。但很显然,孔子所说之游还是建立在儒家道德仁义基础上的,带有很强的伦理品格。即便如此,孔子所说还是为《淮南子》神游论提供了审美社会化的理论依据。在《庄子·田子方》的文本描述里,老子在和孔子的对话中提出"游心于物之初",按照陈望衡的理解,其所描述的"游……并非实际的身临其境的观赏,而是虚幻的心临其境的徜徉。那么,这种'游'就很类似于审美了"①。可见,从孔子这儿,神游之美就已显现出来。而且,孔子将"游"的精神追求与仁德之道关联,这也体现在《淮南子》对神游的社会性品格的拓展上。

《庄子》"神游"思想是《淮南子》"神游"论产生的直接渊源。庄子追求精神上的绝对自由,主张实现超越物质的束缚,以心灵与天地自然合而为一。在《庄子》所描绘的"神游"过程当中,"神游"的主体所进入的是一种虚静到以至于完全忘我的境界,正因为"天地有大美而不言"(《庄子·知北游》),所以需要"神游"主体的完全沉浸,通过"虚静"去体悟这种"大美"的审美空间。这几乎直接开启了《淮南子》"游心于虚"的审美命题。同时,《齐物论》"至人神矣,大泽焚而不能热,河汉沍而不能寒,疾雷破山而不能伤,飘风振海而不能惊。若然者,乘云气骑日月,而游乎四海之外",《庄子》首创了道、神、游三者紧密结合的神游过程,这个过程被视为一种逍遥的生命状态,它是轻松的、自我的、解放的,乃至纵逸的状态,其本质是生命精神的自由运动。在《淮南子》丰富瑰丽的神游描述中,我们也能看到这类神游情景的表达,只是审美表达更为铺排,神游实境与虚境的结构层次更为统一。此外,"神人"作为《庄子》神游主体对《淮南子》产生了深远的影响。《淮南子》在"神人"的基础上进一步拓展,超越了《庄子》当中单一的"神人"形象,创造出了形形色色的神游主体。《淮南子》往往以体道、悟道为前提,这正是继承了《庄子》的"神游"主体所需要达到的基本属性,这种超越性的特征赋予了"神游"理论更为崇高的审美特质,同时也是中国古典美学所追求的最高审美境界之一。

《淮南子》的"神游"理论继承了先秦以来儒道关于"游"这一概念的意义表达,吸纳了先秦时期"神游"论的基本要素。从"神游"的基本形态上来看,无论是孔子的"游于艺"还是庄子的"逍遥游",或

---

① 陈望衡:《中国古典美学史》上卷,武汉:武汉大学出版社 2007 年,第 67 页。

是其他诸子对于"游"的阐述,都将"心"作为"游"最基本的要素。《淮南子》的"神游"理论继续强调"心"的重要性,"心"被引申为一种精神力量或是理想境界追求的立足点。《淮南子》认为只有通过心灵的虚静状态才能最终达到"道"的境界,这样就可以超越虚荣、势力以及尘世间的一切烦扰,自由地遨游在天地之间。在此基础上,《淮南子》也有了自己的理论创造,从神游形态、审美境界等角度拓展了"神游"理论的基本内涵,更进一步地阐释了"神游"这一理论范畴的审美特征。首先,《淮南子》进一步深化了"神游"形态,提出了神与化游、和道之游、游心于虚、容身而游等多样的形态,扩张了"神游"理论的边界。其次对"神游"内涵的拓展。《淮南子》的"神游"并不是只强调自身的超脱,而是特别强调"道"的"至大"性,充分体现"大浑为一"的审美理想;同时有意识地将虚实、雅俗这一类矛盾的审美观念结合起来,丰富"神游"的理论指向。

　　自《淮南子》之后,《文赋》《文心雕龙》等后世文化典籍中的"神游"理论更加充分发展。首先是对"物"的重视进一步提高。刘勰的《文心雕龙·神思》篇这样阐述了其"神游"理论:"故思理为妙,神与物游",这里既继承了前人对于"神"的重视,又进一步拓展了对"物"的关注。需要注意的是,这里的"物"所指的并不是客观的外在事物,而是主体在对外在客观事物进行体验之后而投射在内心当中的形态,因此这里的"物"与"心"是分不开的,这就是说,所谓"神与物游"指向的是主体使客观外物自尽其"物"(自在物),即自现其"物性",这样的"尽己"、"尽物"方是"神与物游"之境。刘勰在这里特别强调了通感的重要性,只有个体与外物实现链接,将外物在内心中实现再创造,达到"通感"的状态,就能进入"游"这一至高的理想境界。其次是将"神游"的具体形态由"神人"的创造转向个人心灵的体验。陆机的《文赋》提出"精骛八极,心游万仞"的说法,陆机在这里依旧把"心"看作是"游"的核心要素,不同之处在于,这里的进行"游"的主体形态已经由无所不能的"神"转向了从事文学创造的人,强调在从事文学创造的时候要将自我的精神置于整个宇宙当中,个体的精神突破肉体的桎梏,这样作为神游主体的个人就能"观古今于须臾,抚四海于一瞬……笼天地于形内,挫万物于笔端"。实现对自身的超越。陆机在这里构建了更为宏大的审美视域。自此,神游最终成为中国古典美学、古代文论中重要的范畴,成为生命存在、人格养成、文学创作中的审美价值追求。

第四章　大美之境论

生成于大汉时代的文化作品,都呈现出与那个时代相呼应的审美文化形态和精神风貌,表征出一个强盛向上的"大一统"社会的审美定势和文化走向。汉代文化作品中处处彰显"大"的风范,呈现出"以大为美"的精神气质①。《淮南子》以大论美是汉代文化整体审美风格的呈现。在这样一个气象恢宏、苞括宇宙的时代气息感召下,《淮南子》以"大"论美,极力推崇大美之境也就是很自然的理论表达了。

第一节　大美的内涵

高诱在《叙目》中对《淮南鸿烈》的名称做出注解:"鸿,大也;烈,明也。以为大明道之言也。"《淮南子》以《淮南鸿烈》为名,已经昭明其基本的文化价值追求,即以"大"论道、以"大"论美的思想旨趣。同时,"大明道之言"表明了《淮南子》以大论美的哲学根基为"道"。道体现为因物自然,大美是合规律性之真;道落实为社会图景中的秩序之美,大美是合乎人们和谐生活的善行之美。大美之"时"充分体现了《淮南子》大美之真和大美之善的统一,它以合规律性的真为前

---

① 参见仪平策:《中国审美文化史·秦汉魏晋南北朝卷》,济南:山东画报出版社 2000 年。书中,作者将汉代的审美文化整体风尚概括为"以大为美"。

提,以合目的性的善作为其最终指向,形成一种以时间为核心的生命活动价值规则,并将其扩大到人的外向性的实践活动中去寻求。

一、以"大"论美的文化传统

《淮南子》以"大"论美与先秦儒道各家有着理论上的渊源。《论语·秦伯》:"大哉! 尧之为君也。巍巍乎! 唯天为大,唯尧则之。"孟子关于大美有这样的描述:

> 浩生不害问曰:"乐正子,何人也?"孟子曰:"善人也,信人也。""何谓善? 何谓信?"
> 曰:"可欲之谓善,有诸己之谓信,充实之谓美,充实而有光辉之谓大,大而化之之谓圣,圣而不可知之之谓神。乐正子,二之中,四之下也。"(《孟子·尽心章句下》)

这里的"大"指向美的意义。"充实而有光辉之谓大"的"大",近于现代美学观念中的"壮美"形态。不过,陈望衡认为:"这里说的壮美仅指人的美,而且着重指人的精神美、人格美,如孟子极推崇的浩然之气的美,它不能用来指称自然美,也一般不能用来指称艺术美。"[1]事实上,儒家虽突出伦理人格之"大"美,但自孔子一直倡导自然与人的比德关系,人格之大美必然也统一到自然美之中。至于艺术之美,往往决定于艺术主体的审美人格和生命境界,必然也就会呈现出人格之美的精神风貌。《周易·乾卦·彖传》中也说:"大哉乾元,万物资始,乃统天。云行雨施,品物流行,大明终始,六位时成",此处之"大"也有壮美之意,但直指天地自然,且包含生命灵动之感。

---

[1] 参见陈望衡:《中国古典美学史》上卷,武汉:武汉大学出版社 2007 年,第 168 页。

这可以看作是孟子"大美"的补充。儒家之"大"所包含的壮美之意无疑被《淮南子》吸收。在大汉时代的文化情境烘托和《淮南子》的审美青睐下，这种壮大之美越发彰显。

先秦道家对"大"也有论述，多是围绕"道"来表达。老子："有物混成，先天地生，寂兮廖兮，独立而不改，周形而不殆，可以为天地母。吾不知其名，强字之曰道，强为之名曰大。"在这里，老子以"大"指道，意指道为万物之本无限之源。"大"呈现出道作为独立存在于天地自然之上的精神存在而具有的超越性特征。于是，"大"也就成了世间万象最高境界的特定表达，"大成若缺，其用不弊。大盈若冲，其用不穷。大直若屈，大巧若拙，大辩若讷"。庄子一方面继承了老子关于"大"的意义表达，"夫道，覆载万物者也。洋洋乎大哉"，也将"大"归属于道的最高境界状态。进而，他将"大"延伸到自然之美："天地有大美而不言"（《庄子·知北游》），又进一步将"大"拓展到现实人生存在，"君子不可以不刳心焉。无为为之之谓天，无为言之之谓德，爱人利物之谓仁，不同同之之谓大，行不崖异之谓宽，有万不同之谓富"（《庄子·天地》）。庄子将"大"与"德"、"仁"、"宽"、"富"等各种君子人格特征一起对比指称，指向一种超越现实差异、趋向"同一"的人生境界。《天道》中又说：

> 昔者舜问于尧曰："天王之用心何如？"尧曰："吾不敖无告，不废穷民，苦死者，嘉孺子而哀妇人。此吾所以用心已。"舜曰："美则美矣，而未大也。"尧曰："然则何如？"舜曰："天德而出宁，日月照而四时行，若昼夜之有经，云行而雨施矣。"尧曰："胶胶扰扰乎！子，天之合也；我，人之合也。"夫天地者，古之所大也，而黄帝尧舜之所共美也。故古之王天下者，奚为哉？天地而已矣。

庄子在这里明确了"大"是高于"美"的境界。在他看来,尧的"用心"之美还是有限的现实行为,无法达到天地所蕴含的自然境地。"大"之美,应是与天地同在的最高境界,是超越一切现实生命行为的。可见,庄子所言之"大",更突出其纯然天性,即走向那个可望而不可及的天道之美。

一方面,先秦大美之论尤其是庄子的大美观念直接影响了《淮南子》以大论美的价值取向。《本经训》中说"天地之大,可以矩表识也;星月之行,可以历推得也……夫至大,天地弗能含也;至微,神明弗能领也",也是以天地之美来言说大的形态,以对应先秦道家。但同时,《淮南子》论大美充分体现了汉代的时代精神。与先秦美学思想中的"大"不同,汉初之大美是一种囊括天下万物、宇宙时空"巨丽",呈现为外在形态的无限之大和世界物象的广博丰富。汉代尤其是汉初大美既包括容纳世界的心胸之大,"泰山不让土壤,故能成其大,河海不择细流,故能就其深"(李斯《谏逐客书》);也涵盖天地空间的宇宙之大,"席卷天下,包举宇内,囊括四海之意,并吞八荒之心"(贾谊《过秦论》);更指向一种融汇古今、兼容并蓄的审美文化,"赋家之心,苞括宇宙"(《西京杂记》中转司马相如语)。《淮南子》正是在这样的审美文化语境下,建构起大美理论的思想体系。《淮南子》论大美,脱离了道家的一味玄说,更多指向了现世人生,力求实现对世界有限性认识的超越。《淮南子》之大,主要突出审美主体的大视野、大格局、大境界,其目的是提升人作为审美主体的审美境界和价值追求。《淮南子》继续倡导大美,但将目光投注于天地自然、社会人生的无限领域,是一种"神明"之大美,它"四通并流,无所不极,上际于天,下蟠于地,化育万物而不可为象,俯仰之间而抚四海之外"(《道应训》)。

二、大美之真的内涵

美在于真,是道家美学一个基本观点。《老子》说:"孔德之容,惟道是从。道之为物,惟恍惟惚。惚兮恍兮,其中有象;恍兮惚兮,其中有物。窈兮冥兮,其中有精,其精甚真,其中有信。"(二十一章)有"精"之"道"基本内涵是真,强调精神的绝对性。庄子说:"真者,精诚之至也。"《渔父》此处之"真"指向大美的天性之情。《天道》中有"极物之真,能守其本","真者,所以受于天地,自然不可易也";《秋水》中亦有"仅守而勿失,是谓反其真"等表述。这些关于"真"的美学表达,皆指具有存在论意义上的自然万物的本性之真。

《淮南子》承袭老庄,先验性突出大美在"真",亦指道的绝对性存在,且强调大美"至情"。《淮南子》中大美求真的第一层表达是强调自然之性,也就是庄子所提到的"物性之真"。淮南子继承了庄子的美真统一的价值传统,提出"因天地之自然"和"万物固以自然"(《原道训》),认为一切皆出于自然。《泰族训》说:

> 天设日月,列星辰,调阴阳,张四时,日以暴之,夜以息之,风以干之,雨露以濡之。其生物也,莫见其所养而物长;其杀物也,莫见其所丧而物亡,此之谓神明。

"神明"即自然之道,其化生万物自然而成;其"杀物"也自然而亡,一切自生自灭。"神明"之美率其性而成,它不假人为、纯属自然真实之美。《说山训》云"兰生幽谷,不为莫服而不芳"。兰草的芳香并不会只存在于人的装饰佩戴行为中,更是自然物性的本质特征和真实之美的呈现。《俶真训》:

> 百围之木,斩而为牺尊,镂之以剞劂,杂之以青黄,华藻镈

鲜,龙蛇虎豹,曲成文章,然其断在沟中,壹比牺尊、沟中之断,则
丑美有间矣,然而失木性,钧也。

木头虽受客观环境影响在形态上有变化,但无论是文章之美还
是沟中之断,都失去了木之本性。这种本性是木头先天具备、客观存
在的价值。《淮南子》从反面论证了美在于物体的天然属性这一命
题。在此基础上,《淮南子》认识到自然物性法则:

> 故橘树之江北则化而为枳;鸲鹆不过济,貊渡汶而死,形性
> 不可易,势居不可移也。(《原道训》)
> 今夫地黄主属骨,而甘草主生肉之药也,以其属骨,责其生
> 肉,以其生肉,论其属骨,是犹王孙绰之欲倍偏枯之药而欲以生
> 殊死之人,亦可谓失论矣。(《览冥训》)
> 夫萍树根于水,木树根于土,鸟排虚而飞,兽蹠实而走;蛟龙
> 水居,虎豹山处,天地之性也,两木相摩而然,金火相守而流,员
> 者常转,窾者主浮,自然之势也。(《原道训》)

在《淮南子》看来,各类事物的"形性"、"属"以及"自然之势"等
物性决定了事物的存在状态,也生成了自然环境的生态之美。如果
人为改变物性,必将破坏天地自然本来的生命状态。因此,自然和谐
之美正在于每个事物的天性保全。《说山训》中对此进一步作了
描述:

> 琬琰之玉,在污泥之中,虽廉者弗释;弊箅甑瓾,在祵茵之
> 上,虽贪者不搏。美之所在,虽污辱,世不能贱;恶之所在,虽高
> 隆,世不能贵。

事物的美、丑是其固有的存在形态。即便所处的环境改变,事物也并没有改变自己的美丑属性。《淮南子》从尊重事物的天然属性出发,主张美具有客观性,无疑是有深刻见解的。这就表明,审美主体要正视自然世界一切事物客观存在的美丑形态,不要任意凭借主观臆想或刻意改变,去歪曲或破坏其自然美丑属性。否则,"求美则不得美,不求美则美矣;求丑则不得丑,求不丑则有丑矣"(《说山训》)。这就是说,美丑为作自然事物固有属性,不能轻易地混为一谈。《淮南子》坚持美丑的客观论立场表明了其鲜明的爱憎态度,抨击了一切美丑不分、是非如一的论调。从这里,我们不难看出作者对一种真实美理想的推崇和对虚伪粉饰者的鄙视。

《淮南子》主张大美在于自然物性之真,突出体现在其农业美学观中。《天文训》谈到气候变化对不同农作物生长的影响,"摄提格之岁,岁早水,晚旱,稻疾,蚕不登,菽麦昌,民食四升。寅。在甲曰阏蓬。单阏之岁,岁和,稻、菽、麦蚕昌,民食五升。卯。在乙曰旃蒙。执徐之岁,岁早旱,晚水,小饥,蚕闭,麦熟,民食三升"。这里指出,雨季早,秋季旱,那么稻子就有病灾,蚕不能生长,而豆类和麦类则会茂盛;如果气候平和适宜,则各类作物大多丰收;如春季干旱,秋季多雨,蚕孵化不出,但麦子生产较好。这里对人类生产生活与天地自然的关系有了一定的认知,虽涉及天象等唯心表达,却昭示人们已能够觉察到自然物性的本质特征。可以说,这是中国最早的"物性论"思想表达。《淮南子》有很多农业谚语、农业发明等农业智慧思想,"悬羽与炭,而知燥湿之气"(《说山训》),是世界上最早的测知空气湿度的农业技术方法。人们力图把握自然现象,去探求本质。传统农业文明为中国美学提供了丰厚的土壤和鲜活的生命价值。中国美学的各种艺术形态和审美范畴,正植根于中国传统的农业环境,是传统农业社会的诗意化呈现。无论是山水田园诗、山水画创作传统,还是传统音乐、雕塑等艺术表达,都彰显了传统农业社会对艺术美学的精神滋养。《淮南子》关于农业活动的论述集中体现了中华美学的智慧。《淮南子》在其"大浑为一"的审美理想基础上,提倡一种整体的农业美学观,表现为"天、地、人、物"系统的协调和统一,强调"天道"与有为的统一,建构起大汉农业美学思想。从《淮南子》的农业思想中,我们可以去感受中国古人对自然、对社会、对生命的美学化的价值追求。

《淮南子》肯定了美的客观真实性,表现出对一种真实美理想的追求。求物性之真,事实上是《淮南子》推崇人追求自然天性之美的体现。在自然物性的属性把握中,将人的本质力量充分彰显,体现出一种求真之美的价值探求。在《淮南子》看来,人"无为复朴",始终是通向审美自由的关键路径。但在中国古典美学命题中,《淮南子》强调的真实美有一种唯物主义倾向,一定程度上是对道家美学过于虚无空幻精神特征的补充和纠偏。《淮南子》肯定美的客观真实性,一方面表现出一种健康的唯物主义倾向,从而超越了道家美学的虚无和空幻;同时在此基础上,《淮南子》创造性地发展了"大美之真"的内涵,主张大美务实求真的品格。这样《淮南子》将大美求真从玄虚之境落实到自然世界,从内在的主体精神拓展到外部社会空间,呈现于物性之美和合规律性之美的统一之中。

《淮南子》求真之美的第二层意义表达,即美不仅仅在于自然物性,更在于事物存在的合规律性。《淮南子》认为,道是美的本原,而道表现为一种自然规律,因此,美必须是合规律性的真。《淮南子·原道训》:"因天地之自然"和"万物固以自然"。这里的自然不仅仅是老庄所说的混沌未开、纯朴未化的自然,更是万物生存发展的规律性自然。《泰族训》中所言"神明"之美不仅是自然之美的呈现,更暗含天地运行的规律之美。因此,人的审美也是以符合自然规律为前提。《说林训》云:"靥黼在颊则好,在颡则丑。绣以为裳则宜,以为冠则讥。"酒窝长在面颊即美,长在额头则丑;刺绣丝织裁制衣裳则美,制成帽子则为人讥笑。

同时,这种大美之真的合规律性需要超越时空的有限性,突破狭隘视角去寻求一种普遍性的本质特征。《齐俗训》:"事之情一也,所从观者异也。从城上视牛如羊,视羊如豕,所居高也。"在《淮南子》看来,人的审美标准往往具有不可靠性,远近高低各不平,人所处的位置局限了观察、体悟世界的视野,就可能无法穷尽事物本相。这就引发了审美标准的绝对性与相对性的问题。《淮南子》主张,审美主体应该突破自身的有限性,以更为广阔的视野去观照对象,在此基础上,形成符合对象事物本质规律性的审美标准。这种审美标准实现了审美主体与对象客体本质属性的契合。《齐俗训》再次说明了审美标准与对象特征相一致的问题:

> 今从箕子视比干,则愚矣;从比干视箕子,则卑矣;从管、晏视伯夷,则戆矣;从伯夷视管、晏,则贪矣。趋舍相非,嗜欲相反,而各乐其务,将谁使正之?……则趣行各异,何以相非也!……趋舍行义,亦人之所栖宿也。各乐其所安,致其所蹠,谓之成人。故以道论者,总而齐之。

人的行为方式和审美趣味不同,对观照对象的价值判断就不一样。从道的最高标准来看,只要符合各自本性,各得其乐,所有礼俗行为都是一样的,都同归于道。从审美维度来说,这是最高的审美标准。这里虽然谈的是对人的品格判断,但也可以延伸到审美价值判断。《淮南子》再次强调了审美标准要克服主观的偶然性和随意性,审美判断需符合规律性,才能超越审美视野的局限性,获得理想的审美效果。由此,《修务训》提出了"大氐为本"的审美原则:

> 夫橘柚冬生,而人曰冬死,死者众;荠、麦夏死,人曰夏生,生

者众多。江、河之回曲,亦时有南北者,而人谓江、河东流;摄提镇星,日月东行,而人谓星辰日月西移者,以大氏为本。

　　所谓"大氏为本",就是要超越局部时空的局限,放眼于整个天地自然的普遍性、整体性规律去把握对象的根本特征。《说林训》中也说:"冬有雷电,夏有霜雪,然而寒暑之势不易,小变不足以妨大节",同样主张从偶然性、个别性的自然现象中厘定出天地运行、事物发展的根本规律。大美之真就在于从纷繁复杂的自然幻想中,摆脱自身的处境、视野、认知等局限带来的狭隘,而达到最为高远、合乎万物生命本真规律的精神境界。

　　这种大美之真的合规律性还体现在天地与万物的和谐统一上。万物生成,自有其相应的天地空间。各具形态之物都是其所处特定时空下的天地精华。《地形训》中历数八方物产之美"医毋闾之珣玗琪"、"会稽之竹箭"、"华山之金石"、"霍山之珠玉"、"昆仑之球琳琅玕"、"幽都之筋角"等等,南方、西方、北方、东北方、西北方及至中央,无不各有特产,各美其美。《淮南子》还谈到了物性与自然环境相统一的规律。人们在现实生活中,把握这些自然对象的规律,才能合规律性生产,实现万物生长之美,满足人的合目的性的需求。不同空间地域具有各自物性,其哲学根基在于"五行说"。《礼记·月令》、《吕氏春秋·十二纪》等即将五行说与自然节气和社会政治相互对应,形成一个天地自然与物性相统一的整体结构。物性规律的把握,"体现出已经成熟和空前强大起来的汉民族,正在前所未有的广大范围内,占有着和创造着现实的人间美的热烈情怀;而坚持美的客观规律性正是他们去积极寻求万物之美的前提"①。

---

① 方国武:《〈淮南子〉"大美"之境论》,《安徽师范大学学报》(人文社会科学版)2007年第4期。

《淮南子》大美在真虽很少涉及艺术理论，但循此路径，后世一系列艺术理论都与之粘连。刘勰在《原道》篇提出的大美之文在"自然之道"，"文之为德也大也，与天地并生者何哉"。唐代画家张璪有"外师造化，中得心源"（唐张彦远著《历代名画记》中引语）之说，则强调艺术创造应遵从自然物象之特征，与主体内心形成契合。明代画家王履主张"吾师心，心师目，目师华山"（《华山图序》）。更是将主体心灵之真与天地自然之真和谐统一。

三、大美之善的内涵

大美在"道"是《淮南子》恒定的美学主题。"道"不仅呈现自然物性和合规律性之真，也含有人文社会、现实生活中"应当"之则，即合目的性的价值规范。因此，《淮南子》对于大美的探讨，就蕴含了对"善"的追求。

《氾论训》中"《诗》、《春秋》，学之美者也"是《淮南子》为数不多的含有美善之说的理论表达。在那个文学审美尚未自觉的时代，"学之美者"所指对象《诗》、《春秋》自然不会指向文学之美，应是以善为意义内容的人文规制。《淮南子》承袭儒家以人格之善来谈美的观念，主张人的言行要符合善的规制。《泰族训》："故百川并流，不注海者不为川谷；趋行蹐驰，不归善者不为君子，故善言归乎可行，善行归乎仁义。"强调君子人格之美的界定标准是善言"可行"、善行"仁义"。同时《淮南子》较之于先秦儒家，善恶美丑的立场更加鲜明，严格善恶美丑。《泰族训》批判是非不分，善恶混淆，"当今之世，丑必托善以自为解，邪必蒙正以自为辟。""此使君子小人纷然淆乱，莫知其是非者也。"这种较为鲜明的批判性色彩和情感立场也超出了儒家温柔敦厚的审美律条。

在坚持"美真"说的同时，《淮南子》认为，这个"自然之道"又以一种美的规律被运用到社会政治生活中，实现其伦理道德上的目的，

"人得道之柄,立于中央,神与化游,以抚四方"(《原道训》),亦即美善的结合。而美善的结合又是以美真的统一为前提。只有遵照"道"的规律,才能令天下大治。因此,"无为为之而合于道,无为言之而通乎德;恬愉无矜而得于和,有万不同而便于性"(《原道训》),顺应自然而做的事都和道契合,都和德相通,不骄不矜,上下和谐,于是天下兴盛太平。万事万物都有自然之道,圣人穷究其中,则"漠然无为而无不为也;澹然无治也而无不治也"(《原道训》)。为实现天下大治的社会理想,《淮南子》提出了"神化"的育民之术。所谓"神化",即"因天地之资,而与之和同。是故威厉而不杀,刑错而不用,法省而不烦,故其化如神"(《主术训》)。就是说,圣人制定礼义经典、法刑律政以教化民众,治御天下,但并不采取生硬冰冷的抽象说教,"人主之术,处无为之事,而行不言之教"(《主术训》);更不动用刑罚杀戮,而是诉诸自然之道(作为真)的审美本性,用感性愉悦的方式,直接打动民众的情感心理,在一种审美的体验过程中达到"天下自和"、大治之世的社会目的。

　　从社会政治教化,到关注百姓个体生存,推导人之应行之道,《淮南子》将大美之善的价值追求推向一种深切的人文情怀。《淮南子》强调大美之治应以民为本,以满足老百姓的生存需要为价值目标。《淮南子》深知农业社会中民的艰辛。"夫民之为生也,一人蹠耒,而耕不过十亩,中田之获,卒岁之收,不过亩四石,妻子老弱,仰而食之。时有涔旱灾害之患,有以给上乏征赋车马兵革之费。由此观之,则人之生,悯矣。"(《主术训》)表达了深切的悯农之情。这里传承了屈原的"长叹息以掩涕兮,哀民生之多艰"的民生情怀,同时将"民"的身份直接指向农民阶层。《淮南子》从先秦诸子抽象的民本思想具体到现实民众生活,关注他们从事农业活动的艰辛生存状态。《人间训》:"解扁为东封,上计而入三倍,有司请赏之。文侯曰:'吾土地非益广也,人民非益众也,入何以三倍?'对曰:'以冬伐木而积之,于春浮之河而鬻之。'文侯曰：'民春以力耕，暑以强耘，秋以收敛。冬间无事，以伐林而积之，负轭而浮之河，是用民不得休息也，民以敝矣，虽有三倍之入，将焉用之！'此有功而可罪者也。"解扁下令老百姓冬伐树木，不得休息，虽财政收入多出三倍，却并未得到文侯嘉奖。在这里，《淮南子》叙述带有明显的价值立场。"有功而可罪者"，"有功"指涉的是一种不顾百姓死活而获得的事功；"可罪"是急功近利、毫无人文情怀的政治行为。正是在这样善行为主、兼具发展的政治文化价值引导下，《淮南子》所在的时代，社会生产得到了很好发展，人民安居乐业。《主术训》提出："食者，民之本也。民者，国之本也。国者，君之本也。是故人君者，上因天时，下尽地财，中用人力，是以群生遂长，五谷蕃殖。教民养育六畜，以时种树，务修田畴滋植桑麻，肥墝高下，各因其宜。丘陵阪险不生五谷者，以树竹木。"《淮南子》始终坚持农民的生产生活"以为天下先"，强调"人之情不能无衣食，衣食之道必始于耕织"（《主术训》）。只有保证老百姓安定的生活状态，都能"身自耕，妻亲织"，从事正常的生产活动，不为基本的"衣食"之需所困，国家才能获得丰富的物质保障，整个社会才能"衣食饶溢，奸邪不生，安乐无事，而天下均平"，即安居乐业、道德自律的理想状态。因此，如"夫雕琢刻镂，伤农事者也；锦绣纂组，害女工者也。农事废，女工伤，则饥之本而寒之原也"（《齐俗训》）等一切不利于生产舍"本"逐"末"的行为都将有害于整个社会的政治和谐。胡乱作为有伤农事，这是孟子就已提出的观点。《淮南子》在此基础上加以延伸，农事伤则社会乱，就会出现"犯法干诛"危害社会和谐稳定的现象。因此，《淮南子》将民众的生产生活行为上升到社会政治的安定层面来描述："夫民有余即让，不足则争，让则礼义生，争则暴乱起。扣门求水，莫弗与者，所饶足也；林中不卖薪，湖上不鬻鱼，所有余也。故物丰则欲省，求澹则争止。"（《齐俗训》）《淮南子》突出以民为本的思想，关注民的生存状态，这就使得《淮南子》带有浓厚的伦理道德情怀，具有

"善"的价值导引和美学意蕴。

　　《淮南子》论天地自然之真,也将其与人的"善"行秩序相统一。即便是天文、地理,同样对人世也有一种规范性或警示性的意义。《泰族训》云:"昔者,五帝、三王之莅政施教,必用参五。何谓参五?仰取象于天,俯取度于地,中取法于人……俯视地理,以制度量,察陵陆水泽肥墩高下之宜,立事生财,以除饥寒之患。中考乎人德,以制礼乐;行仁义之道,以治人伦而除暴乱之祸。"这些自然世界的运转变化为人类的活动指示某种"合目的性"善的方向。《淮南子》中,人的活动对应的是一种自然法则和规范;天、地、四时是包括人的活动在内的行事之规矩、准绳和权衡。天、地、四时为人们的一切活动提供了一种不可违逆的价值原则和规范。人们的生产实践只有顺此而行,合乎这样的自然规范,才能"养长化育,万物蕃昌,以成五谷"。《地形训》云:"万物之生而各异类……汾水濛浊而宜麻,泲水通和而宜麦,河水中浊而宜菽,雒水轻利而宜禾,渭水多力而宜黍,汉水重安而宜竹,江水肥仁而宜稻。平土之人慧而宜五谷。"首先,一个国家的生产需要多元化的方式,水域发展渔业,山地发展林业,山地可以放牧,平原可以种植农作物。同时,各类物产也需要与之相适应的地理环境,"平土之人慧而宜五谷",说明人的行为特点受地理环境影响。《淮南子》把人的生产活动与人的生存时空环境相关联,因此客观的自然环境与人的性情、气质密切联系。自然环境成为一种合乎人的主体性欲求,即合目的性的价值要素。也就是说,人具有什么样的行为特征和价值目标,甚至独特的审美气质,往往取决于其所身处的自然环境。这就是自然之真与人的善行秩序的统一呈现。

　　值得注意的是,《淮南子》并不仅仅停留在儒家美善合一的道德秩序层面,而是从世俗空间拓展到外部天地自然,将大美之善从人文规制引向自然万物运行之道。"万物之总,皆阅一孔,百事之根,皆出一门"(《原道训》),万物百事存在、运行都需遵循大道,这个道也即万物百事的最佳存在秩序,也就含有了"善"的意味。事物之天然状态乃是纯粹朴素、与"道"合一的"善"的状态,自然万物各按其性生长,以自己的自由状态形成一种和谐秩序。《泰族训》:"水火金木土谷,异物而皆任;规矩权衡准绳,异形而皆施,丹青胶漆,不同而皆用,各有所适,物各有宜。"《淮南子》在这里提出的美在适宜说,兼有合目的性之善和合规律性之真,也是从尊重事物的自身特点和合规律性用途来谈事物的价值意义,即一切以合目的性的善为价值原则对待万物存在。这一点,既凸显了大汉时代务实求善的时代精神,也体现了《淮南子》更为包容的审美心态。

四、大美之"时"的内涵

在中国古代美学思想中,时间并不是一种抽象的存在,而是始终伴随着自然界一切生命的存在过程。因而,万物生命的孕育、成长、变化,在整个时间过程形成了一种节奏、韵律之美。大美之真,意味着物性、规律、自然,而这一切都内含一定的时间序列。大美之善,往往隐含人格的因时而为,如孟子在《孟子·万章下》中评论孔子是"圣之时者也",将"时"作为圣人的美好品格。大美之"时"充分体现了《淮南子》大美之真和大美之善的统一。在《淮南子》中,"时"是大美的存在状态。天地之大美遵从真的规律,在时间过程中实现完整的生命存在和发展。《淮南子》主张因时而为,在物候与节气的统一模式中,形成一种以时间为核心的生命活动价值规则,并将其内化到人们的生活和情感愿望中,呈现出生命存在之大美。

首先,《淮南子》立足于自然之大美,倡导一种时间法则,主张顺时宜气的四时观念。这种时间法也充分体现在《淮南子》农业美学观念中。《本经训》:"四时者,春生夏长,秋收冬藏;取予有节,出入有时;开阖张歙,不失其叙;喜怒刚柔,不离其理。"春夏秋冬四时之季乃自然节奏,内含生命的韵律,这是天地之大美;节、时、叙、理,人的活动也应暗合这种节奏之美,方能充满生机,彰显生命存在价值。人们在实践活动中也应保持对时间法则的尊重,只有遵从"春伐枯槁,夏取果瓜,秋畜疏食,冬伐薪蒸"的万物生长规律,才能"以为民资"(《主术训》),实现对外部世界合规律性的改造,展现人的主体能力。《时则训》中提出,一年之中的农业活动,应该遵照季节与时令的变化,让春、夏、秋、冬各有差异,但"因天时"的原则必须贯彻其中,正所谓"天为绳,地为准,春为规,夏为衡,秋为矩,冬为权"。当人们的农业活动完全"与天合德",就能"养长化育,万物蕃昌,以成五谷"。反之,"焚林而田,竭泽而渔⋯⋯则阴阳缪戾,四时失叙,雷霆毁折,雹霰降虐,氛雾霜雪不霁,而万物燋夭"(《本经训》)。这里列举了种种破坏自然生态的做法,时节错乱,其结果必然导致农作物不能够正常繁殖生长。《时则训》描述了自孟秋之月至季冬之月的合配关系及物候特征,如"孟春之月"应"禁伐木,毋覆巢杀胎夭,毋麛,毋卵,毋聚众置城郭","仲春之月"应"毋竭川泽,毋漉陂池,毋焚山林,毋作大事以妨农功","季春之月"应"田猎毕弋,置罘罗网,矮毒之药,毋出九门。乃禁野虞,毋伐桑柘"等等,明确了以季节作为农业生产的价值准则,也为自然物留出了生长空间,从而保全自然的天性。在《淮南子》这里,"时"为天地万物生发出生命的次序。时间既能赋予万物生命存在,违背时间也能丧失生命。《本经训》云:"焚林而田,竭泽而渔;⋯⋯则阴阳缪戾,四时失叙,雷霆毁折,雹霰降虐,氛雾霜雪不霁,而万物燋夭。"这里列举了种种破坏自然生态的做法,时节错乱,其结果必然导致农作物不能够正常繁殖生长。因此,农业生产的合时规则其实是合规律性合目的性的统一,是一种美的价值表达。相比较庄子等先秦道家"因物自然"的抽象哲思,《淮南子》脱去了玄冥之气,直接落实到具体的生活、生产,现实针对性更强。

　　《淮南子》"二十四节气"立足于因天时的美学原则,最能体现《淮南子》大美之"时"的理论观念。"在月令类文献中,'四时'已不仅是纯粹的季节,而是与空间相结合,构成了笼罩人类与自然界的律动不已的场域。"①在继承先前节气理论尤其是《吕氏春秋·十二纪》基础上,《淮南子》第一次对"二十四节气"的运行规律做出了全面、体系化的描述。二十四节气,将历法与天象、气候、物候、农事、音律、干支等关联,建立了一个严密的逻辑系统②。在这一体系中,农业活动与天地自然的规律契合一致,充分体现了中国农业美学遵从天地之道、与自然和谐一体的文化精神。"时间不是直线流逝而是循环往复的,空间不是无限扩展,而是随时间流转的。时间的量度单位虽有年月日等计量单位,但与空间相联系的天干地支占重要地位,而且其基本的标志和内容是特定的农业物候。"③遵从时间法则,正是生态美学的文化精髓。《泰族训》:"原蚕一岁再收,非不利也,然而王法禁之者,为其残桑也;离先稻熟,而农夫耨之,不以小利伤大获也。""不以小利伤大获"既表明了汉初时代人们雍容大度的审美心态和不拘于眼前利益的扩大视野,也是一种基于长远发展的生态美学思想。因此,在这样的天时规律面前,所有生命体都是顺其自然;也只有这样,每一个生命体才能保全自己的天性之美,人们也才能获得生命存在的依据。《主术训》:"先王之法:畋不掩群,不取麛夭;不涸泽而渔,不焚林而猎;豺未祭兽,罝罦不得布于野;獭未祭鱼,网罟不得入于水;鹰隼未挚,罗网不得张于溪谷;草木未落,斤斧不得入山林。"这说明因时所需的生命美学观念不仅成为人们社会活动的行为准则,而且已成国家治理之法,上升到政治美学的层面。

其二,《淮南子》倡导的时间法则体现其"宇宙生成论"观念,即

---

① 任鹏:《中国美学通史·汉代卷》,南京:江苏人民出版社2014年,第59页。
② 参见陈广忠:《二十四节气与淮南子》,北京:中国文史出版社2018年。
③ 金春峰:《月令图式与中国古代思维方式的特点及其对科学、哲学的影响》,选自《中国文化与中国哲学》,北京:生活·读书·新知三联书店出版社1987年,第126—159页。

将整个宇宙万物生命放置在一个历时性的时间发展过程中。《俶真训》提出宇宙演化的"阶段论","有始者,有未始有有始者,有未始有夫未始有有始者",为万物生长提供了时间维度的宇宙生成论基础。在这个过程中,自然万物皆有运行的时间安排,同时也意味着一种生命节奏的呈现。美就在于节奏。从自然来说,春去秋来,寒来暑往,昼夜更替,都是宇宙自然的节奏呈现。大美之"时",不仅体现为自然的节奏韵律,还承载着维系人的生命活动价值功能。对于每一个生命体来说,节奏是生命的本质。我们每一个生命体的鲜活呈现,都以富有节奏的心率、脉动来呈现。失去了节奏也就意味着生命的衰亡。在时间的表达中,自然事物的生命状态顺其而成。时间创造一切生命,时间是每一个生命个体成长的生存情境。如同人的生命孕育,《精神训》"故曰一月而膏,二月而胅,三月而胎,四月而肌,五月而筋,六月而骨,七月而成,八月而动,九月而躁,十月而生",描述了在时间的推移中孕育了人的生命。因此,具有生命气息的节奏之美是中华美学的根本特征。

因天时延伸到人类一切社会活动中,就演绎出"时"的生命美学品格。中国古典美学中,"时"往往有宇宙本体之"道"的境界,背后蕴含着真、善、美的价值意蕴。《尚书·舜典》云:"百揆时叙",《尚书·皋陶谟》云"百工推时",都强调人们在做任何事时都应揆度良好的时序,是"时"在现实生活层面的体现;《诗经·大雅·文王之什》云"帝命不时",天命文王之大时、大美,是"时"在生命最高境界的呈现。《周易·随封·彖传》云:"随,大亨贞无咎,而天下随时,随时之义大矣哉。""天下随时"意味着天下万物的存在、发展都应有一个基本情境,必须随顺其时,才能亨通贞定而无咎。《孟子·万章下》云:"孟子曰:'伯夷,圣之清者也。伊尹,圣之任者也。柳下惠,圣之和者也。孔子,圣之时者也。孔子之调整大成。集大成也者,金声而玉振之也。金声也者,始条理也;玉振之也者,终条理也。始条理者,智之事也;终条理者,圣之事也。'"孟子之所以赞美孔子为古代圣人中的集大成者,就在于孔子"圣之时者也",能随"时"而为。而在《易传》中:"夫大人者,与天地合其德,与日月合其明,与四时合其序,与鬼神合其吉凶先天而天弗违,后天而奉天时"(《易传·文言》),"时"已经成为人们在自然、社会中所应遵循的价值规律了。《吕氏春秋》将"时"具体到社会实践活动中,"水冻方固,后稷不种,后稷之种必待春;故人虽智而不遇时无功。方叶之茂美,终日采之而不知;秋霜既下,众林皆赢。事之难易,不在小大,务在知时"(《吕氏春秋·首时》)。正是基于这样的美学传承,《时则训》中主张"时"作为人一切行为活动的基本准则;人必须按"时"而为,也应当遵"时"而行。"时"暗含着人生存、行为活动的大美之"道",大美就融入人的生存情境之中,美在"时"中,"时"与生命存在密切相关。依"时"而为就是生命之道,违"时"而行意味着失去生命存在的根本。《淮南子》在《要略训》中阐释《时则训》云:"《时则》者,所以上因天时,下尽地力;据度行当,合诸人则;形十二节,以为法式;终而复始,转于无极;因循仿依,以知祸福。操舍开塞,各有龙忌,发号施令,以时教期。使君人者知所以从事。"这里的"时",是每个生命体存在和发展的根本。因时而为,才能使得世间万物都能充满灵动鲜活的生命节奏,才能"终而复始,转于无极",超越有限的时间概念,实现精神生命的无限绵长。在《淮南子》这里,自然万物的生长,看重的并不仅仅是结果,而是一个因时而为的过程。正如狄尔泰所说:"时间性作为生活之首要的范畴描述包含在生活之中,它对于其他描述范畴来说乃是根本的。"①"时"体现的是过程的"绵延",在这个过程中,包含了人的生命体验,从而就具有了生命美学的特色。淮南子将"时"与人的生命

---

① [德]狄尔泰:《历史中的意义》,艾彦译,北京:中国城市出版社2002年,第194页。

境界相统一。《诠言训》:"为治之本,务在于安民。安民之本,在于足用。足用之本,在于勿夺时。勿夺时之本,在于省事。省事之本,在于节欲。节欲之本,在于反性。反性之本,在于去载。去载则虚,虚则平。平者,道之素也;虚者,道之舍也。"守"时"意味着省事,省事意味着节欲,节欲意味着返回人的天性。这样,守时可以提升到人的体道、达道的哲学高度,也是人追求生命之道、实现大美的路径。

《淮南子》以四时秩序为基础的天时观念中,四时的循环往复也影响着空间方位的转换,形成一个生机勃勃、富有生命韵律之美的结构系统。这个结构系统以生生不息的时间循环为主要架构,世界万物与之同构,衍生出无数生命的变化,形成一种内在的节奏性。在《淮南子》中,时间构成了世间万物生成、生长、繁盛、衰落的自然节奏,地域空间与其配合,形成丰富而又秩序化的美丽图景。对于中国美学而言,这种蕴含在四时节奏中的生命之美具有特殊的意义。时间与万物之间的同构变化,影响着一切生命的存在和发展。"时"内化于人的现实生活,直至进入人的情感世界,生命的美学意义由此生成。

第二节　大美的价值属性

《淮南子》以大论美,具体转化为"大言"、"大知"、"大观"、"大方"、"大明"、"大义"、"大丈夫"等形态。在《淮南子》这儿,大美的价值属性表现为一种大道境界的精神指向、略"小"取"大"的审美思维、超越性的审美视野、实践有为的大美品格以及化育万物的生命之美。

一、大道境界的精神指向

《淮南子》大美的价值根基是大道,是一种境界之美。这就决定

了其以大论美不在于数量之大、具象之大，而在于知性无从把握的精
神之大。

首先，在最高境界上，"大"超越外在具象，追求一种精神上的无
限之大。《淮南子》对此多有论述：

> 道之大者无度量。（《齐俗训》）
> 其道可以大美兴，而难以算计举也。（《俶真训》）
> 是故审豪厘之计者，必遗天下之大数。（《主术训》）
> 至大，非度之所能及也；至众，非数之所能领也。（《泰族
> 训》）

大美之道是无法用人类认知范围内的标准来加以衡量的，因为
它超出了现实层面的认知范围。所以如果只盯着可以量化的物象，
关注眼前的点滴利益得失，必然无法拥有广阔天地中的美丽图景，就
会丢失外在世界更为精彩的内容。《淮南子》这里以大论美，没有一
味从客观、具体的数字形态上去把握其外在形式上的质量之大。这
区别于传统西方美学对于美的理解。西方美学自古希腊毕达哥拉斯
学派为代表，主张美在数字，美是数字所构成的比例匀称、协调。即
便对于生命体，也将此理念贯彻，如以"黄金分割点"来指称人的形体
结构。德国古典主义美学大师康德将与中国美学"大美"相近的范畴
"崇高"之美也归为力的崇高和数量的崇高。康德在《判断力批判》
中主张崇高之大美在于对象的形式无限大即数量的崇高，以及力量
的无限强大即力的崇高①。康德所说的无限之大仍然是形式上的，
指向西方一贯的形式主义美学走向。与西方古典美学一味从事物形
式属性特征去把握美不同，《淮南子》代表了中国古代美学的基本价

---

① ［德］康德：《判断力批判》，邓晓芒译，北京：人民出版社2002年，第88页。

值路径,不以有限的认知理性范围内的自然事物之形去比拟大美的状态,而以有形、有限为映衬,突出大美的无限、无形,甚至包容天地自然的特征。《原道训》:

> 射者扞乌号之弓,弯棋卫之箭,重之羿、逢蒙子之巧,以要飞鸟,犹不能与罗者竞多。何则? 以所持之小也。张天下以为之笼,因江海以为之罟,又何亡鱼失鸟之有乎!

　　在《淮南子》看来,即便如重之羿、逢蒙子这样的技巧高超人士,其所捕获的猎物也总是有限的。当然,《淮南子》的描述是言在此而意在彼,借用现实中人力所为的有限性现象来映衬拥有阔大的视野而达到的大美境界。有形的工具物象总是有限的,这些工具总是在数和量的可知范围内,是无法超越现实的有限。只有放眼于天下,容身于无限的自然世界,才能拥有一切之美。既然,大美并非是外在物象数量形态上的属性,《淮南子》就将其指向人的主体精神。从这一点来说,《淮南子》与康德美学有着相近的价值走向。康德认为:"而我们愿意把这些对象称之为崇高,因为它们把心灵的力量提高到超出其日常的中庸,并让我们心中一种完全不同性质的抵抗能力显露出来,它使我们有勇气能与自然界的这种表面的万能相较量。"①对照康德所说的"心灵的力量",《淮南子》中的这种"大",从对象来说,是一种超越了实在感知的无限性想象;从主体来说,是在想象中把握无限而产生的精神力量。拥有了这种"大"的主体精神力量,就能"知大己而小天下"(《原道训》),以超越性的审美视野睥睨天下,一览众山小。
　　因此,《淮南子》所言之"大",是通向精神无限的大道之美,如高

----

① [德]康德:《判断力批判》,邓晓芒译,北京:人民出版社2002年,第90页。

诱论述:"言其大也,则焘天载地;说其细也,则沦于无垠;及古今治乱,存亡祸福,世间诡异瑰奇之事。其义也著,其文也富,物事之类,无所不载。然其大较,归之于道。"(《叙目》)这种精神无限之大美,不仅指涉天地之"大",更是"大宇宙之总"。《原道训》云:

> 夫道者,覆天载地,廓四方,柝八极,高不可际,深不可测,包裹天地,禀授无形;原流泉浡,冲而徐盈;混混滑滑,浊而徐清。故植之而塞于天地,横之而弥于四海,施之无穷而无所朝夕。舒之幎于六合,卷之不盈于一握。

此处对"道"的描述亦是大美的形象呈现。其存于天地自然之间,不可名状,不可度量,却化生万物。在《淮南子》看来,外形大小对于大道之美无足轻重,可以"神托于秋豪之末,而大宇宙之总"。也就是说,大美之道虽然依托外在形式很小,但其内涵无比丰厚,趋向一种无限精神境界,远远溢出其所依托的形式载体。《淮南子》最为看重的也是内涵之大,以小托大就成了文本言说最具代表性的理论表达方式,如《要略训》所言,"小以苞大,守约以治广。……诚通其志,浩然可以大观矣"。此处关于大美之道与外在形式关系的论述,与德国古典主义美学大师黑格尔的浪漫型艺术论颇为类似。从其"绝对精神"之本体论出发,黑格尔将人类文学艺术的发展设定为三个阶段,分别为象征型、古典型和浪漫型阶段。其中,随着"绝对精神"的日益成熟及弥漫,精神溢出形式,便演化为浪漫型艺术。这是人类艺术最成熟的阶段①。可以发现,在美的艺术形态发展论上,《淮南子》与黑格尔正好成逆向态度。在黑格尔这儿,美的艺术发展随着"绝对

---

① 参见[德]黑格尔:《美学》第二卷,《朱光潜全集》第十三卷,合肥:安徽教育出版社1990年,第110—117页。

精神(理念)"的日益成熟也越来越走向更高的境界。与黑格尔不同,《淮南子》在《俶真训》等篇目中所描述的历史演进,每向前一步就意味着"道"的衰减,由此,审美艺术的完整形态也会受到影响而变得残缺不一。在《淮南子》看来,最理想的大美境界就是远古时期那个混沌一片的时代。只有在那时,大道才可能是无限之美的。

但同时,《淮南子》所论境界之大美并没有一味走向历史返古的虚无,而是超越性和现实性相统一,落实在具体的人生境界中,呈现为大义、大言、大知。《精神训》:

> 故不观大义者,不知生之不足贪也;不闻大言者,不知天下之不足利也。今夫穷鄙之社也,叩盆拊瓴,相和而歌,自以为乐矣。尝试为之击建鼓,撞巨钟,乃性仍仍然,知其盆瓴之足羞也。藏《诗》《书》,修文学,而不知至论之旨,则拊盆叩瓴之徒也。

在这里,《淮南子》批判了"诗书"、"文学"等人文规制降低了人的思想深度和生命境界,但《淮南子》也没有完全否定现实中的社会文明,并且以"大义"、"大言"、"至论"的标准来要求。这种大美的理论表达有着鲜明的辩证性。一方面,《淮南子》极力推崇远古混沌未开时期大道之美的纯粹和本真,视其为美的最高境界,并表达出对于时事移转大道衰减的遗憾;但同时,也客观认可这种社会历史发展的必然规律,接受大道转化为"事"的现实,并转而为现实人生设计务实可行的价值标准。因此,在《泰族训》中,《淮南子》将"六艺"与"道德"并举,描述了大道之美与人文之美相统一的自由生命状态:

> 夫观六艺之广崇,穷道德之渊深,达乎无上,至乎无下,运乎无极,翔乎无形,广于四海,崇于太山,富于江河,旷然而通,昭然而明,天地之间无所系戾,其所以监观,岂不大哉!

这样的大美贯通儒家"六艺"和道家之"道德",无极无形,广阔时空,通明天下,无所负累,逍遥于天地之间。这是何等昂扬的情怀,何等宽阔的胸怀,其涵盖一切,包容万千。在这种开阔高远的审美情怀中,一切生命之美尽在其中。《淮南子》列举了具有大美精神的主体生命状态:

> 是故能戴大员者履大方,镜太清者视大明,立太平者处大堂,能游冥冥者与日月同光。(《俶真训》)
>
> 故九州不可顷亩也,八极不可道里也,太山不可丈尺也,江海不可斗斛也。故大人者,与天地合德,日月合明,鬼神合灵,与四时合信。(《泰族训》)
>
> 若夫至人,量腹而食,度形而衣;容身而游,适情而行;余天下而不贪,委万物而不利;处大廓之宇,游无极之野;登太皇,冯太一,玩天地于掌握之中,夫岂为贫富肥臞哉!(《精神训》)

在这些表述中,大美的生命状态层层递进。首先是依托天地自然,头顶青天、脚踏大地,才能大道同游,如日月光芒万丈。进而与天地四时、日月神灵相合,与天地自然并存,等而齐之,最终神游于天地之间,超越时空,甚至"玩天地于掌握之中"。注意的是,这里的"玩"并非是居高临下的主体姿态,也不意味着对天地的控制与操纵,而是一种悠游于天地之间、自由自在,不受自然限制的超越性生命状态。这种无限精神之大美可以让人从自我的现实有限中超脱出来,从有限的感官层面上升到无限境地,从而视通万里,《俶真训》:"夫目视鸿鹄之飞,耳听琴瑟之声,而心在雁门之间。一身之中,神之分离剖判,六合之内,一举而千万里。"《道应训》中讲述了卢敖游北海的故事,以庄子《逍遥游》中"小年不及大年,小知不及大知,朝菌不知晦朔,蟪蛄不知春秋"来对接,其基本意义是批评视域狭隘之人如坐井观天，自以为是。但《淮南子》在此基础上，生发出更为丰富的生命价值追求之意：当卢敖意识到自我的"小"时，亦意味着其向"大"的提升。在每个人的生命过程中，都有待于由"小人"向"大人"的"化"，这种"化"的过程也即人生境界不断提高的过程。一旦通达大道之美，则无所不通。

二、略"小"取"大"的大美思维

从大美之处着眼，略"小"取"大"，这是《淮南子》大美的思维特征。从《淮南子》提出大美的语境来看，大美总是在和"小"的对照中来提出。《氾论训》："夫夏后氏之璜，不能无考；明月之珠，不能无颣；然而天下宝之者何也？其小恶不足妨大美也。"这里的"夏后氏之璜"和"明月之珠"虽有小的瑕疵，但并不妨碍其作为稀世珍宝的价值评判。于是，即便两件宝物有些许瑕疵，但瑕不掩瑜，审美者应以大美思维去看待。《淮南子》从大处着眼，没有过于关注事物的具体细节，而是将审美评价的标准体现于主体的心胸和姿态上。可以看出，略"小"取"大"在于主体审美评价的态度，亦即主体的一种精神气度。反之，《淮南子》认为人的思维如果停留在小处末节，必定会无法跳脱局限，不能尽情饱览更为阔大高远的大美图景。《淮南子》多处突出大美思维，批判狭隘小气的思维方式。"夫目察秋豪之末，耳不闻雷霆之音；耳调玉石之声，目不见太山之高。何则？小有所志而大有所忘也。"（《俶真训》）如果只盯着"秋豪之末"，是无法听到"雷霆之音"；只听到"玉石之声"，也无法看到"太山之高"，这说明，单凭局部感官是无法接受大美对象的。可见，大美是需要审美感官的整体配合、协调一致的。值得注意的是，在极力阐述大美思维同时，《淮南子》涉及到了审美通感问题。作为人审美感官中最重要的视觉和听觉，两者之间相互影响。当目视局限，也就无法听到雄浑之声；耳听细微，自然就无法目视崇高之形。《泰族训》："夫守一隅而遗万方,取一物而弃其余,则所得者鲜,而所治者浅矣。"同样,斤斤计较于琐小之物,必定无法去容纳天地之大美。这种狭隘小气,坐井观天者的根本缺陷是"不识大体",与世界的丰富、多样性相矛盾,"夫随一隅之迹,不知因天地之以游,惑莫大焉。虽时有所合,犹而不足贵"(《说林训》)。审美应不拘于一隅之见,而要超越局部,总监全局,"见隅曲之一指,而不知八极广大也。故东面而望,不见西墙,南面而视,不睹北方;唯无所向者,则无所不通"(《氾论训》)。"无所向"并非是不去看,而是要跳出这局窄之圈,审美眼光愈广大愈好。《泰族训》中说:"河以逶蛇,故能远;山以陵迟,故能高;阴阳无为,故能和;道以优游,故能化。夫彻于一事,察于一辞,审于一技,可以曲说,而未可广应也。"这里的"远"、"高"、"化"都是作为《淮南子》极力追求的大美的形态和境界,借以对比"一事"、"一辞"、"一技"所不能实现的大美格局。不仅如此,《淮南子》在这里还揭示了一种大美的形式规律。河之美在于蜿蜒曲折,山之美在于层峦叠嶂,《淮南子》关于山河之美的表达暗含了自然形式美的规律揭示。

从大处着眼,《淮南子》采取了更为务实的求美原则,《诠言训》:"故羽翼美者伤骨骸,枝叶美者害根茎。能两美者,天下无之也",《说林训》"豹裘而杂,不若狐裘之粹;白璧有考,不得为宝;言至纯之难也"。《淮南子》在这里提到了审美创造中形式和内容的矛盾,过于夸耀炫美的外在形式可能会伤害内容。从持守大道的基本立场出发,《淮南子》坚定地维护了大道之美。其所判定的"能两美者,天下无之也"只是出于对至纯之美难求的理论表达,而并非是审美艺术的创作实际。事实上,从《淮南子》文本自身来看,其围绕精深繁复的大道之理,在艺术形式上极尽华丽铺陈,恰恰在努力追求两美之统一。《淮南子》虽力图实现一个完美理想的人生境界,但也接受世间万物的不圆满。从历史来看,中国古代文人士大夫的人生境地也总是在一种儒道游移的困境中,"达则兼济天下"与"穷则独善其身"的人生选择只能是他们聊以自慰的无奈之举,梁启超所说"天下岂有圆满之宇宙"(《追悼志摩》)或许才是中国文化传统中最为现实的求美慰藉。

进而,《淮南子》从对具体事物的大美思维应用,延伸到对人的品格、行为方式的审美评价。《氾论训》:

> 今以人之小过,掩其大美,则天下无圣王贤相矣。故目中有疵,不害于视,不可灼也。喉中有病,无害于息,不可凿也。……故人有厚德,无间其小节,而有大誉,无疵其小故。

《淮南子》中虽处处畅想那个大道盛行的远古时代,对三皇五帝、至人真人的人格倍加推崇,但也以客观现实的心理去接受社会发展过程中的必然现象。在理想与现实之间,《淮南子》在持守理想、不忘初心之本真的基础上,以更为务实、包容、平和的姿态去看待人的伦理品格。这里谈的虽然是儒家社会情境中的人格之美,但不拘小节、顺其自然的大气姿态俨然带有道家的风范。可以看出,以道家的价值原则去评价儒家人生情境中的行为品格,正是《淮南子》儒道融合的文化设计。在大美思维的观照下,不拘泥于一家之说,将远离尘嚣的道家精神落实到儒家的人文事理,《淮南子》以务实求美的姿态努力地调和着两家之说,力求实现二者的互释互通。这一点从《道应训》的文本表达中得到充分显现。《道应训》用了五十六则历史故事和寓言故事来形象释义"道体";抑或说,将老庄之道放置在具体的人文社会情境中加以验应,如曾国藩所说:"此篇杂征事实,而证之以老子《道德》之言,意以已验之事,皆与昔之言道者相应也,故题曰《道应》。"①儒道两家因人生价值的差异而处于不同的精神文化空间,但

---

① 转引自何宁:《〈淮南子〉集释》,北京:中华书局2006年,第827页。

《淮南子》将一向以至纯至粹的大道之理落实到人文社会,必然就要"道"接受现实社会的世俗化转化。《淮南子》采取相当豁达的大美姿态,协调融合两者。如在本篇"宁戚欲干齐桓公"而得以重用的故事中,桓公所言"以人之小恶而忘人之大美,此人主之所以失天下之士也",其实就充分体现了《淮南子》的思维格局。因为在《淮南子》看来,如果以人文规制的问题来阻断通达大道的路径,反而难以实现生命之美。

略"小"取"大",意味着超越局部,突出整体。《览冥训》直接以音乐之美为例,阐明这个道理:

> 今夫调弦者,叩宫宫应,弹角角动,此同声相和者也。夫有改调一弦,其于五音无所比,鼓之而二十五弦皆应,此未始异于声,而音之君已形也。故通于太和者,惽(惛)若纯醉而甘卧,以游其中,而不知其所由至也。纯温以沦,钝阏以终。若未始出其宗,是谓大通。

《淮南子》细致描述了音乐艺术同声相和的审美规律。《淮南子》认为,音乐艺术之美不在于单个独立的音位,而总是在"音之君"的定位基础上互相调和成一个整体。立足于音乐的主音("音之君"),相邻乐器的同类音位会相互应和,这是乐律的同音共振现象。这个"音之君"即包含整体的意义。在其统摄之下,各个音位之间巧妙定位、协和一致、虚实相济,且有主有次、相互映衬,最终实现音乐整体上的节奏之和、韵律之美,即音乐艺术最高的审美境界"大和"。其实,从《淮南子》关于绘画、音乐等大美思维的理论呈现,可以延伸到具有普遍性审美特征的一切艺术。中国艺术往往特别强调从整体性的美学视点去观察、处理审美对象,从而获得一种理想的审美效果。这种艺术创造中的大局观、整体观也成为后世文学艺术创作的审美自觉。《说林训》:"画者谨毛而失貌,射者仪小而遗大……置之而全,去之而亏",如果刻意画好局部毛发,反而会失去整体形象。《淮南子》的观点在后世宋代沈括的艺术准则那儿得到更加明确的表达:

> 又李成画山上亭馆及楼塔之类,皆仰画飞檐,其说以谓自下望上,如人平地望塔檐间,见其榱桷。此论非也。大都山水之法,盖以大观小,如人观假山耳。若同真山之法,以下望上,只合见一重山。岂可重重悉见,兼不应见其溪谷间事。又如屋舍,亦不应见其中庭及后巷中事。若人在东立,则山西便合是远境;若人在西立,则山东却合是远境。似此如何成画?李君盖不知以大观小之法。其间折高折远,自有妙理,岂在掀屋角也!①

这是沈括艺术批评的一个具体案例。在对李成山水画及其理论批评中,沈括提出了一个重要的艺术法则"以大观小"。在沈括看来,李成绘画技法中的从下望上,以小见大,实际上是聚焦于某一个固定的视点来观察艺术对象,这就限定了创作主体的视角,更无法将审美扩展到更为辽远的空间。于是沈括提出了"以大观小"的艺术主张,强调高处立足,纵览全局,就会获得审美对象的整体全貌。从《淮南子》的"略小取大"到沈括的"以大观小",这样的一种艺术创作的大美法则标示出中国古典美学的艺术表达的规律性把握,也成为了中国绘画艺术区别于西方绘画技法的重要特征。中国传统绘画艺术一向主张散点透视,主张作品所营构出的整体感、层次感,由表及里,由近至远,由浅入深。

当然,整体之美并不意味机械组合,而是各个部分之间互相协

---

① 沈括:《梦溪笔谈·书画》,北京:北京燕山出版社2009年,第19页。

调、彼此相应相合,《要略训》:"夫五音之数,不过宫、商、角、徵、羽,然而五弦之琴不可鼓也,必有细大驾和,而后可以成曲。今画龙首,观者不知其何兽也,具其形,则不疑矣。"《说山训》:"走不以手,缚手走不能疾;飞不以尾,屈尾飞不能远;物之用者必待不用者。"事物间必须相辅相成相互呼应协调,这样整个艺术作品就能实现神动之美,从而能够产生出"画龙点睛"的神妙效果。正如沈括所说:"书画之妙,当以神会,难可以形器求也。世之观画者,多能指摘其间形象,位置、彩色瑕疵而已,至于奥理冥造者,罕见其人。"①

三、超越性的审美视野

《淮南子》的大美还体现在一种超越性的大审美观上,即超越自我、超越时空、面向无限天地的审美视野。

现实中的每个人受生活环境和认知局限,"隅曲之一指",往往关注对象本身的有限形态和价值,"而不知八极之广大也"(《氾论训》),无法去尽览更为广阔空间的大美。因此,人们不能只根据眼前的美丑之相而做出判断。否则,就会出现《诠言训》中所说的,"求美则不得美,不求美则美矣;求丑则不得丑,求不丑则有丑矣",只有当"不求美又不求丑",才会实现"玄同"境界。《淮南子》所说的"玄同"并不是要抛弃事物的美丑客观属性上的区别,更不是主观臆想美丑的同一,其所主张的是要超越对事物单一属性或美或丑的偏狭,从对美丑一时一地的得失中摆脱出来。《淮南子》认为,只有这样,才能以更为高远的审美视野去看待美丑的界限,才能抛却美丑的暂时得失,而上升到一种自由境地。《淮南子》的美丑论有先秦道家的自然精神,且承袭了庄子美丑同一的观念,但并没有走向绝对的相对主义,更生发出美在于事物多样统一的重要命题。

---

① 沈括:《梦溪笔谈·书画》,北京:北京燕山出版社 2009 年,第 19 页。

在此基础上,《淮南子》认为大审美观是超越自我局限获得的生命提升的必然路径。《览冥训》中以燕雀为视点,描述了其眼中凤凰生命状态的变化:

> 凤皇之翔至德也,雷霆不作,风雨不兴,川谷不澹,草木不摇,而燕雀佼之,以为不能与之争于宇宙之间。还至其曾逝万仞之上,翱翔四海之外,过昆仑之疏圃,饮砥柱之湍濑,邅回蒙汜之渚,尚佯冀州之际,径蹑都广,入日抑节,羽翼弱水,暮宿风穴,当此之时,鸿鹄鸧鹤莫不惮惊伏窜,注喙江裔,又况直燕雀之类乎!此明于小动之迹,而不知大节之所由者也。

《览冥训》中借"凤凰"与"燕雀"的形象对比来说明,审美视野的大小决定了生命的不同境界:当凤凰飞翔在清平之世时,雷霆敛迹,风雨不兴,河流山谷静静流淌,小草大树直立安稳,那燕雀由此轻侮凤凰,"以为不能与之争宇宙之间"。而当凤凰"还至其曾逝万仞之上,翱翔四海之外,过昆仑之疏圃,饮砥柱之端濑……"之时,"鸿鹄鸧鹤"莫不惊恐惧怕,更何况那小小的燕雀之类呢!这里展现的"凤凰"形象,是多么的博大:向上,高飞万仞;四方,翱翔四海;东到日出之地,西经昆仑,送太阳落山;北宿风雪,南达都广。而目光短浅的燕雀,却沾沾自喜,在凤凰面前,不是显得渺小而可悲吗?"此明于小动之迹,而不知大节之所由者也。"《说林训》中也有相似的表达,"狗彘不择甂瓯而食,偷肥其体而顾近其死;凤皇高翔千仞之上,故莫之能致。"这都在表明审美视野的大小决定了生命境界的高低。

那么,如何才能获得这种超越性的大审美观呢?《淮南子》主张,应超越个别性,以"万物为一"的大视野去看世界。《俶真训》云:

> 是故自其异者视之,肝胆胡、越;自其同者视之,万物一圈

也。百家异说，各有所出，若夫墨、杨、申、商之于治道，犹盖之无一橑而轮之无一辐，有之可以备数，无之未有害于用也。己自以为独擅之，不通之于天地之情也。

这既可以看作《淮南子》对待百家思想的学术立场，也是其观察世界的大局观呈现。自然世界丰富多样，各类事物都有自己的独特性。如果只是站在各自的视角和立场去看待彼此的差异，就会永远无法形成对话和交流，更无法实现和谐一致的社会状态。《淮南子》首先肯定了每种思想、事物或个体存在的价值，进而从求同存异的大局观出发，寻找各类对象中的同一性和共通性，为我所用。这体现出《淮南子》百川归海的包容气度。这里的大，是一种尽取百家为我所用的气概，是有效吸收各方之精华的智慧。以此阔大胸怀去看待世间美的事物，必然就会产生"佳人不同体，美人不同面，而皆说于目"（《说林训》）的审美共通感。

立足于"万物为一"的大视野，《淮南子》超越不同地域空间和人的身份差异等局限，主张彼此间平等尊重、各便其宜。《齐俗训》：

> 天地之所覆载，日月之所照䚡，使各便其性，安其居，处其宜，为其能。故愚者有所修，智者有所不足。……由此观之，物无贵贱，因其所贵而贵之，物无不贵也；因其所贱而贱之，物无不贱也。
>
> 士农工商，乡别州异。是故农与农言力，士与士言行，工与工言巧，商与商言数。是以士无遗行，农无废功，工无苦事，商无折货，各安其性，不得相干。
>
> 胡人便于马，越人便于舟，异形殊类，易事而悖，失处而贱，得势而贵，圣人总而用之，其数一也。

　　每种事物都有自己的功能特征,各有长短,但不分贵贱。同样,社会之人,虽身份各异,但各有自己的行为方式和人文规制。值得注意的是,《淮南子》提出的"士农工商"四种社会角色,并没有在意其价值高低,而是客观分析其各自特征,并主张"不得相干"。这里"不得相干"并非是固化阶层界限,而是强调各行业应有自己的行为规律和文化方式,不必以此越彼,互相侵扰。此处虽不针对审美,但其中包含的"各便其性"、"各安其性",因其暗合生命存在的自然规律,而带有审美的意味。

　　大审美观还包括不着眼于一时之见,在整个历史的长河中去审视对象。《齐俗训》云:"故其见不远者,不可与语大",强调要眼光长远才能见识远大。《缪称训》说:"察一曲者,不可与言化;审一时者,不可与言大。日不知夜,月不知昼,日月为明而弗能兼也,唯天地能函之。能包天地,曰唯无形者也。"《淮南子》认为"见不远"、"审一时"者,是无法与其言大的。这是一种具备历史发展眼光的大审美观。任何美的事物和现象都应该经得起时间的考验,即便一时风靡的文化形态或作品也可能昙花一现;抑或因一时文化局限而发生审美变异。只有那些在历史的发展过程中,被一代又一代的受众赋予丰富意义指向的文化作品才真正成为经典。大审美观正基于此,才能超越时代的局限去把握更具有必然性的美学意蕴。

　　四、实践性的大美品格

　　从美学的价值指向上来看,《淮南子》把儒道美学注重内在人格精神的完善转向对外部现实世界的开拓。儒家所追求的美是同个体内在的人格精神的修养、完善、充实分不开的,道家虽主张要游于天地之间,但它追求的美仍然是一种内在超现实的、精神绝对自由的境界。因此,无论是儒家的美善说,还是道家的美真论,其着重点最终仍归于一种内向性的人格精神美。《淮南子》大美品格不仅仅存留于个体人格的内在精神修养,而是扩大到人的外向性的实践活动中去寻求。

一方面,《淮南子》极力铺陈经过人实践改造的对象世界之美。这个对象世界处处体现了人合规律性合目的性的实践成果。《淮南子》把外部物质世界的恢弘力量展示出来,以呈现主体本质力量映照下的壮丽之美。但这种大美不同于庄子的"天地有大美而不言",它非造化之功,却是充满活力的,与人的实践行为统一在一起。《淮南子》中多处描述,这里仅举"五方"中央之极为例:

> 中央之极,自昆仑东绝两恒山,日月之所道,江汉之所出,众民之野,五谷之所宜,龙门、河、济相贯,以息壤埋洪水之州,东至于碣石,黄帝、后土之所司者,万二千里。(《时则训》)

这里描述的"中央之极"所在的地域空间景象和生产生活场景,都呈现出主体创造之美。在这里,古代人民辛勤劳作,主观创造,大禹曾用息壤填塞洪水,造出陆地;在这里,日月普照,人口密集,有适宜五谷生长的土地。"《淮南鸿烈》质朴地确认着美是客观的,并且是无比广大、丰富、多样的,人应当到广阔的外部世界中去寻求美,占有美。"①这里的天地自然、外部世界,对于人来说,既是赖以生存的空间,更是体现创造力的实践对象。正是通过这种主体性的创造力,人的本质力量在外部世界得到充分显现,人也一步步从内在性的生命体悟走向外向型的生命价值表达和实践呈现。由此,《淮南子》主张从狭小的一隅之地走出来,迈向更为广阔的外部世界。《泰族训》云:

---

① 李泽厚、刘纲纪:《中国美学史》第一卷,北京:中国社会科学出版社1984年,第442页。

　　　　凡人之所以生者,衣与食也。今囚之冥室之中,虽养之以刍豢,衣之以绮绣,不能乐也,以目之无见,耳之无闻。穿隙穴,见雨零,则快然而叹之,况开户发牖,从冥冥见炤炤乎。从冥冥见炤炤,犹尚肆然而喜,又况出室坐堂,见日月光乎!见日月光,旷然而乐,又况登泰山,履石封,以望八荒,视天都若盖,江河若带,又况万物在其间者乎? 其为乐岂不大哉!

　　身处黑室之中,因为"日之无见,耳之无闻",所以无以为美。而当从穿过缝洞到开启门窗,再到走出家门直至登山攀顶,其审美境界逐层开阔,其审美观照所获得的美感也由"快然而叹之"到"肆然而喜",再到"旷然而乐",最终实现"为乐岂不大哉"的大美境界。《淮南子》所描述的大美之境,充分显现了开拓性的积极心态和高远的生命追求。人的生命存在不仅仅是满足物质层面的感官享受,而应该不断地寻求突破,超越狭小的生命空间,追求更为广阔无限的精神空间。而且,这种生命精神追求可以不断提升到更高境界。视野越大,面对的天地越宽广,人获得审美快乐也就越多。主体的审美志趣在不断超越有限的空间过程中,越来越趋向感性、阔大、高远。

　　同时,当人以大地主人的豪情面对大自然,就会以实践能力处处显现出自身的本质力量。在这过程中,人不断地创造着美,这里的美是合规律性与合目的性的统一。《淮南子》意识到,人类面对自然,利用自己的聪明才智,在实践过程中,只要顺应自然规律,就一定达到他的目的。《泰族训》中说:

　　　　禹凿龙门,辟伊阙,决江濬河,东注之海,因水之流也。后稷垦草发菑,粪土树谷,使五种各得其宜,因地之势也。汤武革车三百乘,甲卒三千人,讨暴乱,制夏商,因民之欲也。故能因,则无敌于天下矣。

《淮南子》对夏禹、后稷等圣人的歌颂,实际上是对自然规律同人的目的一致性、统一性的歌颂与信仰。人类正是在对外部世界的实践开拓中,把自己掌握的真(如"因地之势"、"因水之流")与实现善(如"大治")的本质力量充分显现出来。正如《氾论训》中所说:"古者民泽处复穴",不知制衣防寒暑,有"圣人乃作为之筑土构木,以为宫室,上栋下宇,以蔽风雨……而百姓安之。伯余之初作衣也……以便其用,而民得以掩形御寒";"古者大川名谷,冲绝道路,不通往来",后来发明了舟车,修筑了道路,于是打破了人类孤立隔绝的状态。随着人类社会的发展,实践领域的开拓,人类遵循着合规律性与合目的性相统一的法则,必然使人类社会的物质财富和精神文化得到发展,从而也不断扩大人类自身本质力量显现的范围。《淮南子》热情讴歌人类对外部世界的实践开拓,正是对人类自身创造美,实现真善美相统一的大美境界谱写的一曲赞歌!

第三节　大美的时空想象

《淮南子》以对空间的想象性描述和历史的理想性设计来建构那个时代人们对于民族国家审美时空的文化认同。时间和空间是《淮南子》关于宇宙概念的确定表达,"往古来今谓之宙,四方上下谓之宇"(《齐俗训》)。《淮南子》对国家空间的想象立足于大美的视野,以"中央"为国家空间想象的核心,并承载浓厚的人文色彩,将空间的自然秩序与人文秩序相统一,以满足大汉时代大一统社会文化需要。这样的大美空间在《淮南子》中无限广大、美不胜收,呈现出大道感性之美。《淮南子》以远古大道之初为想象性的大美时间,赋予其终极意义与最高生命价值,用来帮助人从现实中超越出来实现一种自由、纯粹的生命理想。《淮南子》通过一种超越性的时间设计来应对当下,去寻求一种社会之道的理想图景;同时又明确历史现实存在的必然,理性看待历史发展过程中人文"事"迹。

一、国家空间的大美想象

在中国传统政治文化观念中,国家概念是不断被丰富而确定的。甲骨文中的"国"字从口、从戈、从一;发展到宋代,"国"字从口、从玉,已经包含了疆域与王权的意义①。"国家"一词产生于周朝以后,"君子安而不忘危,存而不忘亡,治而不忘乱,是以身安而国家可保也"(《周易·系辞下》),含有邦国及家室之意。到了秦汉时期,"国家"一词接近公共统治机构的总体涵义,如贾谊《过秦论》:"延及孝文王、庄襄王,享国日浅,国家无事。"(《新书校注》)司马迁在《史记》中引项羽的话:"国兵新破,王坐不安席,埽境内而专属于将军,国家安危,在此一举。"(《史记·项羽本纪》)按照日本学者尾形勇的理解,中国传统政治文化中关于"国家"的概念包含了几个基本元素——统治者(君王)、人口以及以"天下"之名所表达的"国土"或"疆域"概念②。尤其是以"天下"之名指向的"疆域"空间意义的要素认知,是中国传统国家观走向成熟形态最为重要的内容。事实上,中国古代的天下观其实蕴含着一种超越性的空间想象,也是国家观的呈现。有学者认为,古代中国的天下观包含了"一组虽不相同但又相互关联和支持的概念,如以四方、四海见天下之方位,以中国和九州为天下之疆域,以天命、君、民定天下之秩序,以大公为天下之根本,以五服与九服视天下之格局,以华夏与夷狄定天下之内外、远近,等等"③。这其中,空间方位的要素是国家观念的基础。因此,从空

---

① 谭力、李海生:《中国早期的国家形态与国家观念》,《上海师范大学学报(哲学社会科学版)》1999年第1期。
② [日]尾形勇:《中国古代的"家"与国家》,张鹤泉译,北京:中华书局2010年,第194—195页。
③ 梁治平:《"天下"的观念:从古代到现代》,《清华法学》2016年第5期。

间地域的维度去建构国家意识体系,呈现出一种极具超越性的大美形态,自然就成了《淮南子》题中应有之义。《淮南子》关于国家的美好想象基于两点认知:一是从地理空间维度做想象性构筑,一是从文化维度赋予国家空间特定的含义,以形成"想象的共同体"。这一点,非常符合学者葛兆光对古代中国为国家所做的三重历史定位:一是地理空间上,由于天下的空间范围是动态调整的,"历代王朝中央政府所控制的空间边界,更是常常变化",故"历史上的'中国'是一个移动的'中国'";其二,"在文化意义上说,中国是一个相当稳定的'文化共同体'";其三,"从政治意义上说,'中国'常常不止是被等同于'王朝',而且常常只是在指某一家某一姓的'政府'"①。《淮南子》中的空间想象描述,正是对国家地域疆界的构想,以及明确指向"文化共同体"的价值诉求。

(一)空间想象的哲学思考

《淮南子》立足于大审美观,在空间表达上极力推崇以大为美。"《原道训》开篇的策略是用了空间的想象,即用了天地、四方、八极、四海、六合等空间的感觉来对照于道,说那些很'大'的空间指称相对于道仍然是'小'的,在这样的比较之下,使道成为可以想象的无限广大,并因此把道作为大于天地的存在而建立起来。"②陈静虽然认为,这里空间之大的论述是为了映衬"道"之至大,但不可否认的是,《淮南子》将"道"置于广阔空间之中,也是极为推崇空间之大的。文中多处说道:

---

① 葛兆光:《宅兹中国:重建有关"中国"的历史论述》,北京:中华书局2011年,第31—32页。
② 陈静:《自由与秩序的困惑——淮南子研究》,昆明:云南大学出版社2004年,第179页。

> 夫牛蹄之涔,无尺之鲤,块阜之山,无丈之材。所以然者何
> 也?皆其营宇狭小,而不能容巨大也。又况乎以无裹之者邪,此
> 其为山渊之势亦远矣。(《俶真训》)

> 又况乎以无裹之者邪,此其为山渊之势亦远矣。……故丘
> 阜不能生云雨,荥水不能生鱼鳖者,小也。(《泰族训》)

> 夫牛蹄之涔不能生鳣鲔,而蜂房不容鹄卵,小形不足以包大
> 体也。(《氾论训》)

每个生命体的存在发展都决定于所处空间。空间在这里不仅仅具有
外在形态上的属性,更蕴含生命发展的无限可能。无限广阔之空间
成为《淮南子》思考宇宙世界、万物生命的逻辑起点。《天文训》中描
述了宇宙万物生成的整个过程:

> 道始于虚廓,虚廓生宇宙,宇宙生气,气有涯垠,清阳者薄靡
> 而为天,重浊者凝滞而为地,清妙之合专易,重浊之凝竭难,故天
> 先成而地后定。天地之袭精为阴阳,阴阳之专精为四时,四时之
> 散精为万物。积阳之热气生火,火气之精者为日;积阴之寒气者
> 为水,水气之精者为月。日月之淫为精者为星辰。天受日月星
> 辰,地受水潦尘埃。

《淮南子》以道为先验性基础,创造出一个环环紧扣、富有体系化的宇
宙生成论。其基本路径为虚廓—宇宙—气—天、地—阴阳—四时—
万物。可以发现,《淮南子》将宇宙空间作为后面万物生成的基本条
件。宇宙生发出我们经验世界的创造物和最本质的元素"气",气分
类而成天地,天地袭合分成阴阳,阴阳协和呈现四时,阳气生火,火气
之精为日;阴气生水,水气之精为月。日月之精为星辰。《淮南子》一
开始就没有从我们今天所理解的科学层面去推演空间的构成,而是

以哲学的方式想象出空间的化生性。《淮南子》描述的空间并不是一个具有现代科学属性的客观对象,而是始终以"道"性为核心。这里的空间想象具有鲜明的生命感和灵动感。尤其是《淮南子》将宇宙空间与人相对应,"天地宇宙,一人之身也;六合之内,一人之制也"(《天文训》),就更加赋予了空间的生命感,促生了空间的人化和人化的空间。宇宙空间中万物都彼此关联,共同形成一个富有秩序感又兼具活力的生命大场域。

《天文训》中的空间想象以天象描述为主:

> 天有九野,九千九百九十九隅,去地五亿万里;五星,八风,二十八宿,五官,六府,紫宫、太微、轩辕、咸池、四守、天阿。

在《淮南子》关于"九野"的描述中,首要之地是"中央",其余四面依次构成"八方"。"五星"也具有相似设计,东、南、西、北依次对应五行之木、火、金、水,帝象分别为太皞(伏羲氏)、炎帝(神农氏)、少昊(黄帝之子金天氏)、颛顼(黄帝之孙高阳氏),但最核心的是居于"中央"的黄帝,五行对应土。关于"九野"出自《吕氏春秋·有始览·终览》,《淮南子》基本承袭,但赋予更多哲学意味。在《淮南子》中,"九野"天象空间系统的想象,是一个九天空间分布的哲学图景。在这个图景中,以"中央"("钧天")为中心,其他如东方、东北方等八方环绕四周;天象中的守神、地支分别对应所指向的地面空间,中央为都。可以发现,《淮南子》在天象空间的想象设计中,始终以中央为中心,其余各方协调一致,相互对应,有节奏地运行。于是,"中央"在《淮南子》中被赋予了特别的意味,代表统摄八方的中心,成为整个天象空间系统中最具权威、最神圣的位置。因此《原道训》中说:"泰古二皇,得道之柄,立于中央;神与化游,以抚四方。"泰古二皇立于中央,体道神游才能感化四方。

这种天象空间的想象对应到地理空间,《地形训》中描述了一个"九州"空间:

> 何谓九州? 东南神州曰农土,正南次州曰沃土,西南戎州曰滔土,正西弇州曰并土,正中冀州曰中土,西北台州曰肥土,正北沸州曰成土,东北薄州曰隐土,正东阳州曰申土。

古人认为"九州"有两个含义。最常见的理解就是指"神州"大地即中国之内的九个州。《尚书·禹贡》中记载为冀、豫、雍、扬、兖、徐、梁、青、荆,而在《尔雅·释地》与《周礼·夏官·职方氏》说法略有差异。《吕氏春秋·有始》中以"幽"代替"梁"。这也就是我们后来承袭下来的"九州"概念,并以此泛指中国。从文化地理学的意义上来说,这是古人关于中国政治地理疆域的自觉意识表达,是民族国家的早期空间想象。但这里提到的"九州"其实是一个大九州概念。据《史记·孟子荀卿列传》记载,战国时代阴阳五行家中的邹衍就有大九州的相似说法:"儒者所谓中国者,于天下乃八十一分居其一分耳。中国名曰赤县神州。赤县神州内自有九州,禹之序九州岛是也,不得为州数。中国外,如赤县神州者九,乃所谓九州也。于是有裨海环之,人民、禽兽莫能相通者,如一区中者,乃为一州。如此者九,乃有大瀛海环其外,天地之际焉。"邹衍第一次以"世界性"眼光来把握九州空间。《淮南子》在此基础上,更为详尽地想象性描述了"大九州"的空间,并与天象相通,建构起一个空间化的哲学系统。《地形训》中还说:"九州之大,纯方千里。九州之外,乃有八殥,亦方千里。"可见,在《淮南子》中所描述的由天象地形构筑的"天下"空间想象,已超出了中国空间的范围。这种空间疆域的大意识,意味着关于民族国家的空间观念的理性呈现。传统儒家基于王权的神圣性,对于国家的空间理解是"普天之下莫非王土"。顾颉刚曾提到,战国时人们已经把当时七国疆域及其四周文明未开之少数民族地域总看作"天下"，认为即世界之总面积，故秦皇刻石云"六合之内，皇帝之土"①。而《淮南子》的"大九州"概念，超越了传统的中国空间的想象，让人们对更大的天下空间有了无限的设计。

《淮南子》对于天下空间的想象并不仅限于抽象的九州方位的表达，更以神奇的想象力描述了周边海外各国情状。《地形训》中有对海外三十六国及其居民非常详尽的想象性描述。古人认为中国疆土四面环海，故称中国以外的地域为海外，或四海之外。因此这里所说的海外各国的想象可以看作是《淮南子》对于他者民族的一种身份区分。《淮南子》从地理疆界的空间描述中来确认当时中国的民族身份认同，即通过对他者的界定来强化自我的国家族群意识。事实上，自远古黄帝时期以后所形成的华夏认同感一直存在于中华大地，其间各地域人群都以"族源"来证明自己的华夏身份。历史上，春秋战国至汉代是华夏族群身份认同感形成的重要时期。吴、越、楚、秦等国都以华夏族群身份自居，称其之外的四方戎、狄、蛮、夷等地为"非我族类"（《左传·成公四年》）。随着社会历史的发展和文化演变，越来越多中华大地上的空间族群都慢慢融入到"华夏"民族身份集体之中。

（二）空间想象的文化意旨

《淮南子》的空间想象一直和现实社会关联，即将空间的自然秩序与人文秩序相统一。因此，国家空间的想象意味着对人的生存价值的追求，空间秩序也成为人所应当遵从的"人道"规范。《淮南子》中的所有天象与地形的空间想象中，都以"中央"为中心，并以此确定这个位置中的权力话语的神圣性和统摄性。帝者居中，一统天下，

---

① 顾颉刚：《顾颉刚读书笔记》第二册，台北：联经出版事业公司1990年，第1712页。

《淮南子》奠定了中国大一统王朝的价值信仰和先天合法性基础。

突出"中央"是《淮南子》空间观念的基础,并以此确定其他地域的规范性和序列性。先秦时期,《周礼》就提出"惟王建国,辨方正位"的观念,后世注者将"正位"释为"四方既有分别,又于中正宫室朝廷之位,使得正也"①。《淮南子》则通过对"中央"以外其他地域空间中的文化想象,来显示中心的自我意识和先天优越性。《地形训》先以"兑形小头"、"早知而不寿"等较为劣化的形象列举了东西南北各方地域中的人及农业生产状况,再对"中央"不惜赞美之语,以此明确其优越性特征:

> 中央四达,风气之所通,雨露之所会也,其人大面短颐,美须恶肥,窍通于口,肤肉属焉,黄色主胃,慧圣而好治;其地宜禾,多牛羊及六畜。

《地形训》中对不同空间的地理描述,带有明显的价值倾向,这里关于"中央"空间的表达即如此。《淮南子》秉持天、地、人同体、万物为一的理念,将地、人、物看作一个协调一致的有机系统,赋予地形空间、自然山川一种先天性的价值存在,于是,空间不仅带有客观自然的属性,更具有突出的人文色彩和价值地位。《时则训》中"五位"即如此:

> 东方之极,自碣石山过朝鲜,贯大人之国,东至日出之次,榑木之地,青土树木之野,太皞、句芒之所司者,万二千里。
> 南方之极,自北户孙之外,贯颛顼之国,南至委火炎风之野,赤帝、祝融之所司者,万二千里。

---

① 孙诒让:《周礼正义》,北京:中华书局 1987 年,第 1 页。

中央之极,自昆仑东绝两恒山,日月之所道,江汉之所出,众民之野,五谷之所宜,龙门、河、济相贯,以息壤堙洪水之州,东至于碣石,黄帝、后土之所司者,万二千里。

西方之极,自昆仑绝流沙、沈羽,西至三危之国,石城金室,饮气之民,不死之野,少皞、蓐收之所司者,万二千里。

北方之极,自九泽穷夏晦之极,北至令正之谷,有冻寒积冰、雪雹霜霰、漂润群水之野,颛顼、玄冥之所司者,万二千里。

"五位"看似是对各方空间的自然描述,其实在五行观念的基础上,带有明显的文化价值取向。中央之极交由黄帝、后土,就极富意蕴。黄帝在中国早期的人格形象建构中的位置不言而喻,其所在空间必定最为神圣和尊崇。而以中央为中心,"海外"三十六国被想象成为奇异的外族,围绕中央之土序次排列。同时,在充满自我优越感的中央文明形象比照下,一些边缘空间之国带有落后的面貌,形成中央(文明)与边缘(野蛮)二元对立的模式。《淮南子》在多处描述了这种景象。如《说林训》中有"西方之俕国,鸟兽弗群,与为一也"的落后描述;《原道训》中也说:"禹之俕国,解衣而入,衣带而出,因之也。"因此,"中央"成为一种文明优越的自我想象,唤起了这片空间中的人们对于文化自我认同的凝聚力。可以发现,《淮南子》赋予了中央一种神圣的意义。《地形训》曰:"昆仑之丘,或上倍之,是谓凉风之山,登之而不死。或上倍之,是谓悬圃,登之乃灵,能使风雨。或上倍之,乃维上天,登之乃神,是谓太帝之居。"昆仑山历来在中国古代的神话系统中被认为是地位最高的天神居住的地方,是天地的中心轴。这里作为"太帝之居"的昆仑山也具有"中"的神圣地位,居于此地的太帝可以对周围的天地时空进行象征性的控制。

《淮南子》的空间想象中,最富有政治向度的就是关于帝者、王者、霸者与君者各自权力空间的文化设计。《本经训》中构想了四类不同空间层级下的治国之理,"帝者体太一,王者法阴阳,霸者则四时,君者用六律"。帝者居于太一空间即万物混沌的"元气"空间,遵循大道之天性,无为而治,这样就能"明于天地之情,通于道德之伦,聪明耀于日月,精神通于万物,动静调于阴阳,喜怒和于四时,德泽施于方外,名声传于后世"。王者居于阴阳空间,设定人文规制作为准绳,实行仁政,修身服人。霸者居于四时空间,顺四时法度,自然有为,取予有节,实行宽容公正之术。君者居六律空间,需谨慎守权,衡用法度,伐乱禁暴,乘时因势,才能捕获人心。不同层级空间有各自的治国之本和应行之道,一旦发生错乱,就会"帝者体阴阳则侵,王者法四时则削,霸者节六律则辱,君者失准绳则废"。从上述四类空间治理可以看出,大一统社会中,中央与地方各自权利空间需差异化设置,不同空间的权利方式相对固定。事实上,这里隐含着《淮南子》关于大汉时代中央权力空间和各自王国权力话语的理想格局设计,即各行其是,互不相扰,不同的政治实体应当有适合自己的治政方略,"贵贱不失其体,而天下治矣"。否则,"小而行大,则滔窕而不亲;大而行小,则狭隘而不容"。

很显然,《淮南子》空间想象中"中央土"的提出和层级化治国之道,都是为大一统时代国家所设计的文化价值体系。这样的一种想象格局既是对一个广阔无边、号令天下大美时代的空间认同,也是为应对各地空间权力挑战而提供的中央统治合法性的价值基础。西汉立国之初,实行异姓郡国分封制。各诸侯国拥有较大的军事政治权利,甚至一度威胁中央政权。于是,汉高祖改变分封宗室子弟为诸侯王的制度,建立新的统治框架,但仍未从根本上改变中央与地方二元对立的局面。因此,汉代初期一个重要的问题就是如何实现中央对地方政权的有效控制,来真正实现一个中央集权的大一统王朝。当然,这种控制不仅是政治话语权的控制,更多应寻找一个文化价值信仰体系,从根本上维护大一统王朝的稳定局面。偏隅淮南国的刘安及其宾客,处在大一统中央集权国家的环境中,希望通过《淮南子》中这种大国空间格局的文化建构,从日益危险的困境中解脱出来,既维护大一统王朝又保全自身。这种文化意识形态的建构,是以刘安为代表的那个时代知识分子的价值选择。《地形训》中"凡八殥八泽之云,是雨九州",建立起了一个围绕九州中央之土的向心结构。因此,《淮南子》处处强化控制四方的中央观念,突出作为中央的帝国地位,而且用统一模式规范世界,营造天下一家的大美空间。《俶真训》中:"夫天之所覆,地之所载,六合所包,阴阳所呴,雨露所濡,道德所扶,此皆生一父母而阅一和也。是故槐榆与橘柚合而为兄弟,有苗与三危通为一家。"一定程度上来说,《淮南子》凸显了大汉时代所创建的强大王朝所拥有的天下地理观念,并且将具体的国家疆域想象为一个具备先天价值、享有崇高地位的核心空间。这个空间包容其所有成员,并将每一个空间组织都严密地镶嵌其中,《天文训》中说:

> 甲齐,乙东夷,丙楚,丁南夷,戊魏,己韩,庚秦,辛西夷,壬卫,癸越。子周,丑翟,寅楚,卯郑,辰晋,巳卫,午秦,未宋,申齐,酉鲁,戌赵,亥燕。
>
> 甲戌,燕也;乙酉,齐也;丙午,越也;丁巳,楚也;庚申,秦也;辛卯,戎也;壬子,代也;癸亥,胡也,戊戌、己亥,韩也;己酉、己卯,魏也;戊午、戊子,八合天下也。

第一则例文以干支来指向各国,第二则呈现八合的大小之"会"与天下邦国的地域对应关系。《淮南子》将各国统一于天象的体系中,从而为大一统国家设置一个结构空间上的合法性基础。这里的结构秩序虽还没有董仲舒《春秋繁露》伦理性的固化设计,但也昭示《淮南子》作者所代表的那个时代知识分子在为大一统社会建构理想的政治文化价值体系的努力。

从中华民族文化凝聚力的形成过程来看,自汉王朝形成的坚定而稳定的大一统社会格局是中国国家政治文化传统的基础,而《淮南子》所建构的这样一个中央为核、辐射八方的大美空间观念,成为中华民族向心而生、永恒持久的重要精神根基。

(三)空间想象的感性之美

《淮南子》的空间想象落实到天地自然,立刻从抽象的疆域概念演化为无限丰富性的感性之美。这种美无处不在,无奇不有。《淮南子》以极其优美的语言描述了一幅色彩斑斓的美的图景:

> 天气始下,地气始上,阴阳错合,相与优游竞畅于宇宙之间,被德含和,缤纷茏苁……万物掺落,根茎枝叶,青葱苓茏,崔蒐炫煌,蠉飞蠕动……浩浩瀚瀚。(《俶真训》)

《淮南子》熔天、地、人于一炉,展现出一幅上天大地无比恢宏壮美的景象。如《地形训》中,它以夸张的笔触为我们描绘出一幅疆域广阔的中华地图:

> 阖四海之内,东西二万八千里,南北二万六千里,水道八千里,通谷六,名川六百;陆径三千里。禹乃使太章步自东极,至于西极,二亿三万三千五百里七十五步;使竖亥步自北极,至于南极,二亿三万三千五百里七十五步。

这里,外部世界的"无上"、"无下"、"无极"、"无形",以及"四海"、"太山"、"江河",构成一幅幅无比壮美的色彩斑斓的美的图景,它使人无限向往。而那种拘泥于一隅之地的小美,是不具备雄浑壮大的气魄的。

作者热情讴歌这美丽和谐的自然和生命之美。在《地形训》中又历数了天地之间各种自然产物之美：

> 东方之美者,有医毋闾之珣玗琪焉。东南方之美者,有会稽之竹箭焉。南方之美者,有梁山之犀象焉。西南方之美者,有华山之金石焉。西方之美者,有霍山之珠玉焉。……东北方之美者,有斥山之文皮焉。中央之美者,有岱岳以生五谷桑麻,鱼盐出焉。

《淮南子》以极富夸张想象的文字尽情盛赞不同地域物质财富的美好。这里的美,无限丰富而不可穷尽,整个中华大地,美不胜收。《淮南子》将儒、道两家内向性的审美追求开拓到外部现实世界,美也从内在的个体人格之美走向了丰富多彩的物质世界之美,实现了内美和外美的统一。同时,《淮南子》第一次全面、体系化地提出"二十四节气"的运行规律,并继承《吕氏春秋·十二纪》将每一节气对应每个空间方位,呈现时空协调一致之美。

二、国家时间的大美想象

在时间维度上,《淮南子》对于国家的大美想象是一种反向的时间呈现,将最美好的社会理想返回到远古时期。但是,这种回溯式的时间表达并非简单的复古倒退,而是《淮南子》以一种超越性的时间设计来对应当下,去寻求一种社会之道的最好呈现。

(一)原初时间的大美设定

在《淮南子》关于"时间"的叙述中,带有非常明确的价值判断。这主要体现在《淮南子》对于那个最能接近大道的原初时代的时间设定。无论是《俶真训》中将时间追溯到伏羲氏之前,不以该世为至德,还是《览冥训》中以伏羲氏之世为上限,抑或《本经训》中界定为容成氏之时,虽说法各异,但《淮南子》对此都有着非常一致的基本观念。

这种观念建立在一个基本的价值判断基础上,即这些时间起点上的远古时代是大道盛行之世,天性最为纯粹,人性最为淳朴。自此之后,随着历史的演进,大道不存,天性受到侵蚀,人性浇漓。因此,单从这些时间的历史描述来看,这是一种复古非今的历史退化论。

　　然而,在《淮南子》中,这些历史最初点的时间表达还另有深意。原初时间的想象寓含了某种理想范式的先天性设定,即这些"太一"、"至德"或"太清之治"的时代,是作为最高生命境界的价值目标。人们只有通过领悟这些理想时间段中的大道精神,才能接引、召唤至自己现实生存的当下时代。《淮南子》关于远古的时间想象,其实际意义在于将一种至纯的生命理想落实于当下的时空之中,以此为目标去实现现实生命的超越性。因此,《淮南子》中关于"上古"、"至德之世"或"太一"等时间段的历史描述,其实并不是为了返回过去而"过去",而是为了当下而"过去"。《俶真训》开篇云:"有始者,有未始有有始者,有未始有夫未始有有始者。有有者,有无者,有未始有有无者,有未始有夫未始有有无者。"这段最为拗口却又逻辑明晰的话语描述了七个阶段的宇宙历史进程。胡适在对此段的解读中,将宇宙历史的次序进行了调整。在他看来,最先开始的是"有未始有夫未始有有无者",此时一切未开;继而"有未始有夫未始有有始者"、"有未始有有无者",气是唯一的元素;"有未始有有始者"时,天地、阴阳已分;"有始者"开始产生物类征兆,"有有者"意味着万物已生;"有无者"已经有了无限之空间①。无论怎么理解这段宇宙生成进程,《淮南子》所描述的那个宇宙时间的起点都是一个无限开放的时间点,可以无限向前追溯。某种意义上来说,这就消解了关于宇宙史的客观知识的阐释可能。其用意不在于客观的历史呈现,而在于主观的当下立场的一种希求,即那个先验性的远古时间就是我们当下对照的

① 胡适:《中国中古思想史长编》,合肥:安徽教育出版社 2006 年,第 138 页。

原点,帮助我们在现实人生中不迷失自己。

于是,《淮南子》所描述的历史发展,从"至德之世"到"伏羲氏"、"神农、黄帝",再到"昆吾、夏后之世",以及"周室之衰",是一个"道散而为德,德溢而为仁义。仁义立而道德废"的变化过程。这期间,大道衰减,仁义发生,也是历史发展的必然。"道德"虽是生命的最高境界,但对于现实人生来说,人文规制已成为更具有效性的价值存在。那么,每一个历史时间都具有了自身的意义和价值。"历史的时间却为具体而有生命的实体,而且一往无回顾。它是浸泡事件的血浆,也是使事件成为可以理解的场所。"①这就是说,在从"至德之世"延续到当今时代,其间的时间都已成过眼云烟,但《淮南子》可以远古时间点为价值参考,去观察、揭示每一个时间段中的历史发生的变化规律,来体悟、获求隐藏在事象背后的超越意义。这样的时间特征被学者黄俊杰定义为"超时间":"中国人所认知的'时间'概念与人文关怀紧密相系;历史上的'时代'就是'时间'的会串、整合与界分;所谓'超时间'乃是从各时代中提炼出的典律范型;而经由人们的描摹叙述,'时间'会经由口语及文书而被转化成'历史'抽象的'超时间'概念实取自'时间',俯瞰着'时间'的流转,并且贯穿了整部'历史'的发展。"②一定意义上,《淮南子》想象中的理想社会"时间"设定就寓含了黄俊杰所说的"超时间"特质。这个原初的大道盛行的时间对照不同的历史时空,净化、俯视后续发展过程中的一切历史图景,将其间的生命存在超脱出来,引向大道的永恒之境。因此,《淮南子》关于远古时间的想象承担了最重要的功能,即赋予其终极意义与最高

① [法]马克·布洛克:《史家的技艺》,周婉窈译,台北:远流出版事业股份有限公司1991年,第33—34页。
② 黄俊杰:《传统中国历史思想中的"时间"与"超时间"概念》,《现代哲学》2002年第1期。

生命价值,用来帮助当世人从现实中超越出来实现一种自由、纯粹的生命理想。它作为《淮南子》关于历史时间的想象,是一个"直观的形式"。但是,《淮南子》也认识到,历史发展的客观现实是丰富复杂的,每一个时间点上的事件都充满了变数,《览冥训》先描写了"往古之时,四极废,九州裂;天不兼覆,地不周载;火爁炎而不息,水浩洋而不息;猛兽食颛民,鸷鸟攫老弱",于是"女娲炼五色石以补苍天,断鳌足";再到"昔者黄帝治天下,而力牧、太山稽辅之,以治日月之行律,治阴阳之气;节四时之度,正律历之数"。可以发现,正是因为这些具有神人人格的英雄"不彰其功,不扬其声,隐真人之道,以从天地之固然",才创造了丰功伟绩。在长期的历史发展中,不同时段的英雄或也都创造了属于自己这个时段的事业,也都在朝向人的生命精神之"道"的路途上努力。正是因为不同时间点上的道德人物如皇帝、伏羲等三皇五帝的实践有为才能将高悬于远古"时间"的大道精神具体化。

(二)大美时间的现实表达

《淮南子》虽然持守大道的原初状态,极力称颂远古时代,但也清醒意识到那个时代"火爁炎而灭,水浩洋而不息;猛兽食颛民,鸷鸟攫老弱",并不主张人们返回到那样一个人兽杂居、混沌未开的原始状态,也不想回到老庄所畅想的"小国寡民"的社会。那么,面对一个大道不返的现实,如果还固守原初之道,很显然就不合时宜了。《氾论训》云:

> 古者人醇工庞,商朴女重,是以政教易化,风俗易移也。今世德益衰,民俗益薄,欲以朴重之法,治既弊之民,是犹无镳衔橛策锬而御马也。昔者,神农无制令而民从,唐、虞有制令而无刑罚,夏后氏不负言,殷人誓,周人盟,逮至当今之世,忍訽而轻辱,贪得而寡羞,欲以神农之道治之,则其乱必矣。

《淮南子》慨叹那个"无制令而民从"的时间状态已经一去不复返了。既然对那个纯粹的远古不再做恢复的幻想，那么就应该回到当下，面对现实情境，实事求是地采取合时之策。很显然，因为时间的变化，时事推移，对应其时的"神农之道"并不能应对当下。在理性面对历史发展的客观情势之下，一定程度上，《淮南子》肯定了人文规制对于现实社会的必要性和合理性，《本经训》中说：

> 古者圣人在上，政教平，仁爱洽，上下同心，君臣辑睦，衣食有余，家给人足，父慈子孝，兄良弟顺，生者不怨，死者不恨，天下和洽，人得其愿。

《淮南子》在这里同样描述了一个人文规制为主导的理想社会图景。其间君臣和睦、父慈子孝，家国和谐，天下融洽，营造了浓浓的仁爱氛围。很显然，在现实环境中，在"持以道德"基础上，"辅以仁义"（《览冥训》），依然能够创造理想的社会。作为补救人性缺陷的仁义礼乐适时而生，不能缺失，"上世体道而不德，中世守德而弗坏也，末世绳绳乎唯恐失仁义"（《缪称训》）。所以，那个远古时间中的理想社会，虽作为人们返性于初、实现生命最高境界的价值目标设计，但并不能化为人人通达大道的终点。《淮南子》更多的用意旨在为当下的现实生命提供一个可以追求的理想价值目标，并"神化"民性，最终实现一个儒道互融，有理想、有作为，有自由、有规制的盛世图景。于是，面对现实，《淮南子》对其所处的大一统时代不吝赞美之词。《览冥训》赞美其所处的刘氏王朝：

> 逮至当今之时，天子在上位，持以道德，辅以仁义；近者献其智，远者怀其德；拱揖指麾，而四海宾服；春秋冬夏，皆献其贡职；天下混而为一，子孙相代，此五帝之所以迎天德也。

可见,《淮南子》是有着清晰的历史大局观,特意突出"天下混而为一",并将其提升到"天德"高度。《淮南子》一方面持守大道原初,以远古时间的理想状态作为一种价值目标,同时又明确历史现实存在的必然,理性看待历史发展过程中人文"事"迹。这样,《淮南子》时间化的描述意味着不仅仅是还原到远古一个固定的点,使人返性归真,或只聚焦于当下;而且,强调了在时间变化延续的过程中,一切事物都在发生变化,这就需要人们因时而为,确立一种通变思维。《泰族训》:

> 夫物未尝有张而不弛,成而不毁者也,惟圣人能盛而不衰,盈而不亏。……故圣人事穷而更为,法弊而改制,非乐变古易常也,将以救败扶衰,黜淫济非,以调天地之气,顺万物之宜也。

圣人之治能长盛不衰在于"顺万物之宜",依循事物的现实变化,在不同情势下更为、改制、易常。《淮南子》虽坚守大道之初,但高度重视"时间"对社会历史发展的影响,因此不再以某一凝固的时间点(如历史上的某个清明盛世)来作为其他时段社会政治评判的永恒标准。而且,《淮南子》非常明确地对崇古循古现象加以批判,《氾论训》:"王道缺而《诗》作;周室废、礼义坏而《春秋》作。"任何文化经典都是特定时代语境中的产物,不必盲目奉为圭臬。一方面,仁义礼乐等人文规制仍然只是补救之策,还需以道德为本,"仁义之不能大于道德也,仁义在道德之包"(《说山训》),同时,仁义礼乐更要随着社会的变化而因时以变,"与世推移"(《要略训》)。《淮南子》关于大美时间的远古想象,是一种文化理想建构的叙事策略。面对现实情境,如何选择一种切实有效的文化方案,既能应对变化中的时事,又能不忘本心,坚定地朝着大道前行,《淮南子》煞费苦心地提供了一套文本设计。《要略训》中所言"若刘氏之书,观天地之象,通古今之事",正是以空间与时间相统一来寻求一个具有普遍性的大道之理。《淮南子》用时间来规定那个固有的大道理想，又用时间来解决时事推移过程中大道不再的现实问题。

《淮南子》关于国家的空间想象充满了时代的审美豪情，体现了汉初大一统社会政治的文化理想。在自然疆域描述的基础上，《淮南子》赋予空间结构一种人文的秩序设计，尤其突出"中央"概念，强化了中华文化国家认同的凝聚力。这种大美空间观念最终升华为一种充满凝聚力的国家价值信念。《淮南子》关于时间的远古想象是作为一种理想的生命价值追求来设计的。这种时间性的想象既体现了中华文化对传统历史的尊重，也保有对历史发展的通变理解。《淮南子》关于空间和时间的大美想象构筑起了大汉时代文化共同体，进一步强化了关于国家观念的审美认同。

第五章　审美人格论

中国古典美学始终关注、探索的是人自我存在的价值、生命存在的意义,"人作为人所应有的意义和价值的充分肯定,始终是中国美学的根本"①。因此,追求理想的人格精神和完美的人生境界是中国美学的最高旨趣。《淮南子》产生于百家争鸣之后、思想界出现"百川异源而皆归于海"(《氾论训》)的大融合的汉初时代,这个时代包容并蓄的阔大胸襟和理论思维方式以及自由奔放的文化格局,为《淮南子》美学思想中人格理论的建构创造了难得的机遇。先秦儒道关于人格理想都有形象建构。老子多称圣人,庄子中有至人、神人、真人。《淮南子》中人格形象称谓较为复杂,多处称为圣人,如《原道训》六处称圣人,《俶真训》九处称圣人;《俶真训》、《精神训》共有七处称真人。此外,还有多处至人、神人称谓。《淮南子》在先秦儒家伦理人格与道家哲学人格相融合的基础上,将人格理论的视域从个体的内在品德修养拓展到外在的功业实践中,为中国古代文人的人格追求设计出一种理想的价值范式。

第一节　圣人人格论

圣人的观念,历来多有阐述,其内涵各不尽同。先秦儒家的圣人

① 李泽厚、刘纲纪:《中国美学史》第一卷,合肥:安徽文艺出版社1999年,第31页。

观以孔子为代表,他提出"德业兼备"的圣人观念。"仁"是德的主要
内容,同时,以仁心的自觉为出发点,自觉觉他,必定以道济天下为己
任,追求外在功业。在道家那里,圣人又称为"神人"、"至人"。所谓
"至人无己,神人无功,圣人无名"都强调要淡泊名利,顺应自然,虚静
无为。其圣人观注重人的精神自由,追求一种独立逍遥超脱尘世的
理想人格。因此,圣人从具体的言行、存在而上升到人生审美境界,
"一是圣人变成了广泛意义的价值标准的化身,二是圣人转化成了最
高精神境界的象征"①。

　　《淮南子》也把圣人作为自己人格美的理想范本。在《淮南子》
中,圣人还可以指涉真人、神人、至人等人格特征,甚至意指更为现实
性的君子人格内涵。不同的称谓表达,一定程度上体现出《淮南子》
人格形象的价值偏重。但总体上来看,《淮南子》的人格理想立足于
圣人形象,呈现出儒道相融的特征,"明于天道,察于地理,通于人情,
大足以容众,德足以怀远,信足以一异,知足以知变者,人之英也"
(《泰族训》)。在《淮南子》看来,因为实现了个体生命意义的终极追
求与现实人生有所担待的统一,圣人才称为人格理想的范本。具体
来说,《淮南子》圣人人格具有超越性、有为性和现实性品格内涵。

一、超越性品格

　　《淮南子》中超越性品格往往体现在真人、至人和神人的人格描
述中,呈现为超越世俗空间的精神追求或人格想象。

　　《淮南子》中的圣人人格从天之则,上承道家圣人观,以大道天
性、自然无为作为人格理想的审美特征。在这个维度上,圣人与真
人、至人精神互通,称谓互用。《精神训》中明确了真人的品格内涵:
"真人者,性合于道也。故有而若无,实而若虚。处其一不知其二,治

①　王文亮:《中国圣人论》,北京:中国社会科学出版社1993年,第14页。

其内不识其外；明白太素，无为复朴，体本抱神，以游于天地之樊，芒然仿佯于尘垢之外，而逍遥于无事之业。"这里的"真人"超凡脱俗，离世卓立，精明纯一。《本经训》："是故神明藏于无形，精神反于至真，则目明而不以视，耳聪而不以听，心条达而不以思虑；委而弗为，和而弗矜；真性命之情，而智故不得杂焉。……故闭四关则身无患，百节莫苑，莫死莫生，莫虚莫盈，是谓真人。"此处"真人"不以有形为依托，不以感官视听为路径，不以智谋为思虑，而在于返性归真，就能通达生命最高境界。

有时《淮南子》又以"至人"并称，《精神训》：

> 夫至人倚不拔之柱，行不关之途；禀不竭之府，学不死之师；无往而不遂，无至而不通；生不足以挂志，死不足以幽神；屈伸俯仰，抱命而婉转；祸福利害，千变万纷，孰足以患心？若此人者，抱素守精；蝉蜕蛇解，游于太清；轻举独往，忽然入冥；凤皇不能与之俪，而况斥鹦乎？势位爵禄，何足以概志也！

此处，至人能体道神游，实现想象中的生命最高境界。其以道体性，生命存在不以生死为重，在于保全天性，固守精神。另《精神训》："若夫至人，量腹而食，度形而衣；容身而游，适情而行"，这里的表述类似于庄子《齐物论》中描述："至人神矣，大泽焚而不能热，河汉沍而不能寒，疾雷破山而不能伤，飘风振海而不能惊。若然者，乘云气骑日月，而游乎四海之外"，都指向一种神游体道的审美生命境界。

由此，以持守大道为最高价值目标，《淮南子》将圣人人格放置于真人、至人同一层次，主张圣人也应以天性自然为本。《淮南子》认为，人的本质与道相统一，"身者，道之所托也，身得则道得矣。道之得也，以视则明，以听则聪，以言则公，以行则从"（《齐俗训》），所以圣人应遵守天道，顺乎天性，自然而然，保持对生命的本真追求。《诠言训》说:"圣人……不为善,不避丑,遵天之道;不为始,不专己,循天之理;不豫谋,不弃时,与天为期;不求得,不辞福,从天之则。"《淮南子》又多处论述圣人无为自然的超越性人格内涵:

> 故圣人不以人滑天,不以欲乱情,不谋而当,不言而信,不虑而得,不为而成,精通于灵府,与造化者为人。(《原道训》)
>
> 是故圣人以无应有,必究其理;以虚受实,必穷其节;恬愉虚静,以终其命。是故无所甚疏,而无所甚亲;抱德炀和,以顺于天;与道为际,与德为邻;不为福始,不为祸先;魂魄处其宅,而精神守其根;死生无变于己,故曰至神。(《精神训》)

可见,《淮南子》规定了圣人人格的超越性价值目标,即以道为本,返性于初,"是故圣人托其神于灵府,而归于万物之初"(《俶真训》)。也正是这样的圣人人格最高点的设计,中国历代知识分子无论处于何种境地,也总能在此找到价值皈依,寻求精神之栖居地。

《淮南子》超越性人格还体现在神人形象描述中。相比于真人、至人虚幻抽象的形象显现,《淮南子》关于神人人格表达多在具体的神话叙事呈现中。在神话中,神人具备神化的能力。神人形象承载了受制于自然条件下的人们对于超越性人格的一种向往,也体现了人们对自然世界的想象性把握。《淮南子》中代表性的神人形象是黄帝,其具有超出凡人的神化特征。《说林训》:"黄帝生阴阳,上骈生耳目,桑林生臂手,此女娲所以七十化也",按高诱的注解:"黄帝,古天神也。始造人之时,化生阴阳。"①这里的黄帝与女娲一样,是被看作创世之神的。《天文训》中对五方空间的想象性描述中,黄帝不仅化身为神,而且位居天象之"中央","其帝黄帝,其佐后土,执绳而制

---

① 转引自刘文典:《淮南鸿烈集解》,北京:中华书局1985年,第561页。

四方,其神为镇星,其兽黄龙,其音宫,其日戊己"。黄帝居于最为中心的地位,并且统摄四方,受众神辅佐,对应世俗空间的君王不可动摇的中央权威性。由此《淮南子》以神人叙事的方式奠定了中华文化中黄帝人格形象的民族认同地位。《史记》在"五帝本纪"中也有黄帝使风后、力牧、常先和大鸿四人分使四方的描述,也将黄帝作为中央之神看待。有学者考证,"战国时代的黄帝已经作为共同先祖的地位获得广泛的承认,然而只有到了汉代,黄帝才被以中央之帝和华夏民族共同始祖的地位确定下来,从而延续了战国以来所逐渐形成的对黄帝的广泛认同,成为中央权威的象征"①。

除黄帝之外,《淮南子》中还描述了其他神人形象,《原道训》中:

> 泰古二皇,得道之柄,立于中央;神与化游,以抚四方。是故能天运地滞,转轮而无废。水流而不止,与万物终始。

高诱注:"二皇,伏羲、神农也。指说阴阳,故不言三也。"②伏羲、神农在《淮南子》中多被描述为神人形象。他们能让自然、人事、天运和谐一致。此外,女娲也是《淮南子》中神人形象之一。《览冥训》有关于女娲补天的神话描述:"往古之时,四极废,九州裂,天不兼覆,地不周载,火爁炎而不灭,水浩洋而不息,猛兽食颛民,鸷鸟攫老弱。于是女娲炼五色石以补苍天,断鳌足以立四极,杀黑龙以济冀州,积芦灰以止淫水。苍天补,四极正,淫水涸,冀州平,狡虫死,颛民生。"自此,女娲被看作中国神话谱系中的创世之神。无论黄帝、伏羲、神农还是女娲,这些神人都有相似的人格特征。一是形象上的想象性夸

---

① 黄悦:《神话叙事与集体记忆:〈淮南子〉文化阐释》,广州:南方日报出版社2010年,第114页。

② 转引自刘文典:《淮南鸿烈集解》,北京:中华书局1985年,第2页。

饰，如《修务训》中"若夫尧眉八彩，九窍通洞"的尧，"二瞳子，是谓重明"的舜，"耳参漏，是谓大通"的禹，甚至"四乳，是谓大仁"的文王等，这些关于远古帝王奇异貌相的描述进一步烘托出神人的超凡特性。二是这些神人被人们想象成为拯救苍生、创建时空的伟大英雄形象。这一点又使得神人人格在神话想象中粘附上现实人间的人文情怀。

总体来看，《淮南子》中圣人人格中真人、至人、神人等形象呈现，或以无为本、去情返性，或拥有超凡的神化能力，显示出超越性品格。这些超越性人格特征是《淮南子》先验性的理想设计，成为人们一种想象性的人格价值追求。因此，《淮南子》中超越性人格形象设计的根本用意在于将个体生命赋予宇宙生命的普遍意义。当人处于世俗尘世之中时，这种超越性人格作为本质意义上的人性复归来理解，或作为原初之点上的价值目标来进行人生参照。

二、现实性品格

在设定了圣人人格的超越性价值目标后，《淮南子》又赋予了圣人更具现实气息的人文道德品格。个人之德外化为道德榜样性的社会规制，就具备了普遍性的社会价值和意义。一定意义上，圣人形象在《淮南子》中已经从虚幻想象之境来到了世俗人世，成为人们现实生活中可以效仿追求的具体人格。《原道训》中描述了后世人们对于舜的美好道德人格的追随：在他曾经耕作的历山、垂钓的河滨，"田者争处埂埒，以封壤肥饶相让"，"渔者争处湍濑，以曲隈深潭相予"（《原道训》），形成一种争相谦让、你敬我爱的理想社会道德氛围。《修务训》中的神农，不仅被塑造成"教民播种五谷，相土地宜，燥湿肥墝高下"，一心为民亲自耕作的有为贤君，更是"尝百草之滋味，水泉之甘苦"，"一日而遇七十毒"，具备高尚品德的圣人。于是，这些圣人形象成为普通民众可以触及、具备人性温度的人格标榜。《氾论训》中:"故炎帝于火,死而为灶;禹劳天下,死而为社;后稷作稼穑,列而为稷;羿除天下之害,死而为宗布。此鬼神之所以立。"这些圣人在被后世列为具有美好品德的大善者同时,也具有明显的道德意味,甚至成为人们世俗生活中的神化人格崇拜。

《淮南子》的圣人观不在于重复道家的真人、至人观,而以大道持守为目标,将人格精神和意义推向更为现实的人生图景中。《俶真训》:

> 据难履危,利害陈于前,然后知圣人之不失道也。是故能戴大员者履大方,镜太清者视大明,立太平者处大堂,能游冥冥者与日月同光。是故以道为竿,以德为纶,礼乐为钩,仁义为饵,投之于江,浮之于海,万物纷纷,孰非其有!

在这里的圣人人格体系中,道、德、礼乐、仁义都包含其中,每一个价值点都成为圣人人格的存在要素。在《俶真训》的描述中,德与礼乐仁义为历史必然产物,它们与道一起构成圣人不同历史情境下的人格层次。不仅如此,《淮南子》甚至将礼义的坚持提升到生死之上,《精神训》:"君子义死而不可以富贵留也,义为而不可以死亡恐也。彼则直为义耳,而尚犹不拘于物,又况无为者矣。"以义而死即便富贵在身也不贪恋,以义而为即便死亡来临也不惧怕,更何况不拘于物的精神无为,这几乎将礼义等道德品格趋向无为之道的境界了。可以看出,在《淮南子》的圣人人格理论中,以道为本,以德为显,强化仁义礼乐,从而形成了儒道互融的新价值体系。

《淮南子》中,德的地位不断彰显,礼乐仁义成为一种重要的辅助手段逐渐出现在各个理论表述中。在人格要求上,《说林训》:"人先信而后求能。"《诠言训》:"天下不可以智为也,不可以慧识也,不可以事治也,不可以仁附也,不可以强胜也。五者,皆人才也,德不盛,不能成一焉。德立则五无殆,五见则德无位矣。"智、慧、事、仁、强都要以"德"为基础为前提。作者肯定了这五种人格能力要素,但明确,不能无"德"而强用这五种能力。就此,《淮南子》谈人格理想,并没有停留在大道之德,而是以德为显,将其放置在礼乐仁义社会关系中,从人文规制中去谈圣人人格应有的品德。以此为起点,《淮南子》阐释了圣人的几种现实性品格。

一是正确看待"名"。春秋即有"太上有立德,其次有立功,其次有立言,虽久不废,此之谓三不朽"(《左传·襄公二十四年》)之说,其中立德、立功、立言都为后世留名,是"立名"的内容形态。孔子说:"君子疾没世而名不称焉"(《论语·卫灵公篇》),是说君子担心死后名不留世。孔子之意强调君子需真正有德,自会传名。人爱惜名声,并希望通过自己言行能够留名后世,这本身就体现了中国知识分子自我道德提升的个体需求,"三不朽"也成为了中国文人生命价值存在的最高目标,甚至内化为文化心理结构。同时,老子又说"是以圣人……光而不耀"(《老子》第五十八章),突出圣人人格以内在道性为主,摒弃外在名形之物。《淮南子》对于"名"有着更为现实的思考。首先,《淮南子》并非不讲"名",《修务训》中列举的大量先贤圣人都是后世留名的人格典范。同时,《淮南子》又批判了一味寻求虚名而丢失本心的功利性行为。《诠言训》中说:"名与道不两明,人受名,则道不用,道胜人则名息矣,道与人竞长。章人者,息道者也。人章道息,则危不远矣。故世有盛名,则衰之日至矣。"《淮南子》将名放置在道的价值语境中,以此来约束人对于名的过度追求。《淮南子》主张人格之美在于道的持守,而不在于名的彰显。正是从这个意义上,《淮南子》批判了世俗之人以礼乐仁义之名行功利性之事。在《淮南子》看来,礼乐仁义之善行本身是没有问题的,只是因为人争相为名而行,"善有章则士争名,利有本则民争功利,二争者生,虽有贤者,弗能治"。一旦人为名而去争利,就会严重威胁社会的和谐安稳。

"故圣人掩迹于为善,而息名于为仁也","修行而使善无名,布施而使仁无章",这就要求圣人既仁善可为又不为名而显。《齐俗训》中讲了一个故事,子路救人接受谢礼,自此鲁国救助风气盛行;子贡出钱赎回鲁国奴隶,却不接受国家规定给与的赎金,结果没人去赎回本国奴隶。孔子对此作了非常明晰的评价,批评了子贡的行为。这是因为子贡破坏规矩,将善事变成一种道德绑架,盛名之下其实难副,影响了民众做好事的积极性。因此,"廉有所在,而不可公行也。故行齐于俗,可随也。事周于能,易为也。矜伪以惑世,伉行以违众,圣人不以为民俗"(《齐俗训》)。这就表明,圣人并非一味脱离世间民众的价值理解,其行为要符合大众的真实心理习惯,才会受民众仿效追随;行事需结合现实社会规则,才能实现主观价值目标。如果为名所困,用矜持虚伪态度迷惑世人,用貌似高尚的行为背离民众的心理习惯,最终会阻止真正的善,这正是仁义礼乐为名而为的害处。可以看出,《淮南子》在这里赋予了圣人人格务实求善的品格。由此,《诠言训》中对圣人形象做出明确表达:"圣人……通而不华,穷而不慑,荣而不显,隐而不穷,异而不见怪,容而与众同,无以名之,此之谓大通。"

二是"以屈求伸"而成大道。《泰族训》:"夫圣人之屈者,以求伸也;枉者,以求直也;故虽出邪辟之道,行幽昧之涂,将欲以直大道,成大功。"《氾论训》:"圣人论事之局曲直,与之屈伸偃仰,无常仪表,时屈时伸。""以屈求伸"意味着圣人不应受制于一时一地之困境,即便身处邪辟之道,幽昧之路,也能屈能伸,拥有豁达乐观的心态,才能够通达大道,成就功业。《说山训》中"孔子之穷于陈、蔡而废六艺,则惑",以孔子为例,虽困居陈、蔡之地仍坚持六艺之道,来说明成就大业的圣人不会因为一时的窘迫,而迷失自己的价值追求。《氾论训》中以反例证之,"季襄、陈仲子立节抗行,不入洿君之朝,不食乱世之食,遂饿而死。不能存亡接绝者何?小节伸而大略屈"。这里批判的季襄、陈仲子就是困守小节而忘大道之人。可以看出,《淮南子》关于圣人人格理想是极具有包容性的,既强调对道的坚守,也突出时变,是一种灵活的、充满人情温度的人格表达。《淮南子》主张不要因小(节)失大(略),更不必在意一时之窘迫;只是一味爱惜自己的羽毛,怕遭非议,是无法做大事的。所以《缪称训》中描述了三类人的行为境界,"言无常是,行无常宜者,小人也。察于一事,通于一伎者,中人也。兼覆盖而并有之,度伎能而裁使之者,圣人也",这其中,只有圣人才能视野广阔、博观万物。从容大度、目光长远不仅作为圣人人格的个体修身,还应以此为准则应用到社会关系中,成为社会价值标准。《道应训》中,身处极度困境的宁戚想投奔齐桓公,"望见桓公而悲,击牛角而疾商歌"。齐桓公应之以礼,厚加款待,虽知其有小恶,仍力排众议重用,正所谓"以人之小恶而忘人之大美,此人主之所以失天下之士也"。

孟子的人格理论中也包含有"以屈求伸"的内涵。他通过列举"舜发于畎亩之中,傅说举于版筑之中,胶鬲举于鱼盐之中,管夷吾举于士,孙叔敖举于海,百里奚举于市",来说明"故天将降大任于是人也,必先苦其心志,劳其筋骨,饿其体肤,空乏其身"的人格修炼过程。在《淮南子》看来,圣人人格不仅需要儒家崇尚的充满阳刚的"浩然正气"之勇,也需返性修身,回到道家所看重的以"后"为先。《原道训》中"所谓后者,非谓其底滞而不发,凝结而不流,贵其周于数而合于时也。夫执道理以耦变,先亦制后,后亦制先"。这就使得《淮南子》"以屈求伸"圣人观充满了活力和灵动,为后世文人的人生选择提供了人格理论依据。于是,陶渊明可以"归园田居",在"羁鸟恋旧林,池鱼思故渊"的宁静自然生活中,表达其不甘于现状的生命律动和价值追求。众多文人也在"独善其身"的"穷"境中始终保有"达则兼济天下"的畅想。同样,人格论上的"以屈求伸"也暗通中国古典美学非常强调的曲折回环之美。《时则训》中"季冬之月,命渔师始渔,天子亲往射鱼,先荐寝庙",《原道训》有"天下之物,莫柔弱于水……万物弗得不生,百事不得不成",其中提到的两种文化意象弓箭和水都可看作是蕴含了以屈求伸的道理。弓箭先以其松弛才能有力量动能而获其伸张之势,水也是先以亏而后获求盈满。因此,《淮南子》中的水往往具有以柔弱胜刚强的特征,也成为比拟审美人格的一种文化意象。从日常审美来说,曲线比直线更富有美感。在中国古代艺术中,含蓄朦胧、引而不发往往成为一种美学原则。"以屈求伸"表现为文学艺术创作上的曲与直、虚与实、静与动、藏与露、起与伏等对立统一的审美关系范畴。

　　三是仁智(知)统一。仁智(知)统一的理论表达源出于儒家观念。孔子有著名的"知者乐水,仁者乐山。知者动,仁者静。知者乐,仁者寿"(《雍也》)表达,此外还有"知者不惑,仁者不忧"(《子罕》),"好学近乎知,力行近乎仁"(《中庸集注》)等多处论述。在孔子这儿,仁作为一种代表性道德人格标识,如山般厚重;知则代表一种感知世界的能力,如水般通透智慧。《淮南子》也强调圣人人格仁智统一,除了重视人格内在德性,也突出人格知识素养的重要性。《主术训》:"偏知万物而不知人道,不可谓智;偏爱群生而不爱人类,不可谓仁。仁者爱其类也,智者不可惑也。"《泰族训》也说"故仁知,人材之美者也。所谓仁者,爱人也;所谓知者,知人也"。这里"知"同于"智"。但《淮南子》对于仁和智的阐释视野更加博大,在其看来,即便通晓天地万物之理而不懂得人道就不能为智,对自然万物充满亲近之爱却不能推及到人之间不能为仁。《淮南子》突出仁就是不疏离于人;所谓智,就是不惑于人之道。这就一反道家爱物不及人的弊端,将天地之爱推及到人,将自然万物与人相统一。继而《主术训》论述圣人如何才能做到仁智合一:

　　　　内恕反情,心之所欲,其不加诸人,由近知远,由己知人,此

仁智之所合而行也。小有教而大有存也，小有诛而大有宁也，唯
恻隐推而行之，此智者之所独断也。故仁智错，有时合，合者为
正，错者为权，其义一也。

这段话意思是内心宽厚时常反躬自省，己之不欲勿施于人，做到
由近知远，由己知人，才可以说仁智合一。《淮南子》主张圣人不仅内
心修仁义之德，还需懂得待人之道，即不能按自己的主观意愿来要求
别人，或以己之心来揣度、要求对方。这种唯我独尊一意孤行的做法
当然不是智者。《淮南子》此处塑造的圣人形象充满了一种仁爱平等
的人格魅力。在现实社会交往中，人与人之间是一种主体间性关系，
而非主客之分、高低之位。在《淮南子》看来，即便圣人也应如此。于
是圣人之智不仅通达人情，而且也能建构和谐融洽的社会关系。《主
术训》说：

凡人之性，莫贵于仁，莫急于智。仁以为质，智以行之，两者
为本，而加之以勇力辩慧、捷疾劬录、巧敏迟利、聪明审察，尽众
益也。身材未修，伎艺曲备，而无仁智以为表干，而加之以众美，
则益其损。故不仁而有勇力果敢，则狂而操利剑；不智而辩慧怀
给，则弃骥而不式。虽有材能，其施之不当，其处之不宜，适足以
辅伪饰非，伎艺之众，不如其寡也。故有野心者，不可借便势，有
愚质者，不可与利器。

《淮南子》认为，仁爱待人，知人善任，这是人最重要的两种品格。
仁是一种情怀，一种品德；知是一种智慧，一种能力。同时，《淮南子》
把仁智作为人的性情之需，仁是内在的品德依存，但需要智来实现其
价值，也就是说，仁是根本，智是手段和路径。在《淮南子》看来，智本
身无关人的品德，但一定要与仁为价值导向，二者统一，才能正确地

使用各种技艺,实现善的目标。否则,获取的知识技能越多,只会更加偏离善的归宿。从这个意义上来说,一个人即便掌握非常丰富的知识技能,却没有人文情怀的价值引导,就可能成为社会之恶。可见,人对智的追求虽然非常必要,但仍需以仁为主,并对智的运行与使用作出价值评判,从而将其纳入道德品格的约束中。这样,智从作为一种中性的心意机能进入到善的品格范畴中,为塑造一种纯然至善之美的人格而必需。《淮南子》所主张的以仁统智,在孔子仁智并行的基础上,更加突出了内在品德的规范性与价值引导性。

四是通晓时变。身处一个气势恢宏、博观通达的时代,《淮南子》以"大浑为一"的审美思维追求道事并举的文化理想,其所主张的圣人人格绝不是固步僵化、玄虚空洞的道德教义,而是充满灵动活力、彰显通变之美的品格呈现。《缪称训》:"君子时则进,得之以义,何幸之有! 不时则退,让之以义,何不幸之有!"君子要根据"时"的变化采取不同的人生策略,这可以看作是"达则兼济天下,穷则独善其身"的意义发生,也是儒道互补的文化选择。《人间训》:

> 人或问孔子曰:"颜回何如人也?"曰:"仁人也。丘弗如也。""子贡何如人也?"曰:"辩人也,丘弗如也。""子路何如人也?"曰:"勇人也,丘弗如也。"宾曰:"三人皆贤夫子,而为夫子役,何也?"孔夫子曰:"丘能仁且忍,辩且讷,勇且怯,以三子之能,易丘一道,丘弗为也。"

《淮南子》这里借孔子评价三位弟子,来赞扬孔子"知所施之也"(怎样施展才适合)的圣人品格。在《淮南子》看来,孔子高于三个弟子的地方,就在于能够辨证把握自己的行为之道,即因时因势而为,举止适宜。《氾论训》中多次明确:

故圣人见化以观其征。

是故圣人者，能阴能阳，能弱能强，随时而动静，因资而立功，物动而知其反，事萌而察其变，化则为之象，运则为之应。是以终身行而无所困。

（圣人）卑弱柔如蒲苇，非摄夺也；刚强猛毅，志厉青云，非本矜也，以乘时应变也。

"见化"呈现出一种变化、圆融、通透之美。"随时而动"是将自然时间法则与人的行为状态相统一。在《淮南子》这里，理想的圣人人格是一种合规律性合目的性的自由，是最圆满的道德境界。它不是非此即彼、固执守成，而是刚柔相济、强弱兼用，最终"终身行而无所困"。这即是"权"："权者，圣人之所独见也。故忤而后合者，谓之知权；合而后舛者，谓之不知权。不知权者，善反丑也。"（《氾论训》）《淮南子》在承继儒家君子人格通变基础上，更加突出了圣人人格"因时"而为，知权而为，并融入了道家人格美学中的自然、宁静之性，从而实现一种更加自由、自然而然的人格境界。

这种人格通变之美还体现在包容性品格上。《氾论训》中："自古及今，五帝三王，未有能全其行者也。"《淮南子》非常通透，观察人之常情，人无完人，哪怕是古代贤君圣人，也不能做到十全十美。因此，"言人莫不有过，而不欲其大也。夫尧、舜、汤、武，世主之隆也；齐桓、晋文，五霸之豪英也。然尧有不慈之名，舜有卑父之谤，汤、武有放弑之事，五伯有暴乱之谋。是故君子不责备于一人"。不以小节而略大美，这正是《淮南子》圣人理论的格局和气度。

三、有为性品格

《淮南子》圣人观并不单纯消极地去寻求精神超脱，而是在保持个体生命独立自由的同时，又积极进取、渴慕功业成就的有为。从这

个意义上讲,《淮南子》中的圣人形象走向了"经世化"的有为性价值之路。《原道训》:

> 故圣人内修其本,而不外饰其末;保其精神,偃其智故,漠然无为而无不为也,澹然无治也而无不治也。所谓无为者,不先物为也;所谓无不为者,因物之所为。所谓无治者,不易自然也;所谓无不治者,因物之相然也。

《淮南子》认为,圣人不可能完全委顺自然,无所作为,他们也不仅仅为了个人的精神超脱而舍弃芸芸众生。圣人的自然无为,并非"寂然无声,漠然不动",而是"循理而举,因资而立(功)"(《修务训》),也就是说既保持自然天性,又要出以公心,由己推人,发挥个体的能动创造性,为天下百姓建功立业。这样,《淮南子》将人格之美拓展到对外部世界的实践功业的创造上。《修务训》中:"夫圣人者,不耻身之贱,而愧道之不行。不忧命之短,而忧百姓之穷。……是以圣人不高山,不广河,……欲事起天下利,而除万民之害。"这样的圣人虽不图名显,但仍心系天下为事,才不至于完全走向庄子"真人"那样的愤世、离世、避世之路。

《淮南子》中描述了大量实践有为、素朴务实的圣人形象。这些圣人修德爱民,德服四方。《淮南子》关于尧的描述:"尧立孝慈仁爱,使民如子弟。西教沃民,东至黑齿,北抚幽都,南道交趾"(《修务训》);"盖闻传书曰:神农憔悴,尧瘦臞,舜霉黑,禹胼胝。由此观之,则圣人之忧劳百姓甚矣"(《修务训》);"尧粝粢之饭,藜藿之羹。文绣狐白,人之所好也,而尧布衣掩形,鹿裘御寒"(《精神训》)。《本经训》中描述舜建功立业,"舜之时,共工振滔水,以薄空桑。龙门未开,吕梁未发,江淮通流,四海溟涬,民皆上丘陵,赴树木。舜乃使禹疏三江五湖,辟伊阙,导瀍涧,平通沟陆,流注东海。鸿水漏,九州干,万民皆宁其性,是以称尧舜以为圣"。《修务训》中舜"令民皆知去岩穴,各有家室","决江疏河";《氾论训》中再次描述禹"当此之时,一馈而十起,一沐而三捉发,以劳天下之民"。在多番描述这些先古圣人的有为功绩后,《修务训》中进行总结:"'若夫神农、尧、舜、禹、汤,可谓圣人乎?'有论者必不能废。以五圣观之,则莫得无为,明矣。"五圣之所以能够成就其圣人之大业,就在于他们"不耻身之贱,而愧道之不行;不忧命之短,而忧百姓之穷"的强烈责任心和以天下为己任的使命感。他们超越自我、超越环境,显示了一种沛然不息的进取精神。牟钟鉴在评价《淮南子》有为的时代特征时指出:"西汉地主阶级在巩固了政权之后,已经不满足于《老子》的谦柔自保的人生哲学,他们雄心勃勃,富于进取,对于某些不合时宜的理论概念,敢于进行大刀阔斧的改造,使之适应新形势的要求,以便解除思想束缚,好在社会事业上,大显一番身手。"①于是,我们看到《本经训》中提到的"至人之治"不仅仅是"心与神处,形与性调;静而体德,动而理通"的个人修德,而且最终落实到"兼包海内,泽及后世"的社会意义上。

即便是神话传说中的神人,《淮南子》也对其治世功业进行歌颂。以黄帝为例,《淮南子》并没有将其放在一个抽象的神的高度,更多突出他对于人世的功业,并作为大美人格的主要体现。叶舒宪曾说:"孔子在解释中将作为神话形象的黄帝改换为人间帝王。"②高扬"道"、"事"并举、儒道融合文化理想大旗的《淮南子》,显然不满足于那个高居天宇、停留在神话幻想中的黄帝形象,而是处处显现一个具备高尚品德修养、创建治世功业的人间帝王人格形态。于是,以黄帝为代表的神人人格形象也就具备了人世间君王应有的丰功伟业。

---

① 牟钟鉴:《〈吕氏春秋〉与〈淮南子〉思想研究》,北京:人民出版社 2013 年,第190 页。
② 叶舒宪:《中国神话哲学》,北京:中国社会科学出版社 1992 年,第 178 页。

《览冥训》中描述的黄帝位居中央、统管八方。在其治下，"别男女，异雌雄，明上下，等贵贱；使强不掩弱，众不暴寡；人民保命而不夭，岁时熟而不凶；百官正而无私，上下调而无尤；法令明而不暗，辅佐公而不阿；田者不侵畔，渔者不争隈；道不拾遗，市不豫贾；城郭不关，邑无盗贼；鄙旅之人，相让以财；狗彘吐菽粟于路，而无忿争之心"。这就是一个理想的大同社会图景。在这里，黄帝不仅是一个拥有超凡能力的神人，更是一位儒道皆可称颂、具备美好品德的理想的君王。同样，《览冥训》中描述的神人女娲，创下补苍天、立四极的神功，以其有为功绩留名于世，最终神游九天通达大道。《淮南子》建构的神人人格形象在保留了中国古代神话的浪漫想象基础上，既突出其超凡的神化之能，又赋予其世俗化的美好品德，以及治世伟业的价值表达。可见，在《淮南子》看来，一切美好的人格理想都不仅仅作为抽象的符号，而应放置于现实的社会空间，在天下之事的责任中去展现其价值和意义。正如英国的历史哲学家柯林伍德所说："尽管神权历史学根本就不是有关人类的历史学，然而就故事中神明人物是人类社会的超人统治者这个意义来说，它仍然与人类活动有关；因此他们的活动就部分的是向人类做出的，而部分的是通过人类而做出的。"①的确如此，"神性"为神人增加了一些神秘和传奇的色彩。但神人始终与人类活动有关，才有了社会性的事业功绩想象和人类价值的承载。一方面，神性之能又为现实中的凡人寻求一片超越性的想象天地，从而满足自我想象中的本质力量对象化实现。同时，神人之有为实践的品格与芸芸众生相连，使其长存于现实人间。这对于中国古代文学作品中的神人人格形象的创造有着重要的影响。在后世中国神话文学中，这类最富有光辉、最具审美魅力的神人形象当属经典《西游

---

① 柯林武德：《历史的观念》，何兆武、张文杰译，北京：中国社会科学出版社
1986年，第16页。

记》中的孙悟空形象。

　　总体来看,《淮南子》圣人观融入了道家独立逍遥的人生境界和儒家执着人生的积极追求。但同时,既"越出了老庄一流只重形上忽略形下,只追寻终极意义而放弃实际政治,只关心精神自由或生命永恒而漠视现世生活与社会实情的所谓'道家'传统"①,又摆脱了儒家过分依附于社会规范而扼杀个性的悲哀,从而建立了自己"身处江海之上,神游魏阙之下"(《道应训》)宽容汇并的圣人模式。于是,继老子、孟子之后,《淮南子》再次重申"大丈夫"人格,并将其作为圣人模式的最高价值标准和审美范型。

　　老子有"是以大丈夫处其厚,不居其薄;处其实,不居其华。故去彼取此"(《老子》第三十八章),在道的价值体系中,主张大丈夫人格的内在精神厚重品格,近似于汉代《淮南子》"白玉不琢,美珠不文"的自然质实之意。孔子宣扬"三军可夺帅也,匹夫不可夺志也"(《论语·子罕》),这里的"匹夫"即是一种事功形、实践形的大丈夫人格形象,它强调伟岸人格的坚定意志和豪迈气概。孟子推崇"大丈夫"这一概念,并将其作为具有高尚人格之人。《滕文公章句下》中对"大丈夫"人格有完整描述:"居天下之广居,立天下之正位,行天下之大道",此处之"道"为"仁"、"礼"、"义"的价值显现,是大丈夫人格的立足点;"得志,与民由之;不得志,独行其道",阐明大丈夫人格的处世原则,下接《淮南子》"时则进"、"不时则退"的人格通变内涵;"富贵不能淫,贫贱不能移,威武不能屈",描述了大丈夫人格之美规定性,这是人格持守的价值信念。

　　某种程度上说,《淮南子》"大丈夫"人格形象是其力图设计的最高价值标准的审美范型,同时又是兼具可操作性、具体可感的具体形态。《原道训》:

────────────

① 葛兆光:《中国思想史》第一卷,上海:复旦大学出版社2001年,第250页。

是故大丈夫恬然无思,澹然无虑;以天为盖,以地为舆;四时为马,阴阳为御;乘云陵霄,与造化者俱;纵志舒节,以驰大区;可以步而步,可以骤而骤;令雨师洒道,使风伯扫尘;电以为鞭策,雷以为车轮;上游于霄霓之野,下出于无垠之门,刘览偏照,复守以全;经营四隅,还反于枢。

与孟子"大丈夫"人格纯然现实的禀赋特征不同,这里的"大丈夫"首先与"泰古二皇"一样,都有"神人"人格之想象,以"神游"为其通达大道的审美路径,超越了时间、空间以及人的生理功能,自由自在地游于天地之间。天地、四时、阴阳皆可以是他的工具,他"以天为盖,以地为舆",大自然的各种神力都集于他一身,因此可以"游于无穷之地",而不为外物所限制。这种逍遥于天地之间的自由境界,正是《淮南子》"大丈夫"人格所要实现的最高生命层次。这个"执道要之柄"的"大丈夫",与天地同在,与四海并存。但同时,他飘逸超众、气概雄大而又具体可感、事功显著,这是一种充分彰显生命强力、具有博大胸怀和超越精神"大美"的人格,即《修务训》中所说的"此自强而成功者也!"这种圣人范型统一了对现实人生的执着和超越,正是《淮南子》审美人格的价值核心与文化灵魂!"审美的人格理想境界,源自内在地对某种确定的精神目标的追求与情感体验,唯其情感的寄托于彼,才能使身心别移,与天地融化;也唯其精神目标与寄托于彼,才能使身心获得审美的巨大愉悦,而这恰是作为文化人格的审美心理本体的根本。"①学者之论的这段话语正是《淮南子》"大丈夫"人格的诠释,也透视出作者刘安在纷纭变化的时代所追求的一种审美人格理想。

---

① 王振复:《中国美学范畴史》第二卷,太原:山西教育出版社 2006 年,第 193 页。

第二节　人格修养论

"中国古人对圣人形象的塑造深含着无数的期待——使人类自身以及社会结构获得优化的期待。"①因此,《淮南子》不但论述了圣人的人格范本,而且对如何成圣也作了具体论述,为芸芸众生的人格理想实现、进而整个社会结构的优化提供了理论上的可能。

一、人格修养论的历史向度考察

先秦儒道等各家基于自己的人格理想目标,都提出了人格修养的价值路径。道家人格修养以"道"为价值目标,其修养路径的理论描述往往蕴含主体审美体验的规律特征,关涉中国古典美学中审美主体的心理机制等命题表达。老子主张的人格理想是通达大道之人,设想通过个人修养,最终返性于初,还原生命的淳朴。老子人格修养理论中最具审美价值的就是"玄览"之说:"载营魄抱一,能无离乎? 专气致柔,能如婴儿乎? 涤除玄览,能无疵乎? 爱民治国,能无为乎? 天门开阖,能为雌乎? 明白四达,能无知乎?"(《老子》第十章)首先,"玄览"意味着一种体悟大道的内视、内听过程,即依托主体精神想象,以自由精神之状态直达大道。"玄览"隐含有不从经验知识和理性思考出发直观物象本质之意。其次,"玄览"还强调排除外界一切物欲杂念,保持内心的空灵和虚静。在老子看来,理想的人格应摒弃一切私欲和贪欲,还原人之初性的本真、素朴和自然状态。"致虚极,守静笃。万物并作,吾以观复"(《老子》第十六章),因此,只有去除欲念达至虚静,才能合道而成圣人。庄子以真人、至人或神人为人格理想,也以体道为人格实现路径。庄子体道方式更具审美

———————

① 王文亮:《中国圣人论》,北京:中国社会科学出版社1993年,第27页。

体验效果。《人间世》中庄子借孔子之口说:"唯道集虚。虚者,心斋也。"庄子主张内心虚静方能"虚室生白",即内心虚静就能敞开审美自由的无限空间。庄子在《大宗师》中借颜回与孔子对话又提出"坐忘":"仲尼蹴然曰:'何谓坐忘?'颜回曰:'堕肢体,黜聪明,离形去知,同于大通,此谓坐忘。'"庄子强调人要超越自身的生理局限和感性欲望,也要摒弃知识思虑,以心接物,实现审美的自由。

相比较于道家,儒家人格修养更多落实在现实社会人文道德品格的培育上。孔子人格理想的核心品质,是最高标准"仁"。在孔子看来,他的学生中只有颜回较为接近于仁,但对其评价也只为"贤哉"。而他自己则是"若圣与仁,则吾岂敢"。然而,孔子在人格修养论中又并没有堵死通往仁者的大道之路。他主张只要诚心为仁,皆可为。"我欲仁,斯仁至矣。"(《述而》)"为仁由己,而由人乎哉!"(《颜渊》)孔子期望通过外在的社会规范化为内心的个体自觉。这种个体自觉形成并不排除情感、审美的方式,《雍也》中说"知之者不如好之者,好之者不如乐之者",就表明仁者实现之路从"知"、"好",最终转化到"乐"。这样从认知到情感再到艺术审美,实现了人格修养从道德认知向情感审美的递进。孟子推崇的"大丈夫"人格以"浩然正气"和不屈不挠的精神为主要品格,因此人格修养主张"养气"与"砥砺"。《孟子·公孙丑上》:"难言也。其为气也,至大至刚,以直养而无害,则塞于天地之间。其为气也,配义与道,无是,馁也。是集义所生者,非义袭而取之也。"此处之气是形成大美人格的要素,来自生命本身,导向伦理之路。在《告子章句下》中,孟子列举舜、傅说、胶鬲、管夷吾、孙叔敖、百里奚等大丈夫形象在"苦其心志,劳其筋骨,饿其体肤,空乏其身"的困境中,都能够砥砺前行,朝向大美之境。这种人格修养的过程充满了人与生存处境之间的冲突,但这种冲突以人的主体精神的昂扬胜利而走向实践型壮美境界。此外,儒家另一位代表性人物荀子主张"不全不粹之不足以为美"(《劝学》),对人格修养提出了极高的标准。《性恶》中提出"无伪则性不能自美"，基于人性之恶，强调后天的学习培养。

先秦诸子人格修养理论为《淮南子》人格修养论提供了丰富的理论资源，被《淮南子》吸收、融合并发展。老子思想之于《淮南子》，实际上是价值之源。老子人格修养"玄览"之说，在《淮南子·道应训》中几乎以原文显现，用以说明人之品格。《道应训》全篇几乎以老子之说来对应社会历史中的人文事理，可看作《淮南子》儒道互融的文本实践，也开启汉代以道释儒、以儒释道之风。"玄览"之说也直接触发《淮南子》关于《览冥训》的主题设定，高诱释其篇之题义为"览观幽冥变化之端，至精感天，通达无极"①，其意所指与老子观物通道之说相通。庄子人格修养主张的虚静去欲的特征被《淮南子》直接吸收，《俶真训》："心无所载，通洞条达，恬漠无事，无所凝滞，虚寂以待，势利不能诱也。辩者不能说也，声色不能淫也，美者不能滥也，智者不能动也，勇者不能恐也。此真人之道也。"而《精神训》"是故五色乱目，使目不明；五声哗耳，使耳不聪；五味乱口，使口爽伤；趣舍滑心，使行飞扬。此四者，天下之所养性也，然皆人累也。"此处也本于庄子《天地》之言。在"道"落实为"事"的文化语境下，《淮南子》人格修养也积极融入了儒家的思想观念，即从审美范式（返性生虚）走向了道德认知实践（仁义与学）。孟子养气之说在《淮南子》中多处呈现，直接演化为"形"、"神"、"气"等生命美学的重要概念；"大丈夫"人格修养所传导出的审美力量也正是《淮南子》圣人实践有为过程的呈现。荀子观点直接影响《淮南子》，促使其从两种不同人性维度（自然之性与仁义之资）去探讨人格修养不同路径；而注重学习知识之用突出体现在《修务训》的全面论述中。以儒道人格修养为向度来考察《淮南子》，可以发现其融合儒道之显在。《览冥训》中说"专

---

① 转引自刘文典：《淮南鸿烈集解》，北京：中华书局1985年，第191页。

精厉意,委务积神,上通九天,激励至精","夫全性保真,不亏其身,遭急迫难,精通于天",这里以道家之"精"为核,突出主体养精保真,返性达道。《泰族训》中提出,"圣人养心莫善于诚,至诚而能动化矣",强调以诚动人,顺承儒家荀子言说。由此,融合儒道,《淮南子》深化"精诚"之说,"故圣人者怀天心,声然能动化天下者也。故精诚感于内,形气动于天,则景星见,黄龙下,祥风至,醴泉出,嘉谷生,河不满溢,海不溶波"(《泰族训》)。这是《淮南子》人格修养论中最具审美意味的概念,其中既保有道家生命天性之美又含有儒家伦理品格之质。以此管窥《淮南子》审美理想,实为"大浑为一"之境,所指"道"、"事"并举文化建构意图。

二、价值基点:依性而修

《淮南子》的人格理想建立在人性论基础上,主张人格修养依性而为。先秦时期,各家皆有人性之说。《尚书》:"若有恒性,克绥厥猷惟后。"(《汤诰》)孔安国将其注解为"顺人有常之性,能安立其道教,则惟为君之道"(《尚书正义》卷八)。《论语》中也说:"性相近也,习相远也。"(《阳货》)孟子有人性善之说,荀子亦有人性恶之论。老子推崇"素朴"之性,庄子说"性者,生之质也。性之动,谓为之;为之伪,谓之失"《庄子·庚桑楚》,可见道家老庄都主张人之天性自然。《淮南子》融汇儒道,其关于人性的多元化设计形成了人格修养的丰富路径。

第一,《淮南子》承继道家传统,将人之天性归为清静自然。《人间训》说:"清静恬愉,人之性也。"《原道训》:"人生而静,天之性也。"《精神训》:"夫静漠者,神明之宅也;虚无者,道之所居也。"就宇宙来说,虚故能生成万物;就人来说,虚一而静,静故能察万物之变。而且,在《淮南子》看来,人的天性都是一样的,并没有本质上的差异,"君子与小人之性非异也,所以先后而已矣"(《泰族训》)。与道家一致,《淮南子》也是先验性地规定了原初人性的价值认定,并设定为人格修养的目标。《淮南子》提出通于"神明"之境的人格修养,就是"故心不忧乐,德之至也;通而不变,静之至也;嗜欲不载,虚之至也;无所好憎,平之至也;不与物散,粹之至也。能此五者,则通于神明"(《原道训》)。具体来说包含以下几点。

一是去除外欲。《淮南子》与道家一样,认为保全天性最大的问题在于外界欲念的侵扰,"人性欲平,嗜欲害之"(《齐俗训》),"人性安静,而嗜欲乱之"(《俶真训》)。《原道训》分析了人的欲望形成的心理原因:"人生而静,天之性也;感而后动,性之害也;物至而神应,知之动也;知与物接,而好憎生焉。好憎成形而智诱于外,不能反己,而天理灭矣。"人天然性"静",因此,"静"是人生命存在的本真之"道"。然而,现实生活中的人容易感物而动,促生智谋,形成意志情绪,最终就沦落到世俗尘世,天性丧失了。从这段话的逻辑思路看,人的欲望来自于感物而动,破坏人之性"静"的自然状态。但是,《淮南子》这里的"静"并非与"动"完全对立,去除外欲也并不是完全堵死人与外在世界的关联。结合《淮南子》文本整体的意义呈现,去除外欲,保全性静其实是人持守的一种自我澄明、清静明朗、绝假纯真、虚怀若谷的人生态度。只有抛弃外在"耳目之宣"的诱惑,撕开虚假的仁义伪装,才能"游于精神之和","若然者,下揆三泉,上寻九天,横廓六合,揲贯万物。此圣人之游也"(《俶真训》)。

人的天性是根本,但容易为外在环境所侵蚀。《齐俗训》:"人之性无邪,久湛于俗则易。易而忘本,合于若性",借赞扬孔子"知其本"来说明人需要时时自省,以我观我,澄明体己,"夫性,亦人之斗极也,有以自见也,则不失物之情,无以自见,则动而惑营"。基于人性保全,人就是要做到"通而不变,静之至也;嗜欲不载,虚之至也"(《原道训》),才能"遗物反己"、"外物而反情"(《要略训》),返回到自然无为的人的天性。除此,《淮南子》还将去欲的关键要素落实到

"正气"。《诠言训》：

> 圣人胜心，众人胜欲。君子行正气，小人行邪气。内便于性，外合于义，循理而动，不系于物者，正气也。重于滋味，淫于声色，发于喜怒，不顾后患者，邪气也。邪与正相伤，欲与性相害，不可两立。一置一废，故圣人损欲而从事于性。

这段话表明，圣人人格修养在心而不在于物，而心中需有正气，才能抵制外欲。正气的形成有三个要素，返性于内、外行合义、循理而动。可以发现，《淮南子》人格修养在"去欲"的方式上既有道家之返性，又含儒家之正气。这表明《淮南子》始终在儒道之间寻找交接点，来建构自己的圆融统一的文化体系。

二是养性守道。《原道训》："是故达于道者，反于清净；究于物者，终于无为。以恬养性，以漠处神，则入于天门。"这里，"以恬养性"之"恬"是一种恬适，相比较于静，更具有主观上的满足感和情感性。同时，《精神训》主张以"无"养性，"是故圣人以无应有，必究其理，必穷其节；恬愉虚静，以终其命"。《说山训》的"畜道"论，强调人格修养非一日之功，是需要一个完整的主动有为的过程，"有鸟将来，张罗而待之，得鸟者，罗之一目也；今为一目之罗，则无时得鸟矣。……事或不可前规，物或不可虑，卒然不戒而至，故圣人畜道以待时"。不仅如此，"畜道"也是人格修养通往人生之用的必然过程，从而被《淮南子》设计成一种等待时机的人生策略。《原道训》："是故圣人守清道而抱雌节，因循应变，常后而不先，柔弱以静，舒安以定，攻大坚，莫能与之争"，又提出守道在于应变（因）、常后、柔弱、安定等行为品格。而且，清静无为也被纳入善的内容，"所谓为善者，静而无为也；所谓为不善者，躁而多欲也。适情辞余，无所诱惑，循性保真，无变于己，故曰为善易。越城郭，逾险塞，奸符节，盗管金，篡弑矫诬,非人之性也,故曰为不善难"(《氾论训》)。《淮南子》主张人性静而无为也是为善,力图走向伦理之善与自然之真的融合之路。可以发现,《淮南子》虽承继道家人格修养之养性守道之说,但没有固守于人的内心自我层面。《俶真训》直接明确,养性之目的在于社会经纶:

> 静漠恬淡,所以养性也;和愉虚无,所以养德也。外不滑内,则性得其宜;性不动和,则德安其位。养生以经世,抱德以终年,可谓能体道矣。

这里,如果说以"静"、"恬"养性,到"和"、"无"养德,实现得"性"安"德",都可以看作是《淮南子》对先秦道家人格修养观念的近义反复,但"养生以经世"的说法则体现《淮南子》儒道融汇思想。回溯《淮南子》理论建构的价值原点,人生的意义并不仅仅在于个体生命存在的自我纯然和孤芳自赏,而是应该主动面向历史发展进程中的客观世界和社会变化,并以实践有为的姿态去实现社会价值。如此,"养生(性)"的修养目的,既是个体"独善其身"的需要,更是社会性的神化民众、善治天下的"经世"效果。这里的养性守道之说,已在清静无为中注入了儒家能动活力之精神。《淮南子》人格修养,也从无功利的自然审美体验向知、情、意协调一致的生命有为进发。人格修养不再是个体自我的遗世独立可为,而与人所处的社会时势密切相关,"体道者,不专在于我,亦有系于世矣"(《俶真训》)。

第二,《淮南子》吸收儒家思想,将"仁义"也作为人性内容,提出"人之性有仁义之资"(《泰族训》)。以仁义为性既为《淮南子》提供了人格修养现实性方案的理论基础,也开启了魏晋时期"名教本于自然"之说的先河。仁义既是善的内容,又是善的较高层级的品格形态。可见,与保全人性、自然清静就能达道成圣不同,《淮南子》并不认为保全人性基本的善就能完成人格修养,而是需将较为高级之善即仁义化入内心,方有成圣可能。如果说,依据人性清静自然而设的人格修养路径,只是保证了主体个人的内在需求,那么面对历史发展的客观现实,在世俗社会中人们对理想人格的期待则需要更具外向性的人文精神。

仁义作为人格修养的路径是历史的必然。《缪称训》说:"上世体道而不德,中世守德而弗坏也,末世绳绳乎唯恐失仁义。"《淮南子》在《俶真训》、《览冥训》等多个篇章中描述了人类社会历史的进程,但都指向一个共同的价值表达,即随着大道不纯、不存,社会历史的演进呈现出衰世特征。当然,如前文所论,《淮南子》也没有决然走向历史复古主义,而是在认可客观现实的历史语境下来设计人的生存策略和价值方式。于是,面对一个远古太上之世不存的时期,必须要有适合其时的有效的价值原则。人也必须在这样的场域中去生存发展,并显现在时代之中,而不至于完全走向离世之路。于是仁义因时产生,为身处现实社会中的人提供了切实的价值路径。因此,《泰族训》强调了仁义之于人格修养的重要性:

> 夫知者不妄发,择善而为之,计义而行之,故事成而功足赖也,身死而名足称也。虽有知能,必以仁义为之本,然后可立也。知能踵驰,百事并行,圣人一以仁义为之准绳,中之者谓之君子,弗中者谓之小人。

人格修养虽也需要认知之能,但仍以仁义为本。在仁义与知的关系上,《淮南子》强调了仁义道德之于知识的重要性。事实上,对于人来说,如果只有知识的学习而没有人文道德的培育,就可能走向如马尔库塞所说的"单面的人"。《淮南子》关于仁智统一的论点对于当代的审美教育意义重大。人的培养不仅需要对对象世界的规律性把握而获取知识真理,更需要道德、审美等人文价值情怀的滋养。没有后者,人只会变成工具,而不再是爱人、爱世界的充满情感力量的生命。由此《泰族训》批判了缺乏仁义的历史人物行为,"所谓仁者,爱人也。……智伯有五过人之材,而不免于身死人手者,不爱人也"。"故乱国之君,务广其地而不务仁义,务高其位而不务道德,是释其所以存,而造其所以亡也。"最终《淮南子》提出,"由此观之,义者,人之大本也。虽有战胜存亡之功,不如行义之隆"(《人间训》)。"礼义修而任贤德也"(《泰族训》),自修仁义,外用贤人,这是完善人格的重要价值要素。

如何自修仁义之德,《淮南子》化用"慎独"方式,《缪称训》中说:

> 圣人之行义也,其忧寻出乎中也,于己何以利!故帝王者多矣,而三王独称;贫贱者多矣,而伯夷独举。以贵为圣乎?则圣者众矣;以贱为仁?则贱者多矣。何圣仁之寡也!独专之意乐哉,忽乎日滔滔以自新,忘老之及己也。始乎叔季,归乎伯孟,必此积也。不身遁,斯亦不遁人……

这里"独专之意乐"、"日滔滔以自新"强调仁义也需一心一意、自觉而为,且每日自省,改过自新,自小积德。《人间训》人格修养从小处做起,"故圣人行之于小,则可以覆大矣;审之于近,则可以怀远矣"。《淮南子》还以自然现象比拟人格修养,"海内其所出,故能大。轮复其所过,故能远"(《说林训》)。这些都表明关于仁义修养也需如道家"蓄道"那样,日积月累才能因小获大。

同时,人格修养中要处理好仁义与大道之关系。仁义虽然作为人格修养的重要内容,是善的价值显现,但只能作为辅助。《说山训》中明确了仁义与道之关系,"仁义之不能大于道德也,仁义在道德之包"。人格修养以仁义为路径,以道德为指向。同时,人格修养更不能固守一时之善,仁义需因时而变,因事而为。《齐俗训》:"礼乐相诡,服制相反,然而皆不失亲疏之恩,上下之伦。今握一君之法籍,以非传代之俗,譬如由胶柱而调瑟也。"在《淮南子》看来,只有"道"是绝对的原初本体之存在,其他都只是特定历史阶段中"道"的显现形态。仁义礼乐作为补救大道的人文规制,也是历史性的产物,并非原初之点。如果一味迷信,就不可能通达仁义出现之前的大道之境,"以《诗》、《春秋》为古之道而贵之,又有未作《诗》、《春秋》之时"(《氾论训》)。既为一时所需,而非永世所在,所以"圣人制礼乐而不制于礼乐"、"法与时变,礼与俗化"(《氾论训》)。

在《淮南子》这里,圣人行仁义,不只是出于自我修身,而是存社会之忧,这就突破了道家自我修身的个体之用的局限。总之,《淮南子》在人格修养上,既持守道德,追求一种旷达高远、清静纯真的精神旨趣,又涉俗仁义,寻求一种经世安邦、规制良序的人文品格。当然,这一种理想的人格修养模式可能只是《淮南子》的一厢情愿,在后世历代文人面临的自由和秩序的矛盾困境中,而最终演化为进而济世、退可独修的现实人生无奈,但也激励着无数知识分子在朝向理想的人生境界追求中努力前行。

三、价值路径:以学修道

《淮南子》在固守人的自然天性的同时,并没有就此出发去偏执人格理想的形上之境。它指出,圣人之途虽要顺从自然本性而为,保持虚静恬淡,但单纯地顺从自然之性,即会倒退到先秦道家"绝圣弃知"的老路,其结果必然贬低圣人人格理想的境界。尤其当《淮南子》将仁义也纳入"人性之资"后,意味着世俗社会必然成为人格修养的现实环境,人文规制等外在社会规范也自然走进人格修养的范围。事实上,"皆人之所有于性,而圣人之所匠成也。故无其性不可教训,有其性无其养不能遵道"(《泰族训》)。人皆有自然之性,然而只有圣人靠多方磨炼而成。因此,人的天性是基础,但如果不加以后天努力学习即"养"就不能达道成圣。实现圣人之境，必须有"禀受于外"的学习过程。

第一，《淮南子》关于"学"的态度。《淮南子》对于学的态度是游移的，一开始极力推崇圣人之学，批判俗人之学。《俶真训》：

> 是故圣人之学也，欲以返性于初，而游心于虚也。达人之学也，欲以通性于辽廓，而觉于寂漠也。若夫俗世之学也则不然，擢德攓性，内愁五藏，外劳耳目，乃始招蛲振缱物之豪芒，摇消掉捎仁义礼乐，暴行越智于天下，以招号名声于世。

这里把学分成了三个层次：圣人之学在于游心于虚，实现返性达道；达人之学只是明了本性，归于静漠人生；俗世之学则遮蔽本性，以仁义礼乐为修饰，寻求外在功利。圣人之学能实现审美的最高境界，达人之学能做到对生命本性的自省，俗人之学打着仁义礼乐的旗号，则完全沦为谋取社会利益的工具。可以看出，《淮南子》一如既往地以返性于初为价值原点，将圣人之学作为人格理想的最佳模式。

但到了《人间训》这儿，"清净恬愉，人之性也；仪表规矩，事之制也。知人之性，其自养不勃；知事之制，其举错不惑"，"知天而不知人，则无以与俗交；知人而不知天，则无以与道游"。人的自我审美修养，既需知"人性"，更要知"事制"；既要知晓天道而游心于世外，也要知晓人道而用心于人事。由此《淮南子》将天道与人道都纳入了"知"的范畴，并作为人格修养的重要内容统一要求了。

再到《泰族训》："凡学者能明于天人之分，通于治乱之本，澄心清意以存之，见其终始，可谓知略矣。"这里直接明确了学者需具备的形上之思、形下之治两种能力，并突出两种能力的融合。《修务训》对人格修养进行了两种类型的划分，但与《原道训》不同的是，此处对"学"也做了充分的肯定，只是应用于不同的文化空间：

　　且夫精神滑淖纤微，倏忽变化，与物推移，云蒸风行，在所设
施。君子有能精摇摩监，砥砺其才，自试神明，览物之博，通物之
壅，观始卒之端，见无外之境，以逍遥仿佯于尘埃之外，超然独
立，卓然离世，此圣人之所以游心。若此而不能，闲居静思，鼓琴
读书，追观上古，及贤大夫，学问讲辩，日以自娱，苏援世事，分白
黑利害，筹策得失，以观祸福；设仪立度，可以为法则，穷道本末，
究事之情，立是废非，明示后人，死有遗业，生有荣名。如此者，
人才之所能逮，然而莫能至焉者，偷慢懈惰，多不暇日之故。

　　这段话中，第一种人格修养方式需要保持精神的纯粹，能顺随自
然，云淡风轻、无所不能，实现追求旷达飘逸、自由逍遥的生命境界。
此种修养需要发挥精神主体性，阔大视野，通晓万物运行之始终，且
与外在社会保持审美距离，更无需知识学习。同时，《淮南子》也看
到，人如只持守精神，独立遗失，有可能会陷入迷离恍惚，无法自由。
因此，《淮南子》引出人格修养的第二种路径，即勤于读书，体察世界，
认知事理，明辨是非，以知识来通达人事和万物之情，"如此者，人才
之所能逮"。这是《淮南子》为芸芸众生、普通大众设计的人格修养
的路径，即以知识学习来实现自己的人生价值。如果了解了《淮南
子》中"道"、"事"并举的文化理想，对于"学"的价值立场的游移论述
也就可以理解了。即便一开始《原道训》中批判俗人之学也并非是在
否定仁义和知识；其所批判的是以仁义之名行功利之事的做法，自始
至终强调的是本真追求。

　　第二，《淮南子》强烈地批判了当世流行的两种非学观。第一种
如《修务训》中所说："世俗废衰，而非学者多：'人性各有所修短，若
鱼之跃，若雀之駃，此自然者，不可损益。'"《淮南子》对这种错误的
观点明确反对，"吾以为不然"。关于人性问题，《淮南子·修务训》
也将其分成三等：一是如尧舜文王这样"不待学问而合于道者"之天

性;一是像丹朱、商均那样"不可教以道,不可喻以德"之恶性。两者之间则为中性之人,这是最为普遍的人性,也是多数人之性。对于中性之人,《淮南子》明确提出需后天之"学",才能成材。"人之所知浅而物变无穷,曩不知而今知之,非知益多也,问学之所加也。"(《泰族训》)事物变化无穷,而人所知甚少,因此,只有通过学习,才能由往日的"不知"到现在的"知之"。反之如出现"夫以徵为羽,非弦之罪;以甘为苦,非味之过"(《修务训》)这样的错误,就完全是因为主体的知识能力有限而造成。接下来,《淮南子》对第二种非学观也进行了批评:"儒有邪僻者,而先王之道不废,何也?其行之者多也。今以为学者之有过而非学者,则是以一饱之故,绝谷不食;以一蹪之难,辍足不行,惑也。"(《修务训》)儒生中虽有"邪僻"之徒,但其道依然不被废弃,这是因为躬行的人占多数。现在如果仅仅因为求学的人有过失就非议学习,那就好比因噎废食,糊涂透顶!"夫学,亦人之砥锡也,而谓学无益者,所以论之过","故弓待檠而后能调,剑待砥而后能利"(《修务训》)。学习好比磨刀石和擦亮镜子的锡粉,使刀更快,使镜子更明。因此,世上持非学观的人是大错特错。

在批判两种非学观的基础上,《淮南子》最终肯定了"学"之于人格修养的意义和必要性。《齐俗训》:"博闻强志,口辩辞给,人智之美也。"这里突出的人格之美是知识理性之美。《淮南子》给予知识学习和语言表达非常高的评价,将其作为人格之美的外在表现。《修务训》:"知者之所短,不若愚者之所修;贤者之所不足,不若众人之有余","由此观之,知人无务,不若愚而好学。自人君公卿至于庶人,不自强而功成者,天下未之有也"。这里打破了智与愚、贤与俗之间的界限,以学作为方式赋予每一个个体生命提升的可能。《淮南子》还从人与动物的区别来阐述主体能力:

夫天之所覆,地之所载,包于六合之内,托于宇宙之间,阴阳

之所生……虽所好恶,其与人无以异,然其爪牙虽利,筋骨虽强,
不免制于人者,知不能相通,才力不能相一也。各有其自然之
势,无禀受于外,故力竭功沮。(《修务训》)

动物与人虽都是天地精华所生,但动物徒有"力",只有自然之势,并
不懂得怎么去使用。只有人通过"知",获取禀受于外之"才",从而
实现"才力相一"的主体能力。《淮南子》以人掌握知识学习的主体
能力来区分动物生命本能行为,这是对人的主体能动性的一大发现。
生命之美也并不仅仅在于人与万物同一而失去本质力量的彰显,而
在于在天人合一境界中时刻能发现自我。"一个种的全部特性、种的
类特性就在于它的生命活动的性质,而人的类特性恰恰就是自由的
自觉的活动。"①马克思提出,人的有意识的生命活动区别于动物生
命本能活动,从而以人的本质力量的对象化作为人的自由表征,表明
了自由是人的类特性。《淮南子》自然不能意识到人的自由自觉的本
质力量这一层次,但其从人的学习知识能力维度考查人的主体意识,
就意味着将人从一味与自然混同的状态中超越出来。进而,《淮南
子》更加明确人需要在社会现实环境中获取知识的重要性,《修务
训》:"今使人生于辟陋之国,长于穷檐漏室之下,长无兄弟,少无父
母,目未尝见礼节,耳未尝闻先古,独守专室而不出门,使其性虽不
愚,然其知者必寡矣。"这就表明,如果一个人降生伊始就与世隔绝,
无法与外界社会环境发生联系,那么,他不但无法成圣,甚至只能成
为一个"弱智者"。这里强调社会环境对人成长的重要性。《淮南
子》从社会环境维度考察人的能力获得,是对道家自然人性理论的辨
证完善。

---

① [德]马克思:《1844年经济学哲学手稿》,《马克思恩格斯全集》第四十二卷,
北京:人民出版社1982年,第96页。

　　第三，《淮南子》指出，学习不应偏执于所谓的先哲圣典，而应以客观、理性的认知方式对待它，这是主体人格精神自由和独立意识的体现。首先，在《氾论训》中，根据"与化推移"的观点，《淮南子》认为儒家《诗》、《书》等经典是特定历史下的产物，甚至是"衰世之造"。《修务训》："诵《诗》、《书》者期于通道略物，而不期于《洪范》、《商颂》"，它们只适于当时之用，而不可奉为治天下的万世法典。"世俗之人，多尊古而贱今，故为道者必托之于神农、黄帝而后能入说。乱世暗主，高远其所从来，因而贵之。为学者，蔽于论而尊其所闻，相与危坐而称之，正领而诵之。此见是非之分不明。"这里明确反对尊古贱今，将一直奉为神人的神农、黄帝都拉下神坛，体现出《淮南子》身处不同文化空间话语表达的辩证色彩。《淮南子》文化理想的价值原点是大道原初，对应的时代是远古，而这里反对尊古贱今的价值游移也是对应其由"道"到"事"的文化设计。因此《淮南子》并不像道家那样完全否定《诗》、《书》的价值功能，而是对这些"先王之制"采取了"不宜则废之"态度。同时，《主术训》中又说"因天地之资，而与之和同"，强调要遵从物之自然本性来达到致用的目的，这种从人道层次上重"时变"与天道层次上"贵物性"相统一的思维方式无疑比儒道各家都要辩证合理得多。其次，对于一般学者蒙混世人，专门模仿而不求其学习真谛的问题，《淮南子》也进行了批评："邯郸师有出新曲者，托之李奇，诸人皆争学之；后知其非也，而皆弃其曲：此未始知音者也。"（《修务训》）邯郸的乐师谱制新曲，假托为古代著名音乐家李奇所作，许多人都争着去唱。当后来知道非名家所作，乐师便又把曲谱抛弃了。针对这种现象，《淮南子》提出，学习要不盲从名人，不能迷信古人，要有自己的独立见解，不能人云亦云，以致真假不分，美丑莫辨。

　　第四，《淮南子》还谈到了学习的态度和方法。首先，《淮南子》强调，学习伴随人格修养的全过程，而非急功近利的行为。《修务训》:"藜藿之生,蠕蠕然日加数寸,不可以为栌栋;楩柟豫章之生也,七年而后知,故可以为棺舟。夫事有易成者名小,难成者功大。君子修美,虽未有利,福将在后至。"这说明,"君子修美"不在于外界一时之利,而在于最终生命境界的提升。基于这样的价值目标,《淮南子》提出学习是个长期过程,不可贪图眼前功利而为之,功利性学习只会培养一种功利化人格,将人降低到实用工具的层面。因此,在《淮南子》看来,学习需要日积月累,"服习积贯",不能半途而废,"周室以后,无六子之贤,而皆修其业,当世之人,无一人之才,而知其六贤之道者何? 教顺施续,而知能流通。由此观之,学不可已,明矣"(《修务训》)。其次,《淮南子》高度重视文化学习对于人格修养的作用,很鄙视那些不学无术、安逸享乐的王家子弟,"人莫不知学之有益于己也,然而不能者,嬉戏害人也。人皆多以无用害有用,故智不博而日不足。以凿观池之力耕,则田野必辟矣。以积土山之高修堤防,则水用必足矣。以食狗马鸿雁之费养士,则名誉必荣矣。以弋猎博弈之日诵《诗》读《书》,闻识必博矣。故不学之与学也,犹瘖聋之比于人也"(《泰族训》)。淮南王刘安是一个心怀天下、视野阔远的知识阶层,与当时的王公贵族大不相同,《史记·淮南衡山列传》就记载"淮南王安为人好读书鼓琴,不喜弋猎狗马驰骋"。因此,他充分意识到,一个伟大的人格灵魂必定来自于他通达世界的智慧和超越世俗的精神。再次,在学习方法上,《淮南子》主张学习要通晓事物之变化,观古今之规律。《泰族训》:"人之所知者浅,而物变无穷,曩不知而今知之,非知益多也,问学之所加也","夫以一世之寿,而观千岁之知,今古之论虽未尝更也,其道理素具,可不谓有术乎"。学习要从容应对万物变化,从古今道理中把握社会历史规律。因此,"见其造而思其功,观其源而知其流"(《泰族训》),学习要抓住事物根本,不能就事论事,要知其所以。

　　《淮南子》人格修养的方式,显然是继承儒、道二家的理论又对其

超越。庄子力保人的自然天性,反对任何外在的学养;孔子等儒家思
想家把人的后天学习修养看得更为重要,认为人的先天禀赋并非不
可改造,如孟子"砥砺"说。但无论是道家还是儒家在谈到如何实现
人格理想时,都仅强调主体内向性的精神修养。即使儒家的"学习"
也只是"征圣"、"宗经",从儒家经典著作中去体味成圣的途径,绝不
涉指其它的外界认知和思维活动。《淮南子》则将个体自然天性的保
全放到各种学识的积累和修养中获得,而且将学习的范围从个体的
自修拓展到整个外部社会环境。因此,要成就"大美"的人格理想,就
须走出自我的狭小空间,以一种旺盛的生命力去投向外部的整个世
界,在实践中去成就"大丈夫"的伟业,积极主动地去实现自我价值。
同时,又保持一种顺道而为的天性,即"禀受于外"与"返性于初"的
统一,才能达到圣人的境界。"返性于初",实际上就是对主体自身的
直觉观照,从而获得个体本然存在的自然天性;"禀受于外",即重视
知识积累,倡扬励志求学。德性修养与外部学习的二者结合,体现了
《淮南子》进步、科学的人格教育思想。

第三节　人格理想与生命境界

　　《淮南子》的人格理想始终以完满的生命境界为价值旨归。一方
面,《淮南子》人格理想主张自得其情、顺性返身,体现出中国士人对
自我生命精神的持守和自珍;同时,又突出"自得"之"我",明确"自
得"中的主体意识,积极发挥自我主体的生命价值。这就意味着《淮
南子》努力追求一种既顺应"我身"之天性,又心怀天下、游刃于天下
之间的审美人格境界。这种人格境界在后世历代文人身上得到现实
的充分显现。

一、"自得"之"我"

《淮南子》推崇"自得"之境，并作为人格理想的一种审美境界。《原道训》如此描述：

> 天下要不在于彼而在于我，不在于人而在我身，自得则万物备矣。……所谓自得者全其身者也，全其身则与道为一矣。是故夫得道已定，而不待万物之推移也，非以一时之变化，而定吾所以自得也。吾所谓得者，性命之情，处其所安也。

"自得"即为自我体道、达道。"道"在于天性纯真，自然无为。人"率性而行"，只要顺应自然、保全天性就可体道，实现理想的圣人之境。"故圣人不以行求名，不以智见誉。法修自然，己无所与。"（《诠言训》）因此，《淮南子》主张的"自得"是自我返性与顺应自然，就是"得自自然"。

但这里，《淮南子》没有回到先秦道家的老路。其一，"自得"之境中突出的是"我"的地位，这样《淮南子》明确了"自得"中的主体意识。在"自得"之境中，这个主体人格虽顺应自然，但并非完全丧失自我而被自然化。所以天下之要"不在于彼而在于我"，"我"作为主体的角色彰显出来，面向"天下"主动作为。一定程度上，"自得"与老庄所提倡的"虚静"、"节欲"等否定性修道方式相比，更强调审美主体的主动性和正向性。《诠言训》中也说"存己"："古之存己者，乐德而忘贱，故名不动志；乐道而忘贫，故利不动心。名利充天下，不足以概志，故廉而能乐，静而能澹。故其身治者，可与言道矣。""存己"就能"乐德"、"乐道"，自身具备道、德之品格，自得其乐，不为外界名利所诱惑。由"乐"而"忘"，意味着主体先有自我情感的价值立场，而后才去避离外物。与"自得"人格理想追求一样，这在逻辑关系上要区别于老庄的先驱外物之欲而后保持自我虚静的路径。

主动"自得"，"不待万物之推移也，非以一时之变化"，其结果自然就是各种欲望难以侵入。"我"自有一份定力，从容面对外部世界，就不会受制于各种欲望的诱惑。主体人格不依赖于外界而保持自我，不以奢为喜，不以廉为悲，故五音、五色弃不足惜。这种豁达态度的最高境界便是"以死生为一化，以万物为一方"（《精神训》）。没有各种欲望冲动，人与自然之间便不存在功利性关系。于是，主体人格具有体无、冲一、守道、抱神的天赋、资质与潜能，可以充分把握自然之道，而居于"与道为一"的最高人生境界。这种"自得"也不同于《庄子》"心斋"、"坐忘"等玄虚空幻、避离尘世的体道方式，而主张在世俗社会中也能寻找到追求生命理想的现实路径。这就将"自得"从一味的形而上之境寻求转向形而下领域，让每一个人都能从现实社会中寻本真自然的生活方式和人格追求。这一点直接引通魏晋玄学之兴，通过名士阮籍、嵇康等人的生存状态得以呈现。

同样的观念在《齐俗训》中也有表达，"所谓明者，非谓其见彼也，自见而已。所谓聪者，非谓闻彼也，自闻而已。所谓达者，非谓知彼也，自知而已。是故身者道之所托。身得则道得矣"，都强调"我"的意识和身份，自见、自闻、自知，才能得道。《齐俗训》又说："率性而行之谓道，得其天性之谓德"，《缪称训》也说："道者，物之所导也；德者，性之所扶也。""导"物、"扶"性、"率"性、"得"性等这些含有主动性意义的话语表达，与《原道训》"自得"之境对应，正体现了《淮南子》追求人格生命境界的积极意志。

突出自我，以此与自然建立一种和谐关系，自然之物能否成为审美对象的关键就在于主体的态度如何。这样，只要对象符合主体，能与主体构成非功利的和谐关系，那就都可以进入审美的视野。不拘先天的美丑之分，不假人为之力，唯以人的审美态度为前提，以人与自然的和谐相处为宗旨，则万物莫不可与之相乐。这个审美对象广大悉备,包罗万象,俯仰即得,因而审美快乐无处不在,构成人生的审美情境。因此,在《淮南子》这里,主体的内在世界从大一统的群体伦理意志的涵盖中脱离并凸显出来,开始产生自省自觉的独立意识,并力图使一个实现了内在和谐与超脱的"自我"成为自然宇宙的本体存在。总之,"我"成了世界的中心,成了审美意识凝视的焦点。在"自得"之中,主体彰显的是自身与对象的审美关系中的自由本质。"我"作为主体性人格,努力地在处理与社会的直接冲突中来满足、发展和实现自己。"这种突出个体,解放个性的思想虽经董仲舒的'独尊儒术'专制思想一度压抑,但在随后的魏晋时期得到了全面的复苏,从而吹响了美学史上'人的觉醒'思想的最初号角。"①

其二,在《淮南子》看来,"自得"不仅随顺天性自然,也需主体自觉主动去完善自我。于是,"自得"不仅自得天性,且已越出先秦道家之限,而与外物相连,有了"国"与"天下"的价值融入。这样的"自得"是"外化而内不化",《人间训》:

> 得道之士,外化而内不化。外化,所以入人也,内不化,所以全其身也。故内有一定之操,而外能诎伸赢缩、卷舒,与物推移,故万举而不陷。

一方面人持守所应遵从的天道而"内不化",以此实现生命状态的纯真宁静,得其天性;另一方面也包含主体应对纷繁复杂的天地万物、人间事象的"外化"能力。人不仅自得天性,也需自得"心"、"术"之道。《人间训》:"发一端,散无竟,周八极,总一筦,谓之心。见本而知末,观指而睹归,执一而应万,握要而治详,谓之术。"合乎"心"是合目的性之本,合乎"术"是合规律性把握对象的能力。以"心"为统

---

① 周来祥:《中国美学主潮》,济南:山东大学出版社1989年,第158页。

摄,掌握"术"的能力,充分应对外物世界之事,借助于"术",将"道"落实到纷繁复杂的人世当中。

"自得"之境实际上在一种审美的人生境界中涉及主客体的关系。这是一种"天人合一"的审美境界:"夫天下之与我岂有间哉",人与自然融为一体。但它与儒、道的"天人合一"又有所不同。儒道两家虽各有不同的说法,但归结到最后,都以"天人合一"为最高境界。孟子说:"万物皆备于我"(《孟子·尽心上》),庄子说:"天地与我并生,而万物与我为一。"(《大宗师》)这些都是对"天人合一"这一境界的言说和追求。但儒家的"天人合一"偏向于以天合人,即按照人的本性来理解和规定天道,又以人道化的天道论证人类,以人道为依归。如孟子提出:"诚者,天之道也"(《孟子·离娄上》),"仁,天之尊爵也"(《孟子·公孙丑上》),从而有"义理之天","道德之天",给天披上浓厚的伦理色彩。由此,孟子提出"尽心、知性、知天"的天人合一模式,并且通过"善养吾浩然之气"来达到"上下与天地同流"的天人合一境界。同时,道家的"天人合一"却偏向于以人顺天,即要求去掉人为,冥归于自然,"人与天一",达到人与自然的和谐。如庄子在《山木》中假仲尼之语说:"有人,天也;有天,亦天也。人之不能有天,性也,圣人晏然体逝而终矣!"由此,人格的修养就是弃绝人道,遵从天道,达到与天合一的境界。总之,儒、道两家的天人合一或是"以人灭天",或是"以天灭人",即牺牲一方为代价而委顺于另一方,其人格理想所实现和谐境地往往留有缺憾,甚至在后世为人格理论的偏执化呈现提供了可能。《淮南子》的天人合一在遵从天道自然的前提下,又充分保留了主体意识的独立性。一方面,"圣人不以人滑天,不以欲乱情"(《原道训》),"圣人法天顺情,不拘于俗,不诱于人"(《精神训》),充分保持其自然天性;另一方面,"偏知万物而不知人道不可谓智,偏爱群生而不爱人类不可谓仁"(《主术训》),精神的自由必须以主体的社会价值为依托,人的主体意识必须得到体现。因此，在《淮南子》看来，"知天之所为，知人之所行，则有以任于世矣。知天而不知人，则无以与俗交；知人而不知天，则无以与道游"（《人间训》）。正因为主体人格中有了这种与天同一的超脱精神，使得其人生境界更加自由审美化；正因为主体人格中又有了这种"人之所行"的能动情怀，使得其人生境界更加丰富而又感性化。他忧国忧民，而又旷达自若，达至"以天地胸怀来处理人间事务"，"以道家精神来从事儒家的业绩"的"天地境界"①。

二、"身"与"天下"

从《原道训》"自得"之境延伸出的另一个命题是"身"与"天下"关系：

> 夫天下者亦吾有也，吾亦天下之有也，天下之与我，岂有间哉？夫有天下岂必摄权持势操杀生之柄而以行其号令邪？吾所谓有天下者非谓此也，自得而已。自得则天下亦得我矣，吾与天下相得则常相有已，又焉有不得容其者乎？

《主术训》中也说："所理者远，则所在者迩；所治者大，则所守者小。"这里的"远"与"迩"、"大"与"小"，即"天下"与"身"的意指。在《原道训》、《主术训》等篇章中，《淮南子》始终在思考一种人生难题，这就是自我修身与天下担当如何协调统一的问题。

关于"身"与"天下"，先秦儒道都各有论述。老庄都主张人之道性为德，人保全自我之性就能把握自身之德，因此，人只要"贵身"，尊重并关爱自我生命本身，就可以圆满自足，无需有待于外。《庄子》："故贵以身于为天下，则可以托天下。爱以身于为天下，则可以寄天

① 李泽厚：《美学三书·华夏美学》，合肥：安徽文艺出版社1999年，第302页。

下。故君子苟能无解其五藏,无擢其聪明。尸居而龙见,渊默而雷声,神动而天随。从容无为而万物炊累焉,吾又何暇治天下哉?"(《在宥》)贵身,则无需外在仁义礼智信等人文规制,万物世界自然而成,就可使天下隆于三代,返朴归道。很显然,道家主张由贵身则可以直接达成天下,从而以个体自我的独立自足实现了身与天下的直接统一,也就一定程度上消解了人向外发挥主体意识和能力的必要性。儒家推崇"为己"之学,孔子有"古之学者为己,今之学者为人"(《论语·宪问》)之论。《后汉书·桓荣传论》中,范晔对其发挥引申:"伏氏自东西京相袭为名儒,以取爵位。中兴而桓氏尤盛,自荣至典,世宗其道,父子兄弟,代作帝师。受其业者,皆至卿相,显乎当世。孔子曰:'古之学者为己,今之学者为人。'为人者,凭誉以显物;为己者,因心以会道。桓荣之累世见宗,岂其为乎!"①"为己"之学,在于自得修身,追求理想的人格境界;"为人"之学,导向物欲寻求,追逐世俗功名。孟子直接提出:"君子深造之以道,欲其自得也。"(《孟子·离娄下》)可见,儒家也强调主体自我人格之内在精神的追求。但儒家以外在之学求内在之身,由外而内,区别于道家的由内而外;同时儒家"为己"之"己"着重于伦理人格,也不同于道家自然天性人格。儒家虽"以修身为本"(《大学》),但以修身为中心,向前扩充为格物致知诚心正意,向后扩充到齐家治国平天下。这样个体修身附着过重,牵扯太多,很容易受到外在社会环境的影响和限制,甚至会带来"己"的"异化",而无法实现理想的自由人格追求。

　　《淮南子》吸收了道家贵身顺性的思想,也承继了儒家"为己"之学。但《淮南子》在"身"与"天下"关系的思考上,有自己的独到之处,也更显圆融。其一,《淮南子》为人格理想"身"与"天下"如何统一而设计的实践路径,汇融了儒道思想精华并有所超越。《诠言训》:

① 范晔:《后汉书》卷三十七《桓荣传》,天津:天津古籍书店1987年,第1563页。

"能有天下者必不失其国,能有其国者必不丧其家,能治其家者必不遗其身,能修其身者必不忘其心,能原其心者必不亏其性,能全其性者必不惑于道。"这里逆向回溯:以"道"为本,然后"全性"、"原心"方可"修身",修身才能"齐家"、"治国",最终实现"有天下"的目的。这样的路径设计类似于儒家,但《淮南子》将"有天下"之源头设计为道,而非儒家格物致知,且以"全性"、"原心"代替"诚意"、"正心"作为修身之内容。可以发现,《诠言训》中的"身"与"天下"的关系路径中,修身之前承袭道家之传统,修身之后则以儒家"齐家"、"治国"为参照,只是以"有天下"代替"平天下"。《淮南子》论述人格之修"身"没有局限于生命个体独立自足的意义,"身者,国之本也。未有得己而失人者也,未有失己而得人者也"(《泰族训》),这里说"身"之意义在于是"国"之根本,就意味着将修"身"的问题即人格养成的价值目标和社会国家相关联了。《诠言训》:"詹何曰:'未尝闻身治而国乱者也。未尝闻身乱而国治者也。'矩不正,不可以为方;规不正,不可以为员;身者,事之规矩也,未尝枉己而能正人者也",也将"身"与治国紧密相连,使得修身直接粘附于入世之中而带有明显的社会意义。不仅如此,在《缪称训》、《泰族训》等多篇中,《淮南子》强调"身"并非完全是自然天性之身,而应融入外在社会人文规制内容。《人间训》:"若使人之所怀于内者,与所见于外者,若合符节,则天下无亡国败家矣",即表明修身需有知的能力和伦理道德品格,怀内见外,才能化成天下。这就避免了道家"修身而有天下"思想的玄虚化和抽象化。

其二,《淮南子》以"时遇"作为解决"身"与"天下"在现实中难以统一的方案。其实,无论是儒家还是道家,在"身"与"天下"的关系中,都存在推己及人而"有天下"构想的逻辑困难。儒家将人与人之间关系进行伦理化建构,"四海之内皆兄弟",伦理关系是社会结构的基础;进而以推己及人的逻辑路线,推演出一套放之四海皆成标准的社会行为规范。道家认为德乃天下人同具,贵身就能兼容天下。《老子》:"修之身,其德乃真;修之家,其德乃余;……修之邦,其德乃丰;修之天下;其德乃溥"(《五十四章》),又云"故贵以身为天下,若可寄天下"(《十三章》)。综合儒道可以发现,两种理论构想的核心基点就是"己/人结构",即从人之天性或伦理观念出发,以自我个体的品格、价值观念和生命关联为标准,去想象所有人的思想、情感和追求,来设想天下之人的现实关系。"推己及人"强调自我个体的价值尺度,使得"身"与"天下"往往停留在一种想象中,或如儒家穷其一身,或如道家遗世独立。

《淮南子》也意识到,"身"与"天下"之间并非是顺成统一的关系,从个体之身推及"有天下"事实上是困难的。而且,在其看来,即便修身至理想的人格境界,也未必能实现有天下的价值目标。最终,《淮南子》将两者圆满统一的设想设定为"时遇"。《诠言训》:

> 德可以自修,而不可以使人暴;道可以自治,而不可以使人乱。虽有圣贤之宝,不遇暴乱之世,可以全身,而未可以霸王也。汤、武之王也,遇桀、纣之暴也。桀、纣非以汤、武之贤暴也,汤、武遭桀、纣之暴而王也。故虽贤王,必待遇。遇者,能遭于时而得之也,非智能所求而成也。

修德治道,可以完善自身,但如果不遇其时,仍难以实现王天下的价值目标。因此,《淮南子》以得遇其时作为"身"得而"有天下"的关键。文中多次表明对"得"与"时"、"势"的看法,"得在时,不在争"(《原道训》)。只要得遇其时,无论返性自然还是外施仁义,都可以实现生命价值的最高境界而"有天下"。《俶真训》:

> 夫鸟飞千仞之上,兽走丛薄之中,祸犹及之,又况编户齐民

乎！由此观之，体道者不专在于我，亦有系于世矣。

故世治则愚者不能独乱，世乱则智者不能独治。……舜之耕陶也，不能利其里；南面王则德施乎四海。仁非能益也，处便而势利也。古人圣人，其和愉宁静，性也；其志得道行，命也。是故性遭命而后能行，命得性而后能明。乌号之弓，谿子之弩，不能无弦而射；越舲蜀艇，不能无水而浮。今矰缴机而在上，网罟张而在下，虽欲翱翔，其势焉得！故《诗》云："采采卷耳，不盈倾筐，嗟我怀人，寘彼周行。"以言慕远世也。

想要实现理想的人格境界，也需要"系于世"，即遇到合适的社会环境。同时，即便全性体道，仍需"其志得道行"之"命"：世道圣明，愚奸者不能独乱社会天下；世道混乱，智者也不能独自让天下大治。这里以舜为例来说明，人的生命价值是否能够完全实现，不仅仅依靠其个体平和宁静的天性人格，更重要在于人格彰显的时世之命。"性者，所受于天也；命者，所遭于时也。有其材。不遇其世，天也。"人的本性禀授于天，人的命运则与其所处的时代有关。这也正是《淮南子》超越道家的地方，不抽象地一味强调个体的天性自存，而是将其统一于社会历史的情势中。

拥有天性自我如此，外施仁义也是如此，《人间训》："仁者，百姓之所慕也。义者，众庶之所高也。为人之所慕，行人之所高，此严父之所以教子，而忠臣之所以事君也。然世或用之而身死国亡者，不同于时也。"仁义本身是好的品格，但需要得用其时的时代。《缪称训》："功名遂成，天也；循理受顺，人也。太公望、周公旦，天非为武王造之也；崇侯、恶来，天非为纣生之也。有其世，有其人也。"时世决定人的品格，成事在天。又云："人无能作也，有能为也；有能为也，而无能成也。人为之，天成之。终身为善，非天不行；终身为不善，非天不亡。故善否，我也；祸福，非我也。故君子顺其在己者而已矣。"（《缪称训》)这里虽有天命不可违的宿命论思想,但也表明社会情势对人、事的影响这一客观道理,可以看作是《淮南子》关于古代士人悲剧化人生命运的感慨。当然,《淮南子》在将时世作为人生命运的决定因素时,也考虑到个体自我的主观能动。《齐俗训》:"故事周于世则功成,务合于时则名立。……桓公……文公……审于势之变也",这里就突出了个体在客观时世下应该主动审时度势,以自我之人格力量积极应对外在社会环境之变化的道理。

客观来说,《淮南子》虽力图以"时遇"来化解"身"与"天下"统一的困难,但它只是从外在环境因素来寻求一种路径,并没有设计出一个完美的解决方案,更没有如何培植一种普范性的社会公共意识去实现天下大治的深入思考。于是,《淮南子》又从人的主体精神来寻求根本性的解决。

其三,从主体精神维度,《淮南子》建构一种旷达乐观、超越己身的天下观。《淮南子》对于"身"与"天下"之关系,持主体"有天下"而非"平天下"的姿态。圣人一切顺其自然,以"道"作为最高的精神追求,就要通晓旷达地面对人生命运。《诠言训》:"故通性之情者,不务性之所无以为;通命之情者,不忧命之所无奈何;通于道者,物莫不足滑(乱)其调。"通晓本性之情,就不会去做本性所不该做的事;通晓时命,就不要担心命里不该有的东西。庄子《达生》中也说:"达生之情者,不务生之所无以为;达命之情者,不务命之所无奈何。"这里《淮南子》"吸取了庄子的达观精神,但没有了愤世、厌世、玩世的色彩"①。《精神训》中就刻画了一个独立傲岸、超脱飘逸的大禹形象:

① 李泽厚、刘纲纪:《中国美学史》第一卷,合肥:安徽文艺出版社 1999 年,第 435 页。

> 禹南省方,济于江,黄龙负舟,舟中之人五色无主,禹乃熙笑
> 而称曰:"我受命于天,竭力而劳万民。劳,忧也。生寄也,死归
> 也,何足以滑和!"视龙犹蝘蜓,颜色不变,龙乃弭耳掉尾而逃。

同样,对于外在的物欲,圣人也不应该过于贪求而戕害自己的生命,
"轻天下则神无累矣,细万物则心不惑焉"(《精神训》)。对于荣辱是
非,《淮南子》的人格理想也体现了豪放豁达的博大襟怀,"至是之是
无非,至非之非无是,此真是非也。若夫是于此而非于彼,非于此而
是于彼者,此之谓一是一非也。此一是非,隅曲也;夫一是一非,宇宙
也"(《齐俗训》)。因此,不应拘泥于"隅曲"之见,于其中争是非,而
应放眼于"宇宙"洪荒整体,这样的"是非"才是"真是非",才值得企
慕追求。

　　拥有这样的旷达人格,就可以不以拥有天下为累,"无累之人,不
以天下为贵矣"(《精神训》),更不能以天下之名而"摄权持势,操杀
生之柄而以行其号令"(《原道训》)。《淮南子》提出"轻天下"的主
张,《齐俗训》中颂扬五帝三王,"轻天下,细万物,齐死生,同变化,抱
大圣之心,以镇万物之情,上与神明为友,下与造化为人"。《精神
训》:"轻天下,则神无累矣;细万物,则心不惑矣;齐死生,则志不慑
矣;同变化,则明不眩矣。"这里所谓"轻天下"并非真正远离天下自
我封闭,而是强调在拥有自我人格基础上,如何在纷繁复杂的时世中
去保持一种轻松高远的心态,以超越性的眼光看待世界,将自己从一
味的世俗执念中解脱出来。这样,"圣人食足以接气,衣足以盖形,适
情不求余,无天下不亏其性,有天下不羡其和,有天下无天下一实
也"。在这种心境下,人就不会以追逐外在物欲和名利为乐,《精神
训》又云:

> 人之所以乐为人主者,以其穷耳目之欲,而适躬体之便也。

今高台层榭,人之所丽也,而尧朴桷不斲,素题不枅。珍怪奇异,人之所美也,而尧粝粢之饭,藜藿之羹。文绣狐白,人之所好也,而尧布衣掩形,鹿裘御寒。养性之具不加厚,而增之以任重之忧,故举天下而传之于舜,若解重负然。非直辞让,诚无以为也。此轻天下之具也。

"乐为人主",是一种自我的人格尊重。做到这一点,就能不被人之所丽、人之所美、人之所好诱惑。轻天下并非漠视天下苍生,恰恰是以天下为念而表现出的圣人气概、大美人格。

其四,《淮南子》更多谈到了君王的人格理想与天下治理的关系,可以看作是审美政治的一种形态。《淮南子》强调君主德行修为来感化天下,达到"和顺以寂漠"的"太清之治"。《淮南子》审美政治论唤起了美学中忽略已久的存在论基础,将政治权威、统治与服从的关系附着在统治者的完美形象上,政治活动中美的经验与政治美本身在明君修养中充分体现。不同于现代政治中统治权威与服从的对抗性,《淮南子》阐述的政治统治通过各种神化、道德说教、传统习俗的方式构建君权的合法性,君主政治人格之美为统治秩序奠基。在《本经训》对君主的期望是淳德全道、游行天地间的圣人明君:

> 天地宇宙,一人之身也;六合之内,一人之制也。是故明于性者,天地不能胁也;审于符者,怪物不能惑也。故圣人者,由近知远,而万殊为一;古之人,同气于天地,与一世而优游。当此之时,无庆贺之利,刑罚之威,礼义廉耻不设,毁誉仁鄙不立,而万民莫相侵欺暴虐,犹在于混冥之中。

"主者,国之心",君主作为一国之核心,应上和天地之道,下顺仁义礼乐。《淮南子》将君主统御之术与道德修养放在同一层面进行论述,强调为政者要通达道体、体本抱神,以德修身,革心祛杂,道德修为是为君之本。《本经训》所阐释的治国之道为"道治",政治统治要遵循道,道实现政治统治的根本在于"和"与"顺":遵循天地万物之本性,不枉为而达"无为",不逞私欲而得"虚静"。体现了化繁就简、静动协和之美。《本经训》:

> 帝者体太一,王者法阴阳,霸者则四时,君者用六律。帝者体阴阳则侵,王者法四时则削,霸者节六律则辱,君者失准绳则度。贵贱不失其体,而天下治矣。

《本经训》认为不同等级的统治者有其特定的统治依循,各行其道则为"道治"。称帝者,天下之共君,应体现宇宙之根本,循道而政;诸地之侯是为王,需效法阴阳之道,仁政爱民;未经君王授权而自称霸者,应以四时为据;地方性的小国国君,当用刑律管制。反之,如果帝王用诸侯之略,诸侯用霸者之法,霸者用小国之律,小国失去法度准绳,则天下大乱,失去道治之美。

统治者的精神境界之美体现在戒除对金、木、水、火、土构成的物质世界的贪欲,《淮南子》认为物欲与精气之真是相违背的,统治者如若沉溺其中任何一种物的享乐之中,都会精神散逸,激起民怨而不治。五行之物代表的物质实体象征民生之用,君主应爱惜珍视,体恤百姓,保障民生。

《淮南子》用君主道德之美反衬现实之恶,人性的贪欲和社会的腐化在此种政治审美理想人格中得到澄清,审美理想犹如黑夜中的明星,让人心存期望。德行之美蕴于君主之道,《淮南子》将自然、社会与人放置在为政者这一主体中,君主修养承载了政治审美的意向性,天人之美表达为太清之治的政治理想。不同于传统道家在叙述政治理想时的虚无缥缈,《淮南子》政治理想的现实基础在于对百姓

疾苦的关怀。《主术训》:

> 凡人之论,心欲小而志欲大,智欲员而行欲方;能欲多而事欲鲜。所以心欲小者,虑患未生,备祸未发,戒过慎微,不敢纵其欲也。志欲大者,兼包万国,一齐殊俗,并覆百姓,若合一族,是非辐凑而为之毂。

"主术"即为君之道,体现为君与臣、君与民之间的统御美学。美的统治是不治而治、无为而治的,它体现为清净不动、责成不劳的静雅之美。道家"无为"在《淮南子》的政治统治中不是要求君主无所作为,而是要充分发挥臣子百官的职能,君臣有道,各尽其职,君主不必事必躬亲。人类组成的复杂社会系统中,政治之美要尽量摈弃因利益之争造成的道行混乱、欺诈奸邪。美的形成在于事物各行其道,"各美其美"方能"美美与共",设置恰当的职能、充分调动每个人的功用,"百官条通而辐辏,各务其业,人致其功",实现"无为而无不为"的政治之美。《主术训》:

> 夫人主之听治也,清明而不暗,虚心而弱志,是故群臣辐凑并进,无愚智贤不肖莫不尽其能,……是故不出户而知天下,不窥牖而知天道。乘众人之智,则天下之不足有也,
>
> 专用其心,则独身不能保也。是故人主覆之以德,不行其智,而因万人之所利。……人主者,以天下之目视,以天下之耳听,以天下之智虑,以天下之力争。是故号令能下究,而臣情得上闻,百官修同,群臣辐辏。

《主术训》认为"上多故则下多诈,上多事则下多态,上烦扰则下不定,上多求则下交争"。君臣之间的职责界限在于"主道圆,臣道

方"。"天圆地方"不仅是一种宇宙观，也是人世间按照天地之数各守其道，"天道曰圆，地道曰方；方者主幽，圆者主明"。只有分清君臣二者的职分，使二者"各得其宜"、"上下相使"，才能够最终达到效果。君主的职分是其治国方法应当灵活四通，以虚应实、以不变应万变，即"运转而无端，化育如神，虚无因循，常后而不先也"。君主不要过早地、独断地下判断。君主虽然并不从事于具体事务的操作，但却有最后的决断权，即老子所说的"后其身而身先"（《老子·七章》）。只有君臣异道，各自处在应处的位置上，上下合作才能默契，君主才能充分地驾御大臣，大臣也才能充分地侍奉君主。

> 主道员者，运转而无端，化育如神，虚无因循，常后而不先也。臣道员者运转而无方者，论是而处当，为事先倡，守职分明，以立成功也。是故君臣异道则治，同道则乱，各得其宜，处其当，则上下有以相使也。
>
> 是故贤主之用人也，犹巧工之制木也，大者以为舟航柱梁，小者以为楫楔，修者以为榱橑，短者以为朱儒枅栌。无小大修短，各得其所宜；规矩方圆，各有所施。

从君主的角度要实现统治的顺达，就要戒除控制欲，不乱不斗而至臣民归顺，天下安定。寡利欲而虚静，臣民仰慕其德，必然如车之辐辏，可以聚合力量，为君所用，"无愚智、贤不肖，莫不尽其能"。君主应善用"忠正之士"，而君主需要做表率，"人主贵而正尚忠"，谗邪之士如"雀之见鹯而鼠之遇狸也"，必不能侵。如以墨绳取直，只要墨线拉直，木材就不会歪曲，及至政治，只要将忠正之人的任用在恰当的位置，政治的清正之气必然随之而生。

淮南子政治美学在追求君子人格理想的过程中，界定了君臣之道，形成了对官员道德化、知识化考核的仕途传统，在汉代政治人格中产生了影响中国政治统治模式的特殊群体——士大夫。知识阶层入世,是理想化政治模式和理性治理的综合结果,是政治美学理想的实践产物。在"士"与"吏"的融合中产生的"士大夫"阶层,是知识阶层与政治的联姻。汉代政治实践中,士大夫的出现强化了政治统治中的文化知识内核,官吏的来源主要是太学中优等毕业生,"甲科出身为郎;乙科出身为吏"[1]。知识阶层的统一化、组织化维系了中国政治的士人风格,也使得中国古代政治能够在世袭、外戚、宦官和武官各种势力的角逐中,规避了西方政治中军人政治和富人政治的路线。《淮南子》推崇的君子之风,重视教化和知识的传统奠定了西汉政权的美学根基。

三、人格理想的生命呈现

《淮南子》人格理想论融合儒道,以人的生命价值实现为核心,又统一在《淮南子》天人合一的"自得"之境中,形成一种"身"与"天下"的和谐关系。一方面,它蕴含道家的超脱、飘逸及豁达的人生态度;另一方面,它兼融儒家的质朴、现实及不懈的人生追求。《淮南子》努力寻求人格理想在现实生命中的呈现,力图消除人格模式中儒道二元对立的分割状态,以期实现二者和谐共存融为一体的愿望。事实上,关于中国古代知识分子"进则儒、退亦道"摇摆不定的二元人格理论阐释虽解释了其人生形态的变化,但却无形中割裂了人格的统一性,使他们似乎始终处于一种人格的精神分裂的生命困境中。而这里所谓的"进则儒、退亦道"实质上只是古代知识分子在不同人生阶段生存策略的具体表现,并非儒道思想的进进出出、摇摆不定。很显然,从《淮南子》这里所倡导的人格理想与生命境界来看,我们可

---

[1] 钱穆:《中国历代政治得失》,北京:生活·读书·新知三联书店 2012 年,第 12 页。

以发现一种努力调和儒道冲突对立而能实现自由生命之美的理想追求。姑且不论《淮南子》这种人格理想模式是否完备成熟，仅从寻求实现个体生命自由与实现社会价值之间的协调统一来说，就充分彰显了其追求完满生命境界的美学追求。

《淮南子》人格理想与生命境界的论述其实隐含着人的生存和发展的重要命题。一方面，其寓含的"入世"精神为人的发展提供了必要的现实动力和实践依据；人的发展不只是一种精神层面的自我修养，还包括现实需求和能力的培养，而这些只能在实践有为的社会存在中得到体现。同时，《淮南子》倡导的人格理想的生命境界也意味着人的价值皈依，即人的自由精神家园，那里有人所具有的一切精华和气魄。

正如康德所说的"人是人最终的目的"①，人的全面发展始终是人自我完善的目标。康德认为，在种种冲突、牺牲、辛勤斗争和曲折复杂的漫长路途后，历史所指向的美好社会能充分发挥人的全部才智。黑格尔也曾指出，社会和国家的目的在于"使一切人类的潜能以及一切个人的能力在一切方面和一切方向都可以得到发展和表现"②。黑格尔揭示出人类生存的两重性困境，即人既有超越性的追求，又不得不面对现实去努力适应。前者把人引向理想价值的追求，体现为一种普遍性，后者则使人回归现实，必然受制于偶然性和特殊性，"普遍性要保持独立存在，不依存于特殊性，特殊性也要独立存在，不依存于普遍性"③。我们从黑格尔这里似乎又能看到《淮南子》关于人的生存困境的阐述。这些西方哲人都积极关注人的全面发展的命题。但是由于历史的局限性，他们的理想只能成为空想。马克

---

① ［德］康德：《道德形上学探本》，唐钺译，北京：商务印书馆1962年，第43页。
② ［德］黑格尔：《美学》第一卷，朱光潜译，北京：商务印书馆1981年，第59页。
③ ［德］黑格尔：《美学》第一卷，朱光潜译，北京：商务印书馆1981年，第66页。

思、恩格斯运用辩证唯物主义和历史唯物主义,在科学地分析了人类社会发展规律的同时,还提出了人的全面发展的思想,"每个人的自由发展是一切人的自由发展的条件"①。马克思指出,人虽然生活于社会中,以自己的能动性参与社会创造财富,追求人生的物质成果,但这只是人的发展的单面,人应该在同时保全自己的主体的独立性,不要沦为商品的奴隶,再次受必然的束缚和支配。"共产主义是私有财产即人的自我异化的积极的扬弃,因而是通过人并且为了人而对人的本质的真正占有;因此,它是人向作为社会的人即合乎人的本性的人的自身复归,这种复归是彻底的、自觉的、保存了以往发展的全部成果的。"②纵观古今,《淮南子》也为世界人的发展理论提供了富于中国传统审美文化特色的人格理想模式:"大浑为一"的审美理想观之所以在历代思想家和一般文人身上得到体现,主要是他们内心充满着对理想社会与人生的憧憬。当然,《淮南子》意识到个人与天下的统一需要"志"与"世"的统一,"故圣人虽有其志,不遇其世,仅足以容身,何功名可致也"(《人间训》)。因此,这种圆满的人生境界追求囿于主观上的一厢情愿和客观时世的复杂可能无法实现,最终也流于一种"乌托邦"情结。但《淮南子》所倡导的生命境界追求对后世文人影响深远。在以后的中国古代士人人生中,这种人格理想历时推衍,呈现出中华民族特色的审美人格特征。以陶渊明、李白、苏轼等为古代文人代表,在他们的人格理想践行中我们时时看到《淮南子》的思想印迹。这种影响不一定表现为后人对《淮南子》直接的文化接受,更多的是一种共通的思维模式和文化精神潜移默化的发生。

---

① [德]马克思、恩格斯:《马克思恩格斯文集》第二卷,北京:人民出版社 2009年,第 53 页。
② [德]马克思:《1844 年经济学哲学手稿》,《马克思恩格斯全集》第四十二卷,北京:人民出版社 1979 年,第 73 页。

　　陶渊明,东晋大诗人,"不为五斗米而折腰",弃官归田,一向被认为道家精神的代表。然而,即使是陶渊明的道家精神仍然是与儒家精神交融渗透在一起的。当他从世俗的樊笼中解脱出来,把精神的慰安寄托在农村生活的饮酒、读书、作诗上时,他并不是对整个人生社会产生一种空漠之感,相反,他仍然执着于人生,仍然对社会充满了一种人文关怀。这体现在其艺术创作上,一方面,他追求"户庭无尘杂,虚室有余闲"的平淡安宁,向往"采菊东篱下,悠然见南山"的物我冥合之境;另一方面,"及时当勉励,岁月不待人","朝与仁义生,夕死复何求"的人际关怀及主体生命意识又时时显现。正如鲁迅所说:"他并非整天整夜飘飘然,这'猛志固常在'和'悠然见南山'的是同一个人。"①陈寅恪也说:"惟求融合精神于运化中,即与大自然为一体。……自不致与周孔入世之名教说有所触碍,故渊明为人实外儒而内道。"②其实,说这寄情自然而又猛志常在的性格特征是"外儒而内道"并不准确,倒不如说是"大浑为一"审美理想在陶渊明身上的体现,即这儒或道的精神都消融于这统一的审美理想中而成为其有机并存的一部分了。

　　再看苏轼,这位北宋的政治家、文学家历来被认为是儒家精神的代表。如他忠君爱国,一生求仕,多次参加各种政治斗争,始终为自己的人生理想而执着追求。然而,苏轼在文艺创作中又体现出另一种人生境界,或自由超脱,"飘飘乎如遗世独立,羽化而登仙";或人生空漠,"世事一场大梦,人生几度凄凉";或平淡自然,"夜阑风静縠纹平,小舟从此逝,江海寄余生"。这似乎是儒、道思想在人生和艺术上的分离。于是,传统观点认为,苏轼的审美理想处于一种"进则儒、退

① 鲁迅:《且介亭杂文二集》,北京:人民文学出版社2006年版,第238页。
② 陈寅恪:《陶渊明之思想与清淡之关系》,转引自李泽厚《美学三书·华夏美学》,合肥:安徽文艺出版社1999年,第316页。

为道"的二分模式,即其人生历程中一段时间为儒家精神所支配,一段时间又为道家精神所影响,二者时时分离,相互摇摆。这种说法失当之处在于,首先从思想史的一般行程来看,一个伟大的思想家或文学家在其一生的思想进程中,主要是以一个统一的世界观为哲学指导,并非时常处于精神的分裂。其次,从苏轼的具体人生经历中可发现,苏轼早年在凤翔任上时主动学道,吟咏佛老,并存有较浓厚的"功成身退"的老庄思想。而他这时,却正处在科举顺利,仕途宽广的"顺境"当中,更没有遭到谪贬。这说明苏轼决不仅是把道家思想当作他身处逆境时进行精神慰藉的权宜之计,而是把道家的思想精华与儒家思想精华相互融合,建构起整一的审美理想观,熔于他生命意识的一部分了。

从中国文化传统审视,"大浑为一"的审美理想观之所以在历代思想家和一般文人身上得到体现,主要是他们内心充满着对理想社会与人生的憧憬。他们力图通过儒、道甚至释的吸收、消融而实现一种完美的人生境界,为这一份完美的人生理想去奋斗,去献身,从而将人的生存意义在审美中彰显出来。但在现实生活中,这种人格境界是无法实现的,最终只能化为"进为儒、退为道"的二分模式。这种模式是圆满的人格理想无法实现后,从理想的追求坠落到现实人生的无奈之举。惟其理想,所以难求。但因有理想,人们才能为之去奋斗,去献身,从而彰显出人的生存价值和意义!

第六章　文艺理想论

严格来说,《淮南子》并没有提供纯粹文学意义上的文道观,但《淮南子》的文化思想延伸开来从而与文论相关,也是不争的事实。《淮南子》中的《原道》篇,是诱发刘勰的《原道》与韩愈的《原道》创作的重要源泉,后两者均是讨论文道关系的经典之作。《淮南子》文本本身的文学特征已为众多学者所明确①,当其讨论众多哲学、政治的问题时,却意味着也是在讨论文的问题并加以创作实践。《淮南子》确定了道为文之本源的基本观念,论述了创作主体具备的基本要素和接受主体的相关命题,并借"书"论揭示了作品的价值功能和结构层次。

第一节　文道关系论

清代的章学诚说:"道无不该,治方术者各以所见为至。古人著《原道》者三家,淮南托于空蒙,刘勰专言文指,韩昌黎特为佛老塞源,

① 从文学史来看,鲁迅《汉文学史纲要》、郑振铎《插图本中国文学史》、刘麟生《中国文学史》、谭丕模《中国文学史纲》等著作都提到《淮南子》,只是过于简略。相比而言,袁行霈《中国文学史》使用 700 多字、郭预衡《中国古代文学史》使用了 800 多字来介绍《淮南子》,《先秦两汉散文专题》(韩兆琦主编)使用了 2600 多字评介《淮南子》,给予其文学史的较高价值。

皆足以发明立言之本。"①《淮南子》中的《原道》篇,是诱发刘勰的《原道》与韩愈的《原道》创作的重要源泉,后二者均是讨论文道关系的经典之作。《淮南子》中的文道关系论融合了道家与儒家的思想,在道为文之本源的立论基础上,以审美之文形显大道、事理之文践行大道。这两个命题具有重要的理论意义,可深刻影响文论史上的文道论述。

一、《淮南子》之"文"

中国早期的文化思想体系中,"文"并未呈现为现代学科意义上的、非常明确的审美文学。罗根泽说:"周秦诸子,是哲学家而不是文学家。……他们所谓'文'与'文学'是最广义的,几乎等于现在所谓学术学问或文物制度。"②《淮南子》作为一部百科全书式的古代经典著作,论"文"既传承了先秦诸子的广义之"文"概念,又创新发展了"文"的内涵,赋予了"文"的多种类型含义及价值功能。《淮南子》中关于"文"的论说及相关命题如文质论、真情说、形神论、"君形者"说、乐本说等等,都涉及到文学本源、艺术情感、创作主体心理、审美接受等现代文学理论重要命题。此外,《淮南子》文本本身的文学性呈现,就包含了丰富的文艺理论及文学创作实践经验。《淮南子》中大量用来论道的历史叙事和神话传说,更可以作为了解《淮南子》文艺观的文本分析例证。

参照刘锋杰对《论语》中"文"的说法,"在《论语》中只有关于'文'的'事实定义',即陈列'文'在不同实践活动中的不同状态,并没有将出现在不同状态下的'文之为文'的基本义涵做一抽象概括,

① (清)章学诚《与陈鳣亭论学书》,《文史通义校注》,叶瑛校注,北京:中华书局1994年,第287页。
② 罗根泽:《中国文学批评史》第一册,上海:上海古籍出版社1984年,第46页。

做出超越不同状态的一般性说明。抽象概括是在进行'属性定义'，它必须将出现在不同语境中的'文'加以整理集中，进行比较、分析、抽取、概括，寻找共同点，再以此为基础，形成'文之为文'的基本属性说明。"①《淮南子》也是在对前二十篇中关于"文"的"事实定义"描述基础上，进行分析、概括、总结，《要略训》中明确提出"书"（即文）的"属性定义"。因此，阐释《淮南子》"文"论，不能仅限于《要略训》篇简单的描述，更要拓展至全书范围内去梳理、描述、总结关于"文"的理论表达。基于文艺理论研究的视域，除了《淮南子》中作为整体概念明确使用的"文"，我们的考察对象也指代那些"文"的事实存在，如文章典籍和乐舞艺术，以及其作品本身。虽然其中之"文"有一些并非今天纯粹的审美文学之意，但其中也关涉到文学意义的历史发展形态，且对后来的诸多文学命题产生了重要影响。因此，仍有必要对《淮南子》之"文"做广泛意义上的梳理和性质上的厘定。

其一，"文"是一种形式之美。《国语·郑语》："物一无文。"②这里的"文"，指多种事物相互错杂，便形成具有观感的丰富形式。《周易·系辞下》："物相杂，故曰文。"也是对"文"所做的同样意义表达。《说文解字》对"文"做了更加明确的界定："文，错画也，象交文。"《淮南子》继续从事物的感性形态入手去谈，并以此作为"文"走向形式之美的理论逻辑之路。《缪称训》："锦绣登庙，贵文也；圭璋在前，尚质也。文不胜质，之谓君子。"锦绣一类的丝织品供到庙堂上，是表示注重美好的形式；把圭璋一类物品摆在祭品的前头，是表示崇尚合乎礼制，两者之间，外在形式不胜过礼制规范才称得上是君子。此处之"文"指的是礼制的外在形式。在《淮南子》看来，当"文"超过质的范

---

① 刘锋杰：《〈论语〉中"文道"关系论———"文以载道"前理论形态探讨之一》，《中国文学研究》2019 年第 1 期。
② 韦昭：《国语》，上海：上海古籍出版社 1982 年，第 518 页。

围,就呈现为与君子人格相背的一种非礼形式。相比较于《论语》中的"质胜文则野,文胜质则史,文质彬彬,然后君子",《淮南子》对于人格的品评"文不胜质,之谓君子"更加突出了君子人格中质胜文从的关系。《说林训》中:"白玉不琢,美珠不文,质有余也",此处之"文"已经直接是文饰之意的表达了。

到了《本经训》这儿:"钟鼓管箫,干戚羽旄,所以饰喜也。衰绖苴杖,哭踊有节,所以饰哀也。兵革羽旄,金鼓斧钺,所以饰怒也。必有其质,乃为之文。"这里的"文"虽还是作为礼法制度的一种外在形式,但有明显的情感性;且无论"锦绣"之"文"还是"饰喜"、"饰哀"、"饰怒"都含有美的外形和人为美饰之意。《本经训》又云:"在内而合乎道,出外而调于义,发动而成于文。"这段话包含的与"文"相关命题已更加丰富:从"文"被指涉为形式,到"文"的生成路径,直至"文"与道相统一。这表明"文"的内在精神实体已被关注,"文"也实现了从形式到内容的理论表述。某种程度上,《淮南子》中这段话可看作文道观的最初理论形态。首先,文与质是一组对立统一的概念,文既是质的外在呈现,又不能凌驾于质之上。其次,无论是质之文,还是礼之文,这里的"文"是伦理意义上的,决定于内在伦理精神的"质"和礼法,指向人的社会行为规范的道德实践功能。当然,礼虽指向道德实践,但也透视出其形式之美的意味。陈望衡说:"既然礼重形式,在礼的形式设计中就必然渗进审美的因素。爱美是人的本性,人总是在它所创造的一切作品(广义的,不只指文艺)中自觉或不自觉地融进自己的审美的理想,从而使这些作品在不同程度上体现出美来。"①尽管"礼"的主旨不在审美,但"礼"的形式性无疑培养、提高了人们对形式的审美感受能力,同时也催发某些形式美的法则产生。《诠言训》:

---

① 陈望衡:《中国古典美学史》上卷,武汉:武汉大学出版社 2007 年,第 90 页。

　　　　饰其外者伤其内，扶其情者害其神，见其文者蔽其质。无须
　　　　臾忘为质者，必困于性；百步之中不忘其容者必累其形。故羽翼
　　　　美者伤骨骸，枝叶美者害根茎。能两美者，天下无之也。

　　这里的文质关系描述已经从伦理表达转为审美论述了。文与质
实际上是自然物的形式与内容关系，"文"承载了美的形式意义。进
而，在《齐俗训》中，"文"的审美意义不自觉呈现：

　　　　古者，民童蒙不知东西，貌不羞乎情，而言不溢乎行。其衣
　　　　致暖而无文，其兵戈铢而无刃，其歌乐而无转，其哭哀而无声，凿
　　　　井而饮，耕田而食，无所施其美，亦不求得。亲戚不相毁誉，朋友
　　　　不相怨德。及至礼义之生，货财之贵，而诈伪萌兴，非誉相纷，怨
　　　　德并行，……有诡文繁绣，弱绨罗纨，必有菅屩跐跨、短褐不
　　　　完者。

　　这里"其衣致暖而无文"、"诡文繁绣"两处所说的"文"均指衣服
上的文饰，也暗合人有意而为之的审美需求。从文辞表面来看，《淮
南子》还是意在批判"文"所代表的审美欲求，但却不经意间揭示了
人类审美意识的发生规律，即从无"文"到有意识的"文"的追求。人
们对事物形式美的追求是随着人类的社会发展、历史演进而日益呈
现。《淮南子》所称颂的远古时代，"民童蒙不知东西"，自然也就没
有审美意识的发生；只有当社会发展到一定时期，人们在实践劳动过
程中，对外部世界有了对象化改造，在事物的合目的性需求上，有了
形式的需求，审美意识也就客观存在了。
　　《修务训》中的两段话虽然谈的是人的形貌及外饰，没有直接点
到"文"，但也包含了文饰之意，比较靠近形式之美了：

曼颊皓齿，形夸骨佳，不待脂粉芳泽而性可说者，西施、阳文也；嗸䑛哆嗚，籧蒢戚施，虽粉白黛黑弗能为美者，嫫母、仳催也。夫上不及尧、舜，下不及商均，美不及西施，恶不若嫫母，此教训之所谕也，而芳泽之所施。

……

今夫毛嫱、西施，天下之美人，若使之衔腐鼠，蒙蝟皮，衣豹裘，带死蛇，则布衣韦带之人，过者莫不左右睥睨而掩鼻。尝试使之施芳泽，正娥眉，设笄珥，衣阿锡，曳齐纨，粉白黛黑，佩玉环，揄步，杂芝若，笼蒙目视，冶由笑，目流眺，口曾挠，奇牙出，靥酺摇，则虽王公大人，有严志颉颃之行者，无不惮悇痒心而悦其色矣。

这里表明，关于人之美，外在形式的文饰无关紧要，关键在于天性之质。由此《淮南子》明确了"质"作为美的本体所具有的规定性和客观性。但同时，《淮南子》也认为人之美虽以"质"为核心，如若文饰"施芳泽，正娥眉"等，则美的效果更佳。这种观念更有利于"文"关于形式美的价值认定。

其二，"文"是文章之意。《本经训》中说："大钟鼎，美重器，华虫疏镂，以相缪紾；寝兕伏虎，蟠龙连组；焜昱错眩，照耀辉煌；偃蹇寥纠，曲成文章；雕琢之饰，锻锡文铙。"这段话意思是说，构形婉转委曲缭绕纠结，巧妙地形成美丽的图案，那些雕琢出来的装饰线条，就像锻铁如锡后形成的自然纹理。此处《淮南子》虽意在批判五个"流遁"形态之一的"文章"，指其"凡乱之所由生者"，即美的形象会乱人心性；但却不自觉地将"文章"与鲜艳生动的形象之美完全统一。因此，从客观效果上来说，《淮南子》触及到了"文"作为美的形式的重要观念。《主术训》中从物之"文"再延伸到言之"文"，就更接近现代意义上的文章概念了，"是故虑无失策，谋无过事；言为文章，行为仪表于天下"。至于批评儒家的礼为"实之华而伪之文"(《氾论训》),就直接对应于儒家作品的文辞修饰了。

在《淮南子》之后,王充所论及的"章"、"篇"其实已接近后世广义上的"文章"概念了,"著作者为文儒,说经者为世儒。……汉世文章之徒,陆贾、司马迁、刘子政、杨子云,其材能若奇,其称不由人"(《论衡·书解》)。可见,王充已把儒生和文章之士加以区分。郭绍虞在谈到汉代文学与文章、学术分离的情况指出,"以含有'博学'之意义者称之为'学'或'文学';以美而动人的文辞称之为'文'或'文章'。如此区分,才使文学与学术相分离"①。这一点仍然可以在《精神训》中印证,"藏诗书,修文学,而不知至论之旨,则拊盆叩瓴之徒也"。此处"文学"应指博学之意。如同《论语·先进》:"文学:子游、子夏",皇侃注疏:"文学,指博学古文。"

其三,"文"含有艺术情感之意。《礼记·乐记》中"文采节奏,声之饰也","声成文,谓之音"。这里的"文"就已经与音乐艺术相关,成为艺术情感的形式。《缪称训》:

> 文者所以接物也,情,系于中而欲发外者也。以文灭情,则失情;以情灭文,则失文。文情理通,则凤麟极矣,言至德之怀远也。

这段话探讨的是文与情的关系。本书第三章"审美'本情'论"中已做分析,不再赘述。但仍明确的是,此处辩证全面地阐释了艺术形式(文)和内在情感之间的关系,表现为这里没有简单地偏颇于一面,而是突出"文"和"情"的相互统一,且提出"文情理通"的重要文学审美理想命题,对后世文情论(如刘勰《文心雕龙》)影响甚大。

---

① 郭绍虞:《中国文学批评史》上卷,天津:百花文艺出版社1999年,第40页。

同时,《齐俗训》:"礼者,实之文也;仁者,恩之效也。故礼因人情而为之节文,而仁发忾以见容。"《泰族训》:"故先王之制法也,因民之所好而为之节文者也。"按照赵宗乙的解释:"节文:适度的外在形式"①,即要根据人的感情采用适度的外在形式,此处"文"虽仍是作为礼的形式而言,但已承载了情感的形式。在《淮南子》看来,礼、仁也属于人的自然之性,是现实生活中人们真实感情的自然表达。既然礼与情感密切相连,"礼者,体情制文者也",由此礼法之"文"也成为了"情感的形式"。这就大大超越了儒家文质论,实现了"文"向情感迈进的关键一步。

总之,《淮南子》论"文",从质的形式、物的形式、美的形式到文章之旨,最终拓展到与情相统一的文艺美学范畴了。"这样,文艺学层面的'文'逐步构成独立的使用空间,渐渐与哲学母体之'文'构成了临界状态。应该说,'文'作为一个文艺学的范畴,它的真正自觉是从汉代初期就开始了。"②可见,魏晋文学审美自觉时代的到来并非自先秦一蹴而就,汉代关于"文"的观念已经在其中起着重要的推动作用,抑或说是一种审美的过渡。

二、道为文之本源

《淮南子》论述了"道为文之本源"的观点。高诱题解《淮南子》第三篇"天文训"时指出,"天先垂文象,日月五星及彗孛皆谓以谴告一人,故曰'天文'"③。此处的天文是指日月五星等自然文象,即天道所垂之文象,这个文象承载着天道。在《淮南子》看来,天道以自然文象为表征,通过自然文象的变化征兆,警示君王(一人)之政。因

① 赵宗乙:《淮南子译注》上,哈尔滨:黑龙江人民出版社2003年,第537页。
② 孙纪文:《〈淮南子〉研究》,北京:学苑出版社2005年,第274页。
③ 刘文典:《淮南鸿烈集解》,北京:中华书局1989年,第78页。

此,《淮南子》论"道",并非以现代自然科学的态度来进行理性分析,而是将道的"天"性与现实人世始终关联。天道通过文象与人相通,人借助自然文象了解天道之意。文是道与人世关联的重要中介,是天人感应的发生通道。天文之义虽不是文学意义上的,甚至也不是指的人类的文化作品,但仍可以看出文与道是一体的,道为本而文为形,这是《淮南子》关于文道关系的基本表达。

事实上,《淮南子》认为,一切自然之文的本源都是道。自然万物中一切美的形态都是道的产物,都自然带有道的精神光辉。《淮南子》承继道家的道本原理念,从哲学层面预设了道的先验性,并将其作为宇宙世界的本源。这是从宇宙发生论上将道设为天地万物的本源:

> 道始于虚廓,虚廓生宇宙,宇宙生气,气有涯垠,清阳者薄靡而为天,重浊者凝滞而为地,清妙之合专易,重浊之凝竭难,故天先成而地后定。天地之袭精为阴阳,阴阳之专精为四时,四时之散精为万物。(《天文训》)

这个道生万物的图示可以明确为:道→虚廓→宇宙→气→天、地→阴阳→四时→万物。"道者一立而万物生焉"(《原道训》),道是万物的终极本源;天地万物都是大道的外在呈现,是道的物质存在和外观形态。大自然因"道"成"文",表现出丰富多样的美的形态,《原道训》:

> 山以之高,渊以之深;兽以之走,鸟以之飞;日月以之明,星历以之行;麟以之游,凤以之翔。……是故能天运地滞,轮转而无废,水流而不止,与万物终始。

自然界一切客观物象存在,大到日月星辰,小到鸟兽虫鱼,都因缘于

道才能呈现出如此的丰富多彩和生机勃勃。道不仅决定了万物之美的生发,还规定了万物的秩序,形成秩序之美:

> 无形而有形生焉,无声而五音鸣焉,无味而五味形焉,无色而五色成焉。……音之数不过五,而五音之变不可胜听也。味之和不过五,而五味之化不可胜尝也。色之数不过五,而五色之变不可胜观也。

大道虽虚无,但无中生有,"至无而供其求"(《原道训》)。一切感性世界的外在形式、美妙音律、体验味感、色彩形象都由道生发。在道的审美规定下,一切感性世界都形成自己的生命特征和节奏之美,"不失其数"(《原道训》)。同时,《淮南子》借助于文,将道与自然、人世连接起来,使得道从自然秩序衍化成社会秩序,使得天文与人文相贯通,从而规范着人文的发展。

因此,当文从自然文象延伸到人的文化创造,也都彰显出"道"的光辉。而此时之道,也从天性之道落实到现实人世,具体表现为社会中的人文之道。《淮南子》既将道作为先于一切文化作品的绝对存在物,又时时以道为文化作品最高的价值标准。《淮南子》在《要略训》开篇提到为文之目的,第一点就是强调"纪纲道德"。这个"纪纲道德"就是从天性之道中引申出来的人文之道,而其表现在社会治理上就是王道。这个王道是否得到了贯彻与实践,就是社会的实践状态,文学创作正与这个社会实践状态相关联。《氾论训》指出:

> 王道缺而《诗》作,周室废、礼义坏而《春秋》作。……不若道其全也。诵先王之《诗》、《书》,不若闻得其言;闻得其言,不若得其所以言。得其所以言者,言弗能言也。

　　《淮南子》认为,因为道在历史进程中的逐步缺失,《诗》、《春秋》等文化作品得以出现,用来补救道的缺失。纯粹素朴的天性大道不存之后,《诗》、《春秋》的价值也能够明道扬道。对于文化作品的后世接受者来说,诵读《诗》、《书》之文,其目的也在于透过"言者"领悟背后的"所以言者"即"弗能言"之道。至于文本表面的文辞,只要无益于道的领悟,都不必在意,"故繁称文辞,无益于说,审其所由而已矣"(《人间训》)。《泰族训》还对各类文本中的道之内涵做了明确划分:

　　　　五行异气而皆适调,六艺异科而皆同道。温惠柔良者,《诗》之风也;淳庞敦厚者,……失本则乱,得本则治。

　　"六艺异科而皆同道"的命题,言及古代不同类型文化作品皆本一道,是古代文道关系的直接表达,明确了道为文之本源的根本文学观念。《泰族训》中指出在文本语言叙事等表达上,如果把握不好,就会影响道的精神体现,容易产生诸如鬼、淫、愚、拘、忮、訾、僻等偏误。《诠言训》又云:"《诗》之失僻,乐之失刺,礼之失责。"如此一来,《淮南子》以道为文的最高价值标准,批判了各类文本出现的偏误,并指出其问题根源。这些表达可以看做是中国古代"文以载道"、"文以明道"说的理论滥觞,影响着后人关于文道关系的论述深度与广度。

　　当然,《淮南子》论述道为文之本源时,并没有一味停留在玄虚之境中去谈文学艺术的发生。《道应训》:

　　　　惠子为惠王为国法,已成而示诸先生,先生皆善之。奏之惠王,惠王其说之,以示翟煎,曰:"善!"惠王曰:"善,可行乎?"翟煎曰:"不可。"惠王曰:"善而不可行,何也?"翟煎对曰:"今夫举

> 大木者,前呼邪许,后亦应之,此举重劝力之歌也,岂无郑、卫激
> 楚之音哉? 然而不用者,不若此其宜也。治国有礼,不在文辩。"

这段话的本意是说国家礼法的适用性问题,强调不可滥用礼法。在具体描述中,以劳动者不用"郑、卫激楚之音"而自觉形成"举重劝力之歌"这一客观事实进行例证。但其中"今夫举大木者,前呼邪许,后亦应之,此举重劝力之歌也"这段描述,却直接引发了中国文学史上一个重大的文艺发生说命题。在《淮南子》中,道的实践性品格体现为人的实践活动的主体性。这里所描述的"举重劝力之歌"实际上正是人们在劳动过程中呼喊出来具有一定节奏的号子歌。这种原始艺术形式产生于实践活动中,最初与劳动本身密切相关。但人们发现,这样富有节奏之美的号子不仅省力,还可以给他们带来精神的愉悦。于是,人们在劳动之余就会模仿那些富于节奏感的劳动动作,这就进一步促使人们有意识地去寻找这种节奏形式,并且慢慢地脱离劳动内容本身而转换为一种自由的形式创造。正如普列汉诺夫在阐述卡・毕歇尔的《劳动与节奏》一文观点时所说:"毕歇尔深信,诗歌的产生是由精力充沛的具有节奏感的身体动作、特别是我们称之为劳动的身体动作所引起的;这不仅在诗歌的形式上是正确的,而且在内容上也是如此。"[①]《淮南子》虽然并没有认识到文艺的发生根源在于实践劳动这么深刻的思想,但不经意间的描述却揭示出了文艺产生的社会基础。

三、道以事理之文而明

　　《淮南子》言道有两个层面,一如老子那样的"太上之道",是哲

---

① ［俄］普列汉诺夫:《没有地址的信(1899—1900 年)》,《普列汉诺夫美学论文集》,曹葆华译,北京:人民出版社 1983 年,第 341 页。

学意义上的宇宙世界本然状态;一为落实到社会人世的"事",是世俗社会现实意义上的。前者之大道是最高境界的,自足完满,化生万物,只存在于太清之治时期。后者之道落实到社会人世,在社会发展过程中以各类人文规制形态出现。在太一大道层面,《淮南子》主张以文言道,即以充满想象力的文辞和审美形象呈现大道的无限之美,实现人的"与化游息"的审美自由追求。以《原道训》为代表,《淮南子》中大多所言之"道"是如老子那样的"太上之道",是宇宙世界最高境界的本然状态。"夫道者,覆天载地,廓四方,柝八极,高不可际,深不可测,包裹天地,禀授无形。"(《原道训》)道充盈在整个世界之中,包裹宇宙,超越天地,为无形状态。但《淮南子》对道的文本呈现带有明显的审美意想色彩。以丰富的想象性,依托审美形象方式,配以瑰丽精致的辞赋语言,神游于广袤无限的自由空间,这是《淮南子》以文显道的文本特性。这种特点开启了从哲学文本的"论道"向审美文本的"喻道"的转变。在社会文化规制之道层面,《淮南子》主张文以"事"明道,即以人文规制的事理表达践行道的世俗化价值,在现实社会秩序中,实现人的"与世浮沉"的社会价值功能。《氾论训》云:"圣人所由曰道,所为曰事。道犹金石,一调不改;事犹琴瑟,每弦改调。"道是行为根本,事是具体的做法。道是永恒的,亘古不变;"事"应因时而为。这样,《淮南子》就极为辩证地处理了儒道两家不可调和的矛盾,将道家的大道之本的论述与儒家的人文规制的论述相结合,避免只看到道家之道而看不到儒家之"事",从而建构了二者间的紧密关系:"事"依道而行,道以"事"而明。既然仁义礼乐之"事"是道在现实社会中的历史衍变,那么对人文事理的践行也能粘附上大道的光辉。也就是说,推行事理也是明道的重要路径;事理是社会实践层面上的人文之道。

首先,从人类社会进程的客观现实出发,《淮南子》肯定了文以"事"行道的必然性和合理性。在《淮南子》看来,只有凭借"事"的呈现和表达,才能实现文的社会性价值。正因为现实社会中,道的分散,社会衰落,人性也越来越杂乱伪饰。人们"反性于初"的难度越来越大,也就越来越无法接近道的最高境界。同时,人类社会的发展,也是道不断衰减的过程,人们也越来越远离最初那个纯粹之道了。社会的衰变、人性的虚伪,导致人们寻求生活意义的根据发生变化,纯粹的道不复存在,帮助人们协调、规范现实生活中具体问题的恰恰是事理规制。因此《淮南子》意识到,如果在大道不行的时代,还只是一味沉浸在对道的玄思幻想中,文化作品不仅不能为人接受,而且也失去了它践行社会之道的机会。《要略训》:

> 今专言道,则无不在焉,然而能得本知末者,其唯圣人也。
> 今学者无圣人之才,而不为详说,则终身颠顿乎混溟之中,而不
> 知觉寤乎昭明之术矣。

《淮南子》认为,可能只有圣人才能明晓大道之意。但现实社会中,普通人没有圣人的智慧,就意味着无法获取体道的现实路径。因此对于文化作品而言,必须详细阐发,将道落实到具体的世间万象万事中呈现,才能解惑明理。道不仅投向天地之大道,也落实到世俗人间。大道之精深人所难解,必然就要落实在不同社会历史时期人们的行为准则及社会典章制度、伦理规范、礼俗习惯中,即《淮南子》所言之"事"。这样道就能以事理之文在社会现实中得到落实践行。文可以通过具体、现实的社会人伦事理的描述,传达社会性的价值规则,来承载道的精神。概括《淮南子》所言之"事",有远古传说之事,有古代贤君圣人之事,有近世社会之事。从《淮南子》勾勒出来的社会进程历时衰减模式来看,虽然这些"事"之理与最初的那个纯粹整一的道越来越远,但也都是特定社会阶段的必然。每一种"事"理呈现,代表的都是符合所处时代的社会规范和价值标准。因此,进入社

会文明、人文规制语境下的文化作品表达的事理,也能够让人们获得社会人生的行为智慧和价值规范,使人们能够在现实社会中顺利地生存发展,实现个体在现实生活中的社会价值。这样,文以事明道,意味着人在既定的社会秩序中,按照既有的价值规范追求一种现实的生活理想。

其二,文以"事"明道,才能实现"与世浮沉"与"与化游息"的人生价值统一。文化作品中的事理之道,已经不再是本然存在的"太上之道",而在某种程度上具有如胡适所说"虚位"的意义,具有超越性和终极价值皈依的色彩①。事是道的现实呈现。借助于"事",文具体展开了历史文化的叙事图景,去落实人文理想。最终,文以"事"明道,就扩大了自己的表现空间,从仅仅涵容道家思想,到承载包括儒家思想在内的丰富内涵。

但同时,文以"事"明道,并不表明文就一直陷于社会事理而沉沦于俗世;其所强调的是以"事"明道、道事并举这一价值目标。《要略训》:"夫作为书论者,所以纪纲道德,经纬人事,上考之天,下揆之地,中通诸理。……故言道而不言事,则无以与世浮沉,言事而不言道,则无以与化游息。"这里说,如果只是言道,文就不能应对社会历史的现实变化,无法通晓人文规制和时代观念,无法"与世浮沉";反之,只是言"事",文就始终居于俗世,无法实现人生的超越,去获取生命的自由境界,最终无法"与化游息"。"与世浮沉"表明了文关乎人的社会需求,体现社会性价值,是道对现实人生的落实和关怀。"与化游息"描述了文关乎人的自由状态,指向本真性追求,是道对事的超越和除弊。在社会生活中,道虽较多体现为儒家之道的"事",如"百家殊业而皆务于治"(《氾论训》),但在"事"的背后总是有一个终极的

---

① 陈静:《自由与秩序的困惑——〈淮南子〉研究》,昆明:云南大学出版社 2004年,第 177 页。

合理依据,所谓"故一动其本,而百技皆应"(《泰族训》),这个"本"即是支撑、兼容、涵盖直至超越各种各样世间之"事"的"太上之道",所以"有百技而无一道,虽得之弗能守"(《俶真训》)。这是《淮南子》关心人类终极生存的伟大情怀。

与先秦道家相比,《淮南子》的道更具有现实性和灵活性,因时而变,因事而为。"道"的层次性内涵也形成了《淮南子》更为丰富的文道关系。不同层面的道,《淮南子》有不同的文道关系表达,且通向各自的文化发展路向。这充分显示出《淮南子》融汇儒道、追求圆融一致的文化理想追求。《淮南子》以"事"明道,道事并举的文道观对后世文学产生了深远的影响。后世文学关注现实人生与追求精神超越始终是统一的价值追求。文以事明道,才能走进社会历史和现实人生,展示鲜活的人生画卷,呈现现实图景中的人生万象,表达人在世俗社会中的思想情感,而不至于走向纯粹的虚无之境。更为重要的是,《淮南子》以"事"明道的观念,暗合一种宏大的文化架构。《淮南子》中"道",从道家的"自然之道"延伸,以"事"具体形态展开,最终与儒家思想为代表的人文规制相融通。经《淮南子》至刘勰,都是以"道"为本体,指向文化创造及至文学本源的理论建构。"道",不仅作为先验性价值目标具有超越性,而且在文化历史的过程中,早已落实为一种历史现实的存在。与《淮南子》以"事"行道一样,刘勰在《原道》中探究文学的根源,并非一味将其归之于纯粹玄思哲理之"道","人文之元肇自太极。幽赞神明,易象惟先。庖牺画其始,仲尼翼其终。而乾坤两位,独制文言。言之文也,天地之心哉"①,也是从儒家圣人文化出发,"敷赞圣旨",在自然之道与人文之道的融合中去寻找文学的历史本源。

---

① 祖保泉:《文心雕龙解说》,合肥:安徽教育出版社1993年,第4页。

第二节　文艺主体论

在一个文艺审美活动尚未形成自觉意识的时代,《淮南子》并没有非常明确的针对文艺主体而作的理论思想。但在其哲学表达和文本呈现中,暗含着大量的文艺主体创作特征和接受规律的发现,更有关于音乐审美主体的分析描述。《齐俗训》中说:"若夫规矩钩绳者,此巧之具也,而非所以巧。故瑟无弦,虽师文不能以成曲,徒弦,则不能悲。故弦,悲之具也,而非所以为悲也。"这是较为明确的"美在主体"的命题表达,与苏轼"若言琴上有琴声,放在匣中何不鸣"(《琴诗》)之理如出一辙。因此,梳理、厘定《淮南子》中的文艺主体审美活动思想,可以帮助我们更好地理解魏晋时期主体审美自觉的发生、情感的勃发等文学现象。

一、生命本体论

文以道为本源,因此文艺活动中的审美主体,无论是创造者还是接受者都需有生命构成的基本条件。对于审美创造来说,主体(人)是最重要的。没有人的生命存在,或者说人还没有成为人,没有人之形、气、神,一切文艺审美创造问题的落脚点和条件都不存在。形、气、神作为人的整体生命力,构成文艺活动的主体条件;而艺术是人生命力的综合呈现,是人的生理之形、吐纳之气、内在精神三者高度统一的生命形式。

首先,在《淮南子》看来,人的形体、生命与天地宇宙结构生成和运行法则一样。《精神训》云:

　　头之圆也象天,足之方也象地。天有四时五行九解三百六十六日,人亦有四支五藏九窍三百六十六节。天有风雨寒暑,人亦有取与喜怒。故胆为云,肺为气,肝为风,肾为雨,脾为雷,以与天地相参也,而心为之主。

人的生命体禀受于天地,生理结构也与天地相互对应。《淮南子》将人抬升到一个巨大的高度,将其与天地对标并称,第一次从生命美学的层面对人的生命本体进行讴歌。《本经训》也说:"天地之合和,阴阳之陶化万物,皆乘人气者也。……天地宇宙,一人之身也;六合之内,一人之制也。"在《淮南子》看来,天地化育万物,都是人气使然;宇宙自然、天地万物都以人的生命存在为基础。

《淮南子》对生命存在的关注聚焦于生命本体的心、形、神、气等重要元素。《原道训》:"夫心者,五藏之主也,所以制使四支,流行血气,驰骋于是非之境,而出入于百事之门户者也。"《精神训》:"故心者形之主也,而神者心之宝也。形劳而不休则蹶,精用而不已则竭,是故圣人贵而尊之,不敢越也。"与老庄相比,《淮南子》从生命本体层面描述了"心"这一范畴,将其与形、神联系到一起,而不仅仅局限在主体的内心修养、道德等抽象层面,更多指涉生命本真的存在状态。《淮南子》非常详尽地描述了生命存在的主要元素以及各元素与生命质量的关系。《原道训》:

> 夫形者生之舍也,气者生之充也,神者生之制也。一失位则三者伤矣。是故圣人使人各处其位、守其职而不得相干也。故夫形者非其所安也而处之则废,气不当其所充而用之则泄,神非其所宜而行之则昧,此三者,不可不慎守也。……故以神为主者,形从而利;以形为制者,神从而害。

《淮南子》将人的生命构成主要归为形、气、神,形指人的身体,气即人的血气,神多指向人的内在精神。形是人作为生命的物质存在,气是构成生命的力量,神统摄生命整个过程。这段话虽然并非从文艺创造层面来论述人的生命存在要素,但是圣人体道所慎守的三个要素。《淮南子》认为,道化育生命,人的生命维系主要依赖于"形"、"气"、"神"的"舍"、"充"、"制"作用。大道化育之美来自"形"、"气"、"神"的配合。这样,就将道与生命范畴尤其是"气"与"神"相关联,道的审美境界也是由"气"、"神"所构筑的生命境界。人的生命中,"形"、"气"、"神"各居其宜,不仅形成完满的生命,而且能直通大道。反之,"形"、"气"、"神"如果不在其位那么人的生命就会呈现紊乱,而失去自然之美。因此,审美主体如想通达大道,就必须"养其神,和弱其气,平夷其形,而与道沉浮俯仰,恬然而纵之,迫则用之"(《原道训》),这样才能"则万物之化无不遇,而百事之变无不应"(《原道训》)。总之,从最基本的生命之形,到生命之气、生命之神,《淮南子》认为人的生命存在与道统一,与宇宙万物的运行规律具有同构性,都为自然的构成部分。

其次,《淮南子》特别注重人身体的物质存在与精神层面的统一,《精神训》:"夫精神者,所受于天也,而形体者,所禀于地也。"精神和形体都是天地所然,这一说法与现代身体美学观念暗合,"身体通过充当'内在自我'和'外在本性'、肉体活动和精神活动之间的桥梁,打破了我们经验中一些领域的界限而把空间统一起来"①。但总体来看,在形神问题上,《淮南子》还是偏重于神的价值。《精神训》云:"故形有摩而神未尝化者,以不化应化,千变万独而未始有极。化者复归于无形似不化者与天地俱生也。"按高诱注:"摩,灭,犹死也。神变归于无形,故曰未尝化。化犹死也。不化者精神,化者形骸。"这就意味着在《淮南子》这里,还是存在着神可以超越形而永恒存在的唯

---

① (美)理查德·舒斯特曼:《身体意识与身体美学》,程相占译,北京:商务印书馆 2011 年,第 207 页。

心主义见解。值得注意的是,《淮南子》没有过于纠缠形神的二元对立关系,而是又阐发了一个生命存在更为深入的概念"精神"。形、神、气只是人生命的基本构成,"精神"则关涉生命体综合气质和人格特征的核心问题。《精神训》:

> 古未有天地之时,惟像无形,窈窈冥冥,芒芠漠闵,澒濛鸿洞,莫知其门。有二神混生,经天营地;孔乎莫知其所终极,滔乎莫知其所止息;于是乃别为阴阳,离为八极;刚柔相成,万物乃形;烦气为虫,精气为人。是故精神,天之有也,而骨骸者,地之有也,精神入其门而骨骸反其根,我尚何存?

阴阳二气化生天地,离为八极,化生万物,精气为人,所以精神是人的天性。老子在阐发"道"时说,"道之为物,惟恍惟惚。惚兮恍兮,其中有象。恍兮惚兮,其中有物。窈兮冥兮,其中有精。其精甚真,其中有信。自古及今,其名不去,以阅众甫。吾可以知众甫之状哉"(《老子·二十一章》),就用"精"说明道的客观性特征。庄子也说,"外乎子之神,劳乎子之精"(《庄子·德充符》),"水静犹明,而况精神"(《外篇·天道》),"精神四达并流,无所不及"(《刻意》),开始将"精"、"神"合为"精神",成为一个固定的哲学范畴;"精"也从绝对性的客观特征延伸到主体人的精神,与人的生命相关联。到《淮南子》这里,更是直接将"精"与"气"作为人的生命缘起的重要元素,并发展了"精神"概念。《精神训》:

> 夫孔窍者,精神之户牖也;而气志者,五藏之使候也。耳目淫于声色之乐,则五藏摇动而不定矣。五藏摇动而不定,则血气滔荡而不休矣。血气滔荡而不休,则精神驰骋于外而不守矣。精神驰骋于外而不守,则祸福之至,虽如丘山,无由识之矣。

这里的"精神",不仅成为人的生命存在的重要依据,而且与"声色之乐"的感官享受发生作用,发展成为文化接受的一种审美心境。至此,《淮南子》中的"精神"观念已经发展为一个相对稳定的哲学美学范畴。

二、创作主体论

在文艺活动中,创作主体需要具备进行文艺创造的生理机制、审美思维以及艺术形式表达能力。从《淮南子》的论述中,我们可以发现通向魏晋文艺理论发展道路上的文艺主体观念的演进逻辑。

(一)主体之形

首先,形作为人的身体要素,具有超越于其他动物生命的审美创造能力。也即是说,作为文艺审美创造的主体,必须是超越于动物,具备审美生理感官和意识思维的人。《齐俗训》:"《咸池》、《承云》,《九韶》、《六英》,人之所乐也,鸟兽闻之而惊。"同样面对美妙的音乐,人所乐而鸟兽惊,这是因为动物没有人那样的审美能力。《淮南子》充分肯定人的生命存在的形体意义。《原道训》:"夫性命者,与形俱出其宗,形备而性命成,性命成而好憎生矣。"这里的形含生命力色彩,是人性形成的基础。《淮南子》中形的范畴,更具有哲学与美学的向度指称。按照童庆炳的说法,"美是人性的展开"①,人的性命生成才有情感的表达。这也印证了《淮南子》的理解,即人的形体是人从事一切精神活动的基础,人之形、人之性与人之命是一组具有生命同构关系的价值范畴。

其次,人进行文艺创造等审美活动,必须具备能感受美的意识的物质感官等生理机制。恩格斯《自然辩证法》中说:"只是由于劳动……人的手才达到这样高度的完善,在这个基础上它才能仿佛凭

① 童庆炳:《审美及其生成机制新探》,福建人民出版社2015年,第11页。

着魔力似地产生了拉斐尔的绘画、托尔瓦德森的雕刻和帕格尼尼的音乐。"①马克思从人的社会劳动实践的本质属性出发,谈到审美感官的形成。人之所以能够成为审美创造主体,在于其有超越于动物感官之上的"有音乐感的耳朵"、"能感受形式美的眼睛",这正是人作为文艺创造的主体条件,"五官感觉的形成是迄今为止全部世界历史的产物"②。《淮南子》虽没有达到审美理论自觉的程度,更无法企及马克思恩格斯的美学高度,但其中谈人的感官认知和感官体验,也暗合文艺创造主体条件的理论发现。《泰族训》:"且聋者,耳形具而无能闻也;盲者目形存而无能见也。夫言者,所以通己于人也;闻者,所以通人于己也。瘖者不言,聋者不闻,既瘖且聋,人道不通。"耳聋之人虽能目睹美景却无法听到美的声音;眼盲之人虽能耳听却无法看到美的形象。人需具备观、看、说的能力,才是畅通人的感觉。否则,失去这些感觉能力,人就失去人的本质力量。《淮南子》在这里提出的"人道"可以看作人作为创作主体的本质力量的朴素显现。形体所包括的听、说、观等感官能力是"人道"显现的基础。《淮南子》没有一味从抽象的自然天性层面去追求人道,而是也落实到人的物质化的生理结构基础上。这样的生命境界理论一定程度上就具有了可贵的唯物主义色彩。

《主术训》直接从音乐创造来谈创作主体的审美感官问题,"瞽师有以言白黑,无以知白黑,故言白黑与人同,其别白黑与人异"。盲人乐师虽然有认知黑白概念的理性能力,但缺乏对黑白色彩的感官体验。《淮南子》这里又提到了一个重要的命题,即审美创造要建立

① 恩格斯:《自然辩证法》,《马克思恩格斯选集》第三卷,北京:人民出版社 1995年,第 509—510 页。
② 马克思:《1844 年经济学哲学手稿》,《马克思恩格斯文集》第一卷,北京:人民出版社 2009 年,第 191 页。

在感性形象的直观体验上,而不仅仅依赖理性认知。《缪称训》中更加明确这个道理:"天有四时,人有四用。何谓四用?视而形之,莫明于目,听而精之莫聪于耳,重而闭之莫固于口,含而藏之莫深于心。目见其形,耳听其声,口言其诚,而心致之精,则万物之化咸有极矣。"人作为主体具有四种面向对象的审美感官能力:"目见"、"耳听"、"口言"、"心诚",但《淮南子》意识到主体需要调动所有的感觉器官,才能从整体上去感受、体验对象的审美特征。在此基础上,《淮南子》阐释了文艺创作主体(人)的生命存在之形的特征和意义。

《精神训》中有一处从"形"到"骨"的化用,颇有意味,"烦气为虫,精气为人。是故精神,天之有也,而骨骸者,地之有也。精神入其门,而骨骸反其根,我尚何存?"而此处的原始文本是《管子·内业》篇:"凡人之生也,天出其精,地出其形,合此而为。人和乃生,不和不生。"《精神训》中与精神相对应的概念从"形"转换为"骨骸",暗含着文艺创作审美主体概念的内化。"骨"概念的出现,为主体之形到主体之气的演进提供了行进的路径,于是就生发出"风骨"、"骨气"等范畴的雏形。魏晋汉魏风骨的文学风格呈现,及至刘劭等以"风骨"评藻人物,最终在刘勰的《文心雕龙》中完整成《风骨》篇,成为中国古典文艺审美理论中的经典范畴。

(二)主体之气

气的范畴是《淮南子》文艺主体论的重要内容。

其一,气是人生命的重要生成要素。《管子》曾说:"气者,身之充也。"形作为文艺主体的生命存在形态,其生成就来自于气。《本经训》曰:"阴阳者,承天地之和,形万殊之体,含气化物,以成坧类,赢缩卷舒,沦于不测,终始虚满,转于无原。"《天文训》:"道始于虚廓,虚廓生宇宙,宇宙生元气。元气有涯垠,清阳者薄靡而为天,重浊者凝滞而为地。……天地之袭精为阴阳。阴阳之专精为四时。四时之散精为万物。"在《淮南子》的宇宙生成论中,道是万物终极价值根源,气是万物生命生成的直接动因元素。正是阴阳二气和合而生,才能万物形成,呈现出千姿百态,即所谓"形万殊之体"。因此,人作为天地万物中最为宝贵的生命体,其生命存在也是依据气。

其二,气影响了主体人格、创作个性的生成。《诠言训》中把气与主体人格联系起来:

> 君子行正气,小人行邪气。内便于性,外合于义,循理而动,不系于物者,正气也。重于滋味,淫于声色,发于喜怒,不顾后患者,邪气也。邪与正相伤,欲与性相害,不可两立。一置一废。

这段话以气来分析君子与小人的人格区别。君子有正气,呈现为内有天性、外施仁义、因事之理、保持自我等人格特征;小人行邪气,表现为耽于声色、心躁不宁等特征。气决定了君子与小人人格道德修养的高下。《淮南子》在这里虽然没有直接以气论述文艺创作,但由气所决定的人格境界,会直接影响文艺创作。清代诗论家沈德潜说:"有第一等襟抱,第一等学识,斯有第一等真诗。"[1]在人格与创作风格关系上,《淮南子》从生命之气的维度做出了理论解读。事实上,主体人格的道德修养影响到创作个性和人生境界,由此决定了文艺创作的价值,这一点在魏晋以后的文艺理论表述中多次出现。

同时,《淮南子》论气,并不单从生命自然之气来说,而是赋予气以情感精神特征。《精神训》将人之身体对应天,"天有风雨寒暑,人亦有取与喜怒。故胆为云,肺为气,肝为风,肾为雨,脾为雷,以与天地相参也,而心为之主。是故耳目者日月也,血气者风雨也。"其中,血气对应风雨,带有人的"取与喜怒"的情感色彩。这样,人的生命之

---

① (清)沈德潜:《说诗语》,《原诗说诗语》,孙之梅、周芳批注,南京:凤凰出版社2010年,第82页。

气转化为带有情感的主体个性特征。人一旦进入文艺创作过程中，因气的不同，就会呈现出不同的创作个性。《淮南子》中多次提到"血气"，将其作为主体精神气质的内在依据。《精神训》曰：

> 是故血气者，人之华也，而五藏者，人之精也。夫血气能专于五藏而不外越，则胸腹充而嗜欲省矣；胸腹充而嗜欲省，则耳目清、听视达矣。耳目清、听视达，谓之明。

血气是人内在精神修养和外在形象气质的重要依据。从文艺创作维度上来说，血气决定了一个人的创作品格，"从喷泉里出来的都是水，从血管里出来的都是血"①。《淮南子》中，气甚至决定了主体审美力量的效果。《泰族训》："故精诚感于内，形气动于天，则景星见，黄龙下，祥凤至，醴泉出，嘉谷生，河不满溢，海不溶波。"精诚之气感人动天，显示出主体审美之气的力度。由此后世文艺创作中出现多种审美之气的形态，如建安之"壮气"，盛唐之"豪气"，北宋文学多"骨气"等等。"气"不仅依撑主体的生存和生命之内核，还形成具有气度和内在力度的创作个性。这种创作个性，如徐复观在《中国艺术精神》中所说："切就人身而言气，则自孟子养气章的气字开始，指的只是一个人的生理地综合作用；或可称之为'生理地生命力'。若就文学艺术而言气，则指的只是一个人的生理地综合作用所及于作品上的影响。……一个人的观念、感情、想象力，必须通过他的气而始能表现于其作品之上。同样的观念，因创作者的气的不同，则由表现所形成的作品的形象亦因之而异。"②

---

① 鲁迅：《革命文学》，《鲁迅全集》第 3 卷，北京：人民文学出版社 2005 年，第 568 页。
② 徐复观：《中国艺术精神》，台北：台湾学生书局 1983 年，第 163—164 页。

《淮南子》的理论直接明确了魏晋时期文艺创作理论中"气"的范畴。曹丕《典论·论文》中提出"文气"说："文以气为主，气之清浊有体，不可力强而致。譬诸音乐，曲度虽均，节度同检，至于引气不齐，巧拙有素，虽在父兄，不能以移子弟。"其所说清浊之气，乃天性自得，不可"力强"，顺承《淮南子》天地之气，进而发展成为明确的主体气质和创作个性。刘勰在《文心雕龙》中建构了体系化的"气"审美理论范畴，除论述作品之气外，其所论述的"清和其心，调畅其气"，"神居胸臆，而志气统其关键"以及"才力居中，肇自血气"（《文心雕龙·体性》）等等之说，都集中于创作主体的审美气质和个性特征。

其三，这种生命之"气"不仅是创作个性和精神气质的体现，作为审美创造的动力，还是主体与外在万物世界产生审美心理感应的桥梁和催化剂。

《淮南子》认为，气是促发人感物形言、感物生情的重要动力。《原道训》："大道坦坦，去身不远，求之近者，往而复反。迫则能应，感则能动；物穆无穷，变无形像，优游委纵，如响之与景。"《精神训》："不学而知，不视而见，不为而成，不治而辩。感而应，迫而动，不得已而往，如光之曜，如景之放，以道为绅有待而然。抱其太清之本而无所容与，而物无能营。"这里"迫则能应，感则能动"正是人之气的触发。主体（人）因"气"而"感"、"迫"，因"感"、"迫"而"应"、"动"，于是，人与对象世界形成的一种主客之间的同构、交融同感的审美关系。而且，在《淮南子》这里，"气"还可以提升人的审美能力和认知能力。《原道训》云："今人之所以眰然能视，督然能听，形体能抗，而百节可屈伸，察能分白黑、视丑美，而知能别同异、明是非者，何也？气为之充而神为之使也。"可见，正是"气"的存在，才培育了人作为审美主体所具有"视丑美"的能力。

气在沟通人与物的感应同时，往往伴随着情感。正是在情感之气的激发下，艺术创造、审美境界得以发生和实现。《本经训》："人之性有侵犯则怒,怒则血充,血充则气激,气激则发怒,发怒则有所释憾矣。"血气充荡,激发人强烈地表达情感。虽这只是人生活状态下的描述,但也应和了文艺创作的审美心理机制,即主体因气而感并通过文艺形式来表达自我情感的审美创作过程。

为何人因"气"能感物而动呢?《淮南子》进而分析,人与天地万物皆为"气"同构,《天文训》:"道始于一,一而生,故分而为阴阳,阴阳合和而万物生",《览冥训》"阴阳同气相动"。阴阳之气不仅化生万物,甚至还能直接和合化生艺术,《天文训》:"二阴一阳成气二,二阳一阴成气三,合气而为音,合阴而为阳,合阳而为律,故曰五音六律。"这里,《淮南子》将音乐艺术的根源直接归为天地之气,虽忽略人作为审美主体在其中的核心作用,但也触及到了宇宙本体层面的审美艺术的价值地位。既然人与天地万物因气同构,人体之气与自然万物之气相互通应、相互交感,气也就成了沟通人与天地自然的桥梁,这是文艺审美发生说的理论基础。于是,人就能感应天地万物,并将自己的生命存在、思想感情融于其中,《览冥训》:"故圣人在位,怀道而不言,泽及万民。君臣乖心,则背谲见于天。神气相应,征矣。故山云草莽,水云鱼鳞,旱云烟火,涔云波水,各象其形类,所以感之。"天地自然万物也都进入人的审美视野中,成为人的感应对象,其间也带有人的情感内涵。《淮南子》这一思想运用到文艺创作中,较能明确地呈现早期艺术发生的整个过程:创作主体(人)之"气"与审美对象之"气"形成审美同构心理,在情感的促发下,借助艺术形式来传达对象世界图景。这样一来,在整个的文艺创作过程中,主体生命之"气"始终洋溢其中,其构筑的生命灵性和崇高道德意志也决定了文艺作品的价值和审美风格形态。

文艺创作领域明确因气感物理论的还有《乐记》。《乐记》:"先王作乐,合生气之和"。与《淮南子》一样,《乐记》从阴阳二气和合化生万物观念出发,主张音乐是阴阳二气相合而生的艺术表达。后世钟嵘提出"气之动物,物之感人"(《诗品》),就更加明确了艺术发生说中"物感"理论。

(三)主体之神

《淮南子》中的神是一个论述频次极多的概念,意义也较为宽泛。有的地方指神灵,有的指超自然的能力,有的意为主体精神。这里所论述的神,皆是《淮南子》中应和文艺创作规律、且是主体(人)具有的审美创造能力。神作为《淮南子》审美思维的核心范畴,其内涵包括了审美创造的准备阶段、审美创造的心理机制,审美创造的想象过程以及审美创造实现的生命境界。

《淮南子》中,主体之神首先表现为文艺创作中的"本主"。《氾论训》:

> 故通于礼乐之情者能作音,有本主于中而以知榘彠之所周者也。
>
> ……
>
> 今不知道者,见柔懦者侵,则矜为刚毅;见刚毅者亡,则矜为柔懦;此本无主于中,而见闻舛驰于外者也,故终身而无所定趋。譬犹不知音者之歌也,浊之则郁而无转,清之则燋而不讴。及至韩娥、秦青、薛谈之讴,侯同、曼声之歌,愤于志,积于内,盈而发音,则莫不比于律而和于人心,何则?中有本主以定清浊,不受于外而自为仪表也。

这里的"本主"是审美主体内在于心的一种情感。《淮南子》在这里重点论述了音乐,阐释了艺术创作过程中审美主体内心情感的审美作用。在《淮南子》看来,主体内心情感决定了音乐的审美效果和艺术个性特征,"本无主于中"则音乐"郁而无转"(压抑不婉转)"燋而不讴"(干涩不圆润);"中有本主"就能形成美妙的音律,传达出与人的心灵和谐一致的审美感觉。可以看出,《淮南子》已经探及到艺术的审美创造性问题,"中有本主"呈现的是创作者高度的主体性确定与发挥,进而实现文艺创造的"自为仪表",即独创性品格。有主体性才有个性化,而这是独创性的前提。《兵略训》:"夫将者,必独见独知。独见者,见人所不见也;独知者,知人所不知也。见人所不见,谓之明;知人所不知,谓之神。神明者,先胜者也。"这里虽谈的是带兵之将,但也能对应文艺创作中的审美主体"独知"、"独见"能力。"独知"、"独见"意味着一种超越于人云亦云的审美创造性。因此,"中有本主"就意味着主体情感与艺术独创性之间有着必然的内在联系。又如《览冥训》中说:"昔雍门子以哭见于孟尝君,已而陈辞通意,抚心发声,孟尝君为之增欷歍唈,流涕狼戾不可止,精神形于内,而外谕哀于人心,此不传之道。"雍门子以强烈的感染力表现其主体精神,"外谕哀于人心",从而与孟尝君心灵交通,神情悟合。而且,在《淮南子》看来,"本主"之"愤"情最具有强烈的审美力量,《齐俗训》中说:

　　　　且喜怒哀乐,有感而自然者也。故哭之发于口,涕之出于目,此皆愤于中而形于外者也,譬若水之下流、烟之上寻也,夫有孰推之者! 故强哭者虽病不哀,强亲者虽笑不和,情发于中而声应于外。

　　创作主体内有"愤"情,感物而发形于外,这又从审美主体内心情感维度阐释了艺术发生说的命题。《淮南子》还特别强调了主体真情在创作中的巨大作用和作品审美效果。《淮南子》在这里主张的"愤情",对于文艺创作主体来说,已经突破了儒家传统的温柔敦厚的道德人格界限,上承屈原,下启"不平而鸣"、"发愤著书"之说。
　　其二,主体之神表现为审美创造中的心灵状态。"神"又被称之为"心",在《淮南子》中,二者往往相提并论,《精神训》说:"心者形之主也,神者心之宝也。"《本经训》中说:"心与神处,形与性调"。神与心都是主体特有的精神活动能力。文学艺术作为人的精神创造物也必然是心灵的产物,是神与心的外化。《原道训》中说:"夫心者,五藏之主也,所以制使四支,流行血气,驰骋于是非之境而出入于百事之门户者也。是故不得于心而有经天下之气,是犹无耳而欲调钟鼓,无目而欲喜文章也,亦必不胜其任矣。"心是五脏主宰,它能帮助人辨明是非,弄清各种事物的根由。心协调气的运行,驭使它服从于主体的精神活动。

《淮南子》详细描述了主体在审美创作之前和创作过程中的心理机制。首先,主体在审美创作准备阶段应保持一种虚静的心灵状态。《俶真训》:

> 若然者,偃其聪明,而抱其太素,以利害为尘垢,以死生为昼夜。是故目观玉辂琬象之状,耳听《白雪》、《清角》之声,不能以乱其神;登千仞之谿,临猿眩之岸,不足以滑其和;譬若钟山之玉,炊以炉炭,三日三夜而色泽不变,则至德天地之精也。
>
> ……
>
> 是故神者,智之渊也。渊清者,智明矣,智者,心之府也,智公则心平矣。人莫鉴于流沫而鉴于止水者,以其静也;莫窥形于生铁而窥于明镜者,以睹其易也。夫唯易且静,形物之性也,由此观之,用也,必假之于弗用也,是故虚室生白,吉祥止也。

《淮南子》认为,主体之"神"、"心"是"智"的来源。而只有心神虚静,才能智慧通明。如果能做到这样,就可以抛却外界一切利害生死,神定气闲,完全进入纯粹审美的生命境界。进而,《精神训》更加明确主体心灵如何保持虚静:

夫孔窍者,精神之户牖也;而气志者,五藏之使候也。耳目
淫于声色之乐,则五藏摇动而不定矣。五藏摇动而不定,则血气
滔荡而不休矣。血气滔荡而不休,则精神驰骋于外而不守矣。
精神驰骋于外而不守,则祸福之至虽如丘山,无由识之矣。……
使耳目精明玄达而无诱慕,气志虚静恬愉而省嗜欲,五藏定宁充
盈而不泄,精神内守形骸而不外越,则望于往世之前而视于来事
之后,犹未足为也!

　　《淮南子》详细阐释了主体如何避免外在物欲的侵扰而达到心灵
虚静的审美心理过程。一定程度上,这里承继了先秦道家的虚静理
论。老子说:"致虚极,守静笃,万物并作,吾以观复。"(《老子·第十
六章》)《庄子·知北游》:"老聃曰:汝齐戒,疏瀹而心,澡雪而精神。"
道家的"虚静说"突出主体人格修养,它针对现实的黑暗,主张摒弃外
在现实社会,通过心灵的自我净化和想象性的诗意栖居,最终返回内
心远离尘世。《淮南子》虽也主张主体保持审美虚静,但主要从人的
心灵活动规律上,强调消除外界各种世俗纷扰,以更加通透澄明的心
态去观察对象,把握历史发展的纷纭变化,"望于往世之前而视于来
事之后",从而实现明察事理的人生目的。从文艺创作规律来说,《淮
南子》的虚境理论强调了审美主体的心灵活力,以更为积极能动地面
对对象世界来进行审美创造。其后,刘勰在《文心雕龙·养气》中说:
"夫耳目鼻口,生之役也;心虑言辞,神之用也;率志委和,则理融而情
畅;钻砺过分,则神疲而气衰",与《淮南子》此处言说事理相近、表达
一致;进而《神思》篇中提出"是以陶钧文思,贵在虚静,疏瀹五藏,澡
雪精神",使得"虚静"说成为文艺创作过程中审美心理阐释的重要
理论。
　　其次,主体在创作过程中神能超越时空,实现心灵自由。《淮南
子》对神实现心灵自由性的特征做了种种描述。《原道训》:"神与化

游,以抚四方","神托于秋毫之末,而大宇宙之总"。此处"神"不仅作为主体的审美精神活动,还越出个体的内心与天地自然相接;审美主体力量弥漫于整个宇宙,伴随世界的造化流转。由此,《淮南子》描述的主体之"神",并不是生活化的精神活动,也不是理性之思,而是目视万里、耳听八方,心神化境的审美境界:

> 夫目视鸿鹄之飞,耳听琴瑟之声,而心在雁门之间。一身之中,神之分离剖判,六合之内,一举千万里。(《览冥训》)
>
> 神经于骊山、太行而不能难,入于四海九江而不能濡,处小隘而不塞,横扃天地之间而不窕。(《俶真训》)

这里"神"最主要特征就在于展现了主体心灵的自由性和超时空限制性。"神"超越自然时空的有限,在审美想象的借助下,突破"一身"之局限,上天入地,跨越无限空间;神思千载,驰骋无限时长。对应文艺创作,艺术中的"神"表现的是主体心灵、主体生命本真的敞开,彰显创作主体的自由本质;艺术传神也就是艺术成为主体心灵充分而又自由的展示。刘勰《神思》篇说:"文之思也,其神远矣,故寂然凝虑,思接千载;悄焉动容,视通万里;吟咏之间,吐纳珠玉之声;眉睫之前,卷舒风云之色:其思理之致乎。故思理为妙,神与物游。"可以发现,从《文心雕龙》的话语陈述和理论阐释看,《淮南子》思想与其多处暗合。在《文心雕龙》成大家之言的理论路径上,《淮南子》实是不可忽视的一个理论发展环节。

再次,主体之神的自由性质还在于进入一种"心游"状态。这种主体心灵自由的境界在《淮南子》看来是一种"神调"之功,《齐俗训》中说:

> 若夫工匠之为连鐖,运开、阴闭、眩错,入于冥冥之眇,神调

之极,游乎心手众虚之间,而莫与物为际者,父不能以教子;瞽师之放意相物,写神愈舞,而形乎弦者,兄不能以喻弟。

这种"神调"之功意味主体的审美创造不拘成法、变化万端,进入一种神思奇妙的境界,是"父不能以教子","兄不能以喻弟"。借用张岱年的论述来说明《淮南子》此处描述的"神调"之"妙":"以'神'表示微妙的变化,始于《周易大传》。《系辞上传》云:'阴阳不测之谓神。'又云:'知变化之乎!'《说卦》云:'神也者妙万物而为言者也。'这就是说,神是表示阴阳变化的不测,表示万物变化的'妙'。"①这种创造是一种驾驭必然而又超越必然的自由创造,是目的性与规律性的统一。《齐俗训》:

> 故剞劂销锯陈,非良工不能以制木;炉橐埵坊设,非巧冶不能以治金。屠牛吐一朝解九牛,而刀以剃毛;庖丁用刀十九年,而刀如新剖硎。何则?游乎众虚之间。

这段话表明了主体在审美创造中的重要作用,其中描述的"良工"、"庖丁"之技艺,化引《庄子·天道》篇中"得之于手而应于心,口不能言,有数存焉其间"的思想,其核心在于主张主体实现一种自由和谐的精神境界。在这种创造中,生命的自我实现潜能全面展开,人的心灵的主体性得到极度的发挥。人一定要在自己的心灵里重建一个对象世界,并努力在对象身上实现自己本身的全部才智,打下自己

---

① 张岱年:《中国古典哲学概念范畴要论》,北京:中国社会科学出版社1987年,第97页。

的烙印,在他的"思想和情感的内在空间和内在时间里"①自由地构筑了一个对象世界,它显然是人的心灵的自由创造的产物。

三、接受主体论

文艺活动整个过程是由创作主体和接受主体来共同完成。《淮南子》除了从形、气、神三个方面论述创作主体,也对接受主体的素养和接受共通性、差异性做了较为理论化的描述。

(一)接受主体素养

其一,《淮南子》对接受主体的艺术素养提出了自己的主张。一定的艺术素养是艺术接受的前提。《人间训》:"夫歌《采菱》,发《阳阿》,鄙人听之,不若此《延路》、《阳局》,非歌者拙也,听者异也",按高诱注:"《延路》、《阳局》,鄙歌曲也",因为接受者的素养差异,即便如《采菱》、《阳阿》也不如《延路》、《阳局》那么容易为"鄙人"所青睐。又《说林训》:"徵羽之操,不入鄙人之耳;捵和切适,举坐而善。"这都是在表明,缺乏艺术素养的接受者"鄙人"即俗人无法欣赏"徵羽之操"这类审美价值很高的作品。关于接受主体的艺术素养,如马克思所言"如果你想欣赏艺术,你必须成为一个在艺术上有修养的人";《淮南子》提到的"鄙人之耳"就如马克思说的"不辨音律的耳朵"②。在此基础上,《泰族训》提出:"六律具存,而莫能听者,无师旷之耳也。故法虽在,必待圣而后治;律虽具,必待耳而后听。"艺术接受需要接受主体具备较高的艺术素养,要有"师旷之耳"才能去感受作品的审美意义。《淮南子》在这里提出的"师旷之耳"可以看作是

---

① [德]黑格尔:《美学》第一卷,《朱光潜全集》第十三卷,合肥:安徽教育出版社1990年,第47页。
② [德]马克思、恩格斯:《马克思恩格斯文集》第一卷,北京:人民出版社2009年,第192页。

理想的接受主体。由此,又延伸出文学接受中另一个重要的美学命题"知音"论,《修务训》中说:"故师旷之欲善调钟也,以为后之有知音者也","是故钟子期死,而伯牙绝弦破琴,知世莫赏也;惠施死,而庄子寝说言,见世莫可为语者也。"如果接受主体的艺术素养不能达到与作品情感意义产生心理情绪上的共鸣效果,他就会在作品面前毫无所动,也就不会产生美感效应。《淮南子》"知音"论触及的是文艺活动中两个主体之间心灵相通、交互感动的接受效果,上承孟子"以意逆志",下启刘勰《文心雕龙》"知音"论,具有重要的理论价值。

其二,《原道训》中还以音乐鉴赏为例,论述了主体内在的精神修养在艺术鉴赏活动中的重要作用:

> 所谓乐者,岂必处京台、章华,游云梦、沙丘,耳听《九韶》、《六莹》,口味煎熬芬芳,驰骋夷道,钓射鹔鹴之谓乐乎? 吾所谓乐者,人得其得者也。夫得其得者,不以奢为乐,不以廉为悲,与阴俱闭,与阳俱开。……夫建钟鼓,列管弦,席旃茵,傅旄象,耳听朝歌北鄙靡靡之乐,齐靡曼之色,陈酒行觞,夜以继日,强弩弋高鸟,走犬逐狡兔:此其为乐也,炎炎赫赫,怵然若有所诱慕。解车休马,罢酒撤乐,而心忽然若有所丧,怅然若有所亡也。是何则? 不以内乐外,而以外乐内,乐作而喜,曲终而悲,悲喜转而相生,精神乱营,不得须臾平。察其所以,不得其形,而日以伤生,失其得者也。是故内不得于中,禀授于外而以自饰也。不浸于肌肤,不浃于骨髓,不留于心志,不滞于五藏。故从外入者,无主于中,不止。从中出者,无应于外,不行。

这段话包含两层意义。一是主要描述了接受者获得真正的审美愉悦和艺术感染,关键在于"有主于中"。这里的"有主于中"即接受主体的内在精神修养。在《淮南子》看来,接受者如果没有内在的精神修养做依据，就很难发挥出接受者的主体性和审美创造性，对作品的接受就只能停留在浅表化的感官满足层面，无法触及到作品内在深处的审美意义，更不能达到自由想象的审美境界。由此，接受者获得的深刻的审美体验是来自于内心真情，而非停留于外在感官形式和视听欲望的满足。二是《淮南子》不仅提出接受主体的精神修养要求，还进一步阐释接受主体如何进入文艺作品，实现接受者的审美创造效果，这就是"以内乐外"的接收路径。"以内乐外"强调的就是接受主体在审美接受活动中的精神主动性。接受主体以我之情，主动进入文艺作品中，主动体验其审美内涵。接受主体不必完全被动接受，主体通过内在精神作用，实现对文艺作品美的再创造效果。

其三，《淮南子》对接受主体的素养形成进行了论述。《修务训》提出"通物博观"说："故美人者，非必西施之种；通士者，不必孔墨之类。晓然意有所通于物，故作书以喻意，以为知者也。诚得清明之士，执玄鉴于心，照物明白，不为古今易意"，强调接受者要通晓时变，不拘泥于一时之见，通达历史的发展规律。《修务训》又说："君子有能精摇摩监，砥砺其才，自试神明，览物之博，通物之壅，观始卒之端，见无外之境。"只有博观万物，通晓物变的规律，就可以把握对象的本质。

其四，接受主体要有自己的价值立场。《淮南子》提出"有符于中"，即不迷信于既定权威和社会名气。《修务训》：

邯郸师有出新曲者，托之李奇，诸人皆争学之。后知其非也，而皆弃其曲。此未始知音者也。……鄙人有得玉璞者，喜其状，以为宝而藏之。以示人，人以为石也，因而弃之。此未始知玉者也。故有符于中，则贵是而同今古；无以听其说，则所从来者远而贵之耳。

接受者需"有符于中",才不容易被作品的外在虚名所惑。这里的"有符于中"是指内心真实的情感体验,是作为接受者审美接受的价值立场。同时,《淮南子》在这里还提到了文艺接受中如何正确对待阅读"前见"的问题。接受者在接受一部文艺作品时,都不可避免地受到先前接受者的意义认定的影响。一方面,以往的阅读经验和已有评判给接受者提供了接受的语境,为接受者进入作品提供了理解上的便利。另一方面,这些已有的评价和意义认定又限制了接受者的意义创造和发现,破坏了接受者的个人性、独创性的意义挖掘。因此,《淮南子》主张接受者要坚持自己的价值立场"有符于中"。

此外,《淮南子》认为,接受者对待作品也不能盲目迷信权威之言。《修务训》:"世俗之人,多尊古而贱今,故为道者必托之于神农、黄帝而后能入说。乱世暗主,高远其所从来,因而贵之。为学者,蔽于论而尊其所闻,相与危坐而称之,正领而诵。此见是非之分不明","诵《诗》、《书》者期于通道略物,而不期于《洪范》、《商颂》。圣人见是非,若白黑之于目辨,清浊之于耳听。众人则不然,中无主以受之"。《淮南子》严厉批判了接受中的"尊古而贱今"现象,并将其作为一种是非判断的价值标准来看待。在《淮南子》看来,普通接受者因"中无主以受之",缺乏自我坚持的价值立场,就无法像圣人那样目辨黑白、正确面对古人的文化思想。《氾论训》中也说:"以《诗》、《春秋》为古之道而贵之,又有未作《诗》、《春秋》之时。"《淮南子》的这一理论,对于如何对待文化经典有很重要的启示意义。接受主体在面对文化经典时,需要有一种主体性的独立意识,明辨是非,不人云亦云,获得属于自己的个人性的审美发现和价值认定。也只有这样,文化经典才能在历史的文化接受过程中被活化,其意义空间不断地面向接受者打开,始终焕发出自己的审美生命。

（二）文艺接受的共通性与差异性

《淮南子》发现，在文艺接受的过程中，会出现共通的价值标准，也存在不同的审美效果。事实上，这就涉及到了文艺接受的共通性与差异性问题。

其一，《淮南子》认为，文艺接受是有一个较为确定的价值标准或文化范本的。《泰族训》："故事不本于道德者，不可以为仪；言不合乎先王者，不可以为道；音不调乎《雅》、《颂》者，不可以为乐。"从人的言行到艺术接受活动，都应该遵循确定的价值标准。在《淮南子》看来，这个价值标准可以归为人之行为所应当遵行的"道"，《齐俗训》："故百家之言，指奏相反，其合道一体也，譬若丝竹金石之会乐同也，其曲家异而不失于体。"艺术形式虽呈现各种样态，但其指向都为共通之"道"。以"道"为价值依据，审美接受往往都具有一致的标准和效果，《说林训》"佳人不同体，美人不同面，而皆说于目"，"西施、毛嫱，状貌不可同，世称其好，美钧也"。每个人所面对的审美对象即便各不相同，但获得的审美感受是一样的。《淮南子》在这里提出了一个审美共通感的命题。孟子就说过，"口之于味也，有同耆焉；耳之于声也，有同听焉；目之于色也，有同美焉"（《孟子·告子上》）。《淮南子》在探究共通感时，一方面将其指向事物共有之大"道"，同时也涉及接受主体的内心体悟，即"禀道以通物"，《齐俗训》："扁鹊以治病，造父以御马；羿以之射，倕以之斫。所为者各异，而所道者一也。夫禀道以通物者，无以相非也。"接受主体以"道"来观照任何审美对象下，万事万物都具有相通性。可见，《淮南子》是以先验性的价值标准"道"来设定了审美共通感的存在。很多年后西方的哲学家康德在《判断力批判》中提出："由此可见，在鉴赏判断中所假定的不是别的，只是这样一种不借助于概念而在愉悦方面的普遍同意；因而是能够被看作同时对每个人有效的某种审美判断的可能性。"①康德也将审美共通感归为一个先验性的"自在物",将每个审美鉴赏者普遍赞同的可能性和期待,都归于审美判断都具有的先验性结构。从《淮南子》到康德,都是从一个先验性的主体心理结构来看待审美共通感的根源,事实上,这都无法触及到理论的根源。直到马克思这儿,从人的劳动实践的自由形式中去科学阐释了这个问题。

其二,《淮南子》也看到,文艺活动往往会出现审美接受差异性现象。首先,《淮南子》认为这种差异性来自于接受主体的情感态度差异。接受者以什么样的接受心境和接受动机进入作品中,直接影响了其接收效果。《齐俗训》云:"夫载哀者,闻歌声而泣;载乐者,见哭者而笑。哀可乐者,笑可哀者,载使之然也。"《缪称训》中也说:"心哀而歌不乐,心乐而歌不哀。"《淮南子》认为,接受主体不同的情感态度,影响了其审美接受过程中的美感心理姿态,即不同的审美心境下去观照审美对象,会产生不同的审美情绪和效果。正如这里所说的"心哀而歌不乐"、"心乐而歌不哀",接受主体分别持有哀、乐两种不同的心境,即便面对同一审美对象也会出现"哀可乐者,笑可哀者"的接受差异。这就造成了审美接受主体和接受对象情感特质逆反的现象。其产生的原因在于审美接受主体以我之情投射到客体身上,审美对象皆为我情所感染,也呈现出符合主体心理情感的形象特征或情感色彩。这可以看作是《淮南子》关于审美接受中"移情"理论的非自觉理解,但在这种理解中揭示了审美接受的一些规律性特征。事实上,在接受过程中,主体并不对对象的客观属性进行理性认知,而往往从自身情感需求出发,以艺术审美的眼光去看待对象客体。这就出现了杜甫同样面对花鸟图景,既有"感时花溅泪,恨别鸟惊心"

---

① [德]康德:《判断力批判》,邓晓芒译,杨祖陶校,北京:人民出版社 2002 年,第 51 页。

(《春望》)的悲怨伤时情怀,也有"江碧鸟逾白,山青花欲燃"(《绝句》)所带来的不一样的怡情自得体验。当处于不同的情感状态以及接受心境时,即便同一个审美鉴赏主体面对同一鉴赏对象,也仍然会出现审美接受差异性的效果。

其次,审美接受的差异性还来自于不同时代、不同价值立场的接受者有不同的接收需求。任何文艺接受活动都是社会历史中的精神活动行为,都受到社会历史环境变化的影响。《氾论训》:"先王之制,不宜则废之;末世之事,善则著之;是故礼乐未始有常也。故圣人制礼乐,而不制于礼乐。"一种文化经典往往在不同的历史时段,其接受效果各异。这是因为不同历史时期的接受者的审美趣味、文化心理都会发生变化,就会导致面对具体作品产生不同的接受效果。陶渊明作为伟大的诗人,其价值认定从魏晋历经唐宋,最终在苏轼、欧阳修等大家的文学接受中成就经典作家地位。所以《氾论训》说:"于古为义,于今为笑;古之所以为荣者,今之所以为辱也;古之所以为治者,今之所以为乱也。"古今时代发生变化,对文化现象的接受必然也发生判断上的不同。《氾论训》又云:"夫弦歌鼓舞以为乐,盘旋揖让以修礼,厚葬久丧以送死,孔子之所立也,而墨子非之。兼爱尚贤,右鬼非命,墨子之所立也,而杨子非之。全性保真,不以物累形,杨子之所立也,而孟子非也。趋舍人异,各有晓心。故是非有处,得其处则无非,失其处则无是。"每一个接受者从自己的价值立场出发,必然就会对文化思想有不一样的价值判断。正所谓"仁者见仁智者见智",即由此而来。

《淮南子》谈文艺接受的共通性和差异性,并非是完全矛盾对立的。一方面,以对"道"的持守立场为基础,《淮南子》强调审美共通性的先验性;同时又坚持道事并举,认可历史发展和具体人情事理的变化,主张审美差异性在不同个体身上的事实存在。《淮南子》从本体论和存在论不同的维度去阐释审美接受问题,并将其放置在自己的理论体系中进行圆融统一，这种观念还是有其辩证性和合理性的。同时，这也再次呼应了《淮南子》"大浑为一"的审美理想和道事并举的文化理论建构这一核心观念。

第三节　文艺作品论

《淮南子》在《要略训》中明确提出："夫作为书论者，所以纪纲道德，经纬人事，上考之天，下揆之地，中通诸理。""书论"其实是《淮南子》对其自身文本创作的自评，但也可以延伸至普遍意义上的文化作品解读；更可以理解为《淮南子》借其本身来表达文艺作品的意义属性、价值功能、言说方式等相关命题。

一、作品价值论

《淮南子》在自评文本（"书"）的价值功能时提出：

> 夫作为书论者，……故言道而不言事，则无以与世浮沉，言事而不言道，则无以与化游息。（《要略训》）

这里的"与化游息"与"与世浮沉"正是《淮南子》所期待的"书"的两种价值实现。首先，"书"的价值在于使人实现"与化游息"的生命境界。在《淮南子》中，道是生命的最高境界。书言道，就使得书能通达大美的最高境界；书言道，才能让人寻找到生命的本真意义，去追求一种超越现实有限的精神世界。"书"中所言之道能够洗涤遮蔽在虚灵上的污泥，映现人间的黑暗丑恶，拓展人的思维空间，培养人的超越意识。如果将这里的"书"从特定单一的《淮南子》文本指涉拓展到一切文艺作品，那么，"书"论其实就指涉文艺作品的精神价值。如前文所述，在《淮南子》看来，道为文之本源，文中有大道，成为人们体悟、观察、理解世界,思考人的生命意义的重要载体。在大道的价值指引下,文艺作品导向更高的精神旨趣,实现生命的超越性。这里,"与化游息"体现了文艺作品的精神性价值和超越性意义,并作为人生存价值和理想追求的意义呈现。

同时,文艺作品("书")还有另一种社会价值,在持守大道超越性品格基础上也能"与世浮沉"。所谓"与世浮沉",就是引导人遵循、适应人文规制,在现实生活中能实现积极入世、担承天下之责任的价值目标。《淮南子》在这里其实谈到的就是文艺社会功用论。《主术训》:"乐听其音则知其俗,见其俗则知其化。孔子学鼓琴于师襄,而谕文王之志,见微以知明矣。延陵季子听鲁乐而知殷、夏之风,论近以识远也。作之上古,施及千岁而文不灭,况于并世化民乎!"听乐音而知俗,借以化民,这里谈到的就是音乐的社会教化功用。从孔子的"兴于诗,立于礼,成于乐"(《论语·泰伯》)到《乐记》中"礼、乐、刑、政,其极一也,所以同民心而出治道",音乐的伦理教化功能一直是中国传统文艺价值观的主要表达。

《吕氏春秋》也认为音乐的价值作用就在于教化民众,"凡音乐,通乎政而移风平俗者也"(《大乐》),"是故先王之制礼乐也,非以极口腹耳目之欲也,将以教民知好恶,而返人道之正也"(《适音》)。很显然,《淮南子》就继承了自孔子而下关于音乐教化功能的这种观念。但值得注意的是,《淮南子》又特别突出了音乐在发挥社会功用时的情感属性,《主术训》:"动诸琴瑟,形诸音声而能使人为之哀乐,悬法设赏而不能移风易俗者,其诚心弗施也。"这就说明,音乐之所以能够具有"悬法设赏"都不能的教化功能,就因为内有真诚的情感然后以艺术形式传达出来。《淮南子》认为,情感具有重要的审美教育的感化效果,而这也是包括音乐在内的艺术作品的价值特征。

立足于文艺的社会价值,《泰族训》中关于儒家经典作品的价值做了较为客观的评定:

> 天不一时,地不一利,人不一事,是以绪业不得不多端,趋行不得不殊方。五行异气而皆适调,六艺异科,而皆同道。温惠柔良者,《诗》之风也;淳庞敦厚者,《书》之教也;清明条达者,《易》之义也;恭俭尊让者,《礼》之为也;宽裕简易者,《乐》之化也;刺几辩义者,《春秋》之靡也。

　　《诗》、《书》、《礼》、《易》、《乐》、《春秋》虽形态各异,风格不同,但都从各自的事理维度指向社会之"道"。它们各有所用,其共同目的都是建构一种社会伦理道德规范。很显然,《淮南子》虽然对大道沦散后的社会表达了失望,对以六艺为代表的文化作品也有所批判,但也看到在特定的社会环境下,这些传达人文规制的文化经典的必然和合理性,甚至在特定语境下给予了高度的肯定。《人间训》中描述孔子读《易》的损卦和益卦,能够觉察其中之理,并用来解读现实生活中的事件,就表明文化作品能传达事物发展的规律特征。

　　文艺作品的社会功用还体现在传达社会政治文化状态,《本经训》:

> 古者圣人在上,政教平,仁爱洽,上下同心,君臣辑睦;……夫人相乐,无所发贶,故圣人为之作乐以和节之。
>
> 末世之政,田渔重税,关市急征,泽梁毕禁,网罟无所布,耒耨无所设,民力竭于徭役,财殚于会赋;……乃始为之撞大钟,击鸣鼓吹竽笙,弹琴瑟,失乐之本矣。

　　通过音乐作品呈现出来的思想和审美风格差异,可以观照"盛德之世"与"末世之政"的社会现实状况。《淮南子》这里明显化用《吕氏春秋》"故治世之音安以乐,其政平也;乱世之音怨以怒,其政乖也;亡国之音悲以哀,其政险也"(《适音》)的说法,也是突出音乐与社会政治密切关联。《淮南子》阐释文艺作品的社会性价值,从文与现实社会关系出发,正是继承了儒家实用主义理论,但其观点又比儒家思想有所发展。儒家过于强调各类文艺作品的伦理功能,甚至将文艺置于社会道德规范的价值从属地位;《淮南子》则进一步发挥了"书"对于宇宙自然、社会人生的认识作用,它要求"书"、"上考之天,下揆之地,中通诸理",实现通晓天、地、人属性规律的目的,如《修务训》所说:"诵《诗》、《书》者期于通道略物。"同时,《淮南子》文艺功用观具有明显的通变特征。在《氾论训》中,它主张"因时变而制礼乐",主张把"时代"作为礼乐制定的前提之一。同时,在《主术训》中,又说"因天地之资,而与之和同",强调要遵从物之自然本性来达到致用的目的。这种从人道层次上重"时变"与"贵物性"的社会政治思想同样也体现在《淮南子》对文艺社会价值的具体探讨中。根据"与化推移"的观点,《淮南子》认为不仅儒家之仁义礼乐都是"衰世之造"(《齐俗训》),其《诗》、《书》等经典也都是"衰世之造"(《氾论训》)。它们只适于当时之用,而不可奉为治天下的万世法典。但《淮南子》又不像道家那样完全否定礼乐《诗》、《书》的教化功能,而是对这些"先王之制"采取了"不宜则废之"态度。《泰族训》中又说:"丹青胶漆,不同而皆用。各有所适,物各有宜……《关雎》兴于鸟,而君子美之,为其雌雄不乘居也;《鹿鸣》兴于兽,君子大之,取其见食而相呼也。"这段话较为集中地体现了"各因其宜"思想在《淮南子》文艺作品价值观中的渗透。

总体来看,《淮南子》文艺价值观("书论")的目标就是希望建构一套"统天下,理万物"的大道理,实现"书"的"天地之理究矣,人间之事接矣,帝王之道备矣"无所不能的价值功能。这是《淮南子》文艺作品价值的最高标准。而要实现这样的标准,在《淮南子》看来,就需要像《要略训》所说:"若刘氏之书,观天地之象,通古今之事,权事而立制,度形而施宜。"作品("书")做到道事并举,体现出面向天地之象的视野,通晓古今之理的智慧,辨清万物规律的思维,以及因时而为的变通。在此基础上,《淮南子》规定了一切文化作品的最高价值境界,《要略》云:

> 凡属书者,所以窥道开塞,庶后世使知举错取舍之宜适,外与物接而不眩,内有以处神养气,宴炀至和,而已自乐所受乎天地者也。

这段话完整地论述了以"书"为代表的一切文化作品的价值规律。首先,文化作品的目的是探究大道,开拓新的生命境界。其次,文化作品是认识价值、社会价值与生命价值的统一,"知举错取舍之宜适"是塑造人的社会行为规范,使人举止适度得当;"外与物接而不眩"突出提升人在世界对象面前的认知水平;"己自乐所受乎天地者也",则感受天地之道的精华,而将自身本真之天性呈现出来,与道合一,实现个体的自由追求和精神超越性。"自乐"可以看作人生命存在的审美境界,意味着获得一种超越性、自由性、诗意化的审美体验。

在此基础上,《要略训》描述,书(包括文艺作品)能使人从"与世浮沉"到"与化游息",最终通向审美自由境界:

> 诚通乎二十篇之论,睹凡得要,以通九野,径十门,外天地,捭山川,其于逍遥一世之间,宰匠万物之形,亦优游矣。若然者,挟日月而不宛,润万物而不耗。曼兮洮兮,足以览矣!藐兮浩兮,旷旷兮,可以游矣!

这是一个从有限通往无限的过程。一旦把握了作品的"道理",就唤醒了人对自身局限性的意识,认识到人作为自然物性的和社会存在所具有的局限。从山川、天地、十门到九野,空间无限广阔,时间

无限绵长。人摆脱物形的负累,最终克服这些局限,让自由自在的
"己"显示出来,敞开自由的向度,实现"游"的生命境界。文艺作品
能指向一种超越有限的审美价值,《泰族训》:

> 夫观六艺之广崇,穷道德之渊源,达乎无上,至乎无下,远乎
> 无极,翔乎无形,广于四海,崇于太山,富于江河,旷然而通,昭然
> 而明,天地之间无所系戾,其所以监观,岂不大哉!

文艺作品贯通儒家"六艺"和道家之"道德",呈现出昂扬的情怀
和宽阔的胸怀,引领着人逍遥于天地之间,游刃于社会之中,最终实
现了"与化游息"和"与世浮沉"相统一的价值追求。

二、作品结构论

《淮南子》从形与神的维度谈论作品,其实表明已意识到作品的
结构形态,即形式和内容问题。先秦儒家提到的文质论可看作是最
早的作品形式与内容的探讨。《淮南子》中也有文与质的大量论述,
在本章第一节"文道关系论"中已有阐释,此不赘述。这里所提到的
形与神更为切中文艺作品的结构形态,形包括语言修辞和形象表达,
神代表作品的主题意义和意蕴。

(一)作品之神

在《淮南子》看来,作品中的神就是"君形者"。《说山训》以绘画
作品为例:"画西施之面,美而不可悦;规孟贲之目,大而不可畏,君形
者亡焉。"《说林训》以音乐作品为例:"使但吹竽,使工厌窍,虽中节
而不可听,无具君形者也",按高诱注:"君形者,言至精为形也。""君
形者"即为主宰艺术作品生命的"神",它是作品蕴含的审美意蕴,是
内在真实的情感,是"达于道"的生命境界,是生气灌注的"神韵"。
艺术作品如果没有"君形者"(神),西施画得再美也引不起人的喜

悦;孟贲的眼睛画得再大,也感觉不到威严;"但"与"工"吹得再好听起来也不悦耳,因为它已失去了灵魂,自然无法打动人。

作品之神是决定作品意义表达的精神之本。《览冥训》中说:"今夫调弦者,叩宫宫应,弹角角动,此同声相和者也。夫有改调一弦,其于五音无所比,鼓之而二十五弦皆应,此未始异于声,而音之君已形也。"这里的"音之君"就是音乐作品的主调,实质上也就是音之"道",它统摄整个音乐作品,决定着音乐的审美艺术效果。以此延伸到一切文艺作品,作品应集中一个主题之神,就能统摄全篇,做到形散而神不散。《淮南子》将这个精神之本也归为大道之"一",《原道训》:"是故有生于无,实出于虚;天下为之圈,则名实同居。音之数不过五,而五音之变不可胜听也。味之和不过五,而五味之化不可胜尝也。色之数不过五,而五色之变不可胜观也,故音者,宫立而五音形矣。味者,甘立而五味亭矣;色者,白立而五色成矣;道者,一立而万物生矣。"《淮南子》从每类事物中的"主音"、"主味"、"主色"推及至万物之本,主张以无为本,以有为末,以虚为神,以实为形,奠定了中国古代艺术创造重神轻形的审美基调。作品之神还可以看作是一种内在的"情",《泰族训》:"今夫《雅》、《颂》之声,皆发于词,本于情,故君臣以睦,父子以亲。故《韶》、《夏》之乐也,声浸乎金石,润乎草木。"这是《淮南子》中第一次明确地提出文艺作品以情为本的理论表达。因为作品充满了真挚的情感,所以才有非常强烈的伦理效果,甚至与自然形成审美感应。

从《淮南子》关于作品之神的描述来看,其以"道"为本,确定了神是作品之"君"的美学基调。神是作品的精神主宰,是内在的情感生命呈现,是作品动人的关键。《本经训》:"故钟鼓管箫,干戚羽旄,所以饰喜也。衰绖苴杖,哭踊有节,所以饰哀也。兵革羽旄,金鼓斧钺,所以饰怒也。必有其质,乃为之文。"这里的"质"指各类礼仪意象所代表的情感内容。这段话表明情于内而形于外,一定要有真实情感,才能为它规定相应的外在表现形式。《诠言训》:"饰其外者伤其内,扶其情者害其神,见其文者蔽其质。无须臾忘为质者,必困于性;百步之中不忘其容者必累其形。故羽翼美者伤骨骸,枝叶美者害根茎。能两美,天下无之也。"这里将神与形放置在一个矛盾对立的处境中,来说明神的重要性,并突出神形不可兼得的理念。很显然,《淮南子》虽意在重神的观念,但也较为极端地摒弃了作品之形的审美价值。《缪称训》中也有关于"根"与"枝叶"的关系描述,但相比《诠言训》,重神的同时并未完全否定形的存在,"君根本也,臣枝叶也。根本不美,枝叶茂者,未之闻也"。这里以君臣与树枝关系来比拟,表达作品之美的根源:"根"意味着神,叶代表外在之形,根美,才能促生枝繁叶茂之形,由此来说明作品之美既来自于"根",也呈现为"枝叶茂者"。值得注意的是,《淮南子》以植物生长的自然形态来比拟美学理论,在后世也有类似手法的延续,白居易在《与元九书》中说到:"诗者:根情,苗言,华声,实义。"以农业生产活动为例,比拟诗歌的结构特征。其中"情"、"义"属于作品思想内容层面,而"言"、"声"当属作品形式表达。这种文艺美学的理论表达方式,可以看作是中国古代农业文明环境影响下的范式形态。

《淮南子》以神为本,其理论开启了中国古典美学追求作品神韵思想观念的先河。从理论上来说,它引发了魏晋南北朝的审美趋向。魏晋南北朗的美学观念中,最为核心的审美范畴就是"神"。如艺术作品强调"传神写照";自然山水欣赏主张"以形媚道";人物品藻注重"神气"、"精神"等等。最具代表性的当属顾恺之的"以形传神":"四体妍蚩,本无关妙处,传神写照,正在阿堵中。"①在作品的创作实践中,中国古代美学形成了重神轻形,以神统形的价值标准。这也对中国古代的文艺作品的审美产生了重要的影响。自此中国古代艺术

① 刘义庆:《世说新语》,《诸子集成》第八卷,北京:中华书局2006年,第187页。

作品注重空灵的神韵空间,专意于气韵传神,追求有限的物象之中涵盖无限的神趣之美,以"言有尽而意无穷"作为最佳的审美艺术效果。

(二)作品之形

《淮南子》在突出作品之神的同时,并没有完全忽略其作品形式的存在和意义。这里的"形"可做两个方面的理解。一是形象,二是语言修辞。

首先,《淮南子》提出形象概念。《淮南子》虽以道为本,确立了文艺作品"神"的核心地位,但也意识到,大道为玄虚之境中的抽象存在,同时又化生万物,呈现于天地自然之间。因此,人们可以通过丰富的感性形态来把握道的存在。这样,《淮南子》就突出了事物形象存在的意义。《俶真训》中以极富修饰性的语词描绘了自然界"群美萌生"的形态。《淮南子·要略训》在评述各篇写作方式时,就道如何表达,直接提出了与形相关"象"的概念:"《原道》者,卢牟六合,混沌万物,象太一之容,测窈冥之深,以翔虚无之轸。"用"象"来呈现道("太一")的真正面容,用来感悟大道至深、至虚的精神内涵,这是《淮南子》以"象"明"道"的理论突破。老子中也有"惚兮恍兮,其中有象;恍兮惚兮,其中有物"(《第二十一章》)的说法,但其意旨并不在于这种现实物象,更未引向审美描述,而在于那个不可名不可形的本源之"道"。《易传》中也说:"在天成象,在地成形,变化见矣。"这里的"象"更具有抽象性和虚幻性,是天道的精神呈现。到了《淮南子》这里,"张天下以为之笼,因江海以为之罟,又何亡鱼失鸟之有乎!故矢不若缴,缴不若无形之像","大道坦坦,去身不远,求之近者,往而复反。迫则能应,感则能动;物穆无穷,变无形像。优游委纵,如响之与景"(《原道训》)。"像"(象)与形组合成一个概念,可以看作是完整"形象"概念的表达。形、像相合,"像"(象)不但保留了道的自由性等基本品格,而且与人的感觉发生关系;同时,形作为可以为人所感觉的经验具象,冲淡了抽象之"像"(象)的玄思性。

　　《淮南子》把道的体认和追求呈现于自然万物的生命形态中,对道的思考是感性化和形象化的。在这种审美思维下,自然山水各富形态,并饱含人的生命热情和审美体验。于是,《淮南子》中各类形象繁丽铺陈,类型丰富,遍布各个时空,充分展现自然生命形象的审美气韵。同时,身处大汉时代的审美氛围中,《淮南子》突破了一味沉浸自我内在性情的审美格局,面向世界,苞括宇宙,总揽万物。于是,其作品中充满了事物形象的美丽描绘。有自然形象如山云草莽、水云鱼鳞、旱云烟火、渰云波水;有飞禽走兽如鸿鹄飞鸟、鹰雕搏鸷、蛟龙虎豹;有八方空间如九天四海、九门六衢;有英雄人格如神农黄帝、伏羲禹舜、冯夷雷公、夸父宓妃等等。这些形象小至纤细微毫,大至覆天载地。《淮南子》以此众多繁复缤纷、奇妙多彩的人事形象来传达大道,使得大道之理被赋予极强的形象感和主体激情。

　　此外,《要略训》中概述《览冥训》、《说山训》、《说林训》的要义时,提出"物之可以喻意象形者","假譬取象,异类殊形"等,都可以看作文学形象中的另一种形态"意象"。这种"意象"的来源不是自然界的具体物象,而是源于"道"所呈现的幽深难见的"至理"。顾祖钊将这类"意象"归为"观念意象","这可以说是人类对意象最早的界说。这种用来'象其物宜'的象,即用来表达幽深'至理'的象,实质就是'观念意象'"①。王弼在《周易略例·明象》进一步将"意象"解释为"触类可为其象,合意可为其征",正式标明了"象征"概念在我国古代文论中的来源。王充在《论衡·乱龙》中说:"夫画布为熊麋之象,名布为侯,礼贵意象,示义取名也。"这里王充已经自觉地通过"示义取名"来设计"意象",以"熊麋之象"来象征侯爵威严,可以看作是文艺作品中较为明确的象征意象。

　　在大美求真的价值内涵映照下,《淮南子》从关注自然事物的客

_____

① 顾祖钊:《论意象五种》,《中国社会科学》1993 年第 6 期。

体属性,逐渐过渡到对自然形象的感召;在大美求善的价值内涵引导下,《淮南子》从对人生社会政治的秩序关注,转换到其间的事理意象。这样,无论是具体感性物体之形象还是表达义理之"意象",从作为道的言说方式,到成为文艺作品结构层次的重要范畴,《淮南子》以象—道的言说实践走出了第一步。《淮南子》赋予万物之形以审美的情感,将大道之理从个体内心投注于有生命的自然。在艺术创造领域,自然形象进入了艺术作品之中,成为主要描写对象,并在主体情感的润泽下蕴含大道。这样,自然形象与主体情感相契合,成为作品的主要审美内容,艺术作品的政治功利不再成为主导性的价值属性,魏晋审美自觉的时代即将来临!

　　其次,《淮南子》也关注到作品的语言修辞形式之美,特别是譬喻之论,对后世文论产生很大影响。对作品的修辞要求,孔子就曾说过"言之无文,行而不远"(《左传·襄公二十五年》)。《淮南子》也很强调作品形式,《缪称训》:"锦绣登庙,贵文也;圭璋在前,尚质也。文不胜质,之谓君子","贵文"意味着对形式之美的突出。而就《淮南子》文本本身,"综观《淮南子》一书我们发现,与老子相同,《淮南子》只是理论上崇尚'质',主张不'言'或'少言'。实际上,作者非常重视议论说理的逻辑与文采,对行文、事例都作了精心选择、认真锤炼"①。确如学者所言,《淮南子》文本本身极富华美,是形式之美的典范之作。众多学者皆多关注,此不赘述②。关于作品修辞,《要略训》中也非常明确地提出:"总要举凡,而语不剖判纯朴,靡散大宗,则为人之惛惛然弗能知也,故多为之辞,博为之说。"这充分体现了《淮

---

① 丁秀菊:《论〈淮南子〉的修辞美学取向》,《山东大学学报(哲学社会科学版)》2010 年第 6 期。

② 参见杜绣琳《文学视野中的〈淮南子〉研究》、马庆洲《〈淮南子〉考证》、孙纪文《〈淮南子〉研究》等著作中相关章节论述。

南子》注重语言修辞的艺术自觉。"多为之辞",即表明《淮南子》主
张运用多种语言修辞策略,来说明大道之理,从而实现文本形象生动
的意义表达。当然,在《淮南子》这里,文字作品的铺陈修辞不仅仅是
外在形式考虑,形式修辞的美感与作品内在的精神之道往往也是融
合一体的。否则,就会出现"故繁称文辞,无益于说"(《人间训》)的
问题。因此,《淮南子》对于语言修辞的自觉,其理论的依据是"道论
至深",才需要"多为之辞,以抒其情"和"博为之说,以通其意"的。
也就是说,语言修辞的形式美感与其大道之内容是不可分的。

　　通观《淮南子》全文,其最为看重、着笔最为明确的语言修辞方式
是"譬喻"。《修务训》中"喻于道者,不可动以奇","喻道"即主张用
譬喻方式形象说明道的精微和深奥,这既是《淮南子》作品自身的创
作实践,也是其修辞观念的表达。《要略训》中,《淮南子》概括各篇
精要时多处阐述譬喻修辞的使用:

　　　　言天地四时而不引譬援类,则不知精微。……已知大略而
　　不知譬喻,则无以推明事。
　　　　《缪称》者,破碎道德之论,差次仁义之分,略杂人间之事,总
　　同乎神明之德。假象取耦,以相譬喻,断短为节。
　　　　《人间》者,……诚喻至意,则有以倾侧偃仰世俗之间,而无
　　伤乎谗贼螫毒者也。
　　　　《诠言》者,所以譬类人事之指,解喻治乱之体也。

　　这里提及"譬"或"喻",或"譬喻"连用,都表明了《淮南子》对于
此类修辞的青睐。当然,《淮南子》如此重视譬喻,既是自身创作实践
的总结和对这种表达技法的喜爱,更是其一种审美思维的体现。从
老子主张的"博喻"到《淮南子》推崇的"譬喻",这种一脉相承的艺术
方式,体现出来的不仅是作品形式修辞技巧,更是人类的一种审美思

维的表征,即将抽象的、无法具体感知的大道事理借助语言修辞来实现形象化的审美体验。基于此,刘勰在《文心雕龙》中专门开辟一章《比兴》来系统阐释:"且何谓为比? 盖写物以附意,扬言以切事者也。"

《淮南子》在论述文艺作品时仍袭用"形—神"二元结构,并且在论述形神关系时,不可避免呈现二者的内在冲突。《淮南子》强调神的核心作用,《原道训》中说:"故以神为主者,形从而利;以形为制者,神从而害",《诠言训》说:"故神制则形从,形胜则神穷。"可以看出,《淮南子》中重神轻形的理论表述时有出现。但《淮南子》也意识到,艺术作品中神、形二者和谐共存方可造就作品的完整和圆满。因为在《淮南子》看来,作品之美在于和谐、系统,《要略训》:"夫五音之数,不过宫商角徵羽。然而五弦之琴,不可鼓也,必有细大驾和(笔者注:高音低音相合),而后可以成曲。今画龙首,观者不知其何兽也。具其形则不疑矣。"这里强调的是作品的整体审美效果。由此,《淮南子》在多处以各种范畴阐释了形神的关联和统一性。《本经训》:"在内而合乎道,出外而调于义,发动而成于文。"这里将代表形式的"文"与"道"以内外统一的方式呈现。《本经训》又说:"有充于内而成象于外",艺术作品正是经过情感灌注才借感性化方式呈现出来。《俶真训》:"志与心变,神与形化",主张内在之神、气与外在之形是相互对应和统一的。《缪称训》:"情系于中,行形于外",《齐俗训》:"愤于中而形于外"等等,都表明了形为神外化所得,神需形得以彰显的文艺观念。而最为成熟的作品形神论的表达当属《缪称训》中所言:"文者,所以接物也,情系于中而欲发外者也。以文灭情则失情,以情灭文则失文。文情理通,则凤麟极矣,言至德之怀远也。"依据马宗霍对此处"文"、"情"的注解,"'文情'二字皆指乐言。情即《诗·大序》所谓'情发于声'之'情'也。文即《诗·大序》'声成文谓之音'之'文'也。郑玄《诗·序》注云:'声谓宫商角徵羽也。声成文者,宫商上下相应.'然则'情文理通'者,盖言情文交至,八音克谐也.'凤麟极矣'者,《尔雅·释诂》、《诗·毛传》、郑《笺》皆训'极,至也.'凤麟并至,又犹《书·皋陶谟》所谓'箫韶九成、凤凰来仪、百兽率舞'也"①。我们当知,此处的"文"即指艺术作品的外在形式,"情"是作品内在的意蕴。这里强调的是内在真情与外在形式相互融合,不偏执于一方,理想的文艺作品是外在形式与内在真情的融会贯通,从而达到形神统一的境地。这与《礼记·乐记》中的"情动于中,故形于声;声成文,谓之音"理论一脉相承。无疑,《淮南子》这种文艺思想是辨证合理的,也应和了《文心雕龙》所提出的"因内符外"(《体性》)的重要观点。形与神作为《淮南子》文艺作品结构形态而提出的两个范畴,与魏晋形神论的理论主张在美学精神上是一致的。

---

① 转引张双棣:《淮南子校释》,北京:北京大学出版社2013年,第1069页。

结　语

绵延了五千年的中华文化,灿烂辉煌。在漫长的岁月里,广袤的大地上,有过百家争鸣的思想繁荣,也有过八方接纳的文化融合。中华民族的文化传统,是由以汉族为主的各族人民共同创造的,它在秦汉时期就确立了初步的范型。《淮南子》是这一时期的理论代表之作。它的百虑一致的文化思想体系标示着中华文化由地域性文化向总体性文化的过渡。自此之后,中华文化才成为一种超越地域阻隔、贯通中华民族的精神脉络。

但是,《淮南子》在现今的思想界尤其是美学界实处于一种尴尬境地。一方面,都认可它兼容先秦美学各家(主要是儒、道)之说,称它是一次民族审美文化的理论总结;另一方面,又贬其思想完全袭传前人,内容驳杂,无整一、独立的审美观。因此,公正地评价《淮南子》在美学史上的地位,应着力论证两点:一,《淮南子》是否有一融会贯通各家之说的审美中心,即勾连各家之说的契合点。二,《淮南子》的审美理论中是否有超越前人的新质,在先秦至魏晋的美学思想演进的逻辑链条上居于什么地位,扮演着何种角色。

《淮南子》"言道"与"言事"统一并举,其意在实现一种文化共同体的理想模式建构。《淮南子》通过宇宙论所营构出的天人体系,将大汉帝国无限空间的人事都笼罩其中,形成一个想象中的共同体。在这个共同体中,人们应该遵循统一的道理规制。这种以儒家和道家为核心的"道"、"事"并举的文化理想形成了一元主体、多元共存的文化共同体格局,期待成为中国古代人们的共同精神价值。《淮南子》正是在超越前人的基础上建构起自己"大浑为一"的审美理想观,其理论具有一定的开创意义。其一,"大美之境"将美从个体内向性的精神修养扩大到主体外向性的实践活动中,从而为人的自由本质赋予了深刻的社会历史内涵。《淮南子》赋予空间结构一种人文的秩序设计,尤其突出"中央"概念,强化了中华文化国家认同的凝聚力。这种大美空间观念最终升华为一种充满凝聚力的国家价值信念。《淮南子》关于时间的远古想象是作为一种理想的生命价值追求来设计的。这种时间性的想象既体现了中华文化对传统历史的尊重,也保有对历史发展的通变理解。《淮南子》关于空间和时间的大美想象构筑起了大汉时代文化共同体,进一步强化了关于国家观念的审美认同。其二,个体人格独立意识的自觉自省。《淮南子》在先秦儒家伦理人格与道家哲学人格相融合的基础上,为中国古代文人的人格追求设计出一种理想的价值标准。《淮南子》将人格理想定位于圣人形象,具有超越性、有为性和现实性品格内涵。《淮南子》"返性于初"与"禀受于外",德性修养与外部学习相结合的人格教育思想,明确了其努力追求一种既顺应"我身"之天性,又心怀天下、游刃于天下的审美人格境界。这种人格境界在后世历代文人身上得到现实显现。这种个体人格从大一统的群体伦理意志的涵盖中摆脱出来,但又并未走向精神"乌托邦"式的虚幻。人成了世界的中心,成了审美意识凝视的焦点。这种思想直接开启了魏晋"人的觉醒"的文化思潮。其三,在先秦美学走向魏晋美学的过程中,《淮南子》中审美感应论、审美"本情"论、神游论等三个范畴扮演着极为重要的审美过渡角色,且延伸为中华美学中最为重要的范畴形态。特别指出的是,经过《淮南子》的理论转变,中国古典美学中的情感理论初步奠定,审美"本情"论催生、预示着情感勃发的魏晋美学来临。《淮南子》高举艺术"至情"论的大旗,全面论述了艺术的情感特质。这是在陆机"缘情论"之前最为系统、深刻的艺术特征论。其四,《淮南子》确定了道为文之本源的基本观念,论述了创作主体具备的基本要素和接受主体的相关命题,并借"书"论揭示了作品的价值功能和结构层次。从《淮南子》的论述中,可以发现从先秦两汉通向魏晋文艺理论发展道路上的演进逻辑。

当然,《淮南子》是特定时代情境中的文化作品,其内容中的一些理论思想在今天看来,是原始而粗糙的,且其中多家思想原料的融入必也带来了相互抵牾或杂糅。然而当我们将《淮南子》推移到那个遥远的历史时间点上,还是能够感受到一个身怀天下而又前途迷惘的古代知识文人的人生思考。《淮南子》的审美理想及其文化价值核心,是文化主体设定的以追求至真至善至美为取向的一种生存情态,体现出对完美人生境界的一种希冀和企盼。这种圆满的审美文化理想囿于主观上的一厢情愿和客观时世的复杂可能无法实现,最终流于一种"乌托邦"情结。但惟其理想,所以难求;因有理想,人们才能为之去奋斗,去献身,从而彰显出人的生存价值和意义。

参考文献

刘文典:《淮南鸿烈集解》,《新编诸子集成》第一辑,北京:中华书局,
　　1989 年

胡适:《淮南王书》,上海:商务印书馆,1932 年

杨树达:《淮南子证闻》,上海:上海古籍出版社,1985 年

张双棣:《淮南子校释》,北京:北京大学出版社,1997 年

何宁:《淮南子集释》,北京:中华书局,1998 年

赵宗乙:《淮南子译注》,哈尔滨:黑龙江人民出版社,2003 年

牟钟鉴:《〈吕氏春秋〉与〈淮南子〉思想研究》,北京:人民出版社,
　　2013 年

徐复观:《两汉思想史》卷二,《徐复观全集》,北京:九州出版社,
　　2014 年

徐复观:《中国艺术精神》,台北:台湾学生书局,1983 年

张岱年:《中国古典哲学概念范畴要论》,北京:中国社会科学出版社,
　　1987 年

李泽厚:《美学三书》,合肥:安徽文艺出版社,1999 年

宗白华:《宗白华全集》,合肥:安徽教育出版社,2008 年

祖保泉:《文心雕龙解说》,合肥:安徽教育出版社,1993 年

杨没累:《没累文存》,朱谦之编,上海:泰东图书局,1929 年

俞建华:《中国画论类编》,北京:人民美术出版社,1957 年

陈望道:《陈望道文集》,上海:上海人民出版社,1979 年

蔡尚思:《蔡元培学术思想传记》,上海:棠棣出版社,1950 年

谢无量:《谢无量文集》,北京:中国人民大学出版社,2011 年

冯友兰:《中国哲学史》,上海:神州国光社,1933 年

侯外庐:《中国思想通史》第一卷,北京:人民出版社,1957 年

蔡元培:《中国伦理学史》,上海:商务印书馆,1933 年

容肇祖:《中国文学史大纲》,北京:朴社,1935 年

陶希圣:《中国政治思想史》,南京:中华印刷出版公司,1948 年

叶朗:《中国美学史大纲》,上海:上海人民出版社,1985 年

范文澜:《中国通史》,北京:人民出版社,1978 年

李泽厚:《美的历程》,北京:中国社会科学出版社,1989 年

李泽厚、刘纲纪:《中国美学史》,北京:中国社会科学出版社,1984
年;合肥:安徽文艺出版社,1999 年

陈望衡:《中国古典美学史》,武汉:武汉大学出版社,2007 年

周来祥:《中国美学主潮》,济南:山东大学出版社,1989 年

陈静:《自由与秩序的困惑——〈淮南子〉研究》,昆明:云南大学出版
社,2004 年

马庆洲:《淮南子考论》,北京:北京大学出版社,2009 年

戴黍:《〈淮南子〉治道思想研究》,广州:中山大学出版社,2005 年

金春峰:《汉代思想史》,北京:中国社会科学出版社,2006 年

陈丽桂:《秦汉时期的黄老思想》,北京:文津出版社,1997 年

钱穆:《秦汉史》,北京:生活·读书·新知三联书店,2005 年

吴重庆:《儒道互补——中国人的心灵建构》,广州:广东人民出版社,
1993 年

周宪:《中国文学与文化的认同》,北京:北京大学出版社,2008 年

雷健坤:《综合与重构:〈淮南子〉与中国传统文化》,北京:开明出版
社,2000 年

孙纪文:《〈淮南子〉研究》,北京:学苑出版社,2005 年

杨有礼:《新道鸿烈——〈淮南子〉与中国文化》,开封:河南大学出版社,2001 年

任鹏:《中国美学通史·汉代卷》,南京:江苏人民出版社,2014 年

杜绣琳:《文学视野中的〈淮南子〉研究》,北京:中国社会科学出版社,2010 年

仪平策:《中国审美文化史·秦汉魏晋南北朝卷》,济南:山东画报出版社,2000 年

陈广忠:《二十四节气与淮南子》,北京:中国文史出版社,2018 年

胡适:《中国中古思想史长编》,上海:华东师大出版社,1996 年;合肥:安徽教育出版社,2006 年

梁启超:《汉书艺文志诸子略考释》,《饮冰室合集》第十册,北京:中华书局,1989 年

梁启超:《论中国学术思想变迁之大势》,见《饮冰室合集·专集》第三册,北京:中华书局,1988 年

梁启超:《中国近三百年学术史》,见朱维铮校注《梁启超论清学史二种》,上海:复旦大学出版社,1985 年

严灵峰:《周秦汉魏诸子知见书目》,北京:中华书局,1993 年

聂石樵:《先秦两汉文学史稿》,北京:北京师范大学出版社,1994 年

姜书阁:《骈文史论》,北京:人民文学出版社,1986 年

许结:《汉代文学思想史》,南京:南京大学出版社,1990 年

黄悦:《神话叙事与集体记忆:〈淮南子〉的文化阐释》,广州:南方日报出版社,2010 年

刘成纪:《形而下的不朽　汉代身体美学考论》,北京:人民出版社,2007 年

杨树增、陈桐生、王传飞:《汉代文人的生命感叹》,保定:河北大学出版社,2001 年

许地山:《道教史》,上海:华东师范大学出版社,1996年

熊铁基:《秦汉新道家略论稿》,上海:上海人民出版社,1984年

王利器:《新语校注》,北京:中华书局,1986年

吕思勉:《先秦学术概论》,上海:东方出版中心,1986年

周桂钿:《秦汉思想史》,石家庄:河北人民出版社,2000年

蒙文通:《论经学三篇》,刘梦溪主编《中国文化》第四期,北京:生活·读书·新知三联书店,1992年

傅山:《〈荀子〉〈淮南子〉评注》,上海:上海古籍出版社,1990年

郭沫若:《十批判书·荀子的批判》,北京:东方出版社,1996年

孙开泰:《先秦诸子精神》,南京:凤凰出版社,2010年

葛兆光:《中国思想史》,上海:复旦大学出版社,2001年

王宏印:《〈画语录〉注译与石涛画论研究》,北京:北京图书馆出版社,2007年

雷体沛:《存在与超越——生命美学导论》,广州:广东人民出版社,2001年

王联:《世界民族主义论》,北京:北京大学出版社,2002年

许倬云:《中国文化的发展过程》,贵阳:贵州人民出版,2009年

陈迎年:《感应与心物——牟宗三哲学批判》,上海:上海三联书店,2005年

郭绍虞:《中国文学批评史》上卷,天津:百花文艺出版社,1999年

鲁迅:《且介亭杂文二集》,北京:人民文学出版社,2006年

王文亮:《中国圣人论》,北京:中国社会科学出版社,1993年

叶舒宪:《中国神话哲学》,北京:中国社会科学出版社,1992年

王振复:《中国美学范畴史》,太原:山西教育出版社,2006年

刘咸炘:《推十书》第二册,成都:成都古籍书店影印,1996年

朱自清《诗言志辨》,上海:开明书店,1947年

葛兆光:《宅兹中国:重建有关"中国"的历史论述》,北京:中华书局,

2011 年

顾颉刚:《汉代学术史略》,北京:东方出版社,1996 年

顾颉刚:《顾颉刚读书笔记》第二册,台北:联经出版事业公司,
  1990 年

孙诒让:《周礼正义》,北京:中华书局,1987 年

罗根泽:《中国文学批评史》,上海:上海古籍出版社,1984 年

曾枣庄编:《全宋文》第 187 册,上海:上海辞书出版社,2006 年

左玉河:《从四部之学到七科之学——学术分科与近代中国知识体统
  之创建》,上海:上海书店,2004 年

王铁:《汉代学术史》,上海:华东师范大学出版社,1995 年

丁原明:《黄老学论纲》,济南:山东大学出版社,1997 年

王先慎:《韩非子集解》,钟哲点校,北京:中华书局,1998 年

顾实:《汉书艺文志讲疏》,上海:商务印书馆,1924 年

陈国庆:《汉书艺文志注释汇编》,北京:中华书局,1893 年

张舜徽:《汉书艺文志通释》,武汉:湖北教育出版社,1990 年

于大成:《淮南论文三种》,台北:文史哲出版社,1975 年

马宗霍:《淮南旧注参正》,济南:齐鲁书社,1984 年

吴承仕:《淮南旧注校理》,北京:北京师范大学出版社,1985 年

陈广忠:《〈淮南子〉译注》,长春:吉林文史出版社,1990 年

段秋关:《〈淮南子〉与刘安的法律思想》,北京:群众出版社,1986 年

王云度:《刘安评传》,南京:南京大学出版社,1997 年

陈广忠:《刘安评传》,南宁:广西教育出版社,1996 年

余明光:《黄帝四经与黄老思想》,哈尔滨:黑龙江人民出版社,
  1989 年

吴光:《黄老之学通论》,杭州:浙江人民出版社,1985 年

高明:《帛书老子校注》,北京:中华书局,1996 年

陈鼓应:《老子注译及评介》,北京:中华书局,1984 年

于首奎:《两汉哲学新探》,成都:四川人民出版社,1988 年

王范之:《吕氏春秋研究》,呼和浩特:内蒙古大学出版社,1993 年

翦伯赞:《秦汉史》,北京:北京大学出版社,1983 年

王子今:《秦汉区域文化研究》,成都:四川人民出版社,1998 年

吕思勉:《秦汉史》,上海:上海古籍出版社,1983 年

熊铁基:《秦汉新道家略论稿》,上海:上海人民出版社,1984 年

《诸子集成》,上海:上海书店影印本,1986 年

《十三经注疏》,阮元校刻本,北京:中华书局影印,1980 年

朱熹:《楚辞集注》,上海:上海古籍出版社,1979 年

苏舆:《春秋繁露义证》,钟哲点校,北京:中华书局,1992 年

王夫之:《读通鉴论》,北京:中华书局,1975 年

班固:《汉书》,颜师古注,北京:中华书局,1962 年

范晔:《后汉书》,天津:天津古籍书店,1987 年

高似孙:《子略》,《丛书集成初编》本,上海:商务印书馆,1939 年

钱伯城:《袁宏道集笺校》,上海:上海古籍出版社,1981 年

王世贞:《艺苑卮言》,陆洁栋、周明初批注,南京:凤凰出版社 2009 年

刘熙载:《艺概》,上海:上海古籍出版社,1978 年

沈德潜:《说诗语》,《原诗说诗语》,孙之梅、周芳批注,南京:凤凰出版社,2010 年

章学诚:《校雠通义·汉志诸子》,见《文史通义校注》,叶瑛校注,北京:中华书局,1994 年

[德]马克思、恩格斯:《马克思恩格斯文集》,北京:人民出版社,2009 年

[古希腊]亚里士多德:《诗学》,陈中梅译,北京:商务印书馆,1996 年

[德]康德:《判断力批判》,邓晓芒译,北京:人民出版社,2002 年

［德］黑格尔：《美学》，《朱光潜全集》第 13、14 卷，合肥：安徽教育出版社，1990 年

［美］彼得·基维主编：《美学指南》，彭锋等译，南京：南京大学出版社，2018 年

［美］艾布拉姆斯：《以文行事：艾布拉姆斯精选集》，赵毅衡、周劲松、宗争、李贤娟等译，南京：译林出版社，2010 年

［美］托马斯·库恩：《科学革命的结构》，金吾伦、胡新和译，北京：北京大学出版社，2012 年

［英］鲍桑葵：《美学史》，张今译，北京：商务印书馆，1985 年

［美］安乐哲：《主术——中国古代政治艺术之研究》，滕复译，北京：北京大学出版社，1995 年

［德］狄尔泰：《历史中的意义》，艾彦译，北京：中国城市出版社，2002 年

［法］列维-斯特劳斯：《野性的思维》，李幼蒸译，北京：商务印书馆，1987 年

［俄］列夫·托尔斯泰：《艺术论》，丰陈宝译，北京：人民文学出版社，1958 年

［日］尾形勇：《中国古代的“家”与国家》，张鹤泉译，北京：中华书局，2010 年

［俄］普列汉诺夫：《没有地址的信（1899—1900 年）》，《普列汉诺夫美学论文集》，曹葆华译，北京：人民出版社，1983 年

［美］理查德·舒斯特曼：《身体意识与身体美学》，程相占译，北京：商务印书馆，2011 年

［英］柯林武德：《历史的观念》，何兆武译，北京：中国社会科学出版社，1986 年

后　记

　　自硕士学习阶段在顾祖钊先生引导下进入《淮南子》研究领域，至今已有 20 年了。博士就读期间，我的导师童庆炳先生希望我们青年学生不要一味地沉浸于空洞的理论概念推演，可以深入到文学艺术具体文本中，直接去感受体验文学文本的语词、叙事等形式之美，并进而挖掘、揭示背后的文化诗学精神。于是，我便一度投身到近代小说文本的研究中。即便如此，我却始终没有丢下中国古典美学的研究兴趣，尤其是哲学美学的思辨性和批判性已经深深影响到我的专业理论学习中。来到安徽农业大学从事教学科研工作以来，也曾因个人兴趣和学院学科发展需要，一直在农业文化研究领域寻求中文学科的突破。但一直以来，《淮南子》研究始终伴随我的学习和专业研究。一定程度上来说，以《淮南子》为个案的中国古典美学成为我教学科研的精神家园。而且，在接下来的研究中，我似乎也找到了农业文化与中国审美文化的连接点。

　　本书是我主持的国家社科基金项目"《淮南子》审美理想与文化建构研究"（16BZX112）的最终成果。本书的出版得到了安徽农业大学人文社科学院、马克思主义学院的支持与关怀，在此特致谢忱。在课题研究及本书写作过程中，安徽大学的顾祖钊教授和苏州大学的刘锋杰教授以及学界多位老师同仁给予我很多指导和帮助；中华书局的罗华彤主任、陈乔老师为本书的编辑出版付出了大量心力，在此一并表示感谢。

　　我的妻子宋旻一直支持、鼓励着我的工作,感谢她的陪伴!

　　　　　　　　　　　　方国武

　　　　　　　　　　　　2024 年 7 月